上海大学社会学文库　　主编 / 张文宏

两次世界大战前后的现代人类学简论

马丹丹 ◎ 著

中国社会科学出版社

图书在版编目（CIP）数据

两次世界大战前后的现代人类学简论／马丹丹著．—北京：中国社会
科学出版社，2016.5

ISBN 978-7-5161-8619-0

Ⅰ.①两… Ⅱ.①马… Ⅲ.①社会人类学—研究 Ⅳ.①C912.4

中国版本图书馆 CIP 数据核字（2016）第 170119 号

出　版　人	赵剑英	
责任编辑	王莎莎	
责任校对	张爱华	
责任印制	张雪娇	

出　　版	中国社会科学出版社	
社　　址	北京鼓楼西大街甲 158 号	
邮　　编	100720	
网　　址	http：//www.csspw.cn	
发 行 部	010 - 84083685	
门 市 部	010 - 84029450	
经　　销	新华书店及其他书店	

印　　刷	北京君升印刷有限公司
装　　订	廊坊市广阳区广增装订厂
版　　次	2016 年 5 月第 1 版
印　　次	2016 年 5 月第 1 次印刷

开　　本	710×1000　1/16
印　　张	21
插　　页	2
字　　数	340 千字
定　　价	76.00 元

凡购买中国社会科学出版社图书，如有质量问题请与本社营销中心联系调换
电话：010 - 84083683

前　言

　　《两次世界大战前后的现代人类学简论》起初是以人类学自编讲义的形式在教学中累积、探索，后来修订为一部带有研究性质的"断代史"，笔者需要在"前言"对理论体例的内容结构进行简要的说明。

　　导论是由三部分组成：一、人类学史的分期多样化。二、人类学史的分期问题。三、选题说明。对理论史的文献梳理，也是对中国人类学自学科恢复以来投入的人类学概论教材的回顾和总结。1980—2010年期间，人类学概论编写不辍，推动了人类学的学科繁荣，促进了理论的交流与传播。笔者发现，人类学理论史的历史分期在诸多教材和专题著作中有多样化的呈现，在这多样化的历史分期思路的背后展现的是中国人类学对理论范式的主观选择，中国社会的时代背景和理论背景相互作用，给理论史的书写打上了中心与边缘的烙印。正如孙庆忠对《文化人类学理论方法研究》的评论所说："这部著作既是一部中国人类学家视野中的人类学学科史，也是一部评价西方人类学理论与方法的论说集。"[①] 在分析理论范式与理论学派的关系构成的基础上，笔者提出了自己的问题意识，并且将这一问题意识贯穿于"断代史"的书写实践中，论述战争与现代人类学的关系议题和写作思路。

　　第一章介绍原始社会的哲学起点。这些哲学思考流露了文化比较的端倪，将他者构建为理想国，对自己的社会进行批评并构想改革蓝图。和法国的启蒙思想略有不同的是，凡伯伦对掠夺阶级的想象和有闲阶级的思考，与当下活跃的文化意义的阶层具有理论的启发价值。凡伯伦指出掠夺阶级和作业阶级的区分，可以在现代社会继续得到观察。

---

　　① 　孙庆忠：《黄淑娉评传》，民族出版社2010年版，第137页。

　　英国人类学以马林诺夫斯基、拉德克利夫－布朗、埃文斯－普理查德和贝特森等师生人物为例，分别论述他们的学术思想。这一理论整理工作并不完全是重复前人的功能—结构主义内容，坚持以"我注六经"的方法，得出英国功能—结构主义的理论阵营的文化理论与哲学相互援引的新发现。功能—结构主义的内部反思的思潮从功能—结构主义的旺盛时期就已开始，从贝特森、埃文斯－普理查德和利奇等人出现的理论新综合的方向就已开始。根据亚当库伯的统计，在第二次世界大战以后英国主要的人类学家中，利奇的著作被引用高居榜首。整个英国社会人类学界的发展几乎全被利奇等人所左右。① 利奇之后，功能—结构主义的理论范式和理论阵营走向衰退，英国人类学的格局处在变动和调整中。

　　法国人类学指的是法国社会学派到结构主义的演进，社会意识向无意识转换。结构主义以"冷社会"的史诗篇章开启了象征人类学与实践论的"小时代"叙事，同时也激发了格尔茨重振艺术、宗教与仪式支撑的相对主义世界观的进取心，格尔茨发现第三世界的民族解放运动、现代性诉求和民族情感、共同体以及传统的象征主义仍旧深深地连接在一起。在结构主义围绕的复杂的学术对话关系中，笔者仅选取利奇、玛丽道格拉斯和特纳，论述他们与结构主义的渊源与区别。

　　美国人类学在它的草创时期流露的无畏和勇气至今仍为人称道，虽然对历史特殊学派的批评不绝如缕。对于中国人类学而言，由于进化论是马克思主义民族学创立的理论根基，美国特殊学派对进化论的批驳、挑战使其在理论史的书写位置一向平平，甚至被贴上了"进化论的反动学说"标签。这些不公允的批评不会抹杀博厄斯对种族主义的抵制和否定在"纳粹"阴云笼罩时期焕发的人文光彩。重读他的《原始人的心智》，体会他树立"文化决定论"信念的决绝和论证"文化决定论"的严谨科学态度与方法。他的学生本尼迪克特和米德继承了博厄斯的各自不同的学术主张，例如本尼迪克特对"濡化"的精湛论述，米德对未来的不确定与文化选择同在的"向前看"面向。他们继承了博厄斯相通的学术精神，随着时间的推移，米德尤为瞩目，她与 20 世纪 60 年代"反文化运动"的青年亚文化融合，看到全球化的扩张力量正在摧毁人类学的"孤岛"

---

① 和少英：《社会文化人类学初探》，云南大学出版社 2007 年版，第 107 页。

实验室，消费社会鼓吹的同质性和标准化逻辑亦毫不留情地破坏文化多样性。从当代人类学的认同危机出发，米德表达了人类学应对深刻改变的田野状况的自我改变与文化构建力量的坚定信念。

结语对生于战争忧患、又在战争中成就的现代人类学的理论影响与现代人类学先驱在"科学民族志"范式下通过严谨、扎实的田野调查收获的优秀民族志品质进行简要的回顾和评论。按照中国人类学教科书的习惯，西方人类学理论史介绍完毕，中国人类学史就是题中之意。对于学科恢复以来的中国人类学的发展状况，大多数教科书的论调是成就斐然而前景无限。孟航评价道："近年来，虽然对外交流越来越多，也发表了不少研究成果，但中国人类学的发展却仿佛依旧孤悬在国际人类学界外，并未真正与国际接轨。究其原因，主要还是对西方人类学不够了解，或者说认识不足、把握不透所致。因此，唯有真正认识和把握了西方人类学的本质，从中吸取经验教训，才能够找到中国人类学的发展方向。"①

这种危机意识也伴随着中国人类学学科的乐观发展但是理论自信不足的焦虑蔓延开来。寻找中国人类学的发展方向成为学界共识，但是在理论范式的选择上呈现出巨大的分歧与分化。自"人类学本土化"或者"人类学中国化"的学科共识于2007年分化瓦解之后，中国人类学进入了多样性的理论格局，分支学科发展之快超过了教科书编写和吸纳的速度。②学者不同程度地思考中国人类学的历史与现状，试图从认识论层面"重新把握"中国人类学愈合分化的整合力量，同时也在"产出"中国人类学在国际人类学占据一席之地的"中国特色"的理论资源。周大鸣认为历史是中国人类学的突破路径。蒋立松致力于理论应用于西南少数民族田野调查的经验的对接与转化。黄剑波试图从哲学根源探索中国人类学的道德和宇宙观资源。和少英建议以费孝通的"文化自觉"为理论参考，作为中国人类学实践的理论指导。伴随越来越多的中国人走向海外，中国人类学在思考是以"文化大国"还是经济、科技大国的身份参与全球化进程的世界经济、文化的沟通与交流。科学与人文的争论伴随人类学百年的

---

① 孟航：《西方人类学发展史的再认识与中国人类学的未来——在"他者"中理解"自我"》，《广西民族研究》2007年第3期，第64页。

② 马丹丹：《1995年：中国人类学的一个"拐点"》，《北方民族大学学报》2015年第5期。

发展历程，同样面对中国人类学的当下处境——有着历史特殊主义、功能—结构主义以及马克思主义民族学优良传统的中国人类学开始进入弗里德曼预言的"人类学的中国时代"，唯物与唯心之争，这一老问题依旧如"幽灵"一样造访、干预中国人类学的发展选择。

目　录

导论 ……………………………………………………………………（ 1 ）

　一　人类学史的分期多样化 ………………………………………（ 3 ）

　二　人类学史的分期问题 …………………………………………（29）

　三　选题说明 ………………………………………………………（33）

　四　国别人类学的介绍 ……………………………………………（36）

　五　同时期人类学家对战争的回应 ………………………………（42）

　六　两次世界大战前后的现代人类学的特点与影响 ……………（50）

　七　参考书说明 ……………………………………………………（53）

第一章　原始社会的哲学起点 ………………………………………（55）

　一　卢梭 ……………………………………………………………（56）

　二　孟德斯鸠 ………………………………………………………（62）

　三　《有闲阶级论》：制度学派对原始掠夺的讨论 ………………（71）

第二章　英国人类学 …………………………………………………（84）

　一　马林诺夫斯基 …………………………………………………（88）

　　1. 库拉圈的流动与仪式 …………………………………………（89）

　　2. 马林诺夫斯基的文化理论 ……………………………………（96）

　　3. 马林诺夫斯基与弗洛伊德的对话 ……………………………（100）

　二　拉德克利夫－布朗 ……………………………………………（117）

　　1. 学术背景与基本主张 …………………………………………（117）

　　2. 宗教与社会 ……………………………………………………（123）

　　3. 比较社会学的学科定位 ………………………………………（130）

　三　格列高里·贝特森 ……………………………………………（136）

　四　埃文斯－普理查德 ……………………………………………（145）

1.《阿赞德人的巫术、神谕和魔法》 …………………… （150）

2.《努尔人》的豹皮酋长与贵族 ………………………… （156）

3.《论社会人类学》与神圣王权 ………………………… （163）

第三章　法国人类学 ……………………………………… （175）

　一　涂尔干 …………………………………………………… （179）

　二　莫斯 ……………………………………………………… （189）

　　1. 莫斯论身体技术 …………………………………………… （189）

　　2. 原始分类 …………………………………………………… （192）

　　3. 论馈赠 ……………………………………………………… （194）

　三　列维－斯特劳斯 ………………………………………… （196）

　　1. 经济基础与上层建筑的关系——列维－斯特劳斯的

　　　早期思想脉络梳理 ……………………………………… （199）

　　2. 利奇的反叛《缅甸高地诸政治制度》 ………………… （238）

　　3. 象征人类学与列维－斯特劳斯的对话 ………………… （247）

　　4. 从结构到意义，从转喻到隐喻——《嫉妒的制陶女》 …… （267）

第四章　美国人类学 ……………………………………… （272）

　一　博厄斯 …………………………………………………… （275）

　　1. 博厄斯的学科贡献与学术影响 ……………………… （276）

　　2. 从《原始人的心智》重温文化的概念 ……………… （282）

　二　露丝·本尼迪克特 ……………………………………… （290）

　三　玛格丽特·米德 ………………………………………… （297）

　　1. 为选择而教育——《萨摩亚的成年》 ………………… （297）

　　2. 文化与承诺——一项关于代沟问题的研究 ………… （304）

结语：两次世界大战前后现代人类学的影响 …………… （310）

参考文献 …………………………………………………… （316）

后记 ………………………………………………………… （325）

导　论

特定时期的人类学理论反映出外在特定文化环境中的人类学家的思想和价值取向。出于对两次世界大战与现代人类学的密切关系的考量，笔者选取断代史的方式写作现代人类学，在人类学史的写作体例中并不多见，一般的做法是以长时段的方式对人类学史进行分期介绍。两次世界大战前后的现代人类学大致属于 19 世纪末期进化论与 20 世纪 60 年代以来的人类学之间的位置。这样的归类对于人类学史已有的分期观念并未提供多少新意，笔者尝试通过现代人类学的专题研究增加人类学史的写作维度的丰富性。人类学史的分期首先就成为人类学史的写作要面对的问题，它涉及学者对人类学史的把握和理解。在国内的诸多人类学教材中，人类学史的分期方式呈现出多样性的格局。

从黄淑娉、龚佩华合著的《文化人类学理论方法研究》能够大致看到她们撰写人类学史的时候面对的客观困难和理论框架选择的局限。① 新中国成立后对西方人类学理论全盘否定。出于重新了解西方人类学理论的需求，吴文藻、杨堃等人类学前辈对西方人类学理论和方法论的介绍就成为宝贵的资料来源。除了人类学理论的介绍，还有新中国成立前费孝通、杨承志、李安宅、吕叔湘等人对人类学著作的翻译，例如《文化论》《蛮族社会之犯罪与风俗》《人类学与现代生活》《初民社会》，亦成为教材著述的参考资料。黄淑娉在接受徐杰舜访谈的时候，曾回忆吴文藻对她的影响。

---

① 黄淑娉、龚佩华合著的《文化人类学理论方法研究》第 1 版于 1996 年由广东高等教育出版社出版发行，到了 2004 年已经是第 3 版，一直以来被多个高校列为人类学研究生入学考试的参考书目，非常受欢迎。

　　吴文藻晚年带研究生，着重研究西方人类学理论，我自己对文化人类学理论方法的研究受到吴先生的许多启发，经常向他请教。有一次，我向吴先生提了一些问题，他记下来，然后告诉我什么时候再来。他身体不好，躺在床上，拿出九张卡片给我讲，我在一旁记笔记，这使我很感动，这些事情就像是昨天发生的一样。至今读到吴先生在上一世纪二三十年代时阐述西方人类学的文章，我还很佩服他为什么那时就能把问题说得那么清楚。①

　　从事民族学调查和研究的学者并没有切断和西方人类学理论的对话与交流，因为研究对象总有重合，尽管西方人类学常常被作为批评的靶子，不过也反映了民族学者不得不注意到利奇对景颇的研究，列维－斯特劳斯的亲属、婚姻理论。在《民族学概论》中，林耀华用高度概括的语言用一小节的内容介绍了"西方民族学流派"。与之相对照，林耀华将"经济文化类型"作为重点章节进行扩展，并大力提倡民族学的应用与现代化。黄淑娉将人类学理论方法作为一本专著来对待，这充分说明了 20 世纪 90 年代的人类学研究条件得到恢复，逐渐向人类学的理论本体回归。在访谈中，她披露了自己从事人类学理论方法研究的学科训练渊源和"异文化"田野调查的积累。

　　50 年代起，我一直想着自己该走什么样的路。结合当时教学和研究的需要，给自己立下了研究方向：一是民族文化；二是原始社会史；三是人类学理论方法。民族文化是比较贴近实际的，去少数民族地区调查，有很多机会认识不同民族的文化。原始社会史呢，当时人类学被撤销了，民族学受批判，原始社会史研究学前苏联，早期文化人类学理论是在对原始部落文化研究的基础上形成的，有许多相通的地方。到了世纪末回顾过去，尽管在各种政治运动干扰下，我想走的学术之路很坎坷，大体上还是坚持在既定的范围内做我原来想做的

---

　　①　徐杰舜问/黄淑娉答：《走向深处：中国人类学中国研究的态势——人类学学者访谈录之三十六》，《广西民族学院学报》2005 年第 5 期。

事情。①

　　作者明确表达从事人类学理论方法研究的真实动机是理论联系实际。
"我和龚佩华合作撰写的《文化人类学理论方法研究》，反映了我们关于
研究人类学必须重视学习理论、更要联系实际进行田野调查的认识。"②

　　黄淑娉等人写作《文化人类学理论方法研究》的时期，人类学论著
还没有系统翻译过来。难能可贵的是，她们在有限的翻译资料和英文原典
的基础上精准地把握了人类学理论流派的主张和特点。不过局促的翻译状
况和学术交流的闭塞，还是限制了他们对西方人类学理论的了解程度。

　　随着时间的演进，越来越多的人类学著作被翻译过来，人类学教材从
外国教材的引进到国内教材的编写与出版，也是日益增多，国内教材的编
写与出版对中国人类学的学科建设与专业队伍的培养起到了推波助澜的作
用。③ 在诸多教材中，人类学理论史的分期问题呈现出多样化与相互交叠
的状况，因此，笔者首先尝试对人类学理论史的分期问题进行讨论。

一　人类学史的分期多样化

　　"马文·哈里斯的《文化人类学》是近年来西方人类学同类著作的第
一个译本"。这是林耀华对《文化人类学》在"中译本前言"中所说的
话。"文化理论的历史"作为该书的附录出现。哈里斯按照时间顺序对人
类学理论史进行线性的介绍，分为：启蒙运动、19世纪的进化论、社会

---

①　徐杰舜问/黄淑娉答：《走向深处：中国人类学中国研究的态势——人类学学者访谈录之
三十六》，《广西民族学院学报》2005年第5期。

②　黄淑娉：《从异文化到本文化——我的人类学田野调查回忆》，庆贺黄淑娉教授从教50
周年暨人类学理论与方法学术研讨会，2002年。

③　2007—2008年，周大鸣在组织中山大学人类学团队编写《文化人类学概论》的时候，
在序言中对目前教材繁多的盛况进行了列举："目前，国内关于文化人类学的综合性著作已不下
20个译本，较为流行的如威廉·哈维兰编写的《文化人类学》已经有了第10版。科塔克写的
《文化人类学——文化多样性的探索》等，也都有了中文本。国内学者中，如黄淑娉、龚佩华著
的《文化人类学理论方法研究》也再版了好几次，庄孔韶的《人类学通论》等，这些著作都为
本书的编写奠定了良好的基础"。参见周大鸣主编：《文化人类学概论》，中山大学出版社2009
年版。

达尔文主义、马克思主义的进化论、历史特殊主义、传播论、英国功能—结构主义、文化人格学派、新进化论、辩证唯物主义、文化唯物主义、结构主义等。在这个线性的排列中，哈里斯把进化论、马克思主义的进化论、新进化论、辩证唯物主义、文化唯物主义作为一个类别，并指出：马克思的思想与社会达尔文主义针锋相对。历史特殊主义是对 19 世纪进化论的批驳。其中，在介绍辩证唯物主义和文化唯物主义的区别时，他说道："文化唯物主义反对人类学必须隶属于旨在摧毁资本主义、进一步争取无产阶级利益的政治运动。"① 1980 年代末，哈里斯的大量著作被翻译过来，其原因和马克思主义的进化论的理论背景有密切关系。②

　　人类学理论史的介绍在民族学、人类学学科恢复伊始就已经在学界陆续介绍并撰写。③ 1989 年，童恩正的《文化人类学》出版。在序言中，童恩正描述了人类学教材编写的困难，"从 1978 年到今日，学术界尚缺乏一本由中国人自己编写的《文化人类学》"。④《文化人类学》表达了拳拳爱国心，其写作用意从应用人类学与中国的改革开放的联系中颇能彰显出来："是奉献给在改革中历尽艰辛的古老的祖国的几点意见。"⑤ 他描述人

---

　　① 马文·哈里斯：《文化人类学》，李培茱、高地译，东方出版社 1988 年版，第 531 页。

　　② 1989 年，张海洋等人翻译的《文化唯物主义》出版。马文·哈里斯：《文化唯物主义》，张海洋等译，华夏出版社 1989 年版。同年，许苏明编译的马文·哈里斯的《人·文化·环境》出版。该书有大量的内容来自 1988 年翻译的《文化人类学》。该书同样收录了"文化理论史"，不过翻译的措辞略微不同。例如在 1988 年翻译的著作中，历史特殊主义是对 19 世纪进化论的批驳，1989 年的版本则翻译为"对 19 世纪进化论的反动"。措辞的性质如此不同，历史特殊主义的翻译和引介就增设了障碍。参见马文·哈里斯：《人·文化·环境》，徐苏明编译，山西人民出版社 1989 年版。

　　③ 需要说明的是，这些介绍大多是以论文的形式发表，这些丰富的西方人类学理论资料与引进，为后来的人类学理论史专著的撰写培养了理论兴趣，奠定了初步的学术基础。尤为瞩目的是苏联学者 C. A. 托卡列夫的著作《外国民族学史》被翻译过来，在国内民族学界引起了较大的理论反响。该书的理论编写体例已经和斯大林时期的苏联民族学理论体系有了较大的变化，西方人类学理论占据了较大的比重，例如法国社会学派、美国历史学派、美国族体心理学派等。较早参与理论史介绍的学者大多是老一辈人类学、民族学家。吴文藻对二战后西方理论思潮的介绍，杨堃对结构主义的介绍，梁钊韬对美国历史学派的介绍，容观夐对社会变迁相关文化理论的介绍等等，都起到积极的作用。中国人类学学会从筹备到成立，先后出版了三期《国外人类学》(1980 - 1982)，中南民族学院的刘孝瑜先生参与了大量的国外人类学理论文献的译介工作。具体的内容参见《民族学研究》、《梁钊韬民族学人类学研究文集》、《容观夐人类学民族学文集》等。

　　④ 童恩正：《文化人类学》，上海人民出版社 1989 年版，第 1 页。

　　⑤ 同上书，第 2 页。

类学在中国中断二十多年后陷入的学术困境："对于人类学急剧发展的新
成就、新观点、新方法茫无所知或知之甚微。"基于此，他对文化人类学
的主要理论流派进行了介绍，大致列举如下：一、早期进化论学派；二、
历史特殊论学派；三、传播学派；四、新进化学派；五、功能主义学派；
六、法国结构主义学派；七、新民族志学派（认知人类学）。在理论流派
的时间关系处理上，童恩正将历史特殊论学派与传播学派列为平行关系、
法国结构主义学派与新民族志学派列为平行且相近关系。同时，他还将历
史特殊论学派、传播学派和功能学派看作是进化论的补充理论。他引用马
林诺夫斯基1954年出版的英文著作《巫术、科学与宗教》介绍其功能主
义观点，对功能—结构主义的历史视角的缺失、相对静止的理论模式提出
批评。此外，他还看到了新进化论对传播学派的文化接触、文化适应观点
的吸纳。① 他看到结构主义的唯物主义基础，也尤有前瞻性。

　　　尽管列维－斯特劳斯十分强调人类先天有心智能力去整理分类经
　　验世界，但是我们却不能简单地将他的理论与唯心主义等同起来，因
　　为他还是坚持文化是由社会的及物质的环境所造的，不过创造文化的
　　人有着共同的心理性质而已。②

　　对于童恩正的这一观点，其他学者也有异议。例如杨堃认为，"列
维－斯特劳斯的哲学理论是唯心主义的。他企图将马克思主义和弗洛伊德
的精神分析法、伯格森的唯心论等捏合在一起……在理论上，他是一个折
衷主义者，仍属于唯心主义学派"③。面对唯心主义的指摘，列维－斯特
劳斯用三个反问句为自己辩护："我为什么选择作人类学家而不是继续当
大学学业为我确定的哲学家？为什么我的著作关注那些最微不足道的民族
志细节？为什么我尽力准确鉴别每个社会都认识的植物和动物、它们各自
的技术用途、可食用物种的不同制作方法——煮、蒸、烤、炸，或风干后
熏制保存？"④ 可见对于我们所处的时代而言，意识形态的批评不如通过

① 童恩正：《文化人类学》，上海人民出版社1989年版，第26页。
② 同上书，第34页。
③ 杨堃：《民族学概论》，中国社会科学出版社1984年版，第82页。
④ 列维－斯特劳斯：《遥远的目光》，邢克超译，中国人民大学2014年版，第165页。

原著了解作者的具体观点和真实态度，从而建立自己独立的思考——这样的方式来得朴素。当然，不能以今天的知识状况来论断 20 世纪 80 年代，反而应该看到中国人类学前辈筚路蓝缕、开创西方人类学理论引介道路具备的深厚的学术素养与理论积淀。从吴文藻、杨堃、林耀华、陈永龄、戴裔煊等老一代人类学、民族学家对西方人类学理论的译介与梳理，到童恩正、黄淑娉、周大鸣、夏建中等人对人类学理论教学使命的承担与传递，可以说从事人类学史研究的两代人的学术梯队已经于 20 世纪 80 年代形成。

对于如何对待西方人类学的诸多理论，童恩正指出：在辩证唯物主义和历史唯物主义的原则指导下，用最新的科学武装自己，在实践中形成正确的、科学的文化人类学理论。[①] 这一表述和现代人类学对科学的文化理论的信念是一致的。笔者以为，西方人类学开始对科学的反思并汇聚为民族志反思的理论思潮，会帮助中国人类学者反思马克思主义民族学、马克思主义人类学的科学范式，这意味着中国人类学发生的深刻的变化仍旧是在认识论层面。[②] 有意味的是，帮助中国人类学者反思的理论工具却有可能是表征危机以来所批判的文化理论。

王海龙与何勇合著的《文化人类学历史导引》是在 20 世纪 80 年代"文化热"的思潮中酝酿而来，这两位作者与美国人类学同行有了接触和交流，在资料的前沿性和渠道上略占优势。当时苦于没有系统论述差异性和复杂联系的西方人类学理论的现成论著，于是"坚定了写作此书的决心"，致力于西方人类学的源头、渊源流变、思想发展和科学意义。[③] 该书用两章的篇幅介绍了现代人类学理论史和当代人类学的理论走向，以 20 世纪 60 年代为现代人类学与当代人类学的分水岭。其中，现代人类学的理论流派包括进化论学派，马克思主义人类学，传播论学派，历史特殊

---

① 童恩正：《文化人类学》，上海人民出版社 1989 年版，第 38 页。

② 对马克思主义民族学、马克思主义人类学的反思是循序渐进的，而且语气是相当缓和的。例如王庆仁在一篇理论文章中说："用马克思主义基本原理来指导包括民族学和人类学研究在内的所有社会科学研究，无疑是正确的。"接下来口气一转："但是，'指导'并不等于'代替'，因为包括民族学和人类学在内的所有社会科学都有自己独特的体系和研究方法。"伴随着这一语气的缓解，强调田野调查的功能—结构主义受到了推崇，学科地位大大上升。参见王庆仁：《21 世纪中国民族学和人类学的理论建设》，《民族研究》1998 年第 2 期，第 46 页。

③ 王海龙、何勇：《文化人类学历史导引》，学林出版社 1992 年版，第 72 页。

学派，功能—结构主义，法国社会学派，结构主义学派和新进化论。当代人类学的理论走向如下：1950—1960 年代人类学是理论创新和革命的时期：1. 认知人类学；2. 符号人类学；3. 新功能主义。20 世纪 70 年代马克思主义在人类学占据主导地位，分别表现为结构马克思主义和政治经济学派。20 世纪 80 年代人类学走向实践论和行为论。马文·哈里斯在《文化人类学》所说的"文化唯物主义"接近何勇所说的"新功能主义"。何勇将新功能主义定义为"强调文化与环境的互动作用，强调生态系统内部各种因素的相互关系以及它们协调、保持生态系统平衡的功能"。① 林耀华评价哈里斯的文化唯物主义是新进化论、结构主义和历史唯物主义的折衷理论。② 较之以往学者的划分，该书跟踪了新进化论进入 20 世纪 60 年代的理论动向，例如探索生态系统与人群单位互动关系的新功能主义；符号人类学在 20 世纪 60 年代的催生与发展，较早介绍了特纳和格尔茨的理论观点；20 世纪 70 年代与 20 世纪 80 年代的理论动向，抓住了马克思主义人类学在象征符号和经济基础之间做出的缓和与调和，提及沃尔夫、陶西格和施奈德的研究成果。③ 该书将人类学理论的历史分期的下限延伸到当代。作者介绍现代人类学的时候，倚重苏联民族学家托卡列夫的《外国民族学史》，例如托卡列夫对博厄斯理论贡献的肯定，对功能—结构主义的介绍，对怀特的新进化论的观点的介绍。在论述结构主义的时候，引用英国学者特伦斯·霍克斯的《结构主义和符号学》中的观点，介绍列维-斯特劳斯的《结构人类学》中的观点。

从王海龙与何勇对西方人类学理论流派的介绍来看，马克思主义人类学仍旧占据主导地位，它包含了唯物与唯心之争，"软"文化与"硬"的物质、经济基础的转移，意识形态与生态环境、经济作业方式的决定论之辩。马克思主义的理论影响似乎占据了作者的注意力："80 年代的行为论深受 70 年代马克思主义的影响，并将对 90 年代的人类学产生积极的影响。"④

---

① 王海龙、何勇：《文化人类学历史导引》，学林出版社 1992 年版，第 385 页。

② 林耀华："中译本前言"，载马文·哈里斯：《文化人类学》，李培茱、高地译，东方出版社 1988 年版，第 2 页。

③ 王海龙、何勇：《文化人类学历史导引》，学林出版社 1992 年版，第 395 页。

④ 同上书，第 401—402 页。

林耀华在《民族学通论》对西方民族学流派有着言简意赅地概括。在这里，民族学与人类学是等同的，可以相互替换。与黄淑娉感到的困惑："建国以来对西方人类学理论全盘否定"有一定联系，但是具有浓厚意识形态的表述方式是："在中华人民共和国成立前，一切进步思想都受到国民党政府的压制和排挤，而西方民族学反而占了上风。"① 林耀华对西方人类学史的评价亦以马克思主义为准绳，马克思主义受到压制是其他理论学派百花齐放的时期，马克思主义占据主导地位则是马克思主义的影响越来越大使然。

> 西方民族学大体经历了三个发展阶段，第一阶段从 19 世纪到 20 世纪初，进化论学派占主导地位；第二阶段从 19 世纪末到第二次世界大战，是西方民族学大发展时期，出现的流派有传播学派、历史学派、社会学年刊派、功能学派、心理学派等；第三阶段从第二次世界大战至今，是西方民族学大变化时期，出现的学派有结构主义学派、新进化论学派、文化相对论学派、新心理学派、社会生物学学派等。②

林耀华写作理论流派的方式通常以概括性语言为主，很少引用原典。其中，文化相对论学派、新心理学派和社会生物学学派的介绍在其他的人类学史的分期当中较少见。在介绍功能学派的基础上，林耀华引入了人类学中国化的早期成果：如《江村经济》和《金翼》，并引用马林诺夫斯基、弗思对这些著作的评价与肯定，以及他对吴文藻的"人类学中国化"的肯定。他还讨论了人类学中国化的三种路径和态度，对于不同于吴文藻主张的看法，他并不轻易地加以褒贬或者否定，"这些思想从不同角度讨论了民族学在中国发展的根本问题，至今依然具有启发性"。③ 林耀华指出中国人类学从发轫开始就和历史紧密结合，注重历史调查与社会调查，这是西方人类学的方法论所不足的。黄淑娉总结道："历史研究与现状调

---

① 林耀华主编：《民族学通论》（修订），中央民族大学出版社 1997 年版，第 12 页。《民族学通论》的初版是在 1990 年。

② 同上书，第 117—118 页。

③ 同上书，第 145 页。

查相结合的方法是中国人类学、民族学的好传统，研究现状追溯其历史发展过程，以说明现存社会文化现象之所以然。这也是在方法上可以贡献于世界人类学的。"①

　　相较于以往对人类学史在人类学理论体系当中的边缘性介绍，黄淑娉和龚佩华合著的《文化人类学理论方法研究》是第一部以人类学理论史为研究对象的专题研究。随着人类学译著的增多，2004 年版较之 1996 年的初版在吸纳人类学译著方面发生了很大的拓展。该著作沿袭了林耀华的西方民族学史的理论框架，开辟西方的马克思主义人类学，重点介绍布洛克的《马克思主义与人类学》，并对 20 世纪 60 年代兴起的马克思主义进行了批评。西方人类学的当代思潮分为四个部分：认知人类学、象征人类学、解释人类学与"文化的回归与文化批评"。第四部分是对《作为文化批评的人类学》的重点介绍，它出现在 2004 年的第三版，替换了 1996 年初版中的"文化符号论"和"现象学与文化人类学"。之所以会发生这样的扩充、调整与删减，是因为人类学译著自 1996 年初版后有了极大的扩充，以至于初版里批评的"80 年代以来，一批西方人类学著作翻译初版，可惜数量不大，未能使我们对外界的情况有更多的了解"② 在 2004 年的修订版中已删除。萨林斯的后期变化，例如《文化与实践理性》《甜蜜的悲哀》等文化符号思想，在新进化论的报道中有所反映。③ "解释人类学"单元对格尔茨的介绍力度加大，理论阐释的比重加大，原因是格尔茨的《文化的解释》1999 年由纳日碧力戈翻译过来，英文原典的阅读障碍大大缓解。特纳、玛丽·道格拉斯等人的著作在当时还没有引介过来，因此作者不得不依赖其他途径来了解象征人类学。周星翻译的绫部恒雄的著作《文化人类学的十五种理论》（1988 年）是重要的参考书。其次，史宗主编、金泽等译的《20 世纪西方宗教人类学文选》（1995 年）里面收入了玛丽·道格拉斯、利奇、特纳和雪莉·奥特纳等人的零散论文，成为作者

①　黄淑娉、龚佩华：《文化人类学理论方法研究》，广东高等教育出版社 2004 年第 3 版，第 458 页。

②　黄淑娉、龚佩华：《文化人类学理论方法研究》，广东高等教育出版社 1996 年版，第 445 页。

③　黄淑娉、龚佩华：《文化人类学理论方法研究》，广东高等教育出版社 2004 年第 3 版，第 331—333 页。

了解象征人类学的原典依据。对于西方人类学的当代思潮，黄淑娉和龚佩华的处理方法与何勇略有不同，后者将新功能主义列入 20 世纪 60 年代的理论思潮之一，前者将其单独列为一章，以"文化唯物主义"命名；前者突出当代人类学的文化与象征的思潮占据主导地位，后者则坚持马克思主义的长远理论影响，实践与行为的转向呈现出马克思与韦伯相互渗透的理论状况。由于理解的分歧，黄淑娉与龚佩华对当代人类学的理论思潮作出了尽量中肯但是又难免尖刻的批评。首先是中肯的批评："20 世纪 50 年代后期起，西方人类学出现了新的趋向，研究社会群体的兴趣减弱了，强调个人经验、人的意识和主观分析。"① 其次是几乎否定式的批评："研究目的不讲任何规律；研究对象是社会实际相脱离的抽象观念；凭研究者个人的主观想法做出结论。"② 值得注意的是，黄淑娉等人对马克思主义人类学的论述和马克思主义人类学并非一个概念，几乎是两套话语的对抗。这样产生的叙述效果是：作者一方面要引用布洛克的《马克思主义与人类学》的观点，例如马克思主义人类学的两大阵营；一方面又要否定马克思主义人类学对"五阶段论"的否定。这样做的结果是作者并不关心人类学理论史的思想与传播，而是为马克思主义人类学的指导思想辩护。对于笔者而言，《马克思主义与人类学》最大的启发是马克思主义人类学在英、法的缘起与交流状况。③ 就英国人类学而言，利奇、格拉克曼以自己的方式反叛拉德克利夫－布朗的社会结构理论，在结构—功能主义范式出现认同危机的时候，利奇、玛丽·道格拉斯等同仁接受了结构主义的洗礼，但是和布朗一致的是，他们并未放弃涂尔干的社会团结理念。

① 黄淑娉、龚佩华：《文化人类学理论方法研究》，广东高等教育出版社 2004 年第 3 版，第 375 页。

② 同上书，"前言"，第 4 页。

③ 在笔者看来，布洛克的《马克思主义与人类学》是一部以马克思主义人类学视角切入的当代人类学的理论思潮现状的绝佳论著。它确认了人类学以马克思研究资本主义的方式研究前资本主义社会（原始社会）的理论信心，马克思并没有对前资本主义社会进行真正意义的研究，恩格斯的原始社会史研究则是生物学、术语论与技术决定论的混合，反而沦为马克思所批判的庸俗马克思主义。人类学在这一领域大有作为。与之类似，和少英对《马克思主义与人类学》也大加赞赏，给予高度评价："布洛克的这部论著代表了当代英国人类学界在马克思主义与人类学的研究方面的新水平"。这说明黄淑娉等人的马克思主义人类学评论在新的条件受到了新的检验。参见和少英：《社会文化人类学初探》，云南大学出版社 2007 年版，第 129 页；莫里斯·布洛克：《马克思主义与人类学》，冯利、覃光广、陈为、蒙宪译，华夏出版社 1988 年版。

　　周大鸣是中山大学从事"人类学概论"教材编写的领军人物。1990年他出版《现代人类学》，2005年又出版《人类学导论》，2009年又出版《文化人类学概论》，他以不同的编写方式整合人类学学术团队的理论资源，调整原来的体例，丰富人类学理论的前沿，求新、求变、求实是他组织编写人类学概论教材的特色。在这些不断变化的教材创作和积累过程中，西方人类学史的原貌（1990年的《现代人类学》）没有发生太大的变化，在此基础上，2005年的《人类学导论》增加了中国人类学发展进程的章节，在2009年的《文化人类学概论》中，又吸纳了20世纪80年代以来的人类学理论与研究方法的发展与动态。它包括实践、权力与人类学的后结构主义转向，历史、阐释与人类学的后现代主义转向，文化批评与民族志的诗学和政治学，全球化语境下的人类学理论。20世纪80年代的理论动向以雪莉·奥特纳的"20世纪60年代以来的人类学理论"为开篇寄语，展开了以上四个部分的理论介绍。① 结合以往对人类学史的教材修订的变化，这四个部分的内容，尤其以"全球化语境下的人类学理论"以新见长。与黄淑娉等人的2004年版本相较，在反思民族志的介绍中，除了1998年翻译过来的《作为文化批评的人类学》，又增加了2006年翻译的《写文化》，因此，编写者（吕俊彪）援引庄孔韶编写的《人类学经典导读》当中针对性的评论文章，作为二次引用，放入后现代主义人类学的表述和评论文字当中。② 值得注意的是，原有的理论史的编写习惯，如认知人类学、符号人类学和解释人类学的体例在这里打散，由于时间的晚近，编写者把阐释人类学放入后现代人类学的行列中，而不再是20世纪60年代的象征理论思潮，阐释包含的书写权威问题得以"公开化"，这是一个微妙的区别。由于理论史的时间段向第二次世界大战时期的现代人类学倾斜，所以20世纪80年代的理论转向暂不展开，而以1990年版的人类学史的原始面貌为主要的分析对象。尽管编者宣称："《人类学导论》与《现代人类学》已经是几乎不同的书"，不过比较"文化人类学的理论"章节，仅仅增加了法国社会学学派，其他内容仅是略有调整和删减。

　　人类学史由三部分组成：第二次世界大战以前的人类学理论；

---

　　① 这篇文章由何国强于2010年翻译过来。参考雪莉·奥特纳：《20世纪下半叶的欧美人类学理论》，何国强译，《青海民族研究》2010年第4期。

　　② 周大鸣主编：《文化人类学概论》，中山大学出版社2009年版。

第二次世界大战以后的人类学理论；当代文化人类学的理论。编者对现代人类学的理论史的分期采取静止时间的划分方式，理论流派自动归位，对理论史进行分类和编码。这样的分类方式是林耀华的历史阶段分期和马文·哈里斯的理论流派的折中的结果。在沿袭林耀华的历史阶段分期的基础上，对林耀华笼统归入二战后的人类学流派又细化为两个阶段：第二次世界大战后与当代。第二次世界大战前的理论流派分享了学科史共识，这样现代人类学的二阶段论就拓展为三阶段：新进化论、文化生态学和新功能主义归于"二战后"，结构主义、认知人类学、符号人类学、文化唯物主义、马克思主义人类学归于"当代"。文化相对论学派、新心理学派和社会生物学派遭到淘汰。通常怀特和斯图尔德均被归于新进化论的阵营，但是周大鸣将其拆分为两种理论主张。新功能主义通常指文化唯物主义，但是周大鸣将格拉克曼领导的曼彻斯特学派定义为新功能主义：关注不同社会文化中的竞争与冲突，将冲突的研究纳入了事物的通常范畴。① 当然从功能—结构主义的变革来看，给曼彻斯特学派"新功能主义"的标签更加贴切。② 在"当代"的理论分类中，周大鸣引入符号人类学，在已有的人类学史的体例中并不常见，可谓开了先例。在1990年的版本中，他将格尔茨译为"济兹"，音译的方式也非常陌生。"马克思主义人类学"亦较早引入，参考了戈德里耶（Maurice Godeier）的著作《马克思主义人类学的视角》（1977），对马克思主义人类学进行介绍。他并非像后来者使用"政治经济学派"，而是采用了这样的表述方式："马克思主义人类学的另一派着重于研究生产方式的接合形式（anticulation of modes of production），其代表人物包括沃尔夫、卡纳勒等。"③ articulation 又译为

---

① 周大鸣主编：《人类学导论》，云南大学出版社2007年版，第30页。

② 黄剑波在"人类学的理论发展过程"的写作中同样使用"新功能论"（neofunctionalism）指代格拉克曼的冲突论。参见庄孔韶主编：《人类学概论》，中国人民大学出版社2015年版，第47页。

③ 周大鸣主编：《人类学导论》，云南大学出版社2007年版，第36页。

"连接"。① 周大鸣长于人类学理论的历史分期的概括，疏于理论流派之间的联系与交流。例如，他指出：20 世纪 40—60 年代是当代人类学全面发展的奠基阶段，从 20 世纪 60 年代至今，人类学进入一个新的综合与分支专门化的发展时期。当代行为科学表现为科技性、综合性的特征。② 他对人类学理论演进的把握表现出对理论范式所依赖的方法论支持依据的兴趣。从相对静止的社会秩序到变动冲突的社会变迁，从结构语言学对其他学科的主导影响可以看到他对理论范式把握的依据。在 1990 年的原始版本，他有一小段是对杜蒙的种姓制度研究的介绍，到了 2007 年，这段文字删去。③ 在 2007年的版本，他坚信，历史研究是中国人类学为世界人类学做贡献的途径。到了 2009 年，除了历史研究，他又增加了应用人类学的作用。其理论主张具有浓厚的本土化、世俗化色彩和应用价值的取向。

庄孔韶编写了两组人类学教材：《人类学通论》和《人类学概论》，前者面向研究生教学，后者面向本科生教学。它们被多次再版，到 2015年，《人类学概论》是第二版，2016 年，《人类学通论》已经是第三版。这两本教材在人类学史的写作上采取了不同的分类体系。其中，《人类学通论》的理论史章节由张海洋执笔。《人类学概论》的理论史章节由黄剑波执笔。张海洋在"文化理论轨迹"将人类学史分为三个时期：理性—进化论时期（1725—1890），实证—结构论时期（1890—1970），理解—相对论时期（1970 至今）。作者将这三个时期定义为母体范式：同一时期内各学派的研究和共同母题和主导理论取向。由于学科史是一个连续统一体，而"母体范式"是人为的划分，所以不同时期的母体范式也会有叠压现象。④ 在笔者看来，张海洋的分类有一个特点：注重实证—结构论与

---

① 阿尔杜塞首次提出连接（articulation）的概念，其意是指一种连接关系，无论连接的是什么，都不会因此而形成一个统一体，被连接的成分基本保持不变，仿佛准备着分离他们自己。例如资本主义与前资本主义社会复杂的连接关系，无法用"文化接触"这一个概念来化约。生产方式的建构是马克思主义人类学首要分析的结构概念。参见布洛克对连接概念的介绍。参见莫里斯·布洛克：《马克思主义与人类学》，冯利、覃光广、陈为、蒙宪译，华夏出版社 1988 年版，第 176 页。

② 周大鸣主编：《人类学导论》，云南大学出版社 2007 年版，第 31—32 页。

③ 周大鸣主编：《现代人类学》，重庆出版社 1997 年版，第 38 页。

④ 庄孔韶主编：《人类学通论》，山西教育出版社 2003 年版，第 39 页。

理解—相对论之间的过渡期。这一过渡期大概是在 1945—1960 年，既可以看作是实证—结构论的余波，也可以看作是理解—相对论的先声。它包含文化生态学、新进化论、心理人类学、跨文化研究、马克思主义人类学和结构人类学。在理解—相对论时期，作者虽然引用奥特纳的分期观点：20 世纪 60 年代的自然—结构—符号，20 世纪 70 年代兴起的马克思主义人类学，20 世纪 80 年代进入的实践论，不过他更想了解：现在时间进入21 世纪，我们在中国感受到人类学又有哪些发展。出于理论史的叙述需要，他可能没有来得及回答。庄孔韶对理解—相对论时期的分类方式概括为："三学两论两研究"，总体的特征是"从对结构规律的关注转到对主体行动意义、象征符号、文化反思、新民族志和性别的研究上来。"① "三学两论两研究"分别是象征人类学、认知人类学、反思人类学、文化唯物论、实践相对论、社会性别研究、族群性与民族主义研究。在笔者看来，理解—相对论时期的理论划分几乎是黄淑娉的当代人类学体例：认知人类学、象征人类学、解释人类学与"文化的回归与文化批评"再混合以奥特纳论述的 20 世纪 80 年代的多元理论，以拼贴的方式完成 20 世纪70 年代以来的人类学理论发展构成，理论产生的时间和理论范式的连续与转换总是处在相互矛盾之中，连作者也自感勉强。反过来，奥特纳的学科史观点进入到中国人类学者书写当代人类学的视野之中，并且成为重要参考文献，这是需要注意的。

　　在黄剑波书写的"人类学理论发展过程"中，再次引入奥特纳的学科史思路，不过引用的方式不仅仅是参考，而是直接沿袭奥特纳的体例，按照 20 世纪 60 年代的自然—结构—符号构成的理论思潮，20 世纪 70—80 年代的结构马克思主义与实践理论。在此基础上，连接 20 世纪 80 年代表征危机以来的反思人类学的兴起，将当代人类学的下限延伸至 20 世纪 90 年代：后现代主义人类学与人类学的重构。② 这一做法弥合了黄淑娉等人迈向反思人类学篇章时出现的 20 世纪 80 年代跳跃，同时又对张海洋以勉强混合的方式吸纳奥特纳进入黄淑娉编撰学科史体例，起到溶解的作用，而且仍旧保留了张海洋的叙事逻辑，例如人类学百年的三大争论：

---

① 庄孔韶主编：《人类学通论》，山西教育出版社 2003 年版，第 64 页。

② 庄孔韶主编：《人类学概论》，中国人民大学 2015 年第 2 版。

文化与人性，个体与群体，科学与人文。2006 年，特纳的《仪式过程
——结构与反结构》已经由黄剑波翻译并出版，相较于黄淑娉等人通过
论文把握特纳的观点，对于中国读者认识特纳以及象征人类学的书写又是
一大进步。

2014 年，黄剑波出版专著《人类学理论史》，对于以往的学科史书写方
式进行了重构，他以三大范式来整合近百年的人类学理论史，分别是：历时
范式（进化论，新进化论，传播论），共时范式 1（社会决定论，历史特殊
论，功能论），共时范式 2（结构主义，认知与象征，现象与阐释），互动范
式（冲突与过程，马克思主义与实践论，后现代主义与人类学重构）。[①] 对照
2006 年的人类学史体例，可以看到，黄剑波跳出了奥特纳的学科史体例，从
方法论的角度提出范式确立与转移，摒弃了张海洋定义"母体范式"当中的
时间维度，充分照顾到多样化理论在理论范式的延续与对话关系。他将冲突
论、实践论和文本论整合在互动论的范式中，这在学科史编写体例当中不失
为创新。不过这样处理的问题是虽然在形式上理论的分类更加清晰，但是理
论之间交错的历史意识也会削减，这正是两难所在，因为理论的再生产与特
定时期的理论背景、社会处境以及历史意识是无法分开的。基于此，笔者采
取的写作体例是在尽可能保留特定历史时期的社会氛围与理论语境的基础上
做出的取舍。笔者在后文还会对黄剑波有关"以历时为分期标准"、"以个人
为理论流派的单位"的批评进行回应。

相较而言，夏建中有关理论史的分期呈现得单一而简洁，他以理论流
派为单位，选取了十种人类学理论作为理论史的叙述主体。[②] 这样做的长
处是他不需要对十种理论进行历史时间的再次整合与分期，而只需要将每
一种理论叙述完整、清楚即可。由于历史分期在学者的学科史体例里几乎
是长时段的呈现，从人类学的发轫、成熟、发展到分化，贯穿了人类学走
过的百年道路，连接了历史和当下。拉开战线的方式常常出现的问题是
1960 年以来的人类学理论演进与范式转型往往模糊、矛盾，现代人类学
与当代人类学的分类标准争论不休，再加上 20 世纪 80 年代以来西方人类
学理论本身就处于"四分五裂"的状态，考验国内学人对理论斑驳动态

---

①　黄剑波：《人类学理论史》，中国人民大学出版社 2014 年版。

②　夏建中：《文化人类学理论学派——文化研究的历史》，中国人民大学出版社 1997 年版。

的把握和总体方向辨认。学科史的书写问题常常出现困扰于理论翻译的选择和导向，例如1984年先后出版的《作为文化批评的人类学》《写文化》分别于1998、2003年翻译过来，这一选择给国内学人的印象是"反思人类学与实验民族志占据20世纪90年代的理论转向"。随着翻译和学术交流的开放与拓展，理论交流的孔道越来越顺畅，人类学理论的新格局也在"足不出户"的学术场域逐步呈现，例如2015年6月18日，赫兹菲尔德和乔治·马库斯受邀在复旦大学举行了一次面对面的对话——"二十一世纪的人类学：路在何方？"这对国内学人来说是一次有历史意义而又有理论趣味的邂逅，他们对同一个问题不同的回应在接触与对谈中碰撞，对话至少在某种程度上祛除某一时期翻译导向下单一孔道的理论影响。当西方学科史的书写问题不断被检讨的时候，夏建中的理论流派的介绍体例虽然缺失了理论史的本体存在，不过也获得了纯粹的理论工具性的品质保证，这便是以具体的理论为叙述本体的所长。不过稍加比较，就会发现夏建中这种做法来自于绫部恒熊的《人类学的十五种理论》的启发。① 夏建中将十五种理论选择、压缩、改造为十种理论，作了如下改变：1. 将"传播学派"包含的"历史特殊学派"独立出来。2. 将"荷兰结构主义"整合到"结构主义"。3. 删除"马克思主义"、"文化符号学"和"现象学和人类学"。② 将"文化唯物主义"整合到新进化论的行列。③ 3. 增加"法国社会学派"。④ 这一技术性处理需要在若干年后才能看到作者的前瞻性以及这种做法的普遍被接受。正是在1996—1997年期间先后出版的这样两本著作：《文化人类学理论方法研究》和《文化人类学理论学派——文化研究的历史》，为人类学史的书写工作奠定了不可磨灭的基础。从这

① 绫部恒熊编：《文化人类学的十五种理论》，中国社会科学院日本研究所社会文化室译，国际文化出版公司1988年版。

② 黄淑娉等人的1996年版本受到该书的影响，2004年第2版时则删去了"文化符号学"和"现象学和人类学"。

③ 夏建中对进化论的整合做法值得称道。黄淑娉等人的做法是整合新进化论和新进化论的第二代传人，将文化唯物主义独立出来。"文化唯物主义"在张海洋书写的理论体系当中突兀地保留一个位置。在黄剑波的2014年版本中，"文化唯物主义"消失了。这是一个非常有趣的现象。

④ 周大鸣在1990年版《现代人类学》中并没有介绍法国社会学派，后来在《人类学导论》增补进去，这可能受到绫部恒熊的《人类学的十五种理论》影响。

些著作能够窥见 20 世纪 80 年代西方理论传播和翻译的途径，例如夏建中对列维－斯特劳斯的介绍是通过列维－斯特劳斯发表（经翻译）在国内期刊和文集的多篇论文而作为立论依据。从拉长战线的讨论中，笔者也初步表达了"长时段"写作的诸种不尽人意之处。基于此，笔者采取了断代史的做法，将两次世界大战前后的战争影响作为特定时期理论史的问题意识提取出来，这是本书的出发点。

　　比黄淑娉和夏建中等人的理论著作稍早，1994 年，汪宁生出版一部方法论著作《文化人类学调查——正确认识社会的方法》，这部方法论著作语言朴实、以整体论为指导。虽然理论史并不在他的考虑范围，不过通过扎实的田野调查的经验渗透和方法论剖析，展示出其驾驭人类学理论的深厚理论素养。注宁生以田野调查视角，对理论史有着简要的回顾。理论史脉络清晰、言简意赅，几乎是百年理论史的凝练。这种凝练风格往往通过一句话来概括某一理论学派的全貌，诸如：赫斯柯维茨（M. Herskovits）为研究文化变迁及涵化等问题而作的调查；特纳和道格拉斯等所谓"象征学派"学者在非洲一些民族之中的调查。[①] 这些理论概括包含三元素：田野调查者、田野调查点和基于田野调查的理论学说。同样以田野调查为准绳，作者直言不讳地批评了学界的理论泛滥、纸上谈兵倾向："当前中国文化人类学田野工作进步不大，大家忙于利用前人的资料写出一本又一本大作，编出一套又一套丛书，而很少踏踏实实从事长期田野工作（当然，经费缺乏也是一个不容忽视的原因）。"[②] 有意味的是，经过十多年的学科发展，人类学的学科建设经费几乎以翻倍的速度"通货膨胀"，那么基于田野调查的理论（改革开放学科恢复以来）创造与贡献又进展到何种程度？应该如何评估？这一问题恰恰是笔者提出的，也是尝试在以后的理论整理和评论工作中着手进行的。这也许可能不乏汪宁生先生所批评的理论泛滥倾向，不过笔者尝试在适当总结有意义的理论价值与思考的目的中把握中国人类学当下的理论与实践状况。田野调查是理论的实证基础，反过来，理论也发挥田野调查的指导和推动作用。

_____

　　① 　汪宁生：《文化人类学调查——正确认识社会的方法》（增订本），文物出版社 2002 年版，第 5 页。

　　② 　同上书，第 8 页。

　　朱炳祥也是人类学教材编著的领头人之一。相较于编者，他的著者身份更加凸显。2004 年出版《社会人类学》；2006 年再版；2006 年又出版编著《人类学基础》。这些教材是朱炳祥作为人类学学科建设领头人的成果体现之一，理论史的雏形在 2004 年的《社会人类学》打下深厚的根基。作者以三大范式统领理论史：历史建构理论（古典进化论、传播学派、历史特殊论派、新进化论）、整体分析理论（法国社会学派、功能主义学派、结构主义人类学）、意义探求理论（象征人类学、解释人类学）。在 2006 年的再版中，作者增加了第四个范式：后现代人类学理论（反思人类学、实验民族志）。同时为四个范式补充了诸多案例与经验："阅读材料全部以素材的形式呈现，其中大部分是我在周城和摩哈苴长期田野工作中收集的原始调查"。① 编写教材的目的是什么？黄淑娉等人的著作在这方面有着高度的自觉意识。同样，朱炳祥也在身体力行探索克服教与学的教学困境、（不在田野讲授田野方法）的理论困境的理论与经验的连接方式。他是这样回答的："实践教学的基本理念是联系实际领悟书本理论知识，在实践中提高学生的综合素质。实践对于知识掌握的重要性，课堂教学对实践进行补充的必要性。"② 从理论史的分类体例来看，朱炳祥提炼三大范式：历史建构理论、整体分析理论和意义探求理论与张海洋的分类体例极其相像：理性—进化论、实证—结构论与理解—相对论，但是又相互区别，张海洋在"实践—结构论"的大类当中涵盖了历时与共时，因为他是严格按照历史分期划分所致，朱炳祥则是按照历时与共时确立大类范畴的边界。不过，二人在文化相对主义的范式中取得一致。仅从分类的形式而言，黄剑波的理解与朱炳祥更为接近，但是从互动论的范式厘定透露出黄剑波试图涵盖 20 世纪 60 年代以来理论驳杂局面更大的企图和进取心。从写作思路的端倪来看，跳出历史分期的根深蒂固的认识论影响，朱炳祥的理论范式整合的眼光具有前瞻性。略有不足的是，他对于结构—实证论的范式瓦解之后的理论多样性的包容与吸纳略逊于张海洋。不过，

---

　　① 朱炳祥：《社会人类学》，武汉大学出版社 2006 年第 2 版，第 2 页。作者在大理周城做过一年的田野工作。摩哈苴是云南南华县的一个高山彝族，作者自 1995 年以来一直对该村进行跟踪研究。参见作者在《人类学基础》的自述。载朱炳祥、崔应令编著：《人类学基础》，武汉大学出版社 2006 年版，第 3 页。

　　② 朱炳祥：《社会人类学》，武汉大学出版社 2006 年第 2 版，第 2 页。

他以准确的语言表述理解—相对论时期："自 20 世纪 70 年代至今，是意义解释理论时兴的时期，其特点是各种理论呈雁行状、多元化和'去中心化'的趋势"。① 从理论史的研究积累和丰富总是能捕捉到翻译事业的进展，这两者相互砥砺，到了朱炳祥这里，《努尔人》等民族志经典迅速吸纳入他的理论史编撰之中。② 在其 2006 年版中，他在马林诺夫斯基的章节当中补充了《西太平洋的航海者》民族志内容。③ 虽然《西太平洋的航海者》和《努尔人》均是 2002 年翻译出版。其他修正的细节不尽其数。在短短两年期间，朱炳祥对待新兴理论成果海绵般的吸收和更新在 2006 年的版本中达到了尽可能的自由的舒张。其次，朱炳祥在人类学教材的编写中注重理论与中国经验的衔接与转化，个案往往选取素材（包括田野笔记），尽量避免理论化的经验研究。他的这种努力使得人类学的理论教学打上了"人类学中国化"的烙印，呼应了作者的教学理念：理论与实践相结合。当然理论史的书写追求是不会止步的。在朱炳祥编著的《人类学基础》中，他介绍了马林诺夫斯基和格尔茨的文化理论，他采用文本细读的方法，对个人展开专题式的研究，这和以往的概论式教材编写的理论史写作体例极为不同。其中，为了理解格尔茨"深描"的含义，作者以孙犁的《白洋淀》小说为例，讲解格尔茨关于深描的三个关键性句子，以中国读者熟悉的文化语境与行为经验对接格尔茨讲述的"科恩与羊的故事"，细致入微，鞭辟入里。④ 解释人类学作为文本论的微妙之处就在于既是文学阐释，又是语言、行为与意义相互缠绕，打破了小说与民族志的边界，所以格尔茨以"模糊的边界"来界定阐释人类学渗透的社会科学的知识生产状况。阐释人类学冲击科学民族志的范式，在民族志的作者权威发生巨大陨落的田野现实中不放弃作者的写作主体，在协商和对话中继续文化的阐释事业，支持"作者的功能"：民族志作者不能放弃他/她的权威，这一权威不可避免地在写作中显示出来。⑤

———————————

① 朱炳祥：《社会人类学》，武汉大学出版社 2004 年第 2 版，第 8 页。

② 同上书，第 56—59 页。

③ 同上书，第 59—61 页。

④ 朱炳祥、崔应令编著：《人类学基础》，武汉大学出版社 2006 年版，第 189—194 页。

⑤ 马力罗：《时间与民族志：权威、授权与作者》，吴晓黎译，《民族研究》2014 年第 5 期。

从理论史写作的时间顺序上，无疑蒋立松主编的《文化人类学概论》较早提出文化人类学的理论流派的三大范式：起源——历时阶段；结构——共时阶段；意义——互动阶段。作者对学科史提出三点意见，表达了作者对时间的理解：1. 我们不赞同对时间做人为的意义操弄。换言之，以今人的目光评价过去，对理论的褒贬打上了意识形态的烙印。2. 对两个"历时"有必要加以区分。两个"历时"一个是学科史写作的顺序安排，一个是范式研究的方法，所以一个是时间上的历时，一个是观点上的历时。3. 人类学学科史虽然表现为不同的理论或范式，但它是一个连续的统一体。新范式的产生往往是在前面范式的基础上或者是对其的批判与争论中著新立说的。学习理论史重在领悟各个理论或范式间的区别与联系。① 尽管坚持相似的理论范式，理论流派与理论范式的关系厘定又因为研究者的不同产生排列组合的差异。学科史出现的这种理论流派排列组合的"万花筒"效果，笔者套用蒋立松的概念，称其为"意义操弄"。也就是说，无法避免意义的操弄，理论史也是一种选择的制作。那种面面俱到的理论史拼贴模式看似包罗万象，实际上又于思想的启蒙甚为贫瘠。对照蒋立松和黄剑波的范式的具体构成，差别又显现出来：1. 新进化论在蒋立松的历时体系中没有占据一席之地，而被黄剑波补充进去。2. 象征人类学在蒋立松的共时体系中缺失，也被黄剑波补充进去。3. 黄剑波将阐释人类学归置于共时范式，蒋立松将其归置于意义—互动阶段，指的是研究者与被研究者的互主性，这是一个逐渐互动的过程。② 4. 蒋立松将巴斯的（族群）互动论引入到意义—互动阶段，是他的理论体系的一大亮点。编者专用一章："族群与族群认同"，引入族群议题。可见人类学概论的编写体例离不开高校所在的地域、环境和需求，例如周大鸣的概论体例侧重于都市人类学，关注农民工的城市适应和城市化进程。朱丙祥带领学生到云南周城开始田野调查的训练，以寻找他者的方式体会文化多样性。这说明人类学概论的编写具有地域的多样性和实践的多样性特点。5. 黄剑波将马克思主义人类学与实践论联系在一起，充分考虑到20世纪70—80年代，关注实践和行为，注重结构与个体实践的互动关系，对以往的人类

① 蒋立松主编：《文化人类学概论》，西南师范大学出版社2008年版，第140—141页。
② 同上书，第149页。

学对规则、结构与规律的研究发生了较大的异见。总之，蒋立松和黄剑波
对待理论范式的差异体现在排列组合的"观点"理解方面，并不构成实
质的分歧。蒋立松编写的这部人类学教材力图实践"人类学中国化"，翻
开这部教材，理论与西南少数民族的田野调查和民族志经验有机地结合，
配以西南少数民族文化活动的图片。在梳理了西方人类学理论史之后，蒋
立松进入中国人类学的篇章，探讨"人类学中国化"的概念与实践。他
反对把中国人类学看作是移植和借入的结果，勾勒了中国人类学经历的学
术思潮的进程，表现为中体西用——全盘西化——中国文化本体论——中
国化的发展轨迹。他总结了人类学的中国经验：1. 善于总结民族史。2.
注重田野调查。3. 强调实际应用。① 从这些论述来看，编者对人类学中国
化的理解定位于理论的经验范畴的应用与转化，以及自身的文化传统与资
源的学理化，"人类学在中国的出现只不过是一个形式与内容的对接罢
了"。② 笔者认为，中国人类学史的书写需要另文探讨。

　　1997 年，和少英出版《社会文化人类学初探》，2003 年再版，2006
年已经是第三版。编写这部教材，和少英出于这样的想法："要想真正建
立起具有中国特色的民族学体系，恐怕还需要从理清基本概念等一系列基
础工作做起。——本书便是在这方面所做的一些粗浅的尝试。"③ 和少英
是活跃在云南民族学院的民族学、人类学的学科带头人，他在弗尼吉亚大
学人类学系访学，这里是特纳度过最后的 6 年岁月的地方，留下了他的象
征人类学的宝贵遗产，至今犹有影响。和少英与美国人类学同行接触、交
流，对特纳的象征人类学有真切的感受。他也曾经在英国伦敦大学访学，
受到马林诺夫斯基、利奇、莫里斯·布洛克的理论影响。1994 年，他组
织翻译了《重新把握人类学》，这一著作是 1989 年的会议论文集，回应
后现代人类学导致的认同危机，维护民族志权威的集体写作与讨论产物。
20 世纪 90 年代，和少英邀请弗尼吉亚大学人类学系弗雷得里克·H. 戴
蒙（Frederick H. Damon）教授，在云南民族学院作了题为"区域体系模
式得研究与库拉交易圈"的学术报告。除了学术交流，在云南开展田野

---

　　① 蒋立松主编：《文化人类学概论》，西南师范大学出版社 2008 年版，第 151—155 页。
　　② 同上书，第 152 页。
　　③ 和少英："从三个术语的辨析看中国民族学的发展方向（代前言）"，参见和少英：《社
会文化人类学初探》，云南大学出版社 2006 年版，第 8 页。

调查也成为吸引双方交流的途径，致力于云南民族学院和弗尼吉亚大学人类学系的实质合作。① 和少英除了对美国人类学现状较为了解，与何翠萍、魏捷兹等台湾人类学学者联系紧密，从台湾获得诸多西方人类学的理论研究的成果。他的学术经历非常丰富。20 世纪 80 年代末，童恩正在各地进行摩尔根的理论批判的学术报告时，他和童恩正还有过交流，他发现：童恩正的许多观点并没有收入论文。和少应对于苏联的民族学较为了解，多次参与中国民族学的学科建设、论坛讨论，这些丰富的经历使得他培养出全能的理论认知能力，促使他较早进行民族学与人类学的整合，尤其是遵循国际的人类学学科惯例，从事人类学的理论建设。由于这一"双边"学科资格或身份，和少英提出：用大民族学涵盖民族学与人类学的"名"之争，化解学科矛盾，着手于人类学的理论建设与学科建设。这一务实的做法产生的优秀成果便是继黄淑娉等人、夏建中之后第三本人类学理论史专著——《社会文化人类学初探》的出版。

这部著作并不刻意用范式整合理论流派，而是以介绍、阐述理论流派的具体观点和理论问题为理论史的叙述本体。因此目录类似于夏建中的十种理论流派，不过和夏建中的理论流派的选择并不尽然一致。和少英并未论述法国社会学派、阐释人类学，而是将历史特殊论和文化—人格学派分立而说，将"利奇与新结构主义"与"特纳与象征人类学"分立而说。该书在切入 20 世纪 80 年代的理论动向的时候，独辟蹊径，以自己参与翻译的《重新把握人类学》背后关联的理论事件为线索，进入当代人类学的叙说中。这样的切入方式使作者避免了被《写文化》《作为文化批评的人类学》的翻译带入反思人类学和实验民族志的 20 世纪 90 年的后现代主义理论格局之中。《重新把握人类学》正是深受后现代主义困扰和冲击背景下来自高级专业工作者"社群"的理论回应与学科权威的捍卫。以事件来切入当下人类学理论动向的叙事，使 20 世纪 90 年代的理论格局呈现出复杂的认知层次和中心与边缘的非连续性矛盾展开，这样的"观察性参与"的写作方式使作者免于"人云亦云"，带来了学术交流的真实互动的场景感。

---

① 和少英：《美国弗尼吉亚大学人类学系的"象征人类学"教学与研究》，《云南民族学院学报》1991 年第 2 期。

　　难能可贵的是，和少英以研究式的风格言说每一理论流派的论点和延伸，超越了教科书的介绍功能。在采用英文文献介入理论论说的严谨和幅度方面，大于黄淑娉等人的论著。进而，对马克思主义人类学的评说，较为贴近马克思主义人类学的原貌。针对亚细亚生产方式，他结合西双版纳傣族的社会结构，表达了苏联民族学根深蒂固的"五阶段论"的异议："如果没有强大的人民民主专政的国家政权作保障，没有较先进地区民族的鼎力相助，处于原始公社制、奴隶制、封建领主制和封建地主制等前资本主义社会多种形态下的诸少数民族，一下子跨越一个乃至数个历史发展阶段而进入社会主义社会，这是不可想象的。"① 从童恩正质疑摩尔根的进化论开始，相较于夏建中悬置马克思主义人类学作为意识形态与理论的缠绕关系，和少英开始着手清理苏维埃民族学和马克思主义民族学的意识形态障碍，不能不说为学术思想的解放迈开了一小步，同时也意味着中国人类学的理论范式即将发生悄然的转变，这仅仅是序幕的拉开。

　　当然他以研究的态度对待理论流派的学术风格也值得分析。笔者发现，和少英长于把握20世纪80年代以来的人类学理论动向，诸多论述从全局出发，干扰项排除能力强，思路清晰，表现出稳健的学术力量。不过作者对理论流派的论述还缺乏另一个维度的阐释。也就是说，全局的论述限于结构式的框架，而忽于理论的建树者和文本之间的思想变化、观点表述的层次以及理论的想象力，例如马林诺夫斯基与弗洛伊德的对话关系有何启发？埃文斯－普理查德对石头的象征可以放在何种处境下理解象征的真实？贝特森对纳文的欣赏是否包含了对自身母国处于第二次世界大战升级的四分五裂的忧思？新结构主义与象征人类学的区别相较于结构主义的区分要温和许多……换言之，理论空间的"重新理解"的自由尚未释放，需要另一个维度的问题意识激发理论本身的诠释力和批判力。笔者写作两次世界大战前后的人类学理论史，就是出于这一思考，回归"重新理解"的道路。

　　理论终究是为现实服务。从西方理论史的当下困境出发，和少英对中国人类学提出了问题：

---

　　① 和少英：《社会文化人类学初探》，云南大学出版社2007年版，第149页。

　　中国民族学/人类学界也同样面临着如何实现对本学科"重新把握"的问题的十分严峻的挑战。进入 20 世纪 90 年代以来，尽管众多的学者多上述种种问题进行了多方面的探索和尝试，但可以说迄今为止还未能找到一条可行的路径。处于新世纪之初的中国民族学/人类学究竟出路何在呢？①

　　在接下来的讨论中，虽然他提出了种种改良意见，例如开展田野调查、清除门户之争、加强人类学的中国化与国家化的交流、推动应用人类学的研究、扩大新兴的分支学科的建设等。但是这些对策和意见仍旧离不开基础理论的立足点。他是这样表达的："一方面引进西方国家的人类学理论与方法，通过批判性地吸纳为我作用；另一方面要通过实践，创造性地拿出一批具有'中国特色'的成果，在国际人类学领域使我们中国民族学/人类学派占据一席之地。"相较于蒋立松对人类学中国化的论述："中国学人一方面信守人类学本土化的重要性；另一方面也在开放世界中接触全球，双管齐下，其实也正如人类学反观的做法，以国际照鉴中国，推人及己，探索世界中的'中国化'道路"②，和少英的论述要更为激进、更有理论的抱负。但是如何通过实践创造性地拿出一批具有"中国特色"的成果？仍旧回到认识论的出发点和构建的可能性。他意识到这个问题，但是又匆匆地绕过，将问题回落到费孝通的"文化自觉"的指导思想上来。他具体论述道，费孝通提出了"文化自觉"等一系列主张，为民族学/人类学的学科发展指引路向，对广大民族学/人类学工作者真正实现对本学科的"重新把握"，提供了一个参考架构。依笔者拙见，20 世纪 80 年代以来西方人类学理论的实践转向是民族志权威受到冲击的回应，由此衍生的中国人类学自 1980 年恢复并重建以来"重新把握"自身理论处境与实践动向的问题。把握什么？过去是什么？当下的问题又是什么？一系列问题接踵而来。当西方人类学的"重新把握"转向自身的时候，提出的问题远远比解决的问题多。中国人类学研究者的身份主体和中国人类学的理论本体相互发问，分歧和矛盾远远大于共识和统一。如果说中国人类

---

①　和少英：《社会文化人类学初探》，云南大学出版社 2007 年版，第 200 页。
②　蒋立松主编：《文化人类学概论》，西南师范大学出版社 2008 年版，第 155 页。

学同样进入"百家争鸣"的理论新格局,那么理论的迷惘亦是思想谱系的迷失。

2008 年,由招子明和陈刚主编的《人类学》里面收录了两篇和人类学史的论文,一篇是詹姆斯·G. 皮普尔斯(James G. Peoples)的《文化人类学》,探讨了人类学史的发展历程中经历的人文与科学之争。另外一篇是王铭铭的《西方人类学的学派和传统》,这篇论文以国别人类学的单位分别介绍英国人类学、美国人类学和法国人类学,注重三者之间的联系与交流。① 王铭铭指出,美国人类学受到德国"文化"概念的影响(文化没有高低之分),以为文化是独立的单位,英国人类学受到法国"社会"概念的影响(社会分类与社会组织相互反映,构成社会实在),主张民族志的全面描写与记录,文化发挥了社会的工具作用。他以萨林斯、福柯和莫斯为例,介绍法国人类学的物的思想,由原始社会、古式社会的物与人的交换关系批判现代社会被物支配造成的现代思想"断裂"。出于构建文明社会的人类学的学科目标,对英国人类学有所批评(缺乏历史和"他者"),对美国人类学有所选择(注重美国的文化传统,例如文化决定论和象征人类学),法国人类学的地位受到推崇并大大提升(注重分类与符号,关注语言与社会的关系,具有文明社会内化的自我约束的精神追求)。②

孟航以自我与他者的关系视角,切入人类学史的分期问题。他批驳了以流派和以文化为分期维度存在的问题,重申人类学的本质是理解他者的一门学问。根据自我与他者的关系的变化,他将人类学史调整为七个时期:1.("自我")想象"他者"——站在西方看世界。包括古典进化论和传播学派。2. 寻找"他者"——到"他者"中去。包括功能—结构主义和历史特殊学派。3. "他者"之间——多点比较。包括法国社会学派、布朗的比较社会学以及本尼迪克特的文化类型等。4. "他者"有共性吗?——深层结构和规律。包括结构主义、英国的曼彻斯特学派和新进化论。5. "他者"历史的发现——并非"无历史的人民"。包括殖民主义的

① 王铭铭:《西方人类学的学派和传统》,载招子明、陈刚主编:《人类学》,中国人民大学出版社 2008 年版,第 314 页。

② 同上书,第 334 页。

反思和马克思主义人类学。6. "他者"自身的实践和意义——多元的宇宙观。包括象征人类学与解释人类学。7. 从"他者"回归"自我"——"自我"的"他者"化。布迪厄、施奈德、萨林斯等人对资本主义社会的反思,反思人类学也是其中的动向。孟航认为新的分期有这样的特点:"一条线"(百年历史)、"两重看"(兼顾学派和文化的两个维度),"不长补短"(各阶段长短合适,清晰、明了,便于展开讨论)。他总结道:"以自我和他者作为核心问题,通过他者来理解自我,成为西方人类学发展史的一条主要线索。只有把握了这条线索,才能看清西方人类学的本质"。①

正如上文所述,将同一个时期背负相通的学科使命的理论流派的动态关联起来,这样就将国别人类学的边界打破,而放在超越学派和国家的视野中整合人类学学科的理论思潮汇合为总体史。这一新的范式不同于以往的范式构建,例如张海洋提出的时间和内容相互包裹的三阶段论,蒋立松和黄剑波等人以方法论为维度的三阶段论,当然也不同于翁乃群提出的从异域回归本土的"时空变迁"范式。翁乃群考虑的是田野调查的场所在时空意义的变迁,以此粗略地勾勒 20 世纪 60 年代以来西方人类学发生的巨大的环境变动和思想回应,并对美国的本土研究划分出三种类型。之所以会发生如此大的时空变迁,翁乃群认为与殖民地的变迁、学界对两次世界大战的反思、包括对自身传统理论和方法的反思和批判、研究对象的变化,以及原先研究的社会文化本身发生的发展变化等有关。全球化已经成为现实的力量改变世界的任何一个角落。② 这一新的范式兼顾时间与文化,以涵盖性的思想史包容了民族国家范畴的学派和学说。这七个阶段从他者与自我的逻辑关系上属于层层递进的关系,综合了翁乃群的时空变迁的维度。作者抓住了一个关键的线索:人类学理论为认识他者、理解他者提供了研究工具。因此,如何理解不同于自我的他者的文化,就成为人类

---

① 孟航:《西方人类学发展史的再认识与中国人类学的未来——在"他者"中理解"自我"》,《广西民族研究》2007 年第 3 期,第 64 页。

② 翁乃群:《美、英社会文化人类学研究的时空变迁》,《民族研究》2000 年第 1 期。翁乃群将费孝通等功能结构主义的实践先驱看作是本土人类学者。这篇文章对国内人类学产生的影响是支持汉人社区的研究,文章勾勒的西方人类学的本土化趋势被用来论证中国人类学本土化的合法性。

学从事异文化翻译事业的永恒的激励，从经济、政治、生态到象征、艺术、宗教与仪式，再到意义、价值、世界观以及民族精神，这是参与观察的方法论、文化相对主义和文化认知相互综合的精神产物，同样也充满了矛盾。文化的争辩场是一开始就存在的。略有不足的是，自我与他者的关系之所以能够建立并且发生转变，它所维系的学术共同体以及个体的具体的现实依存条件和处境是怎样的，激发"自我"移情于"他者"的核心问题意识是什么？轴心思想和边缘的人类学思想之间的相互激发与批评哲学的价值又是在何种情境获得？它关系到理论思潮和学术共同体相互联结的物质基础和条件，换言之对理论存活的生命物质的"重新把握"。笔者尝试在学者个体的处境和理论思潮的情境中展开理论史的修复工作，它需要细致的理论对话关系对战争时代的现代人类学发轫和成长的集体经历加以展现和感知。

以上是笔者对中国人类学者历经前后三代人先后投入的西方人类学史的梳理工作的梳理和回顾。从杨堃、林耀华到黄淑娉、童恩正、夏建中再到周大鸣等三代人，构成了人类学的学术梯队。从地域而言，教材编写者大多是中山大学、中央民族大学、武汉大学、西南大学、云南大学等高校的人类学、民族学学科带头人，边教边学、教学相长的状态也使人类学中国化的探索自人类学中断半个世纪以来重新起步、积累并取得了可喜的进步。由于处在不同的地域，探索人类学中国化的方式是不同的，例如中山大学强调都市人类学，注重人类学向工业社会的拓展和应用；西南大学强调西南少数民族的田野调查，用经验来对接人类学的概念；朱炳祥善于从自己田野调查经历挖掘"近经验"，与理论依据的"远经验"贯通，从而"化生为熟"。和少英谨慎地祛除马克思主义的意识形态对云南田野调查的社会事实的理论障碍，重新评价马克思主义人类学，表现出了难能可贵的求真的勇气。更为务实的是，他建议停止民族学与人类学的名位之争，腾出精力投入基础理论的整合与沟通工作（为此做了大量的第一手文献的准备工作），这是民族学和人类学共同的学科关怀和共享的理论根基。正如现代人类学处于鼎盛的实证—结构主义时期，中国人类学的学术团队依靠自身的条件和优势，因地制宜，探索适合学术开展研究的自我与他者的关系，发挥人类学的应用价值和发展人类学世俗化理论的面向。正如王铭铭所言，无论怎样对人类学理论史进行研究，"都站在中国自己的土地上来认识它们、解释它们，否则就可能成为个别人类学派的传声器了"。①

从 1980—2010 年之间，国内出版的人类学理论史相关著作和人类学概论教材层出不穷并不断完善。从中看到国外人类学经典名著的翻译与理论史的丰富认知有着相辅相成的关系。翻译有助于理论史的认知，反过来理论史的介绍和解读又会促进理论流派的普及和借鉴。从事理论史的研究者往往也是组织西方人类学著作翻译的学术策划人或者自己本身就是身体力行的翻译者。例如王铭铭组织编写了《西方与非西方》，将格尔茨的《地方性知识》与《文化的解释》较早引荐到国内。庄孔韶组织编写了《人类学经典导读》。黄剑波翻译了特纳的一系列仪式研究的经典著作。高丙中组织翻译了《写文化》。王建民组织翻译了《人类学的历史与理论》等理论史著作。翁乃群对西方人类学理论前沿的卓越把握，使读者能够通过他"剪辑"的理论史文本了解到西方人类学正在变动的理论格局，尤其是亲属制度的研究范式的转变。② 西方人类学理论史的学术成果与中国人类学的学科建设和田野实践有着密切关系。有选择性的理论史的构建和吸纳丰富了经验研究的理论资源。就理论体系而言，不像实证—结构主义时期那样达成理论流派的共识、统一意见，进入后现代主义人类学加剧分化的 1990 年以来的学术场域，就显得喧嚣热闹而又不得要领，理论史对"当代"的把握要远远逊色于"现代"。有意味的是，当代人类学愈见分化的理论格局和后现代的理论检讨反倒占据了理论生产力的"热动力"。这样的理论导向作用虽然使中国人类学能够迅速在与"国际化"接轨的平等的位置进行言说和对话，但是问题也在慢慢地浮现，这些弥漫权力警醒和"游荡的人类学"、自我批评的人类学呓语正在把人类学带向田野经验向理论征询、模糊其词、无所适从的民族志生产状况中，这一过程和理论史经历的当代理论的迷惘一样，解决的问题远远不如提出的问题之多。也因此，笔者在从事理论批判的学术史梳理工作的时候，反而回到共识相对统一的现代人类学的历史叙事。这是笔者的选择，也是笔者的考虑。某一老问题会如"幽灵"一样不断地造访、"干扰"当下的田野调查

①　王铭铭：《西方人类学的学派和传统》，载招子明、陈刚主编：《人类学》，中国人民大学出版社 2008 年版，第 314 页。

②　2015 年 11 月 9 日，笔者邀请翁乃群教授来上海大学社会学院开设讲座："藏彝走廊与'家屋'组织"，"家屋"组织是亲属制度研究范式转换的关键概念。

和认识论思考。它并不是过时理论的死灰复燃，相反，它是理论焕发青春的瞬间，在科学民族志和实验民族志托起的人类学百年的肉体之躯之上，依旧生动鲜活。在笔者看来，战争为现代人类学铸造的历史时空，虽然已经不复存在，不过理论遗产依旧影响深远，它主要体现在塑造民族志可靠品质的文化理论的洞见与发现。换言之，文化依旧是人类学理解他者的理论载体。民族志品质绝不是经验的堆砌结果，相反，构成民族志灵魂的是理论对经验的召唤和集结。无论是行为还是象征，民族志不得不在经验和看不见的概念中为文化贡献认识论的综合和创见。"理论指导实践"是诸多教材的编写者不断重申的学科目的。现实的问题是理论到底在何种意义烛照实践？而并非"实践检验真理"的反作用使然。不断回到理论对话与思辨的旧战场，并非虚无，它为中国人类学思考"建设有'中国特色'的理论体系，在国际人类学的领域占据一席之地"等这样的"惯语"中提供了些微的理论史经验与启示。从 1980—2010 年，短短 30 年的人类学理论史的书写历史，也在回应中国人类学自身"重新把握"理论创新和学科使命的机遇与选择。

二　人类学史的分期问题

中国人类学者对西方人类学史的介绍是从马文·哈里斯的《文化唯物主义》、《人类学的兴起》和《文化人类学》等著作的翻译开始的。在翻译他的著作之前，杨堃于 20 世纪 80 年代较早完成《民族学概论》。这部著作打上了亲历者的烙印，因为杨堃早年法国留学，师从于社会学派。通过他的记述，不仅可以对法国社会学派的理论有真切的了解，而且可以了解到 20 世纪 30—40 年代西方人类学学说传播入中国的实际情况和思想交流的动态。在他的著述中，总是会补充某一学派的代表人物来中国讲学的情况，受其影响，哪些中国学人开始了田野调查和学术研究。例如德奥传播学派的史密斯来北京师范大学讲学，北京师范大学也成为德奥传播学派的思想中心据点。林耀华和杨堃书写西方人类学理论史有一个共通的认识，那就是批驳西方人类学史，确立马克思主义民族学的指导思想和理论体系。这一清晰的写作任务到了黄淑娉、龚佩华这一代受到民族学理论训练和从事少数民族调查的学人手里，就出现了问题。

全盘否定的西方人类学理论只不过是历史阶段的产物，虽然民族学、人类学的恢复，重新认识西方人类学理论就变成熟悉的民族学理论体系必须面对的一个陌生的对象了，例如吴文藻、林耀华等是推动和介绍西方人类学理论在中国运用的理论史学者的先驱。在这种需求下，西方人类学理论史的书写就成为首要任务。随着马文·哈里斯的人类学概论教材的介绍与翻译，新进化论和马克思主义人类学成为马克思主义人类学/民族学理论体系书写和掌握西方理论史的首要理论武器。在早期的教材编写中，新进化论、马克思主义人类学和文化唯物主义占据重要的理论位置。与之相对，象征人类学、符号人类学、解释人类学就变成对立物的存在。而功能一结构论以其系统的田野调查和整体的文化论为特色，为人类学的理论研究打下了扎实的实证基础。看似统一的理论方向，唯物压倒唯心的理论正确性的体现，在这样的理论史编撰体例中还是遇到了叙事逻辑的矛盾问题：此马克思主义人类学反对彼马克思主义人类学，叙事不得不继续在批驳和否定的方向上进行"灭火式"的防御性工作。这种知识生产的状况起初还只是对摩尔根的进化论的怀疑，后来演变为亚细亚生产方式的否定与"五阶段论"的论证，苏联解体后苏维埃民族学理论依旧取得可喜成果等自相矛盾的认识论状况，知识的合法性距离现实与事实越来越远。尽管如此，人类学理论史的历史分期以及相应的理论体系并没有发生太大的改变，只是在理论的排列组合的选择中发生微调和变更。

造成象征人类学、认知人类学和解释人类学在理论体系中相对边缘的地位原因和翻译有一定的关系。由于资料获得的局限，研究者不得不借助收入论文集的单篇论文或者《文化人类学的十五种理论》等类似的工具书来了解原典的思想。王铭铭回忆道："我写作这些讲稿时，在解释人类学、东方学、后现代主义、历史人类学等方面，还没有完整的中文译作，这些年在一批学者的共通努力下，它们的代表之作已刊出不少。"[1] 随着越来越多的人类学著作翻译与引荐，马文·哈里斯的文化唯物主义在理论史的影响在 20 世纪 80 年代就已衰退，再加上马克思主义人类学对其的批评，种种迹象表明人类学的"冷战"格局正在走向瓦解。在马克思主义人类学的意识形态形塑的理论框架略微松动的背景下，功能一结构主义的理论地位悄然上升，更加微妙的是，马克思主义民族学的核

---

① 王铭铭：《西方人类学思潮十讲》，广西师范大学出版社 2005 年版，第 5 页。

心概念——"经济文化类型"向生态人类学、经济人类学转化，民族学现代化的意识带来的紧迫感促使民族学界做出理论调整和行动回应，例如原始社会史的学科目标需要为民族学现代化服务。从理论引入就致力于"经世致用"的功能学派被重新发现了它的工具价值，重视田野调查的需求使功能学派再一次出现在民族学、人类学学界的理论视野中。功能学派的地位上升和汉人社区的调查又密不可分。因此翻译功能学派的民族志著作，介绍和研究功能学派的文化理论就成为人类学理论建设的"热点"。功能学派的工具价值和应用性课题紧密结合，费孝通的"小城镇"调研开展并延伸、超越社区的理论意识趋于成熟，打开了社会学的新局面。乔健将费孝通实践的功能学派理解为"历史功能学派"，是较为深刻的认识。1983—2003 年田野回访运动带动了人类学的复兴，社区研究是功能—结构主义的绝佳实验室。[①] 多重因素的相互作用，使得功能—结构主义在理论史的书写中占据了核心地位。

　　理论话语权的上升与下降有偶然性，也有客观的外在影响，例如西方人类学理论史的参照系始终在发挥"在场"的作用。20 世纪 60 年代以来西方人类学发生了本体论的转向，文本论的文化批评与反思形成一股强劲的思潮冲击、破坏西方人类学的实证—结构主义依存的本体论基础，科学民族志的权威遭受极大的瓦解和诘问。正如进化论无法规避功能—结构主义的批评一样，功能—结构主义的价值重估的时刻也总会到来。1996 年，王铭铭发表《功能结构主义的重新评估》预示着文化从经济基础向上层建筑转向的诉求得到回应，不过向文化挺进的道路并非一帆风顺。[②] "写文化"表征危机进一步扩大功能主义的批评舆论，但对于王铭铭而言仅仅是幌子，从文本论到本体论的重新辨认道出了作为"文化决定论"操盘手的真实心迹。[③] 从推崇格尔茨到批评格尔茨，原因在于格尔茨的文化类型依旧没有历史和他者，需要借助法国人类学偏爱的"古式社会"寻找"天下观"的理论支持。传统对现代化的批判价值、整合价值得到回应，"传统的复兴"占据学术"热点"。文化转向具体指经济文化类型、社会组织及其手段向仪式、宗教和神话的象征寓意转变，象征价值与意义成为民族志关注并阐释的理论指向。文化转向的理论支

①　马丹丹：《中国人类学从田野回访中复兴（1984—2003）》，《广西师范大学学报》2015 年第 5 期。

②　王铭铭：《功能结构主义的重新评估》，《北京大学学报》1996 年第 2 期。

③　王铭铭：《当代民族志形态的形成：从知识论的转向到新本体论的回归》，《民族研究》2015 年第 10 期。

持工具落在了象征人类学、认知人类学以及解释人类学等"理解—相对论"理论阵营的肩上。费孝通晚年的文化思考对于功能学派的应用导向有一定的缓解作用，他发现：物质的富裕无法应对精神的贫穷，文化的衰退是发展人类学无法漠视的自主性丧失。费孝通晚年对儒家的理学传统和礼仪有了更深刻的体认，他不再像《乡土中国》那样将礼放在"合式的路子"理解，而是从他的差序格局的范畴延伸出来，发现了文化的价值和艺术的魅力。他对早年他的老师史禄国的"精神情结"（ethos mental complex）和潘光旦的"中和位育"有了"重新把握"。① 人类学的文化转向与费孝通晚年的"文化自觉"思考相融合，格尔茨的解释人类学尤其给予长期被马克思主义人类学排挤的"意义之网"的诠释空间。特纳的仪式研究唤起接受人类学研究生教育的年轻学子的理论热情，玛丽·道格拉斯的《洁净与危险》同样被年轻学子奉为圭臬，利奇作为媒介激发了年轻学子对结构主义的学习和运用尝试。象征人类学和解释人类学更多的是在相通性和相似性的理论背景的前提被接受并汇合。

　　至于后现代主义的人类学的"反相对论"导向，促使中国人类学拥抱进一步的理论框架的开放性与全球化的多元力量的渗透。它在方法论的改革和扬弃方面产生了积极作用，个体主义的民族志，多点田野的方法，个案拓展法，事件—过程论等方法论与理论视角正在进入民族志的生产方式并产生现实的力量。实践论和象征人类学在经济与象征相互嵌入的理论视野实现甜蜜的结合："从实践出发，同时照顾到象征和物质因素（例如象征资本概念），以及主体与结构（例如惯习概念）。"② 与此同时，后现代主义的人类学导向也正在削弱社会事实、削弱表征的"视网膜"认知基础，话语分析向民族志渗透——写作者需要认真对待"对话"民族志的伦理敏感，积极展现理论建构的协商过程。文化的肢解、与现实拉开的距离感也正在民族志陷入的自恋和自我批评相互交织的氛围中与日俱增。这种民族志实践的漂移和离散趋向和理论史书写贫困对当代人类学的理论把握的不确定性和"刻板印象"是相关的，反过来，理论的迷茫也反映在民族志实践之中，准确而言，实验民族志的理论产出还没有真正形成，反思人类学的理论成果也并未得到源于田野作业的民族志风格化的确认。在理论低迷的状

---

① 费宗惠、张荣华编：《费孝通论文化自觉》，内蒙古人民出版社 2009 年版。
② 黄宗智：《认识中国，走向从实践出发的社会科学》，《中国社会科学》2005 年第 1 期。

况下，"海外民族志"的号角吹响，将民族志的内部战场转移到东南亚、非洲和欧美国家等异域时空，期待他者为民族志理论困境注入全新的动力。例如，何明牵头的"东南亚民族志"团队对斯科特基于东南亚田野的"逃避国家"进行了来自东南亚田野的批评和反思。① 与此对照的是，发展人类学在近十年有了发展的苗头，以田野的方式开展政策批评和社会改良，"调试性策略"或"调试性智慧"概念综合了个体实践的智慧和政府福利政策"一刀切"的推行，反而获得了人类学对"地方性知识"的重新青睐。② 在貌似悖论的多元化民族志实践推动的"百家争鸣"的理论氛围中，隐含着理论范式认同缺失的理论碎片化的格局还要持续更长的时间。

从这里来看，西方人类学理论史的历史分期的划定、理论流派的地位与位置选择关联到中国人类学的书写可能以及如何书写的问题，中国人类学的书写问题同样也无法规避对西方人类学这一既是"世界语"又是他者的悖论式选择与操作的痕迹。这同样不是仅仅因为理想与现实的落差造就的，而是建立在中国人类学自身历史传统的基础上进行理论斗争与竞争的结果。值得注意的是，马克思主义人类学的范式正在当下悄然复苏，"找回马克思"理论集结的阶级生成的"深层结构"正在形成民族志的现实形塑力量，向风格化写作靠拢。

三　选题说明

将主题限制在"两次世界大战前后的现代人类学简论"，与笔者的现

---

① 例如《秋千架下：一个泰国北部阿卡人村寨的民族志》的作者对斯科特的理论进行对话："由于东南亚地区状况复杂，不同地区情况不一样，因此斯科特的逃离国家及文明的山民们的'艺术'很难被理解为是十分强调实事求是的科学性研究，而只能被看作是为了回应其西方问题而产生的一种推想"。参见马翀炜：《秋千架下：一个泰国北部阿卡人村寨的民族志》，中国社会科学出版社2013年版，第209页。马翀炜、张振伟著作的另一部著作《在国家边缘：缅甸那多新寨调查》对斯科特的"逃避国家"也有相似的批评。参见马翀炜、张振伟：《在国家边缘：缅甸那多新寨调查》，中国社会科学出版社2013年版。

② 潘天舒带领的复旦大学人类学团队近几年陆续从事发展人类学的都市和乡村田野调查以及硕士论文的产出。例如《小村庄里的"大棚"：发展人类学视角下的"寿光模式"》（2012），《地方道德世界的老年人日常照料实践——基于外滩街道的田野发现》（2013），《"正常"与"非正常"之辩——文化人类学视角下上海聋人日常语言实践初探》（2012）等论文均拓展了"调试性策略"的田野经验。

代人类学课程的教学、理论积累有关系。从 2012 年开设《人类学理论史》研究生课伊始，就确立这一主题。在阅读现代人类学原著的时候，有一个问题不断闪现出来：这一时期的人类学家的思想，和两次世界战争有什么呼应关系？第二次世界大战后，殖民体系和欧洲文明瓦解，人类学的范式发生了什么变化？在走向表征危机之前，现代人类学的过渡阶段是怎样呈现的？人类学家不可能生活在真空中，任何人的理论无法超越他/她的时代，但是可以洞见他/她所处的时代的社会问题与思想命题。人类学既包括方法论的变革又是包括理论的演进。这些模糊的想法直到 2013 年《人类学史》课程的继续开设，才得以"强制性"探索。

这个主题的写作，主体部分在两年的教学过程中完成。其他部分则是后续进行的研究。有一部分是从笔者过去几年教授《文化人类学导论》的时候，从自编的讲义中析出来的。由于保留了"教学"的痕迹，和学术研究还有一定的距离，不统一性表现为两点：首先，它还没有来得及和第二次世界大战期间由于剧烈社会变迁发生的现代人类学阵营分化充分整合起来。其次，国别人类学的介绍缺乏整体状况的概括，直接以人物来代表国别人类学的内容和特色，思想史的演进与学术集团的继承与批判关系没有很好地连接起来，这是需要以后进一步修改和完善的。① 统一的是，这一时期涌现的人类学家的学术主张和理论取向均是各自时代的产物。他们的出生年龄均在 1910 年之前。笔者试图探索战争（两次世界大战）对现代人类

---

① 黄剑波对人类学理论史的写法有过精辟的概括。第一，以历史时间为线索整理人类学理论史的路线图。第二，以一些标志性的人物或者事件，例如某一重要著作的出版等来加以标记，类似个人英雄史的叙述。第三，按照学派进行梳理，这种框架通常也同时是线性进步式的发展史。例如黄淑娉、龚佩华的《文化人类学理论方法研究》，夏建中的《文化人类学理论流派》。第四，将人类学的理论加以高度概括，其标准或者是某些理论的共同特征，或者是学科发展的某个时期的整体特征。例如奥特纳 1984 年发表的《六十年代以来人类学理论》。对于这四种撰写方式，尤其是前三种，黄剑波认为它们有两大限制：一、对人类学史的理论脉络或思想过程不甚了解。二、对人类学理论内在的演变机制、外在的社会过程和大的思想背景之间的关联缺乏认识。参见黄剑波：《人类学理论史》，中国人民大学出版社 2014 年版，第 3—5 页。笔者撰写人类学史的方式接近黄剑波所批判的个人英雄史的叙述，同时以两次世界大战前后的现代人类学为研究专题。笔者承认思想史和社会史的不足，尽管采取国别人类学的体例，不过并未能将人物与国别人类学的学派、传统很好地整合起来。不过依赖人物的断代史的写作也有它的长处，那就是深入文本，探索现代人类学的经典思想放置的文本语境和思想变化的文本体现。它使笔者避开了人类学理论史的长时段的"面面俱到"。

学的影响，从战争崛起的现代人类学给后人留下的精神遗产。

在结构主义的章节中，笔者探讨了列维－斯特劳斯的结构主义早期思想，神话学思想，以及他晚年的一部作品《嫉妒的制陶女》。在梳理结构主义思想的时候，笔者发现，象征人类学与结构主义有着传承和革新的关系。于是进行了象征人类学与结构人类学的对话，笔者主要探索象征人类学在何种程度继承结构主义，又在何种程度抛开它的窠臼，建立了新的经验与理论的叙事语言。笔者发现，象征人类学恢复了莫斯所提倡的社会学、心理学与生理学的关系，这些学者对生理反应、冲动和身体的物质性给予了关注，尤其是特纳，对情绪和意动进行了考察。对结构主义的梳理延续到 20 世纪 60 年代崛起的象征人类学，换言之，结构主义不仅兴盛于第二次世界大战后，对于稍后出现的象征人类学也产生了深远的影响。

在后来的写作中，笔者补充了法国原始哲学、制度学派的人类学洞见和启发。法国原始哲学属于法国启蒙主义的成果，制度学派发轫于凡勃伦的《有闲阶级论》，从原始社会借鉴了很多有挑战性的社会现象，用来论述现代社会的诸种问题或者社会改良的看法。笔者将它们称之为古典人类学，原因是虽然它们不具备现代人类学的方法论，却长于思想建设。古典人类学为现代人类学的创立拉开了一道序幕。①

在《写文化》的影响下，学界对待功能—结构主义，文化—人格学派的态度显得浮躁而轻佻，缺乏同情心。当然，笔者不是把动机放在"正名"上，而是想整体对待这两代人既然生在那个战争年代，他们如何践行人类学家的道义、责任和良知。这是他们的卓越品质。自由主义和极权主义是两条对抗的线索，文化决定论与种族主义又相抗衡。站在弱小的非西方部落，审视自己的文明，现代人类学在它创立之初就显现了现代主义的姿态，也许是特殊的年代，像他们这样长时间扎根田野的做法，后人很难实现。这种田野作业的参与观察模式、理性的写作态度、和殖民政府错综复杂的关系、介入当地的事务，恐怕也是后来的民族志者也很难实现对等的条件。殖民主义的格局随着第二次世界大战结束，就急剧衰退。20 世纪 60 年代，

---

① 笔者没有系统介绍古典进化论，这里所讨论的古典人类学仅仅是片段式的引人。

在笔者看来，是一个断裂。人类学思想史出现一个新的篇章。[①]

四　国别人类学的介绍

文明在英国表现为进化论，在法国表现为民族学，在德国表现为人种学，在美国则表现为历史特殊主义（而历史特殊主义和印第安的田野调查分不开，而田野调查又重点搜集印第安语言）。这就是人类学的古典时代，同古典时代和殖民主义背景下传教士的"奇风异俗"记录分不开。在此基础上，我们来理解古典人类学。

首先是进化论，进化论做的工作是将传教士的"奇风异俗"民族学资料进行了科学的处理。方法是按照从低级到高级的顺序进行排列，《金枝》《原始文化》等著作，基本遵循了基督教的进化历史，构建了基督教轴心下的文明秩序。由于进化论的历史主义方法和传播论同样的历史主义倾向困扰着对田野的直接认识，马林诺夫斯基开始了人类学方法论的革命：以田野调查的方法介入民族志的生产，从而建立人类学的文化理论。用他的话是，建立文化的科学体系。这一文化科学的定位，与马林诺夫斯基解构弗雷泽的巫术"迷信"有关系，马林诺夫斯基批驳了弗雷泽的接触论、相似论等出于书斋里的想象或联想，而竭力主张以功能的理念对巫术进行重新理解和重新评价。在马林诺夫斯基影响下，现代人类学建立，功能—结构主义成为英国人类学继进化论之后在殖民体系下衍生的人类学特色。[②] 它表现在对制度和法律的研

---

①　直接说"20世纪60年代是一个断裂"还有点草率，忽略了格尔茨的过渡作用。格尔茨是现代人类学向后现代人类学转型的过渡人物。也有学者将人类学的分野定于20世纪70年代。例如王铭铭将人类学历史分为三个阶段：本体论、知识论和新本体论。从本体论到知识论的转向就发生于20世纪70年代。20世纪70年代之前，民族志书写者侧重于理解被研究的"土著"的存在与价值，之后的民族志研究者多侧重于处理外在于民族志"对象"的政治经济上下文关系及民族志认识主体与其制造的知识或文本之间的"权力"关系。参见王铭铭：《当代民族志形态的形成：从知识论的转向到新本体论的回归》，《民族研究》2015年第3期。朱炳祥将20世纪70年代至今的人类学理解为意义解释理论时兴的时期，其特点是各种理论呈雁形状、多元化和"去中心化"的趋势。参见朱炳祥：《社会人类学》，武汉大学出版社2004年版，第8页。

②　英国殖民地的行政管理思想采取间接统治，保持土著的原生性和自在性，不刻意干预土著文化，尤其是保留原来的制度和法律。同时强调与土著的隔离与区分。马林诺夫斯基的人类学理论部分为"间接统治"服务。但是他坚持民族自决和民族自治的原则，这一立场与殖民地的民族主义解放思潮构成了微妙的悖论。

究——民法或习惯法的瞩目成就。法律人类学的研究至今是英国人类学相对
"发达"的问题意识。当然并不能以刻板印象来理解英国的人类学传统，到了
维克多·特纳这里，就从法律人类学转向了象征人类学。特纳通过非洲恩特
布单人的田野调查发现社会冲突、暴力往往有可替代性的解决途径——象征
和仪式的娴熟运用，通向和平，规避实质的冲突和流血。特纳的象征人类学
大大丰富了功能学派对于附着于工具或物质的仪式、符号、意义的流动认知，
突破了工具理性的认知范畴，开拓了象征、戏剧、艺术范畴的社会学实践，
将实用主义、功能主义占据学界的主流意识形态导向了现象学和个体心理、
精神的呼应，以及象征与社会的互动关系。

　　其次是民族学，法国的民族学是较为发达的。从卢梭的《论人类不平
等的起源》开始，就有"高贵的野蛮人"之说。人类学孕育在 18 世纪法国
启蒙思想建立之时。启蒙思想简言之是对世界的想象——以科学破除上帝
的"迷信"，理性代替信仰安排社会秩序，世界的图景在启蒙思想中形成。
不同于卢梭对高贵野蛮人的想象，圣西门、傅里叶等人将野蛮与文明区分
开来，以此竖立人类的信心。法国的殖民地并不如老牌帝国主义英国那样
发达，但是以拿破仑第二帝国时期的苏伊士运河为著名。法国的国家管理
思想有着成熟的传统经验，与英国的个人主义、自由主义相区别。因此，
从启蒙思想对于国家角色的定位与干预城市规划开始，涂尔干确立了现代
社会的分工、专业化法则，为了避免个体的空虚、宗教的解体、信仰的衰
落等问题，涂尔干提出社会团结、集体表象等重要的概念，以国家替代宗
教唤起现代性高度分化的认同。他的侄儿莫斯继承了"集体观念"思想，
以礼物—互惠的非西方社会建构了民族学资料搜集上来的土著社会的碎片
经验，整合为"整体社会事实"，在等价交换的经济理性之外重构了道德、
爱和责任、允诺相互支持的礼物社会，提出"圆桌骑士"的和平策略，来
避免战争、领土争端和社会冲突。迄今读来，仍旧赞叹他信手拈来民族志
资料的娴熟技艺，民族志细节"堆砌"（汗牛充栋）用来支持一句表述，以
及发展出身体、惯性、人观等观察视角，使得不同于西方文明的文化得到
了认知的工具概念储备，直至今天我们还在汲取莫斯的灵感。

　　美国人类学发轫于西部大开发背景下、美国土著文化行将消失之际，
基于对印第安人展开的田野调查。因此美国人类学有着强烈的美国本土、
土著（aboriginal）观念，以此来对抗大都市的扩张、现代化的同化，保

留了美国本土（土著）特性。人类学为此做出了贡献，或者说美国人类学就孕育在这片土壤中。美国的历史特殊主义由美国人类学之父博厄斯创建，以特殊主义与英国的进化论对抗，以文化决定论对抗德国的种族主义。"文化模式"脱胎于博厄斯的文化特质到文化模式递进的整体主义的理论思想，"文化是一个有边界的实体"是题中应有之意。而本尼迪克特和米德做的工作是运用民族志的方法强化它，这样了解美国的文化人格学派，就会发现它们内在的一致的地方：即这样一个有边界的文化实体（从文化要素到文化丛再到文化集合扩大至社会整体）可以像标本一样到博物馆。所以，我们也会理解历史特殊主义的"整体主义"关怀：记录社会生活的方方面面，不作（进化论抽离式的）排列，只作记录。关注社会与个体的关系，是历史特殊主义的第二个特点。

博瓦斯的学生本尼迪克特，成功地将文化类型提炼改造为集体人格的概念，例如酒神，阿波罗型和歇斯底里型。这一思想，源自斯宾格勒的《西方的没落》。她受到启发，并成功地进行了转化和创造。斯宾格勒认为，经过了日神阿波罗型到浮士德的转变，西方思想发生了断裂。本尼迪克特将希腊神话原型运用到民族志的族群当中，演绎出集体人格的概念。博厄斯的历史特殊主义，在他的学生那里，转变为文化与人格学派。本尼迪克特的思想的积极价值是：在某种文化中不正常的人，在另一种文化却有可能是正常的。所以她特别关注偏激、边缘和越轨的个体。因此，她的思想有着进步主义和改良主义的色彩。

法国的民族学与美国的文化模式①有诸多相似之处，例如强调文化的养育，诸如教养和惯习，但是也有讨论的微妙区分。以博厄斯和莫斯而例，莫斯倾向于不同文化的身体技术和惯习是如何养成的，又是如何塑造人的惯习的，博厄斯倾向于认为人是惯习的动物，改变一种惯习非常困难，往往产生抗拒的本能反应。一种行为在这种文化是不得体的行为，在

---

① 与文化模式相对，美国的区域规划是城市规划流派当中较为瞩目的一支，芒福德是区域规划集大成者，也是代表人物。区域规划的核心思想是以最低成本、集约化的资源交换实现区域空间的合理规划，最大限度地充实地域性的功能相互嵌入以及交通联系。区域规划在理论层面的探讨和完善达到成熟，但是落于实践则成就寥寥，很难完全实现，原因是美国政府的介入和分歧。我们现在还没有仔细甄别博厄斯的文化模式与区域规划有何具体的联系。参阅芒福德（Lewis Muntord）的《城市文化》或霍尔（Peter Hall）的《明日之城》。

另一种文化是礼貌的。博厄斯用一大段的篇幅讨论礼貌的相对性，并主张如果能够克服既有文化的惯习，接受或适应一种新的文化规则，又有利于摆脱偏见，增加文化的包容。为此，他说应该培养文化多样性的选择自由，而不是受制于一种既定的生来如此的单一的文化模式。由此，可以看到法国人和美国人在文化的内化方面的观念差异：前者对与礼仪相对的风俗的丰富性和文化的多样性有着强烈的追求，探讨与文明相对的文化的逻辑、规则以及惯习的养成，后者则强调文化相对性与文化的可塑性。美国人类学倡导的文化相对主义是在对抗种族主义、优生论的背景下产生的。为了论证人是后天（区别于先天）的产物，米德带着这一预设写作了《萨摩亚人的成年》。

　　法国民族学并不是以保存区域文化的完整性为目标或己任，而是关注集体观念的形成与形态，进一步细化为惯习、身体技术、时间和空间观念的差异，节庆、礼仪的安排，生产工具的运用，物质与象征，注重对民族志现象的描述。法国民族学的问题意识是如何以集体观念来整合欧洲战后的社会崩溃与价值观与个体主义的"分离"。莫斯的《礼物》回应的是"圆桌骑士"在现代社会的可能，规避边界冲突与领土争端引发的战争。莫斯主张和平，主张国际联合国的建立，主张超越民族和国家的文明的普遍进步（技术和工业的支持）。①

　　博厄斯在美国领导的文化人类学（文化—人格学派）的双重使命是反对种族主义和反对直线进化论，强调社会与个体的关系，体现了个体主义的特点，心理学的取向鲜明。② 但和法国民族学侧重的心理学有所区别。③ 博厄斯的文化特殊论体现在语言和原始艺术上的建树，语言的表达与感性认知方式相互作用，原始艺术在形式和装饰获得的审美与愉悦是无与伦比的。可以说，他们为完成自己的问题与使命做出了同时代条件下卓越的贡献。

---

　　①　参考马塞尔·福尼耶（Marcel Fournier）：《莫斯传》，赵玉燕译，北京大学出版社 2013年版；纳丹·施郎格（Nathan Schlanger）编，莫斯等著：《论技术、技艺与文明》，蒙养山人译，世界图书出版公司 2010 年版。

　　②　文化与人格派推崇弗洛伊德，个体心理学的色彩浓厚。本尼迪克特本人与其说作为研究者，不如说是精神医生，诊断哪个民族精神分裂，哪个民族有狂躁、暴力倾向，从而进行矫正。她推崇阿波罗日神型的理性气质。

　　③　莫斯认为心理学是社会学与生理学的连接，他希望建立社会学、心理学和生理学的关系。他虽然强调个体心理学，但仍旧强调个体与集体的关系。

　　体质人类学在德国有先天的土壤。这里不再重复种族主义、优生论和德国体质人类学之间的密切关系，而是另辟蹊径，就纳粹发扬光大的国家与仪式的关系进行解读。实际上也是政治的审美学，或者政治的美学政治，纳粹凝聚了广场、游行和节庆之间的"社群"纽带。这也是国家社会主义的含义之一，它有浓厚的社群主义的传统与关怀，从维也纳的广场建筑就已经开始实践了，设计者本意是想对抗资本主义，回到古老的社群怀抱，通过广场政治来维系社群团结的纽带，但是与本意相悖的结果是为反犹主义的滋生提供了温床，一旦突破了反犹主义（犹太人有国际主义的影响力量）的政治障碍，则为纳粹的上台铺平了道路。[①] 与德意法西斯相呼应，亚洲国家的军国主义复兴也开始引起世界瞩目。日中两国均参与了侵略和反侵略的又一轮世界战争的角逐。种族主义和民族国家的亲缘关系在日中两国均形成了意识形态的扩张动力。蒋介石发起的"新生活运动"和南京政府夭折的"大上海计划"可以看作是纳粹的回应。[②] 纳粹的多元化发展和传递形成了共振性的国际思潮，以德意日为中心，在德、意、日、中以及西班牙等国家找到了支持性制度条件和欲望的诉求。随着纳粹的战线升级和全面胜利，英美国家的自由主义、个体主义遭到了前所未有的威胁和打击。

　　上文以英、法、美三个国家为例，讨论了人类学的国别传统（在实际论述中，德国的纳粹主义作为背景了解）。例如英国发达的法律人类学研究以及象征人类学对其的反拨，美国根深蒂固的本土与土著观念以及文化模式与文化相对主义的理论背景，法国的民族学传统以及发达的社会分类意识对于民族志的指导价值。讨论人类学的国别传统的目的是思考人类学的基本命题：文化与文明的关系是什么，文化与自然的关系是什么，涵化与同化的关系又

---

　　① 广场政治开辟的国家与仪式的关系，孕育了阐释人类学的思想源头：运用象征的手法，发现仪式背后空洞的存在，从而解构国家威权的可能。

　　② 2012年陆陆续续，笔者和上海的朋友：叶露、邵蕴琦、张经纬和加州大学山塔克鲁斯分校的 Chris Connery 教授一同在上海漫游"大上海计划"的遗址，参观江湾体育馆，位于上海体育学院的政府大楼、图书馆、博物馆，长海医院，第二军医大学的航空协会等，充分了解大上海计划的宏伟规划和建筑特色。之后，我和叶露又到南京考察"大上海计划"延伸的建筑运动遗址，我们来到南京体育学院的体育场，想象当年举行运动会的盛况。我们来到东南大学，当年的中央大学，寻访带有广场设计的教学楼。从南京辗转到武汉，在武汉大学寻访"大上海计划"同一时期的相关教学楼遗存。这次跨越城市的田野漫游，看到了历史留下了丰富的素材和印证。

是什么，在人类经验的范畴对其进行探索和反思。更为重要的是，人类学的国别传统在各自的土壤环境中培育起来的同时也不得不面对根本性的对抗做出回应：自由主义与集体主义的关系是什么，个体主义与国家主义的关系是什么，自由主义与极权主义的关系是什么——如果说一战引发了莫斯对文明的"忧患"，到了二战，则是马林诺夫斯基来回答这一根本问题的时候了。

下面用表格将国别传统进行梳理。

一、国别人类学的整体特点

	英国	法国	美国
主张	社会制度与功能	社会团结	区域文化的完整性
注重	社会形式与功能的适应，习俗和习惯法维持的淳朴民风，需要与满足的平衡。维持满足基本需求的自由。	民族志细节的描述，例如身体技术、惯习和养育。	记录语言、神话、习俗等社会生活的方方面面。搜集民族志材料，建立博物馆。关注社会与个体的关系。强调教育、惯习和养育的后天作用。
反对与提倡	反对进化论，古典人类学，"摇椅上的人类学家"，确立了现代田野调查的范式。抵抗极权主义，捍卫自由主义，提倡民族自治与民族自决。	背景：一战期间的文化边界的冲突和纷争，利己主义泛滥，现代社会的分崩离析。提倡"圆桌骑士"和平谈判，礼物的互惠。"礼失求诸野"	反对直线进化论和种族主义。提倡文化决定论和特殊主义。

二、国别人类学的代表人物

	英国	法国	美国
代表人物	马林诺夫斯基	莫斯	博厄斯
理论流派	法律人类学对于原始初民的道德、惩罚和自发的社会秩序产生了浓厚兴趣，始于洛克、休谟和霍布斯对人性与自然的探讨。特纳的象征人类学从法律、冲突提升了仪式的象征价值。	列维-斯特劳斯受到莫斯的社会分类思想的影响，布迪厄在时空观的民族志实践方面是突出的，集体观念（社会人）也越来越受到重视。	文化模式，文化与人格学派。博厄斯的学生受到弗洛伊德的影响，注重人格、心理和社会的互动，他人对个体的影响。"国民性"理论是本尼迪克特在二战之后的影响。

五 同时期人类学家对战争的回应

一、博厄斯与反犹主义

1931 年博厄斯发表《种族与进步》。抨击种族主义。种族主义体现出来的科学是体质人类学、进化论和优生学。博厄斯因伪科学激起的愤怒，及其亲历的反犹主义（anti—semitism）经历，导致了他对于种族主义的坚决反对。博厄斯持续发表着反对种族主义的演说，1933 年，他已成为纳粹主义的早期反对者。博厄斯抨击纳粹的种族主义政策，指出希特勒及其支持者应被关押进精神病院，他撰写的反纳粹文章还被盟军秘＋密送往了德国。①

在 1928 年发表的《人类学与现代生活》（1932 年修订），博厄斯对国家主义有过这样的批评。

> 为国家的政治利益和政治权力而献身，被作为至高无上的义务，灌输到青年人中，以致于当他们长大成人，对其他所有国家的敌对和竞争的情感便永远存在于他们头脑中。如果我们试图向青年人头脑中灌输对国家权力的强烈的欲望，如果我们在教育中将国家利益高置于人类利益之上，那么，我们向青年人所教授的就教育的是侵略性的民族主义而不是国家的理想主义，就是扩张而不是内在发展，就是对战争的崇拜，这样英雄行为便高出了所从事的对象，而人类的利益便将遭到恶劣的对待。②

博厄斯论证没有纯粹的种族，种族之间是混合的，是杂糅的。适应也会发生变化。也就是种族主义认为一成不变的，瓦解本质主义的这一观念。因此，他鼓励民族接触，民族交流。保存文化多样性。博厄斯提倡的是各民族、国家之间伦理的交往。

---

① 穆尔：《人类学家的文化见解》，欧阳敏、邹乔、王晶晶译，商务印书馆 2009 年版，第 50 页。

② 博厄斯：《人类学与现代生活》，刘莎、谭晓勤、张卓宏译，华夏出版社 1999 年版，第 64—65 页。

第一次世界大战是这种动力的失败，从我们的观点看是与时代不合的。奥匈帝国的分裂是在武力中逐渐获得的进步中的一个倒退，尽管统治阶级抵制联盟的进展，而宁愿成为中央集权的帝国，环境的力量已经在这个方面发挥影响了。①

博厄斯的意思是说，敌对的国家各自维护私利，国家和其他国家、民族的对立，仅仅是存在状态的一种表现，根本不是表明任何的永久性的证明，是经过新伪装的社会集团间特殊差异的旧情感。博厄斯清醒的指出：

文化差异的抑制和不同群体的孤立不是指导人类进步的努力的目标。②

其他关于纳粹的回应，参见本书论述博厄斯的章节。

二、马林诺夫斯基

马林诺夫斯基是波兰人，纳粹侵占波兰，引起了他的愤慨。对极权主义的集中论述在《自由与文明》体现。他的妻子瓦列塔为该书写了前言。开篇如下：

希特勒掌权伊始，马林诺夫斯基就是一位国家社会主义的公然抵抗者。自那时起他就投入大量精力进行战争的分析，包括战争的发展，以及在历史上机智灾难深重的现在，战争的表现形式，并且以此为主题多次展开演讲，抨击以极权统治作为国家动员的手段而"在战争的利益纷争中长期准战。"此举导致其著作早期在德国被查禁。③

《人类学的四大传统》的作者补充道：

---

① 博厄斯：《人类学与现代生活》，刘莎、谭晓勤、张卓宏译，华夏出版社1999年版，第62页。

② 同上书，第64页。

③ 马林诺夫斯基：《自由与文明》，张帆译，世界图书出版公司北京公司2009年版，第5页。

　　被查禁的这部早期作品就是《美拉尼西亚西北部野蛮人的性生活》1929 年以德语出版（也就是在第一届纳粹政府之前）。其原因是纳粹战前时期广角度的异域兴趣流行文化在引人入胜的民族展示、舞台表演、博物馆展览、电影和音乐，以及图书市场等元素中展现出来。①

　　马林诺夫斯基的学术思想最为闪光的主题是，自由的信仰。自由是文化和本性和谐的使然，没有强迫性。马林诺夫斯基对集权主义和暴力进行了批判，他是乐观的人本主义者。他和弗洛伊德不同，弗洛伊德悲观地认为，文明是对本能的压抑，但他恰恰认为，文化符合人的本性，是推动爱情、婚姻和家庭的惯性。马林诺夫斯基主张文化自决，捍卫自由意志。在法律和个体欲望发生冲突的时候，为个体的悲剧而悲悯。马林诺夫斯基的思想极为矛盾，但是在危机到来时，他又是一个斗士，他的文化理论成为抵抗极权主义的批判武器。

　　在《自由与文明》中，马林诺夫斯基指出，极权主义教育体系与民主主义教育体系作比较可以看出，最基本的差别在于，个体是被一种社会机制所操纵，还是能够作为一个负责任的人，充满能动性、有力量、有追求、忠诚并能够不受拘束地取得创造性成就。极权主义使个体终结。② 在他对民主的理想中，个体应该是充满天赋、灵感、能动性和批判性。这些美好的事物被极权主义扼杀，代之以高度的社会团结和高效的个人自律，借助非法但有效的暴力压制和教条灌输这两种手段，塑造了"日耳曼人的国度"。这种机制是由前纳粹德国时期的德国人民、社会机构和工厂建立起来的，纳粹是"现代奴隶制度"。他反复强调，自由的状态是灵感、能动性、忠诚以及对理想的献身精神。人类存活于世的目的不是破坏和杀戮，而是生产与创造。灵感、原创性和创造能力，批判、个体能动性和独立观点，忠诚、团结和同志情谊，这是从个体到团体、社会的自由发挥层

---

① 巴特等：《人类学的四大传统》，高丙中等译，商务印书馆 2008 年版，第 132 页。

② 马林诺夫斯基：《自由与文明》，张帆译，世界图书出版公司北京公司 2009 年版，第 101 页。

次。例如他说，"社会是相互依赖的机构之间的相互协作关系，而机构是由忠诚的、可靠的、有道德的、有信念的个体成员构成的。"① 根本所在是自由带来的是自发的选择而不是压迫。遏制极权的因素"必须从民族的角度来重新考虑人性的机构"：民族自决、民族自治、文化的整合。当然，需要政治机构来认可和实施，那就是联合国，以及成立"由人类学家构成的殖民委员会"。②

三、马塞尔·莫斯

莫斯在一战有过参军的经历。这一军旅生涯让他对战争、对死亡、对身体技术有了刻骨铭心的印象。他把这段军旅经历陆续写在了他的学术作品中。他对一战的回应较多，但是二战给他的冲击似乎在学术思想的发展中少有印记。按照张海洋在《人类学与社会学五讲》的序言"再现天、人与社会的整体关系"中，他是这么描述莫斯的生平的：

> 1917 年，第一次欧洲大战把涂尔干苦心经营的社会学年鉴学派年轻班底吞噬殆尽。涂尔干亦痛心而死。时年 45 岁的莫斯以孤臣之心志，毅然承担重振学派的重任。此后近三十年，满腹经纶的莫斯全神贯注于整理涂尔干和学派其他亡人遗作，坚持《社会学年鉴》出刊，绝少再写大文章。"第二次世界大战"期间，他怕己身作为犹太人威胁机构生存而毅然辞职，但仍苦心孤诣焚膏继晷地努力接续社会学年鉴学派传统。战后死于精神抑郁。③

在《人类学与社会学五讲》，莫斯指出：集体意识、集体情感是人类学的研究对象。对于死亡，他把自己在一战中经历的死亡体验写进了非西方社会的死亡暗示中。为什么某些部落的成员在某种困境会受到暗示，而自杀？他说："可怜的生的信念受到震惊，一种辅助因素，在平衡中断时

---

① 马林诺夫斯基：《自由与文明》，张帆译，世界图书出版公司北京公司 2009 年版，第 219页。

② 同上书，第 225 页。

③ 张海洋：《再现天、人与社会的整体关系》，载莫斯：《人类学与社会学五讲》，林宗锦译，广西师范大学出版社 2008 年版。精神抑郁的说法并不准确，《莫斯传》的作者描写莫斯的晚年生活，晚年痴呆兼失忆症，溘然病逝。

帮助这种信念恢复平衡。"莫斯尝试连接古典人类学与现代人类学的心灵沟通。他认为社会意识对于社会很重要，而非无意识才有了社会。他把社会、意识与人的观念之间的关系与社会权威联系起来，社会权威使个体人整合为集体。而人的观念是意识的起源，个体的观念何时才形成，个体意识何时成为一个独立的存在？人权何时成为一个独立的受尊重的观念？莫斯进行了知识的梳理。他说"人，实质与形式，肉体与灵魂，意识与行为的整合。"部落社会与现代社会，形成了全体性与分离性的对照。莫斯的人文思想，贯穿了对宗教和巫术的关怀，贯穿了对社会人的关怀。由此，与英国的个体主义、实利主义形成了微妙的区分。这并非否认莫斯无视个体。无论是自杀，还是人观，莫斯认为，首先指社会意识与道德意识，然后指心理意识，这两种因素相互作用，莫斯援引涂尔干的"双重人"（homo duplex）概念：社会性直接与人的生物属性相连接。① 在《礼物》中，莫斯对福利国家也提出了思考，主张礼物精神能够在现代社会以福利国家的形式补偿。他在剖析现代社会与古代社会在哪些地方发生了根本性的转变与分离，这些转变与分离所抛弃的古代社会的伦理、宗教关怀能否在非西方社会再现，由此找到现代人自我救赎的可能。②

四、列维－斯特劳斯

与莫斯不同，列维－斯特劳斯从无意识入手，探索人类的普遍思维。正是无意识的提出，拉开了结构主义的帷幕。

列维－斯特劳斯出生于 1908 年，是法籍犹太人。1934 年，他离开法国到巴西圣保罗大学教授社会学。1934—1937 年期间，他回过几次法国。曾到巴西内地从事民族志调查的简短访问，到这段时间结束时，他有了大约五个月的实地工作经历。

1938—1939 年，他辞去了圣保罗大学的职务，在法国政府的财政支

① 张海洋：《再现天、人与社会的整体关系》，载莫斯：《人类学与社会学五讲》，林宗锦译，广西师范大学出版社 2008 年版。第 50 页，第 75 页。

② 莫斯关心的是集体观念的神圣性和实在性。他关心社会的机制何以可能——挽救个体主义的分崩离析的现代社会。他还有社会主义的思想。他假定，图腾社会的集体观念在现代社会陨落，但是在工人阶级的社团中继续延续。他致力于消费合作社的维系。他对集体观念的信仰，使得他和社会慈善和福利联系起来。他在《论礼物》当中表达了礼物的古老精神遗产在现代社会的转化和延续。

持下，到巴西中部进行了较广泛的考察。1939 年回到法国。"他加入了抵抗组织，但他的上司认为，作为一个犹太人，他最好还是去纽约。"①

第二次世界大战使他在法国继续学术生涯的设想化为泡影。在军队里服役了几个月之后，除了戴高乐的"自由法国"军之外，列维－斯特劳斯和其他法国军人一起被维希政府遣散。他回去教了一阵子书，直到种族政策夺去了这份工作。尽管他的父母已经不信犹太教了，可列维－斯特劳斯的外祖父是个拉比。当纳粹军队在 1940 年占领法国时，他的犹太背景使他成了明显的被迫害目标。②

1941 年（春），他取道马提尼克岛和波多黎各到达纽约，接受罗维和阿斯考立给他安排的社会研究新校的工作。"当时正好有一些布拉格派成员也在那里躲避纳粹的迫害。因此，列维－斯特劳斯《结构人类学》中的最初几章深受布拉格语言学派的影响。"③

1947 年，他回到法国。1950 年，任巴黎大学高等学术实习学校室主任（社会人类学实验室）。1959 年被任命为法兰西学院社会人类学主任。1950—1960 年期间，他的神话学研究与创作达到了顶峰。

列维－斯特劳斯在《忧郁的热带》和《种族与历史》当中，表达了他的政治关怀。他反思现代化打着发展和繁荣的旗号，对原始部落的毁灭性开发，主张在城市的边缘地带，建立生态博物馆，以保护文化、生态的多样性。这是列维－斯特劳斯在人类的普遍思维、追寻无意识的深层结构的诉求的另一个折射面：对差异的尊重，文化交流的机制，以及文化相对主义的重申。

四、其他

在这十位人类学家当中（涂尔干是原始宗教的奠基者，但并不是严格意义的人类学家），多少都受到两次世界大战的影响。例如埃文斯－普

---

① 马纳德：《人类学历史与理论》，王建民、刘源译，华夏出版社 2006 年版，第 136 页。

② 穆尔：《人类学家的文化见解》，欧阳敏、邹乔、王晶晶译，商务印书馆 2009 年版，第 254—255 页。

③ 巴特等：《人类学的四大传统》，高丙中等译，商务印书馆 2008 年版，第 135 页。生平的其他部分摘自利奇：《列维－斯特劳斯》一书当中的"简历"，第 1—4 页。

理查德，他的田野调查同英国在非洲的殖民统治所需要的民族、部落调查项目是密切联系在一起的。他从牛津来到伦敦经济学院，受教于马林诺夫斯基与塞利格曼，但他和塞利格曼的友谊更为深切，由于塞利格曼的推荐，他得以走入非洲田野。他的大多数后续研究都是由英—埃政府出资支持，因此"作品常常要交给英国统治者"。1926—1930年，他在苏丹陆陆续续呆了三年，先后进行了三次田野调查，分别研究了尼罗河流域的阿赞德人、努尔人等。1932—1939年，埃文斯－普理查德任牛津大学社会学系讲师，直至第二次世界大战爆发。

那么，埃文斯－普理查德为什么会和英—埃的政府资助合作密切呢？《人类学家的文化见解》的作者有详细的背景介绍：

最初，英国的统治是通过间接的控制达成的，当地的政府依然存在但依靠殖民统治者，但在19世纪20年代早期，帝国政府慢慢地实行直接统治了。传统上分散居住地阿赞德人的房屋被强迫重新安置在新政府的马路旁边。表面上是说为了控制昏睡病，但是直接的结果是控制阿赞德人。1930年，埃文斯－普理查德开始在努尔人间开始他的研究工作，正好是英国军队对努尔人的反抗进行了血腥镇压之后。他颇为犹豫地同意完成这项调查。他感觉作为一个人类学家有责任在努尔人和政府之间扮演一个协调者的角色。[①]

这一点和拉德克利夫－布朗不同。布朗认为，人类学应该服务殖民统治，扮演像殖民机构官员一样的管理和教化角色。埃文斯－普理查德则有所变化，他在学术的解释立场上已经转向了对象世界的认知、经验、情感与信仰世界，在学术的政治工具立场上显然又倾向于关怀土著的命运。当然相同的是，他们的人类学事业都隶属于大英帝国的殖民统治。

二战爆发，埃文斯－普理查德投入战斗，率领一支游击队，在苏丹和埃塞俄比亚边界，反抗意大利人。他还是埃塞俄比亚、苏丹、叙利亚和利比亚的智囊团官员以及政治官员。究其一生，埃文斯－普理查德的一位同

---

① 穆尔：《人类学家的文化见解》，欧阳德等译，商务印书馆，第182页。

事回忆到："他的部分生活经历……具有传奇色彩。"①

　　尽管与殖民统治存在一定关联，民族志作品仍旧呈现了独立的他者的世界，克制自己用欧洲的知识系统来解释部落人民的风俗、思维与象征。库伯认为，他在20世纪40年代脱离了功能主义，20世纪50年代形成了自己的观点。他的方法论发生了变化，表现在运用历史的方法、将人类学看作是解释的科学。二战后这股反思的风潮，暗示人类学放弃自然科学的类比的诉求，转向文化的翻译与解释。但埃文斯－普理查德对待解释较为谨慎，将解释抑制到描述中。他也不像格尔茨那样将经验、象征整合为一个精致的理论模式，他的描述与分析都呈现出弥散的风格。玛丽·道格拉斯评价他："他的民族志研究是一个个清晰的故事的描述，没有省略什么、没有扭曲什么，也没有增加什么不公允的内容。"②

　　埃文斯－普理查德身处二战的前线，但并没有真正意义上抨击、反思纳粹的言论。但笔者将他对巫术的研究，看作是反思纳粹的启发。埃文斯－普理查德的比较社会学的视角可能被文化的翻译与解释的努力方向有所削弱。但他对巫术的研究充满了真知灼见，使读者有可能找到巫术和纳粹的民众狂热之间的相通之处。

　　其次是格列高里·贝特森，他在新几内亚调查的时候，正是20世纪30年代，一战结束后，欧洲还未从一战的战争中创造成的道德崩溃中走出来。《纳文》的书写，透露了欧洲文明的衰退，社会的分崩离析，社会分歧与冲突的加大，以及军备竞赛升级滋生极权主义温床的政治格局。此时，纳粹统治的阴云也已开始。

　　露丝·本尼迪克特对公众的影响体现于战后的国民性格研究，虽然早期作品《文化模式》也同样闻名。她对战后政策的干预可见一斑：乌托邦的废除，文化模式的统称，国家政策的导向，避免激进主义。人类学作为情报工具在近代民族国家扩张的过程中在殖民统治方面发挥了极为活跃的作用。笔者认为，没有经过战争，很难误入认识本尼迪克特的局部"意识形态"。

　　玛格丽特·米德的人类学影响从《萨摩亚的成年》开始，一直延续

---

① 穆尔：《人类学家的文化见解》，欧阳德等译，商务印书馆，第182—183页。
② 《人类学家的文化见解》，第183页。

到 60 年代,《代沟》《文化与承诺》等著作热情地拥抱"后喻文化",拥抱未来,对变革充满信心。她的后期作品充满了 1960 年代末的时代精神,这一转变充分说明了这位女人类学精力充沛、创造力旺盛、并与时代同呼吸的广阔的关注力,敏锐地感知差异的时代导向。她对待社会变迁的理论、价值观变革,与现代人类学的代表人物对待社会变迁的犹豫、保守与隔离心理,形成了鲜明的对比。

六　两次世界大战前后的现代人类学的特点

现代人类学从历时转向共时,认识论和方法论建立在否定、批判古典人类学的基础上。古典人类学的不同代表人物,成为现代人类学批判的靶子。例如,对于巫术的概念,马林诺夫斯基表现出了与弗雷泽不同的见解。首先从库拉圈在流动的过程中涉及的大量的巫术和神话开始,马林诺夫斯基对神话的理解是:神话是土著社会生活的宪章,神话、巫术与现实相互作用,神话与现实通过巫术的中介发生真实。马林诺夫斯基破除了接触律等科学"常识",从功能主义的角度对巫术进行了重新界定,这一理论在晚年《文化论》当中占据了不小的篇幅。为了弄清巫术的意义,需要考虑三个要素:1. 社会情境;2. 目的目标和相伴随的方向——实践的、社会的,或者一般文化的;3. 语言的功能。行为产生的效果变化。[①] 拉德克利夫 - 布朗对追溯历史源头的民族学颇为不屑,他认为这种历史是拟构历史。博厄斯认为单线进化论并不能还原到历史和地理相互作用下形成的真实的地方空间,人群的迁徙是人类历史的常态,族群混居、族群混杂是人类多种族共同发展的常态。无论是功能 - 结构论者,还是历史特殊主义,这些现代人类学的旗手们不约而同地强调情境、社会整体以及探索物质文化与精神文化相互作用的文化的本质。格尔茨带了讽刺的口吻去肯定20 世纪 20、30 年代的现代人类学取得的成就,犹如一幅"嵌入画框的风景画"。但并未解决一个根本的问题:到底哪儿是那些学者有素养的和原

---

① 　Bronislaw Malinowski, *Coral Gardens and Their Magic: A Study of the Methods of Tilling the Soil and of Agricultural Rites in the Trobriand Islands*, London: George Allen & Unwin Ltd, 1935.

始朴讷的人的歧异所在——是文化吗？① 在此基础上，格尔茨对当地人所持的文化的概念进行解释，贴近当地人对文化的认知与感知，无限接近"文化持有者的内部眼界"。从这一角度看，格尔茨的阐释人类学是对现代人类学在"写文化"意义上的破解和延伸。首先是打破现代人类学的书写权威，然后是继续深入异文化的深描。尤其是发生在作者和文化持有者之间的对文化的意义的融合。现代人类学向阐释人类学的转折，是二战后田野条件发生深刻变化的人类学的回应与应对。

1. 与历史分开。

2. 与心理学分开。

3. 参与观察的田野作业模式。

4. 社会结构与文化类型的互相交流、相互影响。

5. 对宗教、巫术、仪式的兴趣，渐渐注意到象征的功能与意义。

6. 比较社会学。

7. 将非西方社会与现代社会并置，并赋予现代社会的反思。

8. 服务于政权。有干预社会政策的倾向。有实用主义的倾向。温和的进化论思想。进步主义的信念。

以上 8 点，是笔者对两次世界大战前后的现代人类学的总体面貌的概括。值得注意的是，它之所以会贯之以现代人类学的学科名称，是因为它从古典人类学的母体中脱离出来，也就是说它无法割舍和古典人类学的联系，正是为了与之区别，它才走向了"反对历史"与功能主义的"共时"路线。人类学者不得不走入田野，"白人的担负"扮演了既是工具，又是认识论主体的双重田野角色。这一时期的人类学家，往往有坚强的意志，保证长时段的田野时间，融入土著的生活。这一朴素、严谨的田野作风，也保证了民族志文本的质量。由于个体的人类学家通过艰苦的田野磨砺完成人类学者意义的成年礼，构成了两次世界大战时期的现代人类学的卓越品质。在这基础上，国别人类学的差异还是存在的，尤其是"纳粹"上台后，极权主义对人类学一度宣扬的自由、文化多样性理念造成了冲击。人类学者不得不用自己的良知回应。

马林诺夫斯基的人类学理论体现出个体主义的色彩，隶属于自由主义

---

① 格尔茨：《地方性知识》，王海龙、张家瑄译，中央编译出版社 2000 年版，第 95 页。

的传统。拉德克利夫－布朗的理论偏向于社会关系的旨趣。对立与和谐的有机统一，充满了社会学的辩证法；社会整合的能力很强大。面对极权主义的威胁，马林诺夫斯基提出自由与民主两个不妥协的概念，自由主义较之早期作品赋予了严肃的政治价值与联合国维和部队的思想雏形。博厄斯提出历史特殊主义、文化相对主义对抗种族主义以及单线进化论。他从排犹主义的浪潮中离开祖国、前往美国，对于"国家主义对青年的灌输究竟意味着什么"、"为着私利而扩张的民族主义的危害"体验比别人都要深刻。下笔抨击他的学术反对阵营的时候，要更为警醒，对于个体与社会的关系，要更为关切。他的这一学术理念无疑影响到他的学生。列维－斯特劳斯的学术道路要坎坷、曲折而大器晚成。年轻的时候，他积极投入政治，和第二国际的法国知识分子并肩一起，拿起笔杆子作战，抨击资产阶级艺术。政治幻灭后，加上学术道路受阻，他在巴西的热带雨林中思考人类的苦痛、思想的出路。他本来怀抱希望回到法国，但是战争还是把他的希望浇灭了。犹太人的身份，使他无法立足。第二次流亡，依靠纽约的流亡知识分子纽带和这一移民城市的勃勃生机，他才真正在人类学的舞台绽放光芒。战争、学术以及流亡，给他的最大蜕变就是把他的热情全都投入到结构主义的研究中。结构主义是他在现实、政治与异文化之间找到的一个充满自由与艺术想象力的梦境王国。意识形态被符号的语言隔离在外。结构主义的思想直到战后十年，才对世界范围的人类学带来了震动。尽管由于他本人的社交魅力，对博厄斯的推崇，与美国的人类学学术团体有了积极的交流与融合，但它仍旧根植于法国的民族学传统。

　　值得注意的是，这十位人类学家当中，有数位是犹太人。涂尔干、莫斯、博厄斯、列维－斯特劳斯，排犹主义的思潮对他们的身份构成了压力。这一异己的身份是否和人类学结下了不解之缘？马林诺夫斯基是波兰知识分子，进入英语圈成为蜚声海外的英语作家，他之前一直苦恼的边缘性地位在田野中挣扎，现代田野作业成为他寻求权威承认的敲门砖。

　　早期的人类学者均是自然科学出身，博厄斯是物理学博士，马林诺夫斯基受过心理学训练，博士论文写的是"思想的经济学价值"。拉德克利夫－布朗是心理学硕士。到了他们的学生辈，进入人类学之前的背景就复杂了。不过和他们的老师区别的是，他们中相当一部分年轻人从人类学硕士开始攻读的，人类学的训练已经在学院体制内进行。贝特森的父亲是遗传学的创立者之一，他于 1925 年取得自然科学的学士学位。本尼迪克特是学习英语文学的，有着很好的文学造诣。米德拿到了心理学的硕士学位。埃文斯－普理查德在牛津大学读书期间学的是近现代史，毕业后到伦敦经济学院攻读人类学博士学位。可以看到，1910 年之前出生的这一代人，人文学科的背景开始彰显了。人类学与神话、艺术、文学、诗歌的联系渐渐地活络起来，象征和解释的手法也渐渐流行起来。最为反叛的是埃文斯－普理查德直接宣称"人类学要么是历史学要么什么都不是"。① 至此，人类学已经走过了功能－结构主义的时代，但尚保留着战后重建的保守主义氛围，容纳理性的变通、进步主义的信心，社会结构的理性认知传统。也就是说，人类学刚刚走出了功能－结构主义的僵化框架，走向了更为自由与灵活的变化境地。这一时期随着战后格局的变动，殖民地的瓦解，20 世纪 60 年代革命号角吹响——田野条件发生了急剧的变化，进入田野的便利性不再，民族志作者的权威也受到了全面的质疑。

七　参考书说明

本书参考书分为两类：工具书与原典。

工具书，笔者选了三本：《人类学家的文化见解》《人类学历史与理论》《人类学的四大传统》。《人类学家的文化见解》最适合学生阅读，它浅显，清晰，介绍背景详细，又引用原典。且按照人类学家的排序方法，与《人类学史》的教学体例一致，故适合参考。不足之处，学术思想的介绍简单化处理。这样就不得不参考《人类学历史与理论》，稍微对照，就会发现，作者在理论流派付出了精心的劳动，学术信息丰富，研究层次上了一个台阶。《人类学的四大传统》介绍国别人类学的历史发展的走向方面，是独树一帜的。它更突出国别人类学的学术共同体的相互关系的介绍。因此，将个体的人类学家，放回他/她所属的群体、环境，会让历史的整体性脉络更加清晰。这三本书，以《人类学家的文化见解》为首选，其他两本作为延伸性阅读。

原典指的是人类学原著，它包括民族志和理论著作，不一定分开，因

---

① 埃文斯－普理查德从梅特兰（Maitland）的权威性论争引用过来。

为有时候，人类学家的学术思想是糅合在民族志当中，所以，民族志是特殊的理论载体。

下面介绍以下各章的参考书。

一、马林诺夫斯基

《西太平洋的航海者》，《文化论》，《自由与文明》

二、拉德克利夫－布朗

《安达曼岛人》，《原始社会结构与功能》，《社会人类学方法》

三、格列高里·贝特森

《纳文》

四、埃文斯－普理查德

《阿赞德人的巫术、神谕和魔法》、《努尔人》、《论社会人类学》

五、涂尔干

《宗教生活的初级形式》

六、莫斯

《论馈赠——传统社会的交换形式及其功能》，《人类学与社会学五讲》，《论技术、技艺与文明》，《社会学与人类学》（涵盖了《论馈赠》与《人类学与社会学五讲》的内容），《原始分类》（与涂尔干合著）

七、列维－斯特劳斯

《图腾制度》，《野性的思维》，《结构人类学》

八、博厄斯

《原始人的心智》，《人类学与现代生活》，《原始艺术》

九、露丝·本尼迪克特

《文化模式》

十、玛格丽特·米德

《萨摩亚的成年——为西方文明所作的原始人类的青年心理研究》，《文化与承诺——一项有关代沟问题的研究》，《代沟》

第一章　原始社会的哲学起点

现代人类学的形成，并不是空穴来风，是在古典人类学的基础上，才有了现代人类学的存在。因为方法论的分野，科学的权威的建立，才会有古典与现代的分水岭。这一表述很有福柯的意味，笔者指的是现代人类学和古典人类学的不同说法，是建立在关系的对照中，赋予了不同的名称，从而有了与之匹配的语言。涂尔干是现代主义的奠定人物之一，他使用"传统"与"现代"的转型，来回应社会变迁。他身处传统向现代的转型过程中，用传统与现代的语言来表述把自我脱离开来的自我意识。这样的做法就是传统与现代的分水岭的语言的开启。颇具意味的是，古典人类学是从之前的哲学家、思想家论述、想象和表达原始社会的思想源泉中受到启发的。因此，回顾法国的人类学思想的来源，从这个古老的胚胎中看到后来的社会学家、人类学家的影子，例如涂尔干，列维－斯特劳斯，就显得异常鲜活。在梳理古典人类学的文献脉络的时候，往往从弗雷泽、摩尔根、梅因等学者开始打下根基，以进化论统称。[1] 进化论与欧洲大陆生发的文化多样性的敏感和好奇有天然的联系。对文化多样性的爱好以进化论的方式探索和扩张。[2] 固然，进化论是古典人类学的确立标志。不过，古典人类学与原始哲学之间的关系是不可分割的。这些原始哲学甚而影响了

---

[1]　举例而言：赫伯特·斯宾塞：《社会学研究》，华夏出版社2001年版；爱德华·泰勒：《原始文化》，上海文艺出版社1992年版；詹姆斯·乔治·弗雷泽：《金枝》，商务印书馆2012年版；路易斯·亨利·摩尔根：《古代社会》，商务印书馆2012年版；E. A. 韦斯特马克：《人类婚姻史》，商务印书馆2002年版。梅因：《古代法》。笔者建议把功能主义者提到的古典人类学的其他著作进行挖掘。例如，涂尔干深受影响的库郎热：《古代城邦》，由拉德克利夫－布朗间接引入。

[2]　Lienhardt, G. *Divinity and Experience*, Clarendon, 1961.

后来的现代人类学。它的兴趣部分来自法国的启蒙主义者。回顾原始思想的灵感、看法和论述，具体指的是法国的启蒙运动取得的成就。包括卢梭、伏尔泰、孟德斯鸠等人。在列维－斯特劳斯的写作过程中，他明确表示卢梭是他的他者思想的来源。结束了结构主义的写作，笔者才回过头来，阅读卢梭的部分作品。因而有了以上的论述，即现代人类学是在古典人类学的区别意义上确立它的位置的，而古典人类学又是建立在原始社会的想象系统中尝试以科学的方法论进行验证和发现的。学者若追溯经济、社会、法律、婚姻的起源过程，就无法离开对原始社会的想象和描述。由于它的根基成熟，杜蒙追溯了个体主义的起源，从奎农、曼德维尔、亚当·斯密等人开始，一直到马克思，探讨个体主义概念形成的思想谱系。①

由于列维－斯特劳斯受到卢梭的思想影响，笔者从追溯卢梭的原始主义思想开始论述。之所以称之为原始主义，或原始哲学，是因为他们并没有任何原始社会的（实证研究）技术支持，而是建立在想象和设身处地的假想中。② 不乏自身对纯粹理想的构建。例如卢梭所说的"高贵的野蛮人"（noble savage），对列维－斯特劳斯的理念大有影响。

一　卢梭

《论人类不平等的起源》是法国大革命的灵魂。在本书中，卢梭指出人类每向前发展一步，不平等的程度就加深一步。本书阐发了卢梭的政治哲学思想，为《社会契约论》奠定了基础，同时也是他整个政治学说的

---

① Dumont, L., *From Mandeville to Marx*, Chicago, 1977. 杜蒙感兴趣的是个体主义首先是经济概念。利己主义从经济、财产的个体所有权中生发出来，又打上了道德的烙印。

② 并不完全是假想。卢梭对原始人的论述参考了各种旅行家所做的笔记，其中包括弗朗索瓦·柯勒阿的《西印度群岛旅行记》。这位旅行家发现，委内瑞拉的加拉伊波人，仅仅带着弓和箭就可以自由行走于森林中，从来没有听说过他们当中有人被野兽吃掉。卢梭：《论人类不平等的起源》，高修鹃译，上海三联书店 2011 年版，第 24 页。在论述情欲产生的破坏性力量的时候，卢梭对照原始人的平和。他把加勒比人看作是最接近原始人的人，他们的爱情生活是人类中最平和的，他们之间没有任何因嫉妒而起的战争。这句话令人联想起列维－斯特劳斯对巴西波罗罗族人相拥而眠、原始的情欲的欣赏。

导言。①

卢梭指出"人类每向前发展一步，不平等的程度就加深一步"。他的原话是："更糟糕的是，人类每前进一步，他与原始状态的举例就更远一些；我们掌握的知识越多，我们就丢掉了更多的发现重大问题的工具；在这种意义上，人类越是研究，就越不能了解自身。"②

卢梭为什么会要追溯人的本原、探究自然法则？其目的是想用还原的办法来推导一个好的人生、好的社会。只有在了解自然法则的情况下，才能遵循自然法则的教导，施加合适的教育，顺应人的本性。教化和文明是在自然的基础之上进行人为的设计和发展而来的。而只有弄清楚人的本原，才能设计一个好的政府，建设一个好的国家，成为一个好的公民。卢梭把这个好的价值定义为"公意"（general good），由此才有了社会契约（social contract）的论述。

该书分为两部分，第一部分是对原始人的描述；第二部分论述的是从原始社会过渡到文明过程中经历的转变，不平等是怎样出现的。以法律和政治为标志，一个奴役人的社会出现了。最后文明人与原始人做比较，指出文明失去的东西，正是原始人所拥有的。该书有意思的是卢梭对原始人的描述。核心观点是爱自己，不伤害他人。这是他对原始人生活方式、生活追求的概括。他把原始人描述为一个又一个没有联系的个体。这些个体为自己而活，没有强烈的私心和占有欲。比如我在这棵树下休息，有另外一个人走过来也要在这棵树下休息，我要么和他争吵，要么就走开，找另外一棵树休息。即使争吵也是争吵几句，也就化解了，人与人之间没有实质的冲突和争端。他形容道，原始人只有生理的爱，没有精神的爱。情欲一旦满足，就平静下来了。他论述道，原始人的爱情生活是人类中最平和的，他们之间没有任何因嫉妒而起的战争。那么，他者对自我意味着什么呢？他描述道原始人身上未泯灭的是同情心。这种同情并非是假惺惺的怜悯，看到比自己弱的人发生的不幸的遭遇，产生一种虚假的怜悯。这种同

---

① 《论人类不平等的起源》的封底，有这样的宣传："卢梭的思辨如蛟龙，从各个角度逻辑清晰地阐释为什么人类的进步史就是人类的堕落史。"这一宣传语概括精辟，的确在进步主义的反思层面深刻地影响了列维－斯特劳斯。当然后者对进步的看法不同。于是有了冷社会与热社会的比喻。参见卢梭：《论人类不平等的起源》，高修鹃译，上海三联书店2011年版。

② 卢梭：《论人类不平等的起源》，高修鹃译，上海三联书店2011年版，第12—13页。

情是苦难是共同的遭遇，感同身受，对他者所产生的深刻的同情。就连动物，在遭遇面前，也有同情心的流露。卢梭用自然本能来表述最底限的人与人之间联系的纽带（他说，这是人类拥有的唯一的自然美德），包含了道德的关怀。

第一个法则源于人类对自身幸福和生存的深切关注；第二个是在人类看到其他有知觉的生物，尤其是他的同类，在遭受痛苦和死亡时所感觉到的那种天然的不愉快。①

那么何时引入了社会性呢？如果自然法则维持原始状态已经足够。何时产生了对社会的需要呢？

其实回答这个问题，需要进入卢梭设定的怪圈：社会是奴役人的，人是被奴役的。人从失去自由开始，就被套上了奴役的枷锁。这不是他想要的结果，他抗议，于是他就在原始人的混沌无知和文明人的堕落之间找到一个中间状态，在奴役发生之前，看看是哪种机制在起作用，哪种因素在起作用。进行这样的分析，是为了和原始人的"零状态"进行对比：没有劳役，没有语言，没有家庭，不知何谓关系，对同类没有任何需求，根本不能区分他们谁是谁，甚至连自己的孩子都不认识。可以说，原始人就是完全为自己活着的。同情心和社会关系的构建完全是两个概念，我同情你，并不代表我和你有一定的社会关系。当然，没有财产多寡，更不可能有依附。② 每个个体都是独立的，自主的，自由的。这是卢梭设定的原始状态。他的假设充满了个人色彩，几乎是他在自己的主观世界设定的一个"桃花源"。他的叙述对于后人仍旧有深远的影响。例如，埃文斯－普理查德在《努尔人》当中就倾尽笔墨描写努尔人的平等、自由和天然的对权威的反感。一旦感到权威的束缚，他们就会离开，到另外一个地方建立自己的家园。他们为了捍卫个体利益，竭尽全力打斗、甚至全族的人为之械斗，不畏暴力，孩子的父母亲人都会鼓励孩子勇敢站起来反击受欺侮的一方。从这些笔调中，还是能看到卢梭所说的原始人的影子。卢梭的原始哲学犹如精神之光，引导后人继续追寻失去的桃花源，在无国家的社会寄

---

① 卢梭：《论人类不平等的起源》，高修鹃译，上海三联书店 2011 年版，第 15 页。

② 卢梭对原始人的描述竟有《道德经》的意味。在《道德经》里，无知无欲是一种境界，"不尚贤，使民不争。不贵难得之货，使民不为盗；不可见欲，使民心不乱"。

托陨落的自然理想。而卢梭赞许原始人满足自身的基本需求后，就心满意足，为人平静、祥和，没有剧烈的情绪起伏，因为感官不够发达，不会陷入情欲的痛苦和疯狂。这种描写又在马林诺夫斯基身上有了显现。马林诺夫斯基在探讨自由与文明的关系时认为，满足自身的需求就是幸福、快乐的源泉。超出自身的需求，充斥骄奢淫逸，文明就是堕落。但是卢梭对工具的拒绝和马林诺夫斯基的主张很不同，后者认为，工具是个体实现目的的手段，没有工具，几乎很难想象人类怎么存活。而对列维－斯特劳斯而言，笔者认为，恰恰是卢梭对原始状态的永恒性的论述对列维－斯特劳斯产生了深远的影响。卢梭相信，如果没有外部偶然因素的影响，人类会永远停留在原始状态。这一思想被列维－斯特劳斯表述为"熵"。

什么改变了人类的原始状态？卢梭首先指出：人类从建造房屋开始，建立了家庭，形成了某种形式的私有制，进而结群，产生了由共同的性格、生活方式以及共同的气候联系的特点的民族。这虽然为以后的罪恶滋生了温床，但是还不是坏的。他描述了在人类刚刚摆脱原始状态，有了家庭、社会和部族的时候，却还没有扩展到由战争和争端、报复支配下的人与人的争斗、人与人的恶，这之间的一种中间状态。

我们发现的原始人大多生活在这种状态，他们的生活证明，人类本应一直处在这种状态，这才是人类真正的青春时代，所有后来的进步虽然都似乎使作为个体的人一步步走向完善，却使人类整体上迈向老朽。[①]

也就是说，人类刚刚摆脱原始状态，拥有简单的文化，满足基本的需求，组成简单的社会组织，"只要他们仅限于从事就靠一个人就能完成的技艺，而不需要从事需要几个人合作才能完成的任务"，他们就能自由、健康、诚实、幸福地生活。这一思想在笔者看来是匪夷所思的。卢梭容纳家庭、社会，也是在不合作的基础上继续维系的"爱自己"的生活和价值系统。因为卢梭对合作有一种近似恐惧症的畏惧：他认为只要有合作、有相互的需要，就会有被奴役的可能性。他对社会抱有根深蒂固的不信任和警惕（注意，卢梭认为，爱自己和自由交往是并行不悖的。但自由交往不等于任何形式的奴役）。涂尔干对社会的崇拜几乎

① 卢梭：《论人类不平等的起源》，高修鹃译，上海三联书店 2011 年版，第 55 页。

到了自然法则的地步，几乎不可同日而语。在这个最好的时间节点上，卢梭是不想社会往前进步的。因为他的潜台词是社会组织越复杂，社会分工越发达，财富就越来越不均，社会不平等的程度就越来越大。而法律保障了富人的权益，反过来强化对人的奴役。社会不平等的根源就来自于生产过剩。因为农业和冶铁技术虽然增强了人类的生存能力，也产生了生产过剩。有一部分人依靠另一部分的供养，剥夺另一部分人的劳动，这一小部分人就是影响再分配的人。只要产生生产过剩，就会有私有制的可能。私有制并不单纯是财产的所有权问题，例如"我耕种这块土地，长久以往我就宣称这块土地是我的"。它指的是有了私有制的保障，我可以剥夺他人的土地，然后驱使他人为我耕种土地，由于失去了财产，我就有支配更多人为我劳动的权利。而原本自由而独立的个人，就蜕变为"依赖别人，既不得不受自然的支配，更不得不受他人的支配"。[①] 欲望压制了天然的同情心的声音。卢梭论述的就是自然法则被建立在财产所有制基础上的社会法则压制的过程。换言之，由于爱自我和同情心——两大自然法则被破坏，人的处事方式也变了。伊甸园失却了，人类赶进了文明的家园，却变成了道德败坏的物种：贪婪、野心和邪恶，充斥了人的内心。在这里，道德术语：贪婪、野心和邪恶，形容的是人的欲望无法满足，在无法满足的欲望的背后是人的内心的空虚。卢梭试图告诉世人，人的原初状态，维系的纯真、质朴的情感已经被矫揉造作、欺骗和狡诈弄得面目全非。卢梭反问道：如果你想获得超出你生存所需的部分，难道你不应该征求全体人民的一致同意吗？

　　在这种情况下，卢梭开始探讨如何维系脆弱的善：爱自己和同情心构成的自然法则。他认为，公意体现了全体人民的意志，公意就是法律，制定出法律，就要遵守。当然，这一思路在《社会契约论》得到了发挥，属于如何设计一个好的政府，构建一个好的社会的民主价值的思考。和自然法、原始社会的想象是两个范畴。换言之，原始社会的论述是他作为设计民主、共和国的政治工程师的工具，他设计民主建筑的原则是最大限度

---

① 卢梭：《论人类不平等的起源》，高修鹃译，上海三联书店 2011 年版，第 59 页。

的遵从自然法则①，体现公意。他思考的逻辑起点是：我们凭什么把个体的权利让渡给一个代理人，由他来替我们执行公意，保障我们每个人的个体权利不被侵犯，保障我们每个人的个体自由。我们凭什么信任这个提议的人，他许下的诺言，"让我们联合起来吧，保护共同体的每一个成员"，就能够真正的实践并实现。由于人性的脆弱所在，卢梭把公意的实现程序放在论述的主题，因为如果是在不平等的基础上去达成共识，那么共识又如何体现自由与公正？谁又能保证自己为了公意而主动失去的权利，不被代理人滥用？哪个代理人又能保证他是正确的主人而不负众望？他拿什么回报呢？反复思考这些问题，就是为了避免人类社会不可避免走向专制社会或是奴隶制，恰恰相反，是为了独立与自由，才走向民主的共和国的。也就是说，卢梭想要寻找一个文明社会的政治制度，来保存人类天生热爱自由的野性。一个热爱自由的野蛮人愿意接受文明的统治，还能保存个体的生命、自由和财产。而且，在一切都实现的情况下，他希望公意还具有神圣性。因此宗教是需要的。目的是增强公意的基础。公意是对现实的社会制度否定的情况下重新设计的一个民主建筑。从这个意义上，涂尔干的社会崇拜可以得到一定的解释。

然而公意对现实的否定只是停留在思想层面，现实仍旧是坏的制度和坏的强权统治。卢梭追溯了原始人到文明人的蜕变过程。经过漫长的进化，水到渠成，原始人和文明人的对照就恍如隔世。

> 原始人呼吸自由和宁静的空气，他只愿过闲散的生活。而文明人，整日奔波，劳心劳力，为的只是让自己更加劳苦，一生劳作，至死方休。为了生存往往要冒着死亡的危险，或者为了追求永生而自绝于世。文明人会向他憎恨的权贵和鄙视的富翁大献殷勤，他一刻不停地追求为这些人服务的荣耀；他厚颜无耻地夸耀自己的卑贱和别人给他的庇荫，他以当奴隶为自豪，同时又以轻蔑的言辞嘲笑那些不能享

---

① 卢梭认为自然法紧紧存在于各个社会之间，以万国法的名义出现，替代了自然的同情心。这种同情心，在社会中已经失去了对人类的大部分影响，如今仅仅存在于一些伟大的世界主义者的精神深处，他们打破了阻碍各民族人民交流的思想藩篱，模仿伟大造物主的样子，将全人类都包括在他们的仁慈之中。卢梭：《论人类不平等的起源》，高修鹃译，上海三联书店2011年版，第62—63页。

受这种荣耀的人。①

卢梭一生穷途潦倒，几度拒绝权贵给他的奖金、年薪和报酬，与当权者不合作的态度是终其一生的。所以在结尾处他辛辣讽刺的文明人的谄媚、虚伪和奴性，可谓是入木三分。他要把人类的奴性被意识形态灌输为天然的合法性推翻，恢复人的本真，那就是"人生来平等而自由"。可谓振聋发聩。他对权贵的讽刺、对奴性的鞭笞，贯彻到他的任何一部作品。这一点是他做人和思想主张相互统一、并且身体力行的珍贵品质。正是这一点，笔者理解他所说的"高贵的野蛮人"除却设身处地、想象和推测的成分，反而具有打动人心的真实力量。例如，"原始人呼吸自由和宁静的空气，他只愿过闲散的生活"，它的理论根据是什么？卢梭都没有可靠的证据条件支持。奇异的是，它却具有真实的神圣性。卢梭用"爱自己"的个体哲学和个体伦理衡量社会、制度和政府的有效性。用公意来保障人与人之间在不损害个体权利的基础上的自由交往联系。爱自己和爱他人的均衡发展，是有一个从自然到社会的教化过程的。从个体发展到公民（citizen），是公意的神圣性体现。笔者以为列维－斯特劳斯对卢梭的解读：以他者为前提，并没有很好地照顾到"爱自己"的前提。实际上，"爱自己"与对他者的同情保持了温和的平行关系，何况这同情是共同遭受苦难时候的感同身受。"爱自己"是卢梭从"高贵的野蛮人"得到的伦理启发，列维－斯特劳斯得到的则是野性思维的理性的启发。他们两个人的取向是迥异的。但是不能不说，卢梭将原始人与文明人并置和比较的做法，虽然带着讽刺和褒贬的语气，却已流露出自我中心主义批判的端倪。

二　孟德斯鸠

孟德斯鸠讲述了另外一个穴居人的故事。穴居人指的是原始人，或野蛮人。在《波斯人信札》中，论述社会的起源时，孟德斯鸠发明了一个穴居人故事，奇思妙想，却有一定的真知灼见。他首先描述了一个恶社会的出现，然后描述了一个善社会的出现，以及善社会是如何打败异族的侵

---

① 卢梭：《论人类不平等的起源》，高修鹃译，上海三联书店 2011 年版，第 77—78 页。

犯，繁荣昌盛。但是依靠道德的自觉，并不能解决问题，于是出现了民众对国王的需要，等等。在《波斯人信札》的附录中，还有穴居人故事的续集。此不赘述。

社会的起源，是为了论述权力的起源，回答的是什么样的统治是最合理的。孟德斯鸠为阐述什么样的统治是理想的，得出的结论是遵循风俗的统治是合理的，打仗、扩张殖民地都是劳民伤财的事情。对于个体而言，他提出，人应该运用自己的理性，去看待事物。而非信奉星相、占卜或者巫术。世界是不可知的，于是有了宗教的解释。但是能够认识世界的是实验科学，包括物理学、生物学、天文学等。这就是理性的含义。理性，是认识自然科学的规律。理性，与群体、精神结合起来，上升到更高的境界。精神是他非常看重的，他在《论趣味》中首先从趣味的定义开始，延伸到精神的定义。

通过感觉而使我们注意到某一事物的那种东西。智力涉及人们的某种精致的快乐，叫作趣味。如果这特殊的事物是一个民族所独有的，才能称为精神。①

孟德斯鸠对精神的定义并不纯然是认知、情感的构成，还有生理学的含义。他对待官能的态度是矛盾的。一方面，他认为官能是感觉的来源，感觉和精神是相感知的；另一方面，他又明确指出"官能的判断不能作为标准"。他自问自答："人究竟是通过官能的快感和满足，还是通过力行道德而得到幸福？"显然答案是后者，由于生理学的作用。精神感受到激动，神经里应当有神经质流动着。②

乍看难以理解，为什么精神里会存在神经质这样的器官反应呢？这样的论述在其他著作中比比皆是。例如《波斯人信札》，作者发高论说，心灵与肉体结合之后，就不断受到束缚，如果血液流动太慢，思想不够净化或者分量不够，我们就会陷入沮丧和忧郁。③ 需要喝酒让自己变得愉快。气血郁结是忧郁症的生理事实，这是他的精神健康观点的证据。身体和精神相互映照，这多少体现了他竭力为精神的论证增加生理、物理的现实基

---

① 孟德斯鸠：《罗马兴衰原因论》，婉玲译，商务印书馆 2011 年版，第 140 页。

② 同上书，第 148 页。

③ 孟德斯鸠：《波斯人信札》，罗国林译，译林出版社 2000 年版，第 39 页。

础。也就是说，精神绝不是形而上的宗教情感能解释或宗教修炼能抵达的。它依靠的是感性和理性的结合，思想和身体的结合。这样的论述，从今天的眼光来看，刚好可以理解为启蒙时代的时代精神：理性的曙光从宗教蒙昧中透露出来。

孟德斯鸠在"运用你的理性"理念上深刻地影响了读者，这一理念可以跨越时间的长河，继续在新的生存情境中启发读者，自我反省。它形成了一种新的理论风气、生活哲学以及审美情操。例如，他非常强调趣味，从任何知识、爱好当中获得快乐。"运用你的理性"，在今天，还有着深远的意义。理性，对秩序、规则有着天然的爱好，但是趣味，却增加了理性的魅力。它等于告诉人们，理性是科学的严谨风格，趣味是艺术的风格，这两者都是可以后天培养的。在《波斯人信札》中会看到大量的不学无术、夜郎自大而又沾沾自喜、腹内空空的学究的可笑言行。孟德斯鸠讽刺的就是这些人，号称吃"学术饭"的，号称是纯洁德行的教士，揭开他们道貌岸然的面具，他们竟然是如此可笑。这里，笔者不妨举几个例子。

法国的咖啡馆聚集了知识分子，可是这些知识分子为了一些微不足道的知识争论不休，如古希腊一个诗人的名誉问题。知识分子在咖啡馆争吵不休，在街头争吵不休，而且争吵的语言分为粗俗语言和不开化语言。读来令人啼笑皆非。

法国有三种有身份的人：教士、军人和法官。每种人都极端瞧不起另外两种人。人人都是极度的夜郎自大，每个人都认为自己是最有学识的，最厉害的，而且和其他人相互攻讦。信中的黎加"喜欢的是谦逊的人"，可是在法国，到处都是夸夸其谈、自吹自擂的人。黎加说最鄙视的就是编书的人。从别人的著作里抽出一些零碎片段，拼凑成自己的作品。所谓思想的创新，是把书架下面的书放到上面来，上面的书放到下面来。黎加气得把一本书扔掉了。黎加看到更多的怪现象，例如法官变卖了书房，买了这个官职，没有一本书，却毫不惋惜，法官自己都说：这些法律书籍里面的案例几乎都是假的，而且背离一般准则。

为了赢得关注，积累谈资，两个人串通好，相互捧哏，以这种兄弟联手的方式赢得公众的青睐。两个人说着说着就眉开眼笑。而且这位仁兄向另外一位保证，用不了多久，你就会在法兰西学院获得一个位置。以这样赤裸裸的修辞的虚荣来赢得学术权威，可见当时学术风气极为浮夸。当然，这可能是孟德斯鸠的玩笑，不过却辛辣地讽刺了法国的学术权威。这样的语句还会在书中的其他地方出现。例如，法兰西学院的成员，除了喋喋不休地高谈阔论，便无所事事。

法国养了很多清教徒，这些清教徒号称顺从、清贫和贞洁。但是稍微一了解就会发现，清教徒以清贫的名义敛财，反而非常富有，但是并不愿意放弃清贫的头衔。修道院里有一种职业，通过开脱罪名替人赎罪，结果生意兴隆，财源滚滚。这些都是清教徒、教士干的事。

此外，无数的语言教师、艺术教师和科学教师，在教授他们自己一窍不通的东西。

黎加遇到了形形色色的人和事，其中有两个故事非常诙谐。一个是修道院图书馆的图书管理员，却对书的收藏情况一无所知。当黎加问起他时，他还振振有词。当他指责手下的人不干活时，这时食堂的钟响了，他说像我这样一个头儿，什么事情都得带头才行。说着，就飞也似的跑了。

另外一个故事，是有一个人长期失眠，很痛苦，找医生开鸦片吃，但是又犹豫吃不吃。这个时候，他请图书馆馆长帮他找一本束之高阁的大部头著作，馆长推荐了一本书，借回家来，请他的儿子朗读，念了两页，他的家人都睡去了，念了十几页，这个可怜的失眠的人也睡着了。第二天，他高兴地对医生说，不用吃药了，他的病被"名著"治好了。

这两个故事听起来啼笑皆非，让人感慨：法国的学术界到底是怎么回事？国家最高学术机构为了语言形式、修辞上的钻牛角尖的问题争论不休，掌管知识的人却不学无术、甚至清楚地知道知识根本就没有用。从这些侧面可以看到，18世纪的法国学术腐败的状况犹如一面镜子，不禁让人反思：学术满足于形式主义的似是而非，乃是学术腐败的体现之一。空中楼阁的理论大厦，并非仅是今人所为。关键是学术如何能够认识真理？体现人心？如果说神学统治的时代已经远去，那么社会科学的新的神学并未真正消失。"运用你的理性"，启蒙时代的理性精神仍旧有启蒙意义。

穴居人的故事是怎么回事呢？由于《波斯人信札》穿插了多条线索，容易把这条线索的注意力冲散。稍作总结，往往追踪穴居人故事，追溯社会的起源，到君主制的出现，再到理想的统治应该是什么样的秩序、方式等问题的探讨。对这个从原始社会到文明社会的发展过程的论述，孟德斯鸠采取了历史的维度，用来说明理想的状态和实然的状态的反差。他采用东西方文明分野的方式，去说明君主制在东方发展到专制，必然经历衰败。可是他如此崇拜罗马文明，却不得不承认，罗马文明的衰落是由于野蛮人的入侵。野蛮人本来是自由的，由于受制于专制，经历了衰败。这也就是野蛮与文明之间的辩证关系。野蛮是因为自由，所以能打败罗马，可是当野蛮人开化，用文明的手段来巩固政权时，专制往往是东方蛮族的制度特点。罗马帝国消亡后，欧洲分裂为大小国家。孟德斯鸠所处的时代正是路易十四统治的末期（1643—1715）。[①] 宗教和君主制混杂统治的状况正是孟德斯鸠所描写的法国制度现实。他追溯罗马盛衰原因论，目的是"反对当时的专制暴政"。在笔者看来，他反对的是东方的专制，和愚昧的宗教统治。也就是说，他尖锐的批判法国的风气、恶习、学术腐败、宗教腐败等，但是比较起波斯的一夫多妻制、君主专制，法国的君主制还是比较开明的。第一，它不会因为君主的喜好而决定人的死活。第二，它是一夫一妻制，妻子可以偷情，丈夫只当是不知道就罢了。第三，它鼓励各个行业发展自身的技巧和智慧。尽管如此，在狂妄自大、宗教的不宽容、排斥异端方面，没有地域、文化的差别。几内亚的一个部落的国王坐在一扇破伞下，每天饭前都要让侍卫宣告：其他地方的国王可以吃饭了。听起来愚昧可笑。法国当然是有过之而无不及。这样看来，穴居人的故事，是为了和什么是合理的统治相关的，包括追溯罗马衰亡的原因，也是和合理的统治相关的。合理的统治，是一个应然的价值判断。它建立在原始人的空白状态的基础上，辅之以罗马帝国强大的制度支持条件，以及君主制的必然性和改良性。也就是说，孟德斯鸠非常看重"自由"这个理念。君主制的必然性是说社会需要君主。改良容纳了对君主权力的制约，又需要规避专制。整合起来，可以说，孟德斯鸠期望的是君主制和经济自由、学术自由、宗教自由以及个体自由有机结合在一起。他鼓励宗教宽容，并不是鼓吹无神论。相反，孟德斯鸠对宗教的神圣性和皈依，是非常虔诚的。他主张在世俗社会、自然科学的范畴内，运用理性，尊重科学，驱赶迷信、宗教的愚昧以及人与人、群体与群体、各个行业之间的妄自尊大，而妄自尊大又是和孤立隔绝的"老死不相往来"生活状态相关的。言下，

---

① 在《波斯人信札》里说到，游历到巴黎的波斯人见过幼主，也就是路易十四的儿子。

他鼓励社会交往，他赞扬巴黎人拥有发达的社交天赋。他一再说，在造物主面前，在浩瀚的宇宙里，人有如原子，人既然这么渺小，就应该保持谦逊和谦卑。他鼓励娱乐和艺术，认为艺术促进社会繁荣昌盛。相反，如果没有娱乐和艺术，国家就会衰败，人民就会贫困。他鼓励商业、手工业以及工业，因为商品的价值是以它的复杂技术、劳动分工的程度来衡量的。

　　自由，是和穴居人的空白状态相关的。自由，并不是从天上掉下来的，是从社会中来的。[①] 于是穴居人的故事，就从波斯人来到巴黎后开始讲述了。

　　穴居人的故事，分为前后两段。第一段是自私自利的穴居人，组成的社会趋于毁灭；第二段是相亲相爱的穴居人，社会繁荣昌盛，并成功抵御了外来者的入侵。[②] 但是这种情况并不能永久维持下去，人们推举一位老者出来做国王，这位老者痛哭流涕。

　　接下来就是孟德斯鸠对权力、君主和法律的论述了。这其中包括对欧洲各个国家的评说。可谓历史成败，功过是非，都在他的谈笑之间。这些评议、杂言始终、引经据典始终是在探讨什么是合理的统治。

　　穴居人发生的其中一个小事是：一个人的土地，被两个邻居抢走了。这两个人一起保卫土地数月，很快就内讧。一个人杀了另一个人，可是又被另外两个穴居人袭击，做了刀下鬼。内讧起源于一个人的私念。包括女人也是如此，抢来抢去，互相坑害。

　　　　其中一个觉得这块地他本来可以独占，却要与另一个分享，心里不是滋味，便把另一个杀了，成了那块地的惟一主人。[③]

　　这样下去，一场瘟疫，使他们陷入灭顶之灾。这个故事触及的是个人的根深蒂固的私有观念，是社会的对抗性、毁灭性力量。因为占有欲和财产的排他性，社会关系是个人利益实现的工具，使社会丧失良知和信任。

　　接下来就是另外一个穴居人故事。它开始于"那么多家庭只有两户

---

　　① 有意味的是，孟德斯鸠对于"男人是否给予女人自由"显得很矛盾。

　　② 抛开文学的角度，人性的善良是非常不真实的，比如相亲相爱、互帮互助，显得非常虚假，反倒是恶的社会有人性真实的一面。

　　③ 孟德斯鸠：《波斯人信札》，罗国林译，译林出版社 2000 年版，第 14 页。

人家逃脱了全民族的灾难。该国有两个与众不同的人，他们具有人道，深明大义，崇尚道德"。可以说痛定思痛，励精图治，团结一心，"为了共同的利益辛勤劳作"。这两家互结亲家，一个旺盛的民族就这样繁衍起来。穴居人的公共利益是怎样体现呢？就像是他们的祖先争夺土地、争夺女人，这些后代子孙与之形成了鲜明的对比。

　　一天，一个穴居人心里说："我爹明天要去犁地。我要比他早起床两个钟头，等他到地里时地已犁完了。"

　　另一个穴居人寻思："他妹妹似乎看中了亲戚家一个小伙子。我得跟爹谈一谈，让他定下这门亲事才好。"

　　有人告诉另一个人他的牛群被偷走了，说："真气人，其中有头纯白色的小母牛，我本来预备用来祭神的。"

　　也会听见有人对别人说："我得到庙里去谢神，因为我弟弟康复了。我的双亲钟爱他，我也非常疼爱他。"

　　也会听见有人说："在我父亲的地旁边的一块地上，干活的人天天头顶烈日，我得去种上两棵树，让那些可怜的人有时可到树荫下歇息。"①

　　这些细节反复论证了新的社会的个体的道德意识：为他人着想，知廉耻，爱礼仪，敬神明。他们之所以想要推选一位国王，理由是道德的约束不堪重负，希望把道德的约束"转嫁"为国王统治的形式，听命于法律。老者为什么涕泗滂沱呢？因为他认为：国王的命令、法律的规定，和自然的天性是没有本质的区别的。人可以按照自然的天性做事，法律也是这么规定的。可是如果法律和自然的天性分离、相悖的话，法律就变为枷锁。水涨船高的是，一旦把法律的权威上升到不可替代的地位，即法律巩固的是国王的统治地位，那么威胁的就是自由。而且，有了法律的名义，人抛开了道德的包袱，找到了放纵的借口。你们就可以填满欲壑，聚敛财富，沉溺于颓靡的享乐，只要不犯重大罪过，什么道德全无所谓。②

　　在《波斯人信札》附录中，有穴居人的续写故事。国王死了，需要

① 孟德斯鸠：《波斯人信札》，罗国林译，译林出版社 2000 年版，第 16—17 页。
② 同上书，第 18 页。

另择君主。于是选了一个最贤明、最公正的人来当国王。在国王统治的末期，有些人提议发展商业和各种技艺。于是召开了国民会议，讨论这件事。大会争论的焦点是财富与道德的矛盾。国王的观点是：允许财富的发展，但是兼顾道德。你们要财富，我也要财富。可是我怎么富裕呢？我就对你们课以重税，你们的财产要为我服务。现在我是劳动所得，到那时候就是你们养活我。国王提醒：你们讲道德，我也讲道德，我讲道德，你们也讲道德。

这个故事讲述了逻辑公正原则：每个公民都应成为自己财产的公平分配者，也成为别人财产的公平分配者。公正具有宗教的神圣不可侵犯的含义。如果没有道德的自省，以财富为纲，其结果是君主制走向专制的极致。私有制成为君主制的奴隶。这完全违背了自由的价值。于是就需要正本清源，回答"合理的统治"应该是什么样。笔者觉得，最理想的统治方式应是以最小的代价达到目的的统治方式，也就是说，是其方式最符合民众天性和倾向的统治。①

这就回到了穴居人选举国王的故事。法律、自然的天性与道德的自省是相互适应的，而法律和君主是不可分割的。这个理论在今天看来似乎是不可理解的，君主制是他所说的理性主张的一部分。理性并不是用来反对君主制的。所以，需要反复界定条件，在何种意义批判自由的对立面、劳动的寄生虫、财富的掠夺者：专制的恶劣后果，他批判的是远离了合理统治方式的君主制，但不是否定君主制。这是他的模棱两可的理性思想的部分体现：批判宗教，但不否定宗教；批判专制，但不否定君主制。鼓励财富（自由贸易），但是兼顾道德。从这三个方面，回应了他在启蒙时代的独特存在，姑且先不说这是否是"大资产阶级的利益阵营"。在笔者看来，无法用"一分为二"的方法来评论一个人的思想，而是采取比较的方式来论述孟德斯鸠的独特思想。卢梭论述社会不平等的起源，结论是社会契约，来达成一个平等的社会。孟德斯鸠和他最大的分歧在于，国王是社会的需要，国王是社会公正的集中体现。国王能够维系法律、天性和道德的自省，以及这三者之间的均衡关系。因此，对统治、政治和制度的论述的分野也就产生了。

---

① 孟德斯鸠：《波斯人信札》，罗国林译，译林出版社 2000 年版，第 100 页。

　　而追溯到原始哲学，关于穴居人空白状态的想象，卢梭描写的原始人是：爱自己，与他者的关系是怜悯。自己关注自己的事情，同时也不伤害他人。这是原始人的个体哲学。这两者相互作用，维持了原始社会的和谐状态。孟德斯鸠构想的穴居人故事是道德的个体。道德并不是冷冰冰的教条或戒律，相反，是人的天性使然。人在做自己的事情的时候，就会本能地想到他人，这种利他性包含在家庭、伦理和社会纽带当中。尤其是人在做这些事情的时候，会扪心自问，他人会怎么样？这是道德的自省力量。孟德斯鸠把这种原初的善，运用到复杂社会的制度设计中。

　　卢梭愤世嫉俗的文风至少在孟德斯鸠这里消解了，代之以理性的睿智和幽默的讽刺风格。从他们的区分，初步可以看出，对于同一个问题：财富导致贫富分化，两个人的回应是不同的。卢梭提出公意的神圣性，着重设计政治制度，政府是重中之重，如何最大程度的体现公意。孟德斯鸠提出公正的重要性，着重在君主制的框架下设计法律制度，法律是理性之本。法律和君主是相互支持的，但是法律不是服务君主的私人利益，而是为了维护穴居人依靠道德实现的公共利益，君主也得在法律的范围内行事。在政治制度的基础上，个体的认知和感觉是相互统一的，理性、趣味与精神也是相互统一的。理性和法律，体现了孟德斯鸠的社会改革的核心价值。

　　俄国学者巴士金在孟德斯鸠的评论中写道：

　　　　和卢梭一样，孟德斯鸠只是附带地探讨了认识论问题。他的主要精力都花在社会学问题上面。他首先是作为一个杰出的社会学家载入史册的。① 法国唯物主义者在分析认识论方面揭开了新的一页。孟德斯鸠力求根据历史事实建立自己的国家学说。尽管他的概括往往总不正确，但是希望从本质上分析法律问题，研究过去与现在的事实表象，而不是根据抽象的理论家的空洞纲领研究应该是什么，这样一种意图本身，就揭开了先进社会学思想发展史上新的一页。②

---

① 孟德斯鸠：《罗马兴衰原因论》，婉玲译，商务印书馆 2011 年版，第 181 页。
② 同上书，第 185 页。

把孟德斯鸠认定为社会学家，而不是法学家、经济学家或其他，笔者的理解是，君主制和原始哲学是他的思想体系当中的依赖性支点。追溯社会的起源，追溯罗马帝国的衰亡原因，始终是为了论述"合理的社会统治"是什么。孟德斯鸠秉持财富与道德兼容，用法律来牵制王权，实现自由的君主统治。看似矛盾，但是具有真切的社会力量。

三　《有闲阶级论》：制度学派对原始掠夺的讨论

原始社会与其作为一种研究对象，不如说作为一种思考方法。这是法国启蒙主义发展出的原始哲学的倾向。同样，它在制度学派也大放异彩。制度学派对原始社会的处理特点与法国启蒙主义相似的是：将原始社会作为社会起源、社会发展的起点。有所区别的是，制度学派从原始社会受到启发，应用于现代社会。从而形成自身的理论视野和理论特点。

造成这一差别的原因，在笔者看来，依靠想象来建构原始社会的理想型，理想国的政治烙印或政治诉求已经从制度学派褪去。转而代之以新的问题意识或发现，串联原始社会与现代社会的延续性、演变和变化。这也就是制度学派为什么又被称之为庸俗学派的原因。它把社会心理学与社会进化论结合起来，形成一家之言。

一、有闲阶级论

制度学派被解释为资产阶级的辩护理论。笔者这里不便从意识形态层面扩大制度学派的争议。从《有闲阶级论》的阅读来看，该书给笔者最大的启发是原始社会的掠夺阶级如何演变为现代社会的有闲阶级。凡勃伦认为，人的本性有一部分是好逸恶劳、贪图享乐的本能，人的本性也有另外一部分是劳作的本能。他把这两块相互冲突、相互对抗的本能称之为金钱本能与作业本能。他运用心理学的假设，进行了绝妙的社会理论发挥。随着社会变迁，现代社会的消费与生产的关系的调适：消费主义的抬头，后工业社会的产业转型，不断回应了有闲阶级的理论洞见。基于此，《有闲阶级论》诉诸人类学的做法（他称之为人种学），即从原始掠夺得到的启发，无法抹去制度学派的贡献。虽然在参与观察的方法论上面，和现代人类学有着截然不同的面貌，不过制度学派处理人类学的办法，为现代社会服务的态度，却有着深远的思想影响。这是制度学派走出法国启蒙主义的理想国"情结"的风采所在。

凡勃伦是如何论述原始掠夺的？下面就根据原著展开论述。

在绪论中，作者点明：有闲阶级制度在未开化文化下的较高阶段获得了最充分发展；封建时代的欧洲或日本就是例子。[①] 有闲阶级的社会有如下几个特点：1. 身份制；2. 歧视性对比；3. 脱离生产。

作者描写了人类社会经历的四个阶段：未开化社会的早期阶段、未开化社会的野蛮阶段、准和平社会与工业社会。这四个阶段，可以概括为：从和平到掠夺的演变，有闲阶级的出现与成熟；从掠夺到准和平社会的演变过程中，掠夺文化的衰落，有闲阶级的形式的变化；从准和平社会向工业社会的过渡过程当中，金钱作业与工作作业的对立越来越明显，企业与工业的对立越来越明显，掠夺的行为虽然不复存在，但是作为习惯，通过遗传或制度的影响巩固下来。

有闲阶级继续通过所有制、企业的利益、个人的享乐占有社会的大多数财富，从而间接影响下层阶级，扮演了社会的保守势力。有闲阶级的形式发生了进一步的变化，明显有闲与明显消费此消彼长。掠夺社会的经济集团的社会心理：掠夺气质，身份制和人神同一的宗教态度，通过遗传或制度的作用继续发生影响，在消费、迷信、宗教、体育竞赛、尚武、服装等世俗生活方面起到了典范和示范作用。从中看到上古社会掠夺集团的存在与地位，掠夺的习惯，虽然表象消失，但是却以其他的形式，渗透到现代社会当中，转变为现代社会的制度力量与影响。

换言之，有闲阶级的三个特点从来没有从人类社会发展的高级阶段消失，反而根深蒂固地保留下来。对于这一原因，作者做出了社会进化论的解释。他诉诸人种学，实际上是人类学，来为他的社会心理学增加理论依据。

他的理论假设是这样的：某些习惯在外界条件的变化下，可能会受到冲击，受到阻碍。一旦阻碍的因素减少，就会保持原有的心性、趋势和素质。作者将达尔文所说的返祖现象，表述为社会进化论的语言，称之为复古现象或拟古倾向。按照他的假设，掠夺本来是人类获取生活资料的一种

---

① 凡勃伦：《有闲阶级论——关于制度的经济研究》，蔡受百译，商务印书馆 1964 年版，第 5 页。

方式，较之和平的方式，掠夺——通过男子集团的狩猎和战争，增加了社会财富，增强了奴隶的使用，滋长了有闲阶级和劳动阶级的分化，滋长了有闲阶级的增长。当掠夺的生产方式向准和平阶段演化时，掠夺文化又会以习惯的方式在人的本性中根深蒂固，他称之为社会心理，即一定阶段的经济条件、经济阶层和相应的社会心理共同作用。当与掠夺文化相应的社会心理的经济条件因为巨大的社会变迁不复存在时，有闲阶级的社会心理却根深蒂固，并以新的形式，发生作用。作者认为，金钱阶级就是有闲阶级特权的新的经济地位、经济条件，金钱和权力相互强化，建立了以财产为分配方式的社会结构。金钱竞赛就不断升级。金钱阶级更多体现为所有制的占有。金钱阶级始终以新的经济攫取方式占据支配性的经济地位，巩固有闲阶级的特权。它进而在文化和生活方式方面产生了深远的影响，最为具体的表现就是习惯。有闲阶级发达的形式表现为代理有闲和代理消费。扮演代理有闲和代理消费最为活跃的角色就是家务职能的演化。侍奉主人的家庭主妇和仆人，以及侍奉神的教士，他们的角色是相通的，共同地体现在代理有闲和代理消费的职能方面。习惯原来有人种学的作用，对内表现为遗传，对外扩散为制度，共同发生作用。这也是制度学派的核心理念。它是社会进化论与社会心理学的结合。在笔者来，作者的人种学观点可以批判地来看。他列出三个人种：长颅白型、短颅浅黑型、高加索种。他认为长颅白型比其他两种要更加具有掠夺倾向，其他两种，尤其是高加索种，更加具有和平倾向。这一人种学的观点，由于主观色彩较重，暂且可以搁置。而社会进化论与社会心理学的结合，使这一理论线索更加具有借鉴价值。

习惯，表面上表现为明显有闲和明显消费，实际上又是荣誉的力量驱使。荣誉，来自于掠夺集团的掠夺荣誉，它和生产劳动极端对立，产生了厌恶劳动、远离劳动并统治劳动的倾向，这是一种统治者的心理，集中了统治与服从的关系，作者表述为身份制。身份制是地位关系，反映了高低贵贱的社会等级的遵从。身份制又通过礼仪表达出来。掠夺的心理特征如下：1. 身份制；2. 掠夺气质；3. 人神同形同性观念。掠夺心理和习惯共同作用，凸显了荣誉在统治者心目中不可替代的位置。习惯，毋宁是荣誉的消费。它把金钱和审美结合起来，同样遵从的是不事生产劳动的原则。重视手工艺品，厌恶机器的大批量生产。所购商品不仅是超过物质资料的基本需求，而且要审美兼价高，这种消费趣味把金钱阶级的本性展现得淋漓尽致。

作者基于此，提出了金钱阶级具有的卓越的对物品的鉴赏眼光。凡勃伦的看法可以增加以往人们对品味的认识。揭开品味的面纱，不妨把金钱阶级看待物品的赤裸裸的准则展示面前：审美与价高。无论是手工制品还是服装，还是家居，都集中体现了不实用、不适宜劳动的装饰、设计趣味。简言之，金钱阶级的鉴赏眼光体现在奢侈品的生产和消费当中。他们产生了对奢侈品的需求，是奢侈品的消费者，他们决定了品味与格调的典范与标准。习惯，它还会从主人的个人享受扩展到代理有闲和代理消费的角色当中。使得繁文缛节和频繁的社交生活成为生活舞台的重点，当然，还会有贵重礼物的交换。训练有素的仆人成为荣誉的门面，就像是娇惰、羸弱的中产阶级的家庭主妇以及穿着光鲜亮丽的教士一样，传递了战争、狩猎、祭祀和竞赛等古老掠夺集团的全部生活内容。只不过代之以体育、消费和服装、学识、宗教等生活方式的塑造与社会生活的秩序。较之其他方面，有闲阶级对宗教的信仰可能不太容易理解。作者解释道："宗教信仰之所以经济，是由于它作为气质上一种附随变化的标志带有掠夺性，这表明工业上存在一些有害的性格特征。"光怪陆离的消费文化的背后，根深蒂固的是有闲阶级的习惯，竟然是对荣誉的狂热追求与忠实。"有闲阶级制度的作用是，对古老的人类性格、古老的文化因素，加以保持，使之发扬光大。"

那么习惯是如何发挥作用的？作者从达尔文的生物进化论受到启发，对习惯进行了社会进化论的论述。

所谓生活水准，本质上是一种习惯。它是对某些刺激发生反应时一种习以为常的标准和方式。从一个已经习以为常的水准退却时的困难，是打破一个已经形成的习惯时的困难。水准有所提高比较轻便自如，这一点说明生活过程是一个活动力开展的过程。不论何时何地，只要自我表现所受到的阻力有了减退，活动力就会毫不犹豫地向新的方向开展。但是沿着这一个阻力低的路线进行的表现习惯一经确立，即使环境发生了变化，外界的阻力依然有了增长，它仍将向它惯常的出路寻求发泄机会。那种被称

为习惯的、沿着某一方向表现变得更为轻快自如时，它就可以大
大抵消客观环境对沿着这一方向的生活开展的阻力的增长。个人
的生活水准时由种种不同的习惯或表现成的，它们彼此之间关于
在逆势环境下的坚持不屈程度，关于在某一方向下寻求发泄机会
的迫切程度，是大有高下之别的。①

　　这段话是对习惯的解释，也是对本能的解释。习惯是一种倾向，沿着
某一方向，寻求发泄机会的迫切程度，在沿着这一方向运动的过程中，遇
到外界的阻力，环境的干扰，它有一定的抗击阻力的能力，虽然因为个人
的特性差异，抗击阻力、寻求发泄机会的迫切程度不同。在顺境中，它能
够更加轻快自如彰显，在逆境中，它客观上受到了外界阻力和环境的干
扰，但是精神上却是顽强的，一有机会，它就会迫不及待地将受挫的生活
追求、品味发泄出来。作者把习惯定义为习以为常的生活水准。进一步把
习惯定义为名门望族的遗传。又进一步把习惯定义为制度的影响。通过种
族遗传、习惯的培养和传统的积淀，习惯从个体的层面上升到集体的、民
族的倾向，阶级的分化，就这样一代一代延续下来。这是作者对掠夺本能
在现代社会的延续保留的主要论据。
　　作者从未开化社会的较低阶段的论述开始，描述从和平到掠夺的演变
过程。作者没有用考古的材料论证究竟这一较低阶段是从什么时候开始，
有什么样的考古材料支持，而是列举了几个在作者看来属于原始部落的例
子，安达曼部落，尼尔基里托达斯部落，布须曼，爱斯基摩人等，他们共
同的特点是：最和平，落后的。显然，这一说法漏洞百出。因为，在拉德
克利夫－布朗的《安达曼岛人》中，岛民有吃人肉的传说和风俗。布朗
在做田野的时候曾经做过考证，发现食肉是殖民以前的事实。从这一事实
来看，凡勃伦认定的"最和平"的封闭、落后部落，不一定没有掠夺的
风俗和习惯。从这一事实演绎开来，作者建构的进化论序列：从和平到掠
夺，从掠夺到准和平，发展而来的古老的有闲阶级面貌，对于现代社会的

---

① 凡勃伦：《有闲阶级论——关于制度的经济研究》，蔡受百译，商务印书馆 1964 年
版，第 50 页。

影响等，似乎是另外一套进化论的假说。① 当然，我们不必拘泥于和平与掠夺的事实纷争，反倒是凡勃伦对于一组对立的发现：作业本能和掠夺本能、作业阶级和金钱阶级的对立；人类社会的早期阶段，表现为有生气的和无生气的对立等，涉及相关的田野调查，还是颇有启发。②

随着掠夺行为的集团化以及由此而来的性别分工在野蛮社会，表现为有闲阶级和劳动阶级的对立。例如部落当中，酋长是不事生产劳动的，专门有一批人从事生产劳动，而且被看作是低贱的。作者把掠夺产生的阶级分化所形成的社会制度称之为身份制，身份制的特点是歧视性对比。

随着野蛮社会向准和平时期的过渡，掠夺行为衰落，却转化为金钱阶级。金钱阶级是伴随着所有制的发轫而成长起来的。当所有制兴起后，金钱阶级把掠夺的生活内容转变为家政。所谓的家政，乃是围绕社交、礼仪、荣誉消费，属于门第、望族的生活内容。作者表述为："掠夺本能，转以礼仪和社交义务取代。"家政的实体形成后，才会有代理有闲、代理消费的接踵而来，即不事生产的家庭主妇，以及侍奉主人、但是并不从事生产劳动的服务阶层：仆人。于是就形成了主人辛勤赚钱、累积财富，供养不事生产的家庭主妇以及做事讲究、有派头的仆人。进入准和平时期，一组对立体表现为金钱作业和工作作业。凡勃伦对此进行了洋洋洒洒的论述。

进入工业社会，情况有了新的变化。在大工业的生产条件下，金钱作业和工作作业呈现出冲突和对抗的关系。原因是企业和工业的关系成为获取生产资料的基本关系。也就是说，金钱阶级向企业家发展。企业家关心

---

① "我们说在原始文化时代曾经有过这样一个和平阶段，这一假设大部分是根据心理学而不是人种学判断的。"参见凡勃伦《有闲阶级论——关于制度的经济研究》，蔡受百译，商务印书馆1964年版，第19页。

② 笔者写完《人类学理论史》后，到上海一家西餐厅做服务员，从事中产阶级的田野调查。在实习过程发现凡勃伦的有闲阶级理论非常有说服力。通过一个月服务员的角色学习、培训和上岗，笔者深切地体会到代理消费与代理有闲的概念。在以顾客群为中产阶级为主的西餐厅，服务员扮演了代理有闲的角色：消费者在户外悠闲地喝着下午茶，服务员站在旁边，无聊地陪伴他们的休闲时光。休息期间，笔者的几位工友就在后厨的走廊用手机打游戏，而且下载了游戏表演视频，津津有味地看好事者解读游戏玩家的打斗过程。笔者开始不以为然，后来意识到，这正是有生气的和无生气的对比。工作是无生气的：长时间的服务，引发服务疲倦，服务变得机械化；而打游戏，是有生气的：由于掠夺、格斗和厮杀，充满了冒险和刺激。

的是所有制和利益占有和利润增长问题，工业考虑的是大机器生产条件和技术改善的问题。企业与工业孕育两个集团，一个是垄断金融的食利者、占有所有制（剥削他人劳动）的资本家，一个是从事机械化操作的工人阶级。同样是金钱阶级和劳动阶级的对立，却表现为不同的形式。"金钱工作，降低社会的工业效能"。反对浪费、反对铺张的声音不绝于耳，尽管如此，金钱作业还是统治着工作工业。

这种通过官能、直接诉之于感情的现象，是相当普遍的。工人的任务集中于一系列机械的、无情感作用的相续关系进行考察和管理这一点上。①

因为大工业生产一定程度推动了同质化和一般化的社会形态。② 歧视性对比受到抑制，非歧视性利益得到发展。表现为救济委员会、图书馆、贫病收容所等慈善事业的发展。可是在非歧视性利益的表象下，还残存着金钱的礼仪、荣誉的浪费支出。他举了一个很有趣的例子，为什么慈善机构会点缀富丽堂皇的门面，会不杜绝铺张浪费的排场。这甚至是捐赠人的意思。如果没有为荣誉浪费、金钱礼仪留出一定的位置，参与慈善事业的热情也会大打折扣。对此，作者严肃而又讥诮地点评："原始类人猿的人类性格的再现。"

通过这四组对比，作者令人信服地论述了有闲阶级发轫于未开化社会较高阶段的狩猎、战争行为，进而又在和平时期转化为金钱阶级，以及资本主义生产条件下以明显消费为表现、固守金钱礼仪以及热衷于体育竞赛、宗教、慈善事业等活动的有闲阶级。狩猎、战争行为衰退，但是掠夺阶级的掠夺心理却残留在现代社会的有闲阶级的文化癖好、习惯当中。在作业本能的压力下，这就产生了一种怪现象：貌似忙忙碌碌，却是有闲阶

---

① 凡勃伦：《有闲阶级论——关于制度的经济研究》，蔡受百译，商务印书馆1964年版，第12章。

② 第二次世界大战之后，福特主义的口号是满足工人消费、增加工人消费能力，让工人消费得起自己生产的产品，推动了资本主义的消费繁荣。景观社会是资本主义从生产转移到消费的生产政治的讨论。当然，在凡勃伦所处的时代，还不可能触及资本主义的消费主义现实。他本能地感觉到了金钱阶级和工业生产之间的对立。

级的伪装形态。

> 例如社交义务，半艺术性或半学术性的研究，住宅的经营与装
> 饰，妇女义务缝纫或服装改良方面的活动，考究穿着，玩纸牌、划
> 船、打高尔夫球以及其他种种娱乐的精通等等，都是这类表现。①

在笔者看来，凡勃伦把金钱阶级和习惯、心理以及素质、性格联系起来，构成了作者的理论系统当中最为核心的理念之一。他把有闲阶级的文化、活动看作是经济的表现。所以会不厌其烦地告诉读者，宗教为什么是经济的。因为宗教的象征性消费没有实际的利益、效能，但宗教又需要消耗大量的象征性消费，例如庆典、仪式和节日。所以，宗教是经济的。作者把审美、象征和时尚等消费文化现象解读为经济，确实有其独到之处。② 《有闲阶级论》可以说是对未开化社会的掠夺集团较早地进行了经济学的研究。有趣的是，经济人类学对未开化社会的兴趣始于互惠。③ 无论是莫斯，还是马林诺夫斯基，都对互惠产生了浓厚的兴趣，发现了经济人类学的价值。其着眼点是资本主义社会之外的另一种可能性。现代人类学的问题意识与制度学派的着眼点迥然不同，制度学派的着眼点在于，金钱作业与工作作业的本能，歧视性对比和非歧视性对比的差距，金钱阶级的习惯、心理和礼仪典范，随着现代社会的转型，从生产向消费的转移，不但没有衰退，反而有了变本加厉的膨胀与渗透。④ 从这一点来看，制度学派的

---

① 凡勃伦：《有闲阶级论——关于制度的经济研究》，蔡受百译，商务印书馆1964年版，第46页。

② "有闲"的既有成就所表现出的大都是"非物质"式的产物。参见凡勃伦：《有闲阶级论》，蔡受百译，商务印书馆1964年版，第28页。

③ 列维－斯特劳斯对等级制的研究很有特色。他没有从掠夺的角度，而是对图腾制度对内的形态进行了描述。他通过艺术、面具的形式展开等级制的研究，表现出了对身份、尊卑和地位的敏感。这一点，和凡勃伦对身份制的研究，有异曲同工之处。

④ 2014年夏，笔者带领笔者的学生完成一个有关"白富美"的课题。"白富美"是当下争议较大的年轻女性群体，尽管她们的个体差异较大，总体上表现出金钱和美貌的结合，打造个人生活魅力，建构"白富美"的网络平台。讨论这个新兴群体，对有闲阶级的理论有一定的借鉴价值。

人类学创见，是不可忽视的。

《有闲阶级论》暂时介绍到这里，接下来论及凡勃伦的另外两本著作：《企业论》和《科学在现代文明中的地位》，帮助读者进一步理解制度学派的含义。

二、《企业论》

凡勃伦的《有闲阶级论》的主题是有闲阶级文化，而 1904 年出版的《企业论》则是对"机械操作在文化上的影响"的讨论。作者相信，"工人阶级和资产阶级是由于信念上的分裂形成的阶级类别。"①

在《有闲阶级论》当中，作者论述了金钱的工作和机械的工作的区别。《企业论》重点是对金钱的工作和机械的工作之间的相生相克的关系，做了另外一番真正的演绎。这就是大工业生产推广以来，对于企业文化的冲击，企业走向衰落，机械操作带来的新的文化契机开始苗壮成长。作者描述了工业生产推动的社会转型过程。作者叙述这一转型过程，分为数个层次：首先是机械操作的特点是什么。其次是企业的概念是什么。最后是对资本主义繁荣与萧条的解释。

该著作较之《有闲阶级论》，充分展开了工业与企业的依存与矛盾关系。相较于金钱的作业和机械的作业这两大本能的分类，作者将它们放置于一个大框架中继续展开：工业和企业的关系框架。换言之，作者不再拘泥于本能、习惯这样的说法，而是用结构、制度来佐证本能、习惯，以此展开工业文化与企业文化的差别。这就是制度学派的含义。具体的观点是：机械操作有两个特征，生产流程当中各个部门相互配合、联系紧密与标准化。企业是各个部门相互配合、联系紧密的缝隙中横插进去，调适和整合，目标是利润，途径是金钱。企业总是想要贷款更多，增加负债，相互联合，才能够刺激利润增长。但是金钱危机激化工业和企业的矛盾，从而引发经济萧条。实际收益力超过名义收益力，企业达到稳定局面；实际收益力明显低于名义收益力，则资本估值萎缩，清算期开始，也就是进入经济萧条。

在凡勃伦所处的那个时代，是工业文化上升、企业文化衰落的资本

----

① 凡勃伦：《企业论》，蔡受百译，商务印书馆 2012 年版，第 185 页。

主义上升的初始阶段。① 由此呈现英国、美国和德国、法国等国家的共性与差异。② 他参考了桑巴特的《现代资本主义》，在桑巴特的这本著作中，核心观点是："之所以会产生现代科学以及这种科学所特有的实事求是的特点，促成的原因是企业，而不是机器工业。"③ 正是那个工业生产扩张的初始阶段，资本主义的矛盾集中展现出来：企业与工业的矛盾。一方面，他清楚地论述了工业与企业的关系；另一方面，一旦陷入金钱危机，企业与工业的矛盾就会迸发经济大萧条。凡勃伦参考了马克思的《资本论》，他认为马克思的资本主义批判的目标是工人阶级占有自己的劳动成果，是所有权范畴的斗争。而后来的社会主义大多远离了这一初衷，将自身以及社会运动导引到了反所有制、反自然权利的工业文化的范畴：团结一致和社会主义的诉求。由于缺乏使用金钱的锻炼，挥霍的消费习惯普遍存在，不善理财。由于失业或社会流动，置办不动产的愿望很难实现。工人阶级的日常生活受到了工业文化的影响，生产和娱乐都表现出了工业文化的特点：标准化（量化）。社会主义的诉求反而与所有权是对立的。它不是要求平均所有权，而是要消灭所有权。有意味的是，工业文化仅限于机械操作比较发达的大城市，在工业生产之外，有产阶级、专业阶级和农民是保守阶级的成员，对所有权、个人利益的态度是一丝不苟的。

　　凡勃伦讨论了大工业时代到来之际，标准化的工业原则给工人带来的痛苦。他是这么表述的：

　　　　即使在最训练有素的现代社会，机器工业在那里是最熟悉的，对于这个制度所提供的要求和机会也不能完全胜任愉快地适应……即使在工业城市中训练得最成熟的人，纪律性最强的人，

---

　　① 其依据是：一、工业机械标准化达到了高度的发展。二、社会主义势力的蓬勃增长。机械工艺的锻炼在打破旧风气、旧习惯方面，和社会主义倾向是一致的。参见凡勃伦：《企业论》，蔡受百译，商务印书馆 2012 年版，第 238 页。

　　② 作者认为，英国是机械工业的发源地，物理科学处于先行者的国家。"机械操作首先在那里获得进展。""实事求是的现代科学，也是在英国发端的。"法国是商业发达、会计成熟，因而实证主义处于支配地位的国家。随着工业的侵入，实证主义趋于衰落、死亡。巴尔扎克描写了很多精于算计的守财奴形象，就是商业文化的体现。

　　③ 凡勃伦：《企业论》，蔡受百译，商务印书馆 2012 年版，第 239 页。

也有倔强不服的时候。①

　　尽管伴随着痛苦，但随着对机器操作的适应，工人的智力得到了提高。然而在提高的同时，也有损害，那就是一切不利于标准化方向的其他智力被看作是障碍，需要克服。这就意味着机器训练以外的智力、禀赋和资质受到了损害。有人夸张地说，"工人思想习惯在这方面的变化，一向看成是智力上的退化或感觉麻痹的现象"。

　　毛泽东发动"文化大革命"来反对所有权、小农意识，虽然破坏性强，但收效甚微。"拨乱反正"之后，邓小平恢复了所有权、企业精神路线。1992 年随着邓小平"南方谈话"，市场化冲破了"资社"的意识形态障碍，被给予了合法性。国有企业破产、兼并、重组，实现"资本最优化"。企业管理真正成为国有企业、民营企业的管理灵魂。② 工业与企业的关系、工业与企业的矛盾在机械操作的工业化范畴再次得到了生动的演绎。凡勃伦所说的不适应痛苦、智力提高与损伤以及标准化渗透到工人的生产和娱乐当中，在当下无不得到了体验，确切说，是得到了检验。当年凡勃伦在《企业论》基于机械操作提高、社会主义不满高涨的形势，判断企业文化将走向衰落，工人文化正在崛起。③ 今天看来，也许情况恰好相反：工业文化衰落，企业

---

　　①　凡勃伦：《企业论》，蔡受百译，商务印书馆 2012 年版，第 12 页。

　　②　2008 年金融危机以来，国内经济萧条一直没有缓解。国有企业加大了裁员力度，推出了"内退"政策（提前退休）。鼓励工人提前退休，实际上是隐形失业。裁员的结果是个人的工作强度加大，奖金并不增加。并且加大合同工的雇佣规模，吸纳工厂周边的闲散农业劳动力，六旬以上的老人也在其中之列。他们的工作条件恶劣、待遇差。笔者亲眼看见合同工在配煤的顶炉高温作业，而职工只是在测温的时候才会上去。在顶炉，职工在工作间隙还可在休息室躲避高温。合同工是没有休息室待遇的。企业这样做的目的是压缩劳资成本（裁员、加大非正式经济的空间等），间接降低生产成本，从而维持生产、获取利润。这一做法的结果是职工与合同工的等级制强化，工人的购买力下降，企业的浪费性支出反而加大。

　　③　值得注意的是，凡勃伦认为，机械操作的提高，物理科学也得到了发展。现代工业发达，科学也发达，这是作者的观点。载凡勃伦：《企业论》，蔡受百译，商务印书馆 2012 年版，第 236 页。

文化上升。企业的生命力远远超乎人们的想象。①

作者的一个基本假设是：机械操作、社会主义观念与物理科学有着一致性。言下，从事机械操作，形成社会主义倾向的思想习惯，从事物理科学的人员也会有社会主义的思想。机械操作有两大特点：1. 物质的因果律。不是自古相沿的风俗习惯与权威法令；2. 机械行动的锻炼是思想习惯的锻炼。

现代科学的两个准则是：1. 原因和结果的均等。即量的均等；2. 原因和结果的类似。即质的均等。现代科学不同于实证主义的地方在于不仅仅是量的均等，还有质的均等。它包括三方面：1. 动因；2. 能动关系；3. 创造力量。

基于因果律与习惯的对比，作者认为文化的差异只是表象，真正的差异是"工人阶级和资产阶级是由于信念上的分裂形成的阶级类别"。也就是说，机械操作和企业因为工作的差别，形成了思想习惯的差别，必然要产生截然不同的文化影响。工业文化反对企业文化，企业文化无法认同工业文化。这是无法改变的事实。凡勃伦没有刻意解释为什么有些人从事法律、管理、牧师、会计等金钱范畴的职业，为什么有些人从事机械操作。而是用返祖、遗传的说法来解释从事法律、管理等金钱范畴的工作，是远古掠夺阶级的遗风，热衷于海外殖民冒险的军人也是远古掠夺阶级的遗风。这一观点本身就包含了作者根深蒂固的保守思想。笔者认为，他从达尔文的进化论中得到了源源不断的启发，将其娴熟地转换为社会学语言，从而缔造了"企业论"。人种学的思想仍旧在其中发挥着作用，据作者观察，白种人（白面金发血胤）在城市中比较擅长机械操作，社会主义思想比较浓厚。可是在《有闲阶级论》中，作者同样说过，长颅白型的掠夺倾向比较浓厚。

① 工业文化衰落的表现之一是工会。凡勃伦认为工会促进了工人阶级的团结一致。工会是社会主义的最为有力的支持组织。机械操作使工人有了标准化的观念，但是并不代表工人有社会主义的诉求，需要工会把各个部门团结起来，提出自己的纲领，才能有社会主义的倾向。在企业文化的体制中，工会干部和企业管理层有着密切联系，工会首要任务是维护企业利益，瓦解工人的团结一致、集体行动的可能性。这样，工会既不会维护工人的个人权益，也不会把工人团结在一起，必要的时候，抗议资本家的过分剥削。工会起到的作用是教育、福利，例如组织文娱活动，发放奖品，给职工子女的上学提供方便。这些做法越来越务实。从关键的两方面来看，工会发生了极大的蜕变。

作者相信，因果律和习惯是格格不入的。习惯是可以沿袭的、延续的、继承的，是宗教的，因果律则是工业化在观念上产生的一个结果，是怀疑的，不信神的（所谓人神同形同性观念），唯物主义的。作者是这样表述的：

> 那些旧的观点，在科学研究和科学概念的智力装备中当然没有被全部排除。一切结果是不能脱离文化形态的，文化形态是由机械操作的观念所构成的，但至少在同样程度上也是为传统的观念所构成的。① 机械操作的观念包括思想作用、统觉（apperception）过程、推理顺序这些方面；它们在文化上的意义正是在于这些方面。②

简言之，从事什么样的工作，决定了你是什么样的人，打上了什么样的阶级烙印。

---

① 凡勃伦：《企业论》，蔡受百译，商务印书馆 2012 年版，第 242 页。
② 同上书，第 203 页。

第二章　英国人类学

英国人类学的奢华时段（expensive moment），按照杰克·古迪的说法，是洛克菲勒基金大力资助的英国殖民时期（1923—1939）。[1] 当时成立了"国际非洲机构"，对文化和田野调查贡献很大。洛克菲勒基金将澳大利亚委员会和英国学术体制联系起来，资助马林诺夫斯基和拉德克利夫-布朗的澳洲田野调查，以及为他们提供美国的讲学和访学职位。古迪写作第一次世界大战以来的殖民背景的英国人类学学科史，建立在两个出发点：1. 学者之间的社会关系与社会交往，包括学术合作和私下的人际关系。这可以按照不同派系的形成来理解。2. 学术资源的争夺与学者之间的矛盾。对于派系社会关系，作者说道，除非至少我认为他们的个人生活的一些方面影响到了'社会人类学的历史'，我才会关心他们的个人生活。由此，我认为不仅仅是学科的思想史，而且包括他们（隶属的组织和同事）之间的关系，共同影响了事件进程和我以及其他人从中发现我们自己所处的情境。"[2] 对于学术资源的再分配和斗争，作者说道，建立在资源之上的制度忠诚与矛盾是在任何（学科）思想史，甚至知识分子的历史当中都非常重要的因素，这些因素着眼于英国社会人类学的发展。

---

[1]　集中于殖民时期的黄金时期（expensive moment）包含了两个含义：1. 经费充足；2. 学术团队和机构阵容庞大，形成多样化的学派。洛克菲勒基金在1923—1939年期间资助2亿美元给英国人类学学术机构，包括伦敦经济学院，牛津大学等。古迪说："钱都来自美国，而非英国"，助长了英国的个人研究活力，大大超过了英国政府对学术的资助和拨款，同时也激化了马林诺夫斯基和塞里格曼（Seligman）的矛盾，马林诺夫斯基和拉德克利夫-布朗的矛盾等种种人事矛盾，原因就在于学院派内部的资源斗争和学术派系的忠诚与依附。有趣的是，马林诺夫斯基在田野日记里到处发泄阅读塞里格曼的人类学著作的不满。

[2]　Jack Goody, *The Expansive Moment*: *The rise of social anthropology in Britain and Africa 1918—1970*, Cambridge University Press, 1995, p. 6.

尽管有错综复杂的派系关系和资源斗争，总体而言，对于受训于马林诺夫斯基和拉德克利夫－布朗的学生而言，专业行为的水平和方法所呈现出来的一致性和凝聚力程度，是异常瞩目的。这正是那个时候的学科的伟大力量。①

杰克·古迪写作学科史的处理方法和笔者截然不同。应该说，笔者着重于以国籍为分类，以人为单位，论述他们作为人类学者个体的学术思想的展现和变化。他们作为学术共同体的成员，之间交流和交往如何，资源的分配如何，这些是学科史发展的重要因素和动因。由于学科背景分析薄弱，古迪的著作刚好可以构成强有力的补充，他查阅了大量的私人信件，从信件了解到学者对某件事情真实的反应和态度。反过来，笔者避开学术背景，直接从他们的学术著作中探索学术思想史的踪迹与对话空间，这一兴趣构成笔者从事战争背景下的思想史梳理工作。学术背景的了解会增加学科史的认识，学科史的本身，是由民族志建构的理论基石组成的，两者缺一不可。笔者写作学科史的框架更多从后者入手，即民族志和文化理论。笔者尤其关注两次世界大战伴随着纳粹上台、种族主义和排犹主义的扩张，现代人类学包含的英美传统：自由主义和文化相对主义的结合，受到了怎样的冲击又是如何回应的。而法国人类学深陷图圄：第一次世界大战使得年鉴学派几乎全军覆没，莫斯从悲痛中走出，重组队伍、整理昔日战友遗稿、恢复年鉴学派的风采。莫斯犹自将原始宗教的学术研究与社会主义的政治信仰与活动并行不悖，到了列维－斯特劳斯这里，彻底退出了政治，失去了对政治的兴趣。法国人类学"去政治化"的历程包含了战争带来的威胁和创伤，饱含悲情。莫斯主张和平，主张"礼物之灵"在现代社会的重现和延续，主张技术对文明的修复能力和超社会体系的跨越多个社会的整体联系；列维－斯特劳斯在第二次世界大战后扮演了重要的人类学家角色，他以"去政治化"的方式重振"他者至上"的文化相对主义信念，对发展和霸权进行了否思的批判。应该说，在学科史的切入方式上，笔者还是秉持传统的路径，只不过尝试提升、外化思想史的对象化意识。有兴趣的读者可以参考古迪这本别开生面的带有"八卦"色彩的

① Jack Goody, *The Expansive Moment*: *The rise of social anthropology in Britain and Africa 1918—1970*, Cambridge University Press, 1995, p25.

英国人类学史。

通过论述马林诺夫斯基、拉德克利夫－布朗、埃文斯－普理查德，以及格列高里·贝特森的学术思想，在法国人类学的章节，在结构主义的对话关系中，笔者附带地提及了爱德蒙·利奇、玛丽·道格拉斯以及特纳，尤其是利奇，笔者着墨甚多。笔者把英国人类学的人员打散，重新归置，考虑的是对话关系的主线。例如，该章论述的四位人物，有师承关系，几乎是两代人，而且有衣钵继承的关系。

笔者尝试说明：马林诺夫斯基为"科学的文化理论"付出了极大的努力，在巫术的意义上，他又不满涂尔干的集体观念的理论，将集体观念转化为可观察的可理解的语言和行动层面，着重论述巫术给予的希望慰藉和鼓舞力量。在借鉴又"证伪"弗洛伊德的"文明压抑说"的理论背景上，他提出本能和文化趋势相迎合，由于惯性使然，文化顺应了本能，又把本能提纯为需要。文化成为满足需要的手段。在这种人本主义的乐观论调下，马林诺夫斯基的批评靶子是欧洲社会沿袭的中产阶级行将僵化的生育和亲情关系，试图用美兰尼西亚社会的父子亲密关系和性自由，冲击维多利亚时代已经不具有实质内容的礼仪和文明在欧洲社会的遗存。但是他本人又恪守中产阶级的婚恋道德与严谨的着装礼仪。功能主义思想的出炉与成熟，总是在相对的思想批判氛围中突围，冲破弗雷泽的巫术思想阻力、塞里格曼的方法论阻力等，功能主义思想包裹的自由主义和个人主义的活力，才能释放开来。无论是物的交换，还是性的交换，马林诺夫斯基倾向于把商品交换和库拉交换区分开来，把单纯的男女社交和包含性欲、性交行为甚至性暴力的性关系区分开来，他认为，库拉交换维系的是互惠关系，无法用资本主义的经济理性套用或者理解。功能主义的早期阶段抵制保守势力的学术权威、父权制的家庭权威，成熟期又迸发出了文化极权主义的自由意志，这恰恰是马林诺夫斯基的科学的文化理论的思想价值。

拉德克利夫－布朗和马林诺夫斯基在学术思想上有诸多不同的地方：1. 他讳言赤裸裸的性自由，他倾向于用礼法规范爱情、家庭与生育，并发展出了"戏谑关系"的抽象概念。2. 他把人类学从心理学的解释拉回来，他否定里弗斯的心理学影响。他模仿物理学和生物学，把人类学改造为自然科学的社会学应用。3. 他倾向于将人类学作为殖民当局社会治理的工具，培养受过人类学训练的殖民官员、法官和公务员。① 4. 他所言的功能和社会结构有密切的关系，功能无法与社会结构分离开来，目的是为了认识社会结构的通则。所谓通则指的是组成简单社会的基本的结构关系是什么（从亲属关系的探讨开始），通过归纳多样化的社会形态，进而理解发达文明社会，例如法律和宗教，是如何从简单社会演变而来的。他发现邻近社会之间的二元对立的关系。社会结构包含了不同社会之间的关系结构，从胞族到氏族，随着社会单元的扩大，他竭力寻找将不同社会联系在一起的机能和效用，例如二元对立的抽象概念。他对社会结构的兴趣和马林诺夫斯基的社会旨趣大相迳庭。5. 他非常重视仪式与社会的关系，发展出一般仪式理论。他把涂尔干的集体观念转变为可观察的经验事象：由行为组成的仪式，从而为集体观念积累它的实证基础。相对于马林诺夫斯基注重巫术和神话，拉德克利夫－布朗将仪式作为思考单元，考察礼法对人们的情感、爱欲的约束和调节，通过舞蹈发泄出来，人们培养了集体一致的情感与观念。青少年在成年礼获得吃特殊的食物的资格，是一种象征。夫妻在妻子怀孕期间，准父亲要尊重种种禁忌，是一种对父亲角色的暗示与认同。他考察了仪式表现出来的诸种行为与交往，他发现，仪式是非常重要的社会观念的习得和认同的渠道。在连接涂尔干的原始宗教与英国人类学的经验主义传统之间的沟通方面，布朗做出了积极的努力。他创造性地发挥了仪式的社会整合功能，但是他的一般仪式理论的理想没有实现，反而出现了农村社会学的撤退路线。在人类学的现实功能和超越性的仪式理论之间，布朗还是出现了不同程度的妥协。布朗处理民族志的时间观是在进化论的初级阶段，接纳有限的社会趋异，发掘仪式的公共价值，其怀古情怀又和当下的功能、机能和效用融合，布朗把民族志处理为结晶化的文化展品。正是布朗的理论体系当中，民族志和理论拉开距离的结果使然。

　　进入到埃文斯－普理查德和贝特森这一代，时间观已经突破了他们的老师辈。埃文斯－普理查德用精湛的民族志"透视"继承布朗的社会结构的概念，但是在长期的非洲田野调查与合作期间，埃文斯－普理查德又

---

　　① 布朗并不认为人类学是政治权力的附庸，相反，他接受资助，认同殖民统治，但是坚持把学术与政治分开，主张学术的价值中立。

为国王王子、豹皮酋长、牛人等占据世俗和神圣的权威与魅力迷倒，对这些被殖民权力割离得四分五裂的部落传统和头人寄予了深深的同情与怀念，他把原始宗教处理成巫术和仪式等复杂的宗教系统，在这当中，嫉妒、仇恨无所不在，巫术、咒语和仪式的沟通和净化功能又无不使尽浑身解数。为了弄清楚巫师的神秘力量，他指示他的助手介入到两个巫师的矛盾中，引发争端，使巫术的秘密公布于世。他同情秘密社会，暗示秘密社会的千禧年号召会把民族主义的情感集聚起来，引发革命。他离经叛道，公然宣布"人类学要么是历史学，要么什么也不是"。他把他的老师布朗的人类学事业从自然科学的模仿中解脱出来，回到历史和解释学的轨道。不过笔者也反复陈述，他的解释方法和格尔茨的解释方法有所不同。

相对于埃文斯－普理查德继承布朗在牛津大学的第一把交椅，贝特森的边缘化地位比较明显。他的学术转型：将功能—结构主义与美国的文化—人格学派结合起来，延伸出精神气质。精神气质（ethos）指的是一套情感态度的标准化系统的体现，集中于"精神气质的对立、竞争和分裂演化"。他提出直线二元论和对角线二元论。同时文化的标准化，精神气质、情感影响到个体，使个体也表现出与仪式相称的情感、情绪。不像布朗的价值中立，他介入当地事务。为了维护部落的仪式权威，面对在外打工的年轻人的挑衅，他命令助手，把闯入会场的猪打死。这种介入型的田野亲密关系，使得贝特森更倾向在动态中考察仪式发挥的分裂与整合的复杂功能。作者始终不放弃在冲突、分裂、无时无刻不在斗争、对抗、分离的社会现状当中找寻反向的过程，反向过程不会导致双方敌意的升级，而是导向相互关爱。在亚特穆尔特社会表现为纳文的整合力量，在欧洲社会升级的军备竞赛和日益分化的离心趋势中，反向过程几乎是痴人说梦。贝特森从论述夫妻幸福手册开始，进入到互补型和分裂型关系的讨论中，对于欧洲第二次世界大战前夕一触即发的战局提供了认知模式的反思可能。

一　马林诺夫斯基

马林诺夫斯基（1884—1942），1914—1918 年这四年在新几内亚岛上田野作业，写出了《西太平洋的航海者》（1927）《两性社会学》（1928）《野蛮人的性生活》《原始社会的野蛮、风俗和犯罪》《文化论》等多本民族志和理论，这些著作包括四大部分：库拉圈的流动和仪式，主要探讨新几内亚岛盛行的盛大礼物交换风俗；群岛的性、婚姻和青春期等观念和生活；法律、风俗与犯罪，综合以上四个方面，马林诺夫斯基的革命性在于以功能论的方法论与进化论、传播学派、博厄斯的历史学派，区分开来，奠定了人类学田野作业的范式：长时间的参与观察，对社会组织的全面考察，自然科学式的科学描述，以及学会当地人的语言等。

1. 库拉圈的流动与仪式

库拉圈不仅是马林诺夫斯基学术体系当中重要的一环，也是原始经济学对西方普世的经济价值观，例如功利主义、最小成本最大利润的批判。

（1）库拉圈的民族志背景

接触库拉这一概念，一个困难是民族志资料烦琐，常常在民族志描述和理论抽象中来回缠绕，最后无法提炼出一个清晰、明了的库拉理论。[1] 在这一困难下，首先要把库拉交换的过程描述出来：围绕"航海"的线索，然后确定库拉主题：库拉要点（第三章），库拉交易的技术细节（第十四章），库拉的社会学（第十一章），以及礼品的交换及物物交换（第六章）……那么本小节集中探讨的就是库拉交易介于仪典性和商业性之间，究竟是什么状态，对"非西方经济的可能"带来的部分启发。

库拉是什么？作者一开篇就定义道：在南海诸岛上存在着一种非常广泛和高度复杂的贸易体制。这一贸易体制称为"库拉"（Kula），乃是本书描述的对象。[2] 我们将会看到，它是一种具有重要理论意义的经济现象，与当地人关系密不可分。

在简要地介绍库拉所流传的地理范围：特罗布里恩德岛和安富列特土著、多布土著等分布，"库拉是各部落之间的事情，土著人对外族的认识，以库拉习俗为最。"[3]

接着引人入胜的是甘薯收获后，男人在将甘薯送往姊妹的丈夫家之

---

① 莫斯对库拉的理论化做出了贡献，集中于其著作《礼物》。

② 马林诺夫斯基：《西太平洋的航海者》，梁永佳、李绍明译，华夏出版社 2002 年版，第12 页。

③ 同上书，第 28 页。

前，在甘薯仓库展示丰收的情景。引出的一个亲属关系是：母系继嗣制，当地没有生物的父亲的观念，丈夫为母亲或姊妹干活，舅舅的财产继承权归外甥，不过，外甥可以陆续购买舅舅的财产。除了物质财产，令人瞩目的是巫术知识，舞蹈等，需要购买和转让，不过巫术知识是一定要在舅舅生前传给外甥。外甥成年后，舅舅要引荐他到库拉圈中，或赠其一件宝物，或介绍一个库拉伙伴，虽然父亲也有这个责任和义务，不过，父亲相对于舅舅，更加慷慨和不计回报的付出。我们可以看到，马林诺夫斯基后来论述到，姻亲关系在库拉圈的作用，男人赠予姻亲的总是没有姻亲为其服务或回报的价值大，特别是酋长，多妻制是其财富的来源和保证。"舅权"的亲属关系规定了甘薯丰收作为"炫耀性的展示仪式"。我们在下面的库拉支持的"仪典性财物"（"ceremonial"objects of wealth）/展示性物品（objects of parade）的体系中可以看到。

（2）库拉要点

Soulava（项圈），红贝壳，顺时针流动

Mwali（臂镯），白贝壳，逆时针流动

a. 库拉的简明定义

首先要用一句简洁的话描述库拉：库拉是一种大范围的、具有跨部落性质的交换形式。它施行于居住在一大圈岛屿上的居民群体之间，这些岛屿正好形成了一个封闭的循环圈。有两种且只有两种物品在不断地相向流动。交易好像有两条河流在不断流动，一条是顺时针流动的项圈，一条是逆时针方向流动的臂镯。因此，可以说库拉是货物的回路状的圆圈交易。

库拉既然是项圈与臂镯的交换，参与的人通常是个人之间的交换：库拉伙伴。一个社区的人结成海外的伙伴关系，普通人有几个库拉伙伴，酋长则有几百个库拉伙伴。"一旦库拉，永远库拉"，形成终身的伙伴关系。

有意思的是，虽然臂镯与项圈被奉为"宝物"，只在盛大的舞会、节日才佩戴、装饰。不过，大部分臂镯不是太小就是太大，项圈呢，也因为太珍贵或太累赘而不常用。既然是如此不实用，或无价值，人们为什么还要将其奉为珍宝呢？或者用马林诺夫斯基的话，这些物品何以被认为是珍贵的呢？它们服务于什么目的？

b. 宝物的所有权

库拉宝物在当地的说法是 vaygu'a，符合仪典性财物的概念：不仅仅

是过于精细、累赘、笨重等不实用的特点，而且重要的是，用作巫术和宗教仪式的器物，属于仪典固有的一部分。

库拉是流动的，库拉的所有权也是流动的，没有人能够永久占有库拉，流动是库拉的生命，一旦停止流动，库拉不再，因为流动，使库拉的"累积性价值"得以可能。用自己的话说，库拉是不同地域、文化和语言的人群之间的交易方式，伴随着库拉交易，还有次要的交易和活动，以及巫术和神话，库拉的核心是介于仪典性与商业性之间的不同文化之间的交流，文化接触、文化分享就成为两个陌生群体之间的仪式性发明，如何消除敌意，建立友谊，是库拉巫术的着眼点。这一点，马林诺夫斯基在祈美巫术、吹螺号咒语和祈安巫术等扮演的文化桥梁作用有了生动的再现，巫术的动机是消除文化接触的紧张、促进（诱惑）库拉交易。这里需要补充一点的是，库拉的另类，只有一两个特别好的项圈和臂镯被当作传家宝收藏着，它们是库拉中的另类，而且永远退出库拉。[①] 以后库拉的回访者和研究者发现并扩大了"礼物之根"，抑制礼物的流动，类似"传家宝"的民族志价值。这一研究取向可以算作库拉的一个分岔。

c. 库拉的交易守则及其交易的技术细节

库拉贸易有两个主要的原则：第一，库拉不是物物交换，而是礼物之间的延时交换。第二，等价与否由回赠者来决定，对方不能强迫，不能争辩，也不能取消交易。

在理解这两个原则时，不得不强化仪典性用品的赠予及回赠这一礼物交换概念。礼物经济中，占有是为了给予。这是礼物经济区别于一般贸易的地方。首先是我送出 vaga（启动礼），第二年拜访我的伙伴时，等值的礼物作为 yotile（回礼）送还给我，如果他还没有合适的回礼，就会送一些小的项圈或臂镯，还不是正式的回礼，仅仅是 basi（中间礼）。直到成交。

Vaga – basi – yotile——kudu（成交）

在赠予与回赠的链条中，对于伙伴的上等 vaygu'a，允许出价竞逐，送出各种索要礼（solicitary gifts），一半是 pokala（赠予礼）和 kaributu

---

① 马林诺夫斯基：《西太平洋的航海者》，梁永佳、李绍明译，华夏出版社 2002 年版，第 86 页。

（索要礼），前者多是食物，后者价值较高，或者是贵重的大斧头或鲸鱼骨制成的石灰勺具。①

在第十四章，作者还专门交代了交易的技术细节。如果想获得某件宝物，先送出赠予礼，后送出索要礼，得到宝物后，满意之余还会送一些食物给他的伙伴。

另外一种在库拉中不能缺少的重要礼物是"中间礼物"——basi，basi 的意思是"钻穿"或"插入"，意为"轻轻咬了一口"，等到对等的宝物回赠后，才算真正的"咬定"。土著人用"结婚"的说法比喻，臂镯是女方，项圈是男方，具体的说法如下：我们现在对臂镯不会送赠予礼或索要礼，因为她们是女人；我们没有理由去赠予或索要她们。说明了臂镯在土著的观念中价值低于项圈。

之所以会有赠予礼和索要礼的竞争，可见某些宝物是非常名贵的，"许多人为他而死"，不是死于战争，而是被黑巫术弄死。如果他收到一个他认为不是对等的回礼，他即便不会当场发作也会耿耿于怀，最后他们会采取一个解决纷争的办法——黑巫术，雇用巫师向对方施毒咒。而透过这些纷争也可以看出，价值对等的回礼其实双方心里都是有数的。当土著人对回礼不满时，会大发雷霆，指出这不是对应他的启动礼的 kudu（牙齿），也不是一个真正的"结婚"，它没有恰当地"咬定"。② 我们从"耿耿于怀"和"大发雷霆"看到了库拉交易包含的感情反应。

什么是库拉交易过程合适的举止？同样是风俗的规定，赠予者必须不屑一顾的样子，把礼物抛掷到地面上，而接受者从不伸手去接，装出一副满不在乎的样子。交易的礼仪规定给出的一方态度要粗暴无礼，近乎愠怒；而接受的一方也要同样表现出憎恶、冷淡。总之，双方不能表现出对礼物的过度兴趣，尽管可能会很焦急的要看一看主人将要亮出的库拉礼物。

综合这三点（库拉交易的规则、技术和态度），笔者总结道，回礼是

---

① 马林诺夫斯基：《西太平洋的航海者》，梁永佳、李绍明译，华夏出版社 2002 年版，第89 页。

② 同上书，第 308 页。

义务，有道德的舆论和压力；礼物授受之间要有合适的举止，符合风俗的规定；basi 中间礼物为日后的"结婚"做了仪式的缓冲，交易细节包含了商业诚信的礼仪。

d. 库拉的社会学

库拉的社会学主要讲解了库拉的伙伴关系以及建立库拉关系，这里不作为重点展开。作者探讨到，库拉按道理是闭合回路，"宝物不会走出圈外"，可是因为酋长的"转轨"，宝物往往从这一小链流入另一小链，第一次和第二次的循环流经的人手完全不同。[①] 成为一个库拉成员需要具备三个条件：过了少年期，有指定的社会地位和等级，懂得库拉巫术，拥有一个 vaygu'a（宝物和库拉伙伴得之于父亲和舅舅，不同之处，要通过"购买"得之于舅舅），通常，得到第一个 vaygu'a，就意味着凭此信物打入库拉圈内，选择他的伙伴，开始他的交换。[②]

e. 馈赠、酬劳及商业交易一览

刚才说了，库拉交易和物物交易不同，而且库拉交易伴随着其他的物物交易，非库拉的交易关系，笔者需要把当地的贸易形式罗列出来，才能理解库拉交易的性质介于商业性和仪典性之间，及其库拉体现了土著最高的价值观念。

交易类别	事　例	备　注
纯馈赠	父亲给儿子的馈赠，用 sayki（给）统称，没有回礼	
没有严格等值和经常性回赠的习俗性馈赠	每年收割，丈夫从他妻子的兄弟那里获得礼物，丰厚程度成为收礼人的主要粮食来源；为其服务。受方赠给外戚一件 vaygu'a 或一头猪	当地的亲属制度规定了男性终身为女性亲属及她们的家庭负责任
服务的酬劳	性爱礼物、sagali 礼物和赠予巫师和技师的礼物	统称为 mapula，意即回报，等价物

　　① 马林诺夫斯基：《西太平洋的航海者》，梁永佳、李绍明译，华夏出版社 2002 年版，第 240 页。

　　② 同上书，第 242 页。

续表

交易类别	事　例	备　注
价值相等的礼物回赠	甲送给乙一件礼物，乙当天就原物奉还，如葬礼死者的亲属与他妻子的兄弟之间，交付新舟的馈赠，社区之间相互拜访；milamala（亡灵节）土著人在家里设置熟食给亡灵享用，仪式完后把食物送给邻人等	馈赠是朋友之间的事，不同于海外的库拉伙伴。
涉及特权、头衔和非物质所有权的物品交换	园圃转让，购买巫术，举行舞蹈的权利等	统称 laga，这个名词代表十分重大的交易。
延迟支付的礼仪性物物交换	库拉：大型的礼仪性的循环交换，基于长期伙伴关系之上的、礼仪上的物物交换，一方必须接受对方的礼物，并且在将来用另一相等价值的礼物回赠。粮食和鱼的物物交换 wasi，wasi 和库拉不同，不过受到库拉观念的影响，具有伙伴关系，礼节性特点；交换的动机不是为了解决饮食的需要，而是为了炫耀拥有大量美食的社会目的①	
单纯的交易	内陆的工业村落和基里维纳农业区、西部的渔村和南方的航海贸易社区之间交易，如梳子、木碟、石灰锅，交换甘薯，椰子，槟榔	统称 Gimwali，允许讨价还价，自由参与，互利；②没有仪式，没有巫术，没有伙伴关系；对物品表现极大的兴趣。

f. Sagali（大型食物分派仪式）简介

Sagali 是葬礼的一种食物分派仪式，妇女在其中扮演组织者的角色。

---

① 马林诺夫斯基：《西太平洋的航海者》，梁永佳、李绍明译，华夏出版社 2002 年版，第 161 页。

② 在库拉交易中，伴随着其他交易，如 gimwali，那么来访的客人与土著人有哪些具体的关系呢？1. 伙伴关系；2. 是当地的不是库拉伙伴的住民，他和这些人进行 gimwali 交易。3. 陌生人，他和他们通过当地的中介人进行间接的贸易。载马林诺夫斯基：《西太平洋的航海者》，梁永佳、李绍明译，华夏出版社 2002 年版，第 312 页。

这里要特别提一笔，是因为该仪式在库拉流动中的特殊位置：葬礼开始时，库拉交易中断，宝物都聚集在当地，葬礼结束后若干年，酋长会举行一次宝物分发大会，大部分库拉伙伴闻讯而来，上次中断的库拉圈又一次开始了流动的循环，释放的宝物犹如两个波浪，项圈和臂镯，分流而去。还有一个风俗 so'i，vagua'a 对于死者的慰藉作用，在死者弥留之际，宝物会佩戴在病人身上，既是对生的留恋，也是对死的慰藉，这些宝物多是从妻子的兄弟那里借来，在这种场合，人们也不拒绝借出，丧礼过后，宝物又会原物奉还。Sagali 作为延迟库拉的社会力量在库拉交易中占据重要的仪式地位。

（3）库拉的意义

马林诺夫斯基在《西太平洋的航海者》对经济以功能主义整体论的方式进行了卓越的展现。黄应贵评价道：经济人类学最主要的成就是突显了如何由社会文化的脉络来了解经济。同时《西太平洋的航海者》还隐含了他当时并未直接点明的重要课题。这个大哉问，直到莫斯在《礼物》一书中才清楚点出。那便是：资本主义经济之外有没有另一种可能？① 马林诺夫斯基描写的仪典性财产和炫耀性财富，区别于物物交换，商品交换的逻辑，礼物的交换重视的是仪式、声望和伙伴关系。但是马林诺夫斯基又有经济人心理的解释倾向，原始人和一个算计的现代人没什么区别：野心勃勃，为欲望展开竞争。他/她带着对于文明的复杂的心绪，走入田野。其实，这一状态延续到现在，笔者在田野遭遇中深有体会：农村的理性经济，市场与社会、道德相互嵌入的关系，和美兰尼西亚的岛民没有太大区别。只是那时候，马林诺夫斯基还未开辟出独立的市场渗透入共同体社会的课题。他反而竭力把已经在发生的资本主义经济的侵蚀岛民经济用文本的力量隔离出去，保存一个为礼物而交换的互惠伦理。这一点，波兰尼就比他深

---

① 2008 年 5 月 28 日，黄应贵在中央民族大学作了题为"经济、社会与文化——经济人类学的发展"的报告。黄应贵提出，马林诺夫斯基在他的名著《西太平洋的航海者》里奠定了经济人类学的三个基本课题：1. 资本主义经济学的概念是否可适用于了解非西方社会的经济现象；2."经济"必须由"非经济"的社会文化脉络来了解；3. 注重被研究者的观点。黄应贵：《经济、社会与文化》，载《中国人类学评论》第 8 辑，世界图书出版公司 2008 年版。

刻而现实。他不是为了社会而抵消市场，而是发现市场与社会的对抗关系，在关系的运动中思考互惠、再分配与市场的嵌入关系。但是他又不想让自己的社会主义和法西斯的国家社会主义、苏联的社会主义认同。他的社会主义，是自由和生产创造力的理想共存。第二次世界大战的危机到来时，这两个学者，一个还在为自由与文明的关系作出判断，一个已经迈向社会主义。资本主义市场内生的社会力量和资本主义市场尚未侵吞的礼物经济，这之间，是否缺乏一个联系或中介？第二次世界大战之后，这一联系的工作由艾里克·沃尔夫在《欧洲与没有历史的人民》中完成。值得注意的是，沃尔夫是朱利安·斯图尔特主持波多黎各项目的参与调查者之一。这个时候的加勒比海、巴西领域的共同体经济，已经由甘蔗园、可可、烟草、白银等支配性资源控制。那美兰尼西亚尚不迫切的采珠人，只是原始经济的边缘的孤立的因素，与阶级、种族和种植园经济牢牢把持的印第安土著，差别很大。即使是问题意识产生的条件完全不同，也会发现，与马林诺夫斯基同时代的拉德克利夫－布朗对经济的反应相当迟钝，他把一切热情沉湎于社会制度与社会结构当中。笔者在有关他的章节，还会说起他的志向和思考。

《西太平洋的航海者》为马林诺夫斯基赢得了学术声望，奠定了他的学术地位。1924 年，他开始在英国伦敦经济学院执教，开辟席明纳（seminar），和学生讨论田野现场遇到的问题与经验。在当时展开了活跃的学术氛围。《人类学的四大传统》是这样描述的："马林诺夫斯基于1920 年代和 1930 年代在伦敦经济学院的教学产生了深刻和普遍的学术影响。他著名的研讨课吸引了来自各地的参与者，为人类学家加入这一论坛提供了第一个历史性的机会，以塑造一种新的人类学。"① 这一新的人类学，即功能主义的人类学。

2. 马林诺夫斯基的文化理论

马林诺夫斯基的《文化论》对文化的定义是："文化根本是一种'手段性的现实'，为满足人类需要而存在，其所取的方式却远胜于一切关于

---

① 巴特等：《人类学的四大传统》，高丙中等译，商务印书馆 2008 年版，第 32—33 页。

环境的直接适应。"①

文化的真正单位是制度，制度混合着多种功能。只有从功能和制度两方面周详的研究，我们才能得到一个完全正确的文化定义。

功能始终是产生于对于文化迫力的反应。我们把这种迫力分为：基本的或生物的衍生或手段，完整的或精神的。

文化迫力是一切社会团结，文化绵延和社区生存所必须满足的条件。人类有机的需要形成了基本的文化迫力，强制了一切社区发生种种有组织的活动。在满足生理需要之外，我们又见到导生的迫力，它们既然是达到某项目的手段，我们不妨称它们作"文化的手段迫力"。

文化迫力的层次

a. 演生的文化迫力：导生的需求和种族的绵延。

b. 文化的手段迫力法律：$\begin{cases} 经济 \\ 法律 \\ 巫术 \end{cases}$

c. 文化的综合迫力游戏：$\begin{cases} 宗教 \\ 游戏 \\ 艺术 \end{cases}$

马林诺夫斯基把自己在《严肃日记》压抑的生理性冲动转化为文化迫力，建立"科学的文化大纲"，并称之为"文化决定主义"。他甚或大赞野蛮人自由的性生活，"不惜"将文化降到生物性规定的最低定义，这一用意，一是为批驳弗洛伊德的精神分析假说，重新讨论文化与本能复杂的关系；二是为他在个人道德领域饱受"超我"的约束在民族志领域释放"本我"的能量。社会作为超我的紧张在迎合生物性的趋势中大大缓和下来，他希望看到社会与本能相处和谐，文化与生物性平行发展，由"文化迫力"保持这一平行关系，而由法律、风俗、道德牵制乱伦和"犯上作乱"的危险。我们无法想象脱离了实用目的、实用手段的巫术、宗教与神话，正如马林诺夫斯基在《西太平洋的航海者》对神话的基本定

---

① 拉德克利夫-布朗非常厌恶马林诺夫斯基对文化的提法，代之以社会结构的思考。马氏把文化降低到生理和生物学的层面。文化与自由，是马林诺夫斯基思考的基本命题。他的文化理论，搬用了弗洛伊德的本我、超我。因为道德、法律和制度的压抑，有个体主义的悲剧色彩。载马林诺夫斯基：《文化论》，费孝通译，华夏出版社2002年版。

义：神话是指导社会生活的宪章，通过巫术，与现实发生关联。这样，才可以建立生物论学说的实证主义基础，文化迫力乃至更高一层的文化手段迫力如果与生物性的基本需求"失衡"，则会陷入道德、精神的混乱。换言之，如果抽离了生物性基础，空谈文化的超越性，超脱性，则又不啻道学。

人类早已习惯践踏文化，"有如猛虎"。破坏的本能发泄着人类的征服欲。马林诺夫斯基在极权主义面前宣告民族自决，实质是维护"生活自由"尊严，他论述的是一种自在的状态，他不得不突出法律和风俗的地位，以遏制个体的罪恶的冲动或本能，个体的冲动近似"人性本恶"，按照本能的指引，人会乱伦，或者随意杀死一个人，人什么事干不出来？法律和风俗的作用就显得尤其重要，控制、压抑人的个体冲动，建立起社会的"超我"。只有生活的基本需求与法律、风俗的相互调适，相互作用，才能够保证文化的绵延，自由的行动。在法律和习惯法的认识上，马林诺夫斯基近似于法家，在自由的认识上，马林诺夫斯基又散发着"自在的"乌托邦浪漫主义。他批判"物欲横流"、"过度繁荣"，赞扬"嬉游"的美兰尼西亚人是幸福的。因为他们保持了文化、自由的统一。

为什么要探讨自由？简言之，是为了回应极权主义、战争——自由的敌人。

首先，自由的定义

A. 个人行动与组织行动的三个阶段

目标工具性行为结果

宪章行动功能

B. 自由与非自由机构的对比

	自由	不自由
目标	由个体或者群体选择	由教条灌输；由强权命令
实施过程	自治实现	高压控制
行动	责任	权威
结果	共同分享	少量分配

其次，认识文化、自由与民主的一致性。自由与文化是理解马林诺夫斯基人类学思想的关键理念。理解了自由与文化，才能理解他为什么不遗余力批判法西斯极权主义，相信民主和自由会战胜法西斯。

马林诺夫斯基认为权力起源于军事的集权。权力只有和军队结合才产生集权，国家实质是暴力统治的机器。部落之间不过产生战争，国家会发动侵略战争。文化是他在《西太平洋航海者》民族志的基础上形成的文化理论。自由则是他在《自由与文明》对文化阐发的自由的权力的捍卫，对暴力和国家、侵略、战争的集中反思和批判，自由，实质上还是捍卫民族为单位的文化共同体的生存权利。从整体来看，马林诺夫斯基的文化论又是被战争吞噬的反暴力、反战争、反极权主义的民主纲领。

最后，文化的止戈。在文化急剧灭亡和行将毁灭的时候，我们能够做些什么？如何保存文化的价值？很早，马林诺夫斯基在美兰尼西亚的田野调查中就有了这种危机意识。在《自由与文明》中，他又提出战争、侵略和国家是自由的敌人，失去了自由，文化也将不复存在。

马林诺夫斯基认为文化迫力是文化决定主义，同样，在战争和侵略面前，他仍旧坚持他的文化决定主义立场，相信文化的和平号召。他说："文化必须远离暴力，驯服暴力，如若不然，文化将会滋生暴力。"①

马林诺夫斯基提倡：民族自决与建立联合国（超越国家），是保障世界和平与文化繁荣的基本原则。他指出：我们当前所有的政治问题，包括民族主义、帝国主义、少数群体的地位以及民族统一，都可以在民族自决这一原则的框架下得到解释。② 支持民族自决的信念基础是他对民族的认识，他认为："民族的本质是文化上的民主"，而且"文化上的民主"与"人类古老的、基本的生活现实"是一致的。民族是一个文化群体的"生存方式"和行为模式，是传统价值观体系、风俗习惯和社会组织的集合。③ 政治的目的是保证所有民族、种族和少数族群获得文化自治的权力，按照祖祖辈辈遗留下来的生活方式和传统、风俗、习惯为标准做自己想做的事情。④

---

① 马林诺夫斯基：《自由与文明》，张帆译，世界图书出版公司北京公司 2009 年版，第 175 页。
② 同上。
③ 同上书，第 181 页。
④ 同上书，第 182 页。

文化、民主和自由相互保障，相互促进，文化是自由的馈赠。真正创造性、生产性的工作是文化与自由的本质。文化的止戈暴力、极权与独裁，亦可称"文化决定主义"。

《自由与文明》揭示了马林诺夫斯基对待国家的看法，在文化范畴，群体是自主选择的，是自由的。国家是强加的外来的力量，群体是被奴役的，不自由的，没有选择权的。国家统治的手段是暴力，而非文化。可以看到，他非常看重部落人民的自主意愿。他后期发展的文化理论是保存自由主义、反抗极权主义的思想武器。他尝试从自由当中挽救文明不可避免的衰落，恢复生物性需求、欲望与道德、法律和制度的天然和谐。

3. 马林诺夫斯基与弗洛伊德的对话

笔者以前注意到马林诺夫斯基和弗洛伊德的对话关系，但是并没有认真的梳理。当时只是注意马林诺夫斯基在实践上和民族志写作的反差，属于私人生活与学术理性之间的矛盾。[①] 这一次重新来读两本小册子：《两性社会学》与《野蛮人的性生活》，才发现马林诺夫斯基预设的弗洛伊德的精神分析典范几乎是他"反其道而行之"的靶子。有了这一重思想背景的铺垫，才有可能理解，马林诺夫斯基在社会学意义上建构的文化论在何种程度与弗洛伊德对文明的定义（见《文明及其不满》）；对待俄狄浦斯情结；对待图腾又爱又恨的态度（杀死图腾动物，氏族成员共同分享圣餐的习俗，见《图腾与禁忌》）；道德的起源；群体本能的趋势等这一系列问题在解释的路径上，区别开来。这样的话，马林诺夫斯基的文化论，应该放在何种相对位置评价与理解。笔者指的是，如果脱离了弗洛伊德对于原始社会的风俗、道德、法律起源的解释，以及原始社会与儿童期的成长问题，如抑制、潜伏期的平行关系，文明的起源，特别是本能与文明的关系，个体之恶与群体所受平等的压抑所取得的制衡、团结关系，马林诺夫斯基的文化论反而容易简化为生物性放在第一位。

确实，他的行文，也体现出这样的"倾向"。倾向与趋势，是马林诺夫斯基从弗洛伊德借鉴过来的原本是生物学的术语，弗洛伊德将生物的倾向改造为本能的倾向，然后这种倾向，受到挫折，而压抑下来进入潜伏期

---

① 马丹丹：《马林诺夫斯基的辩证法》，《西北民族研究》2011 年第 4 期。

的，有可能体现为退化、伪装与移置的变化，退回到潜意识。当然，在文明的作用下，确切说，在文明的压迫下，个体不得不做出牺牲，本能经过升华，将攻击性本能和破坏性本能压抑下来，转化为社会群体和社会制度的约束与道德。从内化来说，良心是重要的自我发现。超我战胜本能，使个体之恶在自责和自省中得到克制。这样的文明的论述，与马林诺夫斯基对文化与文明的论述，可说是大相径庭。马林诺夫斯基认为，文化与文明的关系如果保存在需求与满足相互统一的基础上，维持在文化与生物性相互统一的基础上，保持个体的自由（这一个体的自由，就是自主性，能动性，灵动，创造力，个体范畴的从事生产和创造力活动的自由）。同时，个体与机构是相互协作的关系，机构的协作又构成了社会的和谐，那么文化与文明的关系就是和谐的，文化的自治、自主和自律，会推动文明的繁荣。相反，极权主义，将导致文明的毁灭。

正是这样两幅同样是有关本能与文明却大相径庭的画面，使笔者从他们二人的对话关系中获得了新的启发。这一问题就是文化到底是顺应了人的本能的趋势？还是在和本能的不断斗争中获得了文明的胜利。这是他们争论的关键点。弗洛伊德塑造了一个父权统治的铁的秩序。马林诺夫斯基则在一旁说"打破它，打破它"。他给出了一个舅权的社会的范例，描述了父亲和孩子的亲密关系，父亲对孩子的温婉看顾，父亲对孩子的全身心不计报酬的付出。[①]之后，他试图论证母舅扮演了父权制社会的父亲的权威，冰冷冷的权威，严酷的惩罚，无条件地服从。父亲则恢复了生物性的父亲，与孩子亲密的玩耍，帮助妻子照顾尚在襁褓中的婴儿。父亲是那样的慈爱、尽父亲的义务，而不要求父亲的权利。他不放弃任何一个批判维多利亚式的"变态家庭"的机会，育婴室把婴儿与父母分开，母亲不用母乳喂养，找奶妈喂养，替代母职。父亲更是与孩子分离开，习俗上不允许靠近。种种违背人性的风俗，把父权制的家庭成长的儿童戕害得不得不产生一个因抑制而积淀的"潜伏期"。他认为这一特殊的家庭制度是产生弗洛伊德的精神分析学说的环境，换成母系社会的社会制度与两性关系，俄狄浦斯情结就不会存在，当然，也不会折磨母系社会的儿童期。于是就有了《野蛮人的性生活》这本记录美兰尼西亚社会的两性关系的民族志。

---

① 相反，在《纳文》中，父子关系是冷漠的、顾忌的，克制的，不会表现出亲密关系。

我们很容易联想到，为了找到一个证伪的例子，母舅和父亲的双重分离，生下来就享受的性自由，构成了美兰尼西亚不存在"父子对抗"原罪的两性关系。当然这并不是说它就是快乐的，同样也伴随着恋人的悲剧和个体的惩罚。弗洛伊德的描述，很像是悲剧性的宿命的安排。俄狄浦斯杀父娶母的结局是他变成了瞎子或者跛子。本能的愿望无法实现，转化为神经官能症，忧郁症，狂躁，人格分裂，谵妄，或者在艺术领域得到升华，实际上是停留在童年期，拒绝成长。同样是个体悲剧，在马林诺夫斯基的那里，则是爱恋的不得，爱人的误解，劳燕的纷飞，往往因为被丈夫和妻子娘家亲戚的冲突。他们二人展开的这一命题：本能、文化与文明的关系，充满了想象力。

他们先后回应了纳粹上台以来笼罩的极权主义的阴云，不过，回应方式是不同的。弗洛伊德在《文明及其不满》中，之前对于文明的信心受到了明显的挫折，他显然已经怀疑文明控制人类进攻本能和自我破坏造成的群体生活的混乱，不再对"厄洛斯"颂扬。纳粹上台后，他迟疑地自问："谁能够预知能有多少成功，有什么结果呢？"[1] 弗洛伊德恐惧的是群氓，即没有领袖权威的没有组织的乌合之众。批判的是人类的攻击本能抬头，有文明毁于一旦的可能。马林诺夫斯基对极权主义的抨击毫无保留。可以看到，这两个人，不管对文明的观点如何，共同的地方是文化与文明的关系，是和极权主义、独裁格格不入的。就这一角度而言，他们均归属于自由主义传统。只不过，弗洛伊德更像是德国人，马林诺夫斯基更像是英国人。

文化、本能与文明的讨论有何现实意义呢？例如，马林诺夫斯基讲到本能的可变性，是文化起到支配作用的重要因素。对于本能的可变性，笔者理解为人是可以通过改变来改变自己的惯习的。比如穿惯了平底鞋，会不习惯高跟鞋。但是实际上是可以通过练习，适应高跟鞋，而且掌控这门身体技术。以此推演，诸多本能，是可以通过环境的改变而变化的。不过问题是在现代社会，到底是接受改变，还是保持本能，其实是一个困惑。为了他人给女性建构的女性气质的符号，去习得，去追求，结果有可能是迎合主流价值观为女性设置的满足男性审美的符号体系。同样，一个男

---

① 弗洛伊德：《论文明》，徐洋等译，国际文化出版社 2000 年版，第 142 页。

人，可以打扮成服务行业为男员工设计的身着笔挺西装、领带的样子。也可以打扮成穿着七分裤，丁字拖鞋，包裹着女性化身体的年轻男性，簇拥着他的男性同伴，这样女性化装扮的气质混杂在一个男性的生物载体上，仅仅从佩戴的手表才透露出男性的着装特点。生物和文化的错乱、混杂以及倒置，伴随着白领维护的正统的中产阶级文化秩序，在现代社会普遍容纳的多元化文化现状，反而需要在细微的情境中考察生物与文化的关系。本能与文化的讨论在弗洛伊德、马林诺夫斯基的那个时代，还不具备这样的主流社会的多元价值观的渗透，当时占据正统地位的就是维多利亚时代遗留的保守的性观念、两性关系的文化规定性。然后置于今天的情境，本能与文化的主题，还是有理论的生命力的。例如，马林诺夫斯基绝对不会讨论本能的可变性是否是迎合文化体系建构的主体性，被文化规范规驯。社会变迁与生活现象，激活了理论的重新思考。

（1）弗洛伊德的泛性论与原罪说

在《图腾与禁忌》中，弗洛伊德从精神分析的角度解释图腾制度的起源。图腾指的是：部落社会把他们的图腾动物杀死，吃掉它，然后再哀悼，举行庆祝仪式，并以越轨为特征。人们为什么会这样对待图腾呢？图腾为何与外婚制联系起来？人们为何要遵循不得杀图腾动物和乱伦禁忌两条规则？在列举了心理学、社会学和民族学的解释后，他导向了精神分析的答案。显然，他推崇的是史密斯的说法。史密斯解释了献祭仪式的起源和意义，"祭坛上的牺牲是古代宗教仪式的本质特征所在"[1]。史密斯的假设是：原始人神圣宰杀并共食其图腾动物，而这种享用在其他所有场合都是被禁止的，这种现象是图腾宗教的一个重要特征。[2]

接下来，就是弗洛伊德在多种场合都愿意引用的那段著名的图腾起源的神话。这个故事，解释了社会组织的起源，道德戒律和宗教的起源。这个故事，也是马林诺夫斯基反对的，对社会组织、道德和禁忌的解释不可能通过一个"原罪"的故事来完成。很奇怪的是，弗洛伊德始终相信这个神话，是构成宗教、父权制、一神教的根基。就像是人类远古遗留的情感结构，充满了良心的自责、内疚和赎罪的内在的发人深省，构成了内在

---

① 弗洛伊德：《图腾与禁忌》，上海世纪出版社 2005 年版，第 160 页。
② 同上书，第 167 页。

的"超我"存在。而这个超我存在是和儿童期的俄狄浦斯情结联合在一起的。还会在儿童期以及成年的各种神经症再现。大致的意思是：有一天，那些被父亲驱逐出来的兄弟们聚在一起，联合杀死并分食了其父亲，这样就终结了那种父权制的群落组织形式。图腾餐也因此成为对这种难以忘却的犯罪行为的重复和纪念，它也是人类许多事物的开端，像社会组织、道德戒律以及宗教等。兄弟们缔结和好，遵守乱伦禁忌（只有遵守乱伦禁忌，才能让兄弟们存活下来，和平相处，否则又是自相残杀、自取灭亡），孝敬死去的父亲。精神分析称为"延迟性服从"（differed obedience）。以简洁形式的法律确定下来：不可杀人（thou shalt do no murder）。

> 父权制群落（patriarchal horde）第一次被兄弟制氏族（fraternal clan）所取代，后者的存在是以血缘纽带来保证的。现在，社会是建立在共同犯罪的共谋之上；宗教是建立在罪感（悔恨之情附着其上）之上；而道德则是部分建立于这种社会的迫切需要之上，部分建立于这种罪感的悔罪要求之上。①

弗洛伊德讲述这个故事究竟有什么意味？他解释了一个悖论性的道理：即失去父亲的时候，一个父权制的社会才得以产生，社会才得以是有组织的社会。死去的父亲成为神，通过献祭，建立了人以自我克己来取悦于神，这个时候神在祭坛上被供奉起来。弗洛伊德又说："神圣的君王在社会组织中出现了，父权制也被引入到国家政权之中。必须承认，那位被废黜又复位的父亲对人类的报复是极其严厉的：权威统治就是其（报复的）顶峰。"② 人们对待统治者的爱戴与敌意的矛盾情感与儿童对待父亲的复杂态度是相似的。弗洛伊德说明，群体社会学研究得出，群氓是释放本能的无拘无束的洪水，若没有领袖的威慑和对领袖的服从，或者领袖顺从、放纵群氓的本能，那么攻击本能和自我破坏的本能则失去了控制、制约和束缚，就连自我的克己（renunciations）③（超我对良心的维系）也崩溃了，那么无疑是对文明的威胁。

---

① 弗洛伊德：《图腾与禁忌》，上海世纪出版社 2005 年版，第 175 页。

② 同上书，第 179 页。

③ 孔子说，"克己复礼为仁"。

他运用了简化的起源的精神分析结论，反复强化了这一事实：

> 宗教、道德、社会及艺术的肇始都汇集于俄狄浦斯情结之中。社会心理学的问题也能够证明应该在人与其父亲之关系这个单一的具体点的基础上予以解决。①

他说人类与父亲情结的关联性，乃是集体意识（他用的是集体心理，而不用集体意识）。在数代人的延续性面前，个体可以忽略。关键是对集体意识遗留下来的习俗、礼仪进行潜意识的分析。在解决了图腾和外婚制的起源后，弗洛伊德清楚，习俗、礼仪、巫术和献祭的研究还不足以构成过渡到宗教乃至文明社会的充分理性。但是暗示着他对于宗教、文明的看法有可能是怎样的。因为图腾解释了简单社会（这里只能用简单社会）的起源，那么宗教意味着尽管人们的理性能力趋于强大，却无法解开宗教之谜。"为什么最后动物神未能使人满足，而由一个人类神取代？"宗教虽然是幻觉，但是在抑制人的反社会本能方面功劳最大。宗教起始是"不可杀人"的戒律，随着神圣性的陨落，宗教的禁律扩展到一切文明规章、法律和法令。目的是为了保护人类免于自然的危害和调节人际关系（人会因为一己私欲而杀掉邻人）。为文明戒律提出理性依据，理性的认识论基础将宗教的戒律接近真理。科学的繁荣最终的结果是放弃宗教。"科学观点的变化是发展，是进步，而不是革命。"② 言下，宗教并不能保证给人带来幸福。因为它以贬低生活的价值，诱使信徒陷入一种集体的幻想。那么什么是幸福，技术的进步使人们的幸福感增加了吗？文明就能保证给我们带来幸福吗？

笔者反复阅读《文明及其不满》这本小册子，其语言并不繁复，但是却难以真正理解。笔者在过去的笔记中，记录下这样一句话：在《文明及其不满》中，他表达了"文明压抑观"。

整篇内容可以说围绕着"文明压抑观"展开了层层论述。首先是我们的快乐来源于哪里？发现文明让我们不快乐，有多少人与文明为敌。原因

---

① 弗洛伊德：《图腾与禁忌》，上海世纪出版社 2005 年版，第 187 页。

② 弗洛伊德：《一种幻象的未来》，载弗洛伊德：《论文明》，国际文化出版公司 2000 年版，第 56 页。

是什么？原因就是文明压抑了人们满足本能的快乐感觉。在这里，弗洛伊德发现有几重对立：一、文明与爱的冲突。爱反对文明的利益，文明威胁着爱。文明限制性生活。社会的经济结构也限制性自由的程度。使一些人失去了性的快乐，是严重不公正的根源。社会也在压抑性的快感。二、文明不得不限制人类的攻击本能和破坏本能。人其实是最有攻击性的，从育婴室时期就有了攻击欲。人的凶残有如豺狼。这两个冲突根植于人的本性当中。三、自我本能和指向对象的爱（最广义讲）"里比多"本能之间的对立。四、爱欲与死亡的对立。即生命本能与死亡本能的对立。如果自我本能与"里比多"能够大体上保持一致，则人是均衡的。如果"里比多"退回到自我本能，导致自恋。他的意思是说人如何在外部环境和内心世界之间建立有机的联系，获得幸福，幸福是"里比多"经济的问题。对于相爱的两个人而言，情爱就是全部的世界。它指向的是性的满足。这种动物的、生物的性爱，是文明不允许的。要允许，也是勉强冠上一夫一妻制的婚姻的合法化。文明考虑的是尽量不被爱损耗过多的能量，而能保持"里比多"连接的众人的爱。文明的目标是"把群体成员以一种'里比多'的方法联系在一起"。文明容忍性爱。"厄落斯"就很重要了，其"厄落斯"指的是理性。文明是服务于"厄落斯"的过程。集合是在"里比多"相互联结的基础上的，联合形式是递进的：从个体，到家庭、种族、民族和国家，结合为人类的统一体。而弗洛伊德说的"里比多"的联结，指的是同性的认同与团结。几乎等同于杀死父亲后兄弟们之间缔结的团结、友爱。怪不得他说，友谊是不以性爱满足为目的的友爱。因此，家庭的地位就显得格外重要。家庭和社会的分工就初步解决了文明与性爱的对立。青年们通过"成年礼"离开家庭，走入社会。弗洛伊德这样写道：

> 除了保存生物并使其并入更大的单位的本能外，必定还存在着另外一个相反的本能——试图分解这些单位，并把他们带回到它们原始的、无机的状态。这就是说，不仅存在着爱欲，还存在着死亡本能。[①]

---

① 弗洛伊德：《文明及其不满》，载弗洛伊德：《论文明》，国际文化出版公司 2000 年版，第116 页。

文明的最大障碍是进攻本能。因此，文明是一场永无止息的善与恶的斗争，人类在和自己反社会的本能进行斗争。斗争获得胜利的条件是超我。超我外化为社会权威，内化为良心。对丧失爱的恐惧，外化为对社会权威的恐惧。有罪感是对社会权威恐惧的根本动因。这也正是《图腾与禁忌》讲述的人类在远古犯下的原罪的故事。谁能说清有罪感在自责、忏悔、赎罪和惩罚之间的连续性的有差异的联系呢？可是尽管文明在不断强化有罪感，遏制这种可怕的进攻本能，但是凭什么就相信诉诸道德、伦理和说教就能够遏制人性之恶呢？就连弗洛伊德也没有有效的办法，他只是反复强调：文化发展是否并在多大程度上成功地控制因人类进攻本能和自我破坏本能造成的群体生活的混乱。他担心的是，群体如果没有具备统帅能力的领袖会沦为听从本能之驱使的乌合之众。抛开死亡本能造成越来越膨胀的威胁，弗洛伊德认为，自我本能和"里比多"的斗争不是坏事，个体和团体之间调节，寻求合作。这就是他对"文明压抑观"的辩证说法：冲突或对立容许在个体身上有一个最终的调解，正如我们所希望的，因为它将在未来的文明中也得到调解，然而目前的文明可能压抑着个人的生活。

既然文明压抑着个人的生活，那么个人完全有理由，公正地挑剔现状。

当我们以严厉地批评试图去揭示其不完善的根源时，我们无疑是在行使正当的权利，而不是在表明自己是文明的敌人。①

（2）马林诺夫斯基的文化论

马林诺夫斯基用他的民族志来讨论精神分析的核心理念：性的本能和复合体（complex）（如恋父情结，恋母情结）的压抑。他提出两个问题：一、家庭以内的冲突、欲情、依恋等是因家庭组织不同而不同呢，还是普遍一致的？② 二、家庭复合体对于神话、传说、童话等的形成有什么样的影响呢？精

---

① 弗洛伊德：《文明及其不满》，载弗洛伊德：《论文明》，国际文化出版公司2000年版，第112页。

② 弗洛伊德认为近代资产阶级的家庭形式在各种野蛮社会都有存在。马林诺夫斯基认为这种假设是错误的。所以他根据自己的民族志资料对精神分析学说提出了修正。他强调文化的作用，要大于生物性，复合体、恋父情结不是先天的，而是文化的产物。

神分析对此有所讨论，但家庭组织怎样借着家庭复合体来影响文化和社会，尚无正当学说加以解释。在《两性社会学》当中，可以再一次看到马林诺夫斯基对于文化的定义。诚如他所说，"性的本能和某种'复合体'的压抑必是创造文化时所发生的精神方面的副产品。"① 这本书的写作目的就是树立文化的旗帜。既然驳斥弗洛伊德关于原罪、群居本能等臆想，那就不得不从发生学的源头，说明文化的作用。例如对婚配的认识就是一个关键的分野点。这个时候，马林诺夫斯基采用了动物怎么样、人类怎么样的比较叙述，人类没有发情期，又会有什么结果？马林诺夫斯基设想在欲望和性冲动下面设置了文化的藩篱和禁忌，反过来限制欲望与性的冲动，调节欲望和性冲动。和弗洛伊德一样，马氏也清楚，性的冲动是可怕的。若无限制和禁忌，"败坏一切社会的雏形"。他用了过于理想化的笔调来描述文化与性冲动平行而发的状态。

人类求爱的标记，交配过程的发泄，不仅是用身体的变动来表示，乃是会用多数的文化影响来表示。这等文化影响，显然是在人身之上起有作用，激动内部反应，以去准备肉体的贴近、精神的气度以及相宜的暗示的；除非机体有了性的反应的准备，文化影响是不会使人交配的。②

这里，马林诺夫斯基将文化引诱笼统地涵盖了性的吸引，但是一切动机都可归为文化布置。可是一旦赋予文化引诱，就独立于生物性存在了，和义务、道德、社会关系连接起来。他抓住"趋势"这个延展性的容纳生命历程的存在：性的交配如何赋予婚姻的文化含义，两个因为动物性吸引的男女如何演变为夫妻，又学习做父母，抚育子女、教育子女等等这样一个不断变化、不断习得的文化过程。趋势和本能的可变性是联系在一起的。任何趋势之连续性、变化性的所在，反过来用文化来强化趋势，以及下一步的趋势。仿佛男女相爱，接下来就顺理成章地进入结婚、生育、家庭这样的生命历程的安排。可是顺应趋势的，到底是什么呢？文化只在设置与本能相反的藩篱和禁忌方面起到了消极的作用。这里，马林诺夫斯基引入了情绪和情操的作用。情操的思想来源于心理学家山德（A. F.

---

① 马林诺夫斯基：《两性社会学——母系社会与父系社会之比较》，李安宅译，上海人民出版社2003 年版，第 4 页。

② 同上书，第 192 页。

Shand）。他从精神外在的物质的因素：情绪开始探讨。看待情绪如何转化为情操，情操又如何与社会组织结合在一起，从而构成稳定的态度、精神，使个体甘愿接受文化的驱使，进入婚姻的"牢笼"，接受捆绑个体自由的义务和社会价值。

> 两位有望的情人初会以后，渐进的迷恋、趣益。情爱等即协同生长，跟着养成一项逐渐发展、逐渐丰富的情绪系统在那里，持续和一致使快乐谐和的关系所需要的要件。加入这样复杂态度的，除了内在的反应以外，尚有社会的要素，如道德的规则、经济的期望、精神的趣益等。①

在这段话语的描述中，马林诺夫斯基对两性和谐关系过于理想化的表述展露无遗。这一论调在任何阶段反复强化所带来的效果是：人类社会少有冲突、分裂与烦恼，而到处充斥了趣益和情绪，态度和精神，整合起来就是情操：组织圆满的情绪态度。② 所以趣益、情绪、态度和情操，抵消了文化对本能的压抑，藩篱和禁忌对性爱的限制，纯粹性爱耽于社会压抑给恋人情绪带来的重负。既然是如此和谐自然，接下来就是年轻夫妻学习如何做父母，进入下一个人生阶段了。马林诺夫斯基告诉我们即使是新的角色的挑战，母亲和父亲在亲子关系中所具有的天然的生物性的联系就显得瞩目了。母亲顺应母性的趋势，和孩子建立了亲密的哺育关系。父亲则顺应了父亲的生物性趋势，在一旁照料孩子，做母亲的护士，守卫这需要保护的母子。忠诚，任劳任怨，无微不至，他用"温婉柔情"来形容这

---

① 马林诺夫斯基：《两性社会学——母系社会与父系社会之比较》，李安宅译，上海人民出版社 2003 年版，第 201 页。

② 马林诺夫斯基对情操的定义建立在情绪和感官的生物学基础上。在《文化论》对艺术的论述中，艺术的共同元素是艺术的各部门都是直接依赖感官作用的。感官的印象合并起来产生出一种特殊的情调，成为艺术的和美感的基本原料。艺术的基础在于人类的生物需要方面。一切对于声、色等器官上的刺激和反应，都有有机的基础。一个常态的人，应当对声、色、形的调和，有浓厚的情感反应。艺术的功能，在于满足人的感官需求。载马林诺夫斯基：《文化论》，费孝通译，华夏出版社 2002 年版，第 94 页。马林诺夫斯基将艺术看作是满足感官的生物学需求，建立经济的价值，这一说法早已遭到诟病。但应该注意他寻找情绪的生物学基础，对声、色、形的反应，带有唯物主义的取向。

慈父对待孩子的情爱。这时候的论调变成了：所有的文化势力不过是使天然趋势有所保障、扩充和分化罢了。① 本能趋势的可变性，是文化进行的条件。② 与其说文化侵犯天然的趋势，不如说文化注重天然的趋势。③ 马林诺夫斯基甚至规定了文化的秩序：先结婚，后怀孕，私生子不受社会的保护，家庭是至为重要的。在任何社会，文化的秩序均是如此，家庭是情操培养的所在。④

　　　我们所有的，不是正确的本能要素，乃是支配先天趋势的文化要素。凡此一切，都在本能和生理过程及可能的改变之间含着深刻的变动。我们管这种变动叫作"本能的可变性"。⑤

正是因为本能有改变的可能性，才为文化的支配开启了一个渠道。也使得马林诺夫斯基与弗洛伊德在本能与文化、文明的关系论述方面，发生了观点的分野。也就是说，凡是弗洛伊德认为的人所感受的痛苦，快乐法则无法实现的痛苦，肉体所受的痛苦，皆因文明的压抑，性的快乐被剥夺，个体的自由被限制，在文明的枷锁中，人所感受的痛苦，人为了理想、道德所受的本能的牺牲，在人生来看，就是一场斗争，不仅是个体与团体的斗争，还要在内在精神上"里比多"和自我本能的斗争，快乐就是"里比多"与自我本能的竞争，"里比多"压倒本能，能从外界获得幸福，就是快乐。同样，死亡本能与社会通过"里比多"联合大众的爱欲

---

　　① 马林诺夫斯基：《两性社会学——母系社会与父系社会之比较》，李安宅译，上海人民出版社 2003 年版，第 204 页。

　　② 同上书，第 209 页。

　　③ 同上书，第 210 页。

　　④ 马林诺夫斯基看不到犯罪、神经症、反社会的种种有关性、婚姻、家庭秩序的黑暗面，哪怕在我们当下的社会依然困扰着个体。未婚先孕，如果遭遇强奸被怀孕，个体的困境又如何解释？马林诺夫斯基过于维护家庭的正统性，而不愿面对社会的黑暗。面对社会激烈的变迁，加快的流动，人与人之间的联系的缺失，在一个陌生人的社会，文化的保障性，在个体身处的危险和遭遇的风险面前，几乎是看不到的。交往的伦理不得不引发思考。今天来看马林诺夫斯基的"文化对生物性的保障"这样的论调，感觉非常遥远，但也无法否认，他至少描述了一种自然的理想趋势。马氏揭示的生活常态，更近似理想。

　　⑤ 马林诺夫斯基：《两性社会学——母系社会与父系社会之比较》，李安宅译，上海人民出版社 2003 年版，第 219 页。

的对抗性存在，使文明用道德、负罪感来遏制人性之恶：进攻本能和自我破坏本能，须知人生下来就是一个"小坏蛋"。对抗、斗争的矛盾命题从人生下来就注定跟随他直到死亡。在马林诺夫斯基那里，源于本能对抗的痛苦全部不见了，代之以文化与本能的一致性，在本能可变性的基础上，再附加情绪、情操对顺应趋势、强化趋势的协调机制。在发生学的机制上，文化独立于生物性，同时又依赖于生物性的天然。文化成为和谐的天然之美。在这幅画卷中：父慈子孝，母爱醇绵，臣民恭敬，勤谨作业，人伦分明，民风淳朴，鲜有乱伦，鲜有犯上作乱。秩序的稳定有赖于文化、情绪、情操的维系。当然在某种程度上，人类之恶是无法清除出去的。马林诺夫斯基也承认，性的本能是最难控制的，最与其他本能不相容纳的。乱伦是一种原初罪恶。没有和母亲乱伦的冲动，就有和姐妹乱伦的冲动，总之，个体的悲剧是无法避免的。在某种程度上，他沿袭了弗洛伊德对社会权威的定义，社会权威是野心、纪律和权力、财富相混合的外在的压制，社会权威所保证的资源分配、特权地位被法律巩固。不是父权，就是舅权。但是对弗洛伊德某种程度的认同仅仅是次要的，首要的是将文化与本能的对立扭转过来，代之以贯彻原则（principle of consistency）：情操有助于社会制度的贯彻。

> 这种集群不是根据生物的需要，乃是根据文化的需要，所以缺乏完具的文化调度，含有阻力和困难，需要某种强有力的法定的赞助。①

论述至此，我们大致认识到，马林诺夫斯基在何种意义上修正弗洛伊德的精神分析学说建立的出发点，后者将凡涉及社会、道德和文明的种种起源简化为、归结为俄狄浦斯情结。当然在俄狄浦斯情结产生之前，还有口唇期、肛门期这样一个早期的停滞阶段。马林诺夫斯基认为这些情结只是文化的衍生。他的写作任务是重振文化的士气。采取的策略是文化与本能的和谐一致，个人在接受文化统治的时候，竟然不觉得压迫或压抑，还

---

① 马林诺夫斯基：《两性社会学——母系社会与父系社会之比较》，李安宅译，上海人民出版社 2003 年版，第 243 页。

感到文化给他/她带来的无限的本能快感的延续与保证。作者总喜欢在本能的还原论中笼罩一层文化的外衣。哪怕薄如纱，也是人之为人、区别于动物的所在。在对抗弗洛伊德的时候，马林诺夫斯基有意压抑了他的个人主义反叛"冲动"。只有当外在的社会权威、社会惩罚不宽容个体自由的时候，马林诺夫斯基才变成了悲天悯人的莎士比亚，哀叹是家族恩怨断送了罗密欧与朱丽叶的爱情。这种依据描述的需要而处理社会与个体的矛盾变化，恰恰是马林诺夫斯基保留的民族志整合到社会结构的个体的溢出。[①] 这一点，和埃文斯－普理查德的《努尔人》很不同，在《努尔人》的文本中，每一个努尔人都是服务于理论的统一体的一部分。这一点，恐怕和马林诺夫斯基受到的弗洛伊德的影响不无关系。也就是说，他在个体的层面投射了俄狄浦斯的悲剧结构。尽管马林诺夫斯基在文化理论中用情操来贯注文化与本能的和谐一致，在《野蛮人的性生活》当中，缝合文化与本能一致性的却是巫术。例如爱的巫术，生育巫术，运用巫术，来暗示当事人应该进入的状态，满足内心的愿望。这不能不说不可思议。难道对着孕妇说"皮肤变白"，皮肤就变白了？对着心中爱慕的人说"爱我，爱我"，就爱上自己了？这些和爱情、生育相关的巫术在美兰尼西亚社区实践的常态，效果却是真实的，因而也是被仪式、传统固定下来的。巫术变成了实用的工具，无论是生产还是求爱，在马林诺夫斯基的民族志中呈现出弥散的状态。

---

① 马林诺夫斯基在《文化论》中，对个体有进一步的阐释。他对莫斯的巫术理论并不满意。莫斯把巫术能力的性质归之于马纳（mana）。他认为马纳在巫术能力之外还包括个人力量、自然势力、品性及效力。他将从个人心理及文化和社会价值来解释巫术的功能。第70页。他又强化这一观点："我们也不必和涂尔干、莫斯一样，假定在巫术的观念，及其理智的和道德的力量之后，还有人格化的、当为无上权力的，或由上帝而演进的人类社会的存在。巫术观念的价值，是源于它在个体及社会中，在一种完备的、经验的、可以观察的及可以理解的情态之下所产生的结果。巫术的经验真实性是靠着它的生理的权利而存在的。"第81页。在结论中，他又强调文化迫力和个人动机是不同的。个人动机是社区分子的行为的冲动，这种冲动以本能的冲动为基础，又为外力所模塑，与团体协调行为，满足文化的迫力。第106页。也就是说，个体是受本能驱使的，也是有个性、人格的个体，但同时个体又是遵循了传统的，为周围的社会关联所左右。文化迫力、宗教满足了个体的需求，无论是怎样的宗教、信仰、价值观，都首要是满足个体的需求。不能把个体动机和文化迫力混淆。马林诺夫斯基：《文化论》，费孝通译，华夏出版社2002年版。

（3）性的交换

为了进一步展开野蛮人的性生活，这里需要转入下一个小节，与库拉交换相互平行的性的交换。性的交换在美兰尼西亚的社会同样形成了一个可以和库拉媲美的复杂的分类。就像库拉交换分为普通的物品交换，和带有礼仪性质的礼物交换。性的交换也分为单纯的游戏和社交的两性交往，与有情欲、泄欲成分所在的性的交换。这样两类两性交往，伴随着游戏、舞蹈和歌唱等种种节日，还伴随有大型的食物分派。这一点，和 sagali（大型食物分派仪式）有所重合。

两性交往与性的交换①

单纯的两性交往	地点/时间	内容	带有情欲成分的两性交往	地点/时间	内容
kasaysuya（转圈游戏）	村庄中央广场日常生活，月夜	小伙子们拉着姑娘们手拉手唱着歌，先慢后快地转圈。游戏临近结束时，歌词往往变得下流。			
斗鸡，老鼠，狗尾巴，捕鱼等游戏	村庄中央广场	男孩子们参与的游戏。			
火，香蕉，鹦鹉等复杂游戏		男女都参加。			
"米拉马拉"（milamala）	村庄中央广场丰收之后，圆月时节，长达一个月，社区互访	月圆前几天，先举行祭奠祖先的舞蹈。不涉及性。带着礼物而来，满载回赠而去。			

---

① 性的交换，这里制作成表格。内容皆从马林诺夫斯基的《野蛮人的性生活》析出。

单纯的两性交往	地点/时间	内容	带有情欲成分的两性交往	地点/时间	内容
			卡里伯姆（karibom）	村社中央广场，晚饭过后	带有性欲的成分。紧挨着意中人身后走的男孩，可以做突然的泄欲动作。即兴的私通。
卡雅萨（狂欢节）	米拉马拉欢庆活动的延长。发起者是酋长。	经济活动的卡雅萨，如园艺、捕鱼或制作贝克装饰品。舞蹈、娱乐或其他活动的总称。伴随有食物分配仪式。竞赛活动，小型独木舟进行划水比赛。	梳头和贝壳装饰片节庆		男性在梳头和贝壳装饰片节庆中，装饰自己，向女人炫耀男性的美。性在其中起着重要的作用。
			Kamroru		妇女集体场合，男人在远处欣赏。
			布提亚		盛装打扮的少男少女互相交换礼物，使用库拉的术语。
Kamali 或 kimali 卡雅萨				丰收节庆期间	纯粹以满足情欲为中心的公开调情。女孩致伤她中意的男孩，男孩尽可能忍受抓伤、砍伤。在某些地方是公开的性行为。

续表

单纯的两性交往	地点/时间	内容	带有情欲成分的两性交往	地点/时间	内容
随机形式的性交习俗				人死后的葬礼上，夜晚	在夜深来访者回家后，习惯上有些女孩留下来和丧亲社区的一些男孩睡觉。
				定期从海上来的外域陌生人	征得少女同意，土著少女和客人睡觉。
			ulatile 私通		男女幽会。外村的男孩躲在女孩的社区附近，与情人约会。女孩回家的途中，还有可能当众遭自己情人的强奸。
			卡图约西	少女的性越轨。夜晚	成群的年轻男女互访。意中人相互交换礼物。
			性暴力		妇女们在集体除草时，有男人经过，就用集体强暴的方式把男人折磨得奄奄一息才罢休。

爱情是怎么发生的？当初入青春期的少男少女再次相见的时候，突然有一天，微妙的情愫造访他们，情窦初开。这种觉醒是怎么到来的？马林诺夫斯基认为孩提的亲昵和游戏渐渐地走向青年男女的依恋，通过眼睛流露出来。

这些语言近似诗意，例如"这种熟识，在某些场合里，如令人陶醉的音乐和月光下，他们冲动起来，感觉上发生了变化，这使男孩和女孩在对方的眼睛里完全美化了"。眼睛，透露出恋人的爱意。

眼睛，也传递了性欲。

> 眼睛是渴望和色欲的窗口，它们是性激情的基础或导因，把要求传给大脑，然后传播到全身，送到腹部、双臂、双腿，然后一直集中到肾里，传到男性生殖器上，引起射精。眼睛便成为全部性兴奋的基本动因，也是引起"我们渴望交媾"的传递物。①

在眼睛的双重叙述中，眼睛既可能是爱情的窗口，也可能是渴望和色欲的窗口。爱情和性欲复杂地纠缠在一起，或者情人变爱侣、爱侣变夫妻，这样一条正常的恋爱、婚姻道路。或者在肉体关系上戛然而止，一旦性结合完成，情人关系便结束了，走向各自未来的婚姻道路。这往往是私通产生的短暂的纯粹的肉欲的欢愉。不过马林诺夫斯基也告诉我们，也有那种长期的私通，例如儿子和酋长的某个妻子之间长期的私通关系，妻子和父亲的外甥的通奸，种种不伦的通奸丑事发生在部落内部，或部落之间。但是马林诺夫斯基对某种长期的通奸关系还是表示了敬佩和怜悯，这种不伦的关系保持到"奸夫"被驱逐之前。有时候，还会因为误解发生意外的悲剧，丈夫怀疑自己不忠，痛苦的妻子盛装打扮，爬到树上，大喊丈夫的名字，然后跳下来，可怜的丈夫无力阻拦，后悔莫及。有时候，通奸的事情被发现，奸夫或者"淫妇"，甚至会闹出部落之间的械斗冲突，不得不被处死。这些残酷的惩罚，都为这种私通维系的情欲和依恋不为村落所容纳，增加了个体的悲剧色彩。当然也有不喜欢丈夫，洒脱地离开丈夫，恢复性自由的女性，马林诺夫斯基对这样热爱自由、不惧追求新的恋情、主动离婚的女性表示了欣赏。

这本民族志呼应了性自由的主题，习俗、社会也是这样安排的，没有强悍的长辈粗暴地干涉孩提时代就已开始的性游戏。"从儿童时代起，美

---

① 马林诺夫斯基：《野蛮人的性生活》，高鹏、金爽编译、配图，团结出版社 2005 年版，第 92 页。

的吸引和直接的情欲接触就与他的经历紧密结合。他用不着偶然地实现情欲。所有的习俗、安排和行为准则，都要求简单、直接地接触"。① 从性接触的频繁机会、性意识的觉醒、性实践的成熟，节庆、游戏和狂欢节都给予了带有性欲的两性社交的宽松环境。情窦初开的少男少女，大多数通过个体的选择，从爱侣走向婚姻。爱情、婚姻簇拥着义务、财产、法律、姻亲关系的缔结。情欲的压抑总是通过周期性的丰收和节日有节奏的宣泄、调节，甚至两性还会采取越轨的方式创造欲望的结合，这样的社会，它给我们的启发是：性压抑若是能够通过外在的社区互访、两性交往的节日聚会，兼社区内部日常生活的游戏和亲密互动，性压抑会渐渐地从性自由的接触和交流当中缓解，通过个体的选择，最终找到真切的爱情的甜蜜、婚姻的幸福。本能和文化的关系，在《野蛮人的性生活》当中，也在从侧面印证弗洛伊德讲述的快乐的经济学原理，"里比多"和自我本能之间是竞争的关系，切断与外界的联系，对他人的爱，无法获得幸福，而只能耽于自恋与幻想。不过美兰尼西亚的社会，恐怕不允许个体向隅而泣、郁郁寡欢，男女老少在月光下游戏的时候，失恋的人也要出去，加入集体的欢愉，忘掉一切烦恼。

二 拉德克利夫－布朗

国别人类学当中，谈到英国与法国的人类学联系，不能跳过的就是拉德克里夫－布朗。阅读布朗的三部著作：《安达曼岛人》《社会人类学方法》以及《原始社会的结构与功能》，不得不承认，笔者对布朗的认识是一个循序渐进的过程，甚至可以说是迟来的理解，比如笔者将在后面补充布朗论述的宗教与社会的关系。

1. 学术背景与基本主张

1922 年布朗发表了《安达曼岛人》，活跃于第一次世界大战到第二次世界大战之间，积极推动社会人类学的理论和方法，他将涂尔干的社

---

① 马林诺夫斯基：《野蛮人的性生活》，高鹏、金爽编译、配图，团结出版社 2005 年版，第 188 页。

会理论移植到人类学，并且运用田野调查，集中全力构建社会学的一般通则，围绕社会结构与社会组织，试图修正涂尔干的社会理论，架构了以功能主义为核心的英国人类学与法国民族学的社会理论桥梁，以主张的独树一帜、表述清晰和研究对象明确等特点赢得了第二次世界大战前夕的学术声誉。布朗移植涂尔干社会理论到英国人类学的努力，以及在方法论上做出的贡献，扭转了人类学者走入田野现场对当地行为、风俗等社会现象与社会形态容易陷入的心理学解释，以及美国特殊历史学派总是离不开历史起源的拟构，找到社会学的定位，发挥社会学的作为。布朗从事的人类学事业是开创性的。在布朗的笔下，明确区分了民族学、历史学与人类学的分工，将民族学放入史前考古学的范畴，确立人类学以功能主义为己任的时间意识，扬弃历史起源的古典人类学范式，将人类学与生理学等自然学科相互借鉴，具体到人类学内部，他做出的一个很艰苦但是又锲而不舍的努力是把人类学从心理学的解释当中拉出来，建立社会学的平台，明确人类学的理论使命是运用归纳法（而非演绎法）探讨不同社会形态的共同通则。① 在此基础上，他也注意到了在社会结构的连续性层面，社会变迁和社会进化的趋势，例如白人与土著的“文化接触”，殖民当局的文明化措施等外来因素引发的社会变迁，包括当地人自身接受文明化因素之后发生的观念和行为的改变，但是他反对像马林诺夫斯基所说的那样多元文化的交流过程，而仍旧放在一个更大的社会结构正在形成过程之中的视野当中去观察细微的社会变迁与社会结构的互动。在这里，他接受了一定的进化论思想，承认简单社会向复杂社会演变的趋势，进化的作用是社会趋异。也就是说，他还是愿意观察更大的社会经济结构是如何形成的，或者说是如何运作的。这可以看作是布朗是在殖民背景当中做出的变化和思考，在他所处的时代（第一次世界大战），尽管他的民族志写作还是倾向于将安达曼岛人描述成为“与世隔绝”的地方，但是他还是敏感地承认日新月异的变化，已经没有哪个地方是与世隔绝的。他强化社会结构的连续性力量，部分

---

①　布朗将人类学从心理学的解释拉出来，这一点与马氏很不同。布朗曾在心理学方面做过里弗斯三年的学生。1904 年又成为他的第一个社会人类学的学生。和心理学分开，也许有他老师的原因。

地预留给未来的社会变迁和社会进化的初衷可能是为了在土著文化消失或者破坏之前，对于简单社会的社会结构有一个清晰的了解，进而理解发达文明社会，例如法律和宗教，是如何从简单社会演变而来的。这一点，他坚定不移地继承涂尔干的"宗教社会的一般形式"理论主张。而在民族志田野对理论的修正之中，试图建构社会形态学基础上的社会结构的分类模式。然而，布朗的社会结构的理论志向并未实现，原因在于当时的理论、实践等各方面条件的不成熟，部分原因也和人类学的学科并未成熟有关。

第二次世界大战之后，列维-斯特劳斯崛起，结构主义担负了布朗这一代人类学家对于社会通则或普适理论的期待，但是和布朗从功能主义出发的社会结构旨趣还有所区别。玛丽·道格拉斯将涂尔干的社会分类思想发扬光大，以洁净与不洁为主题，将布朗的著作中出现过的这一宗教看法进行了丰富，当然这是后话。布朗在第二次世界大战之后的影响销声匿迹，历史又回到了人类学的视野，和他的时代切断历史与功能主义的联系的努力形成了鲜明的对照。20世纪60年代以来的文化批评思潮，可以说又和布朗竭力压抑文化面向而放大社会的研究动向的主张形成了鲜明的对照。可以说，布朗生前的学术主旨和理论志向一一翻转，大有"东风压倒西风"之势。不过不能否认的是，布朗对于推动人类学的理论作为，包括推广应用人类学的社会价值方面是不可替代的，亦是不可磨灭的。

清晰的写作文风，简洁的理论体系，从具体到一般的认识过程，尤其是仪式的社会价值、从仪式开始研究宗教、两个群体或世系群之间二元对立的关系等理论认识，至今读来，耳目一新。

笔者以为，布朗的理论志向在今天又发生了新的意义，后现代推动的文化转向与经验的碎片化、差异的个体化、社会激烈的变迁或传统社会结构的解体等共同体嵌入现代社会的现状和第一次世界大战前夕涂尔干感受到的现代社会分崩离析是相似而又不同的。后现代主义的文化转向重视经验、差异，与个体、差异和身份政治相关的民族志支持了经验碎片化的社会现实，全球化支持了文化的马赛克效应以及地方政治的再现。当文化多样性陷入地方景观而无法自拔的困境下，布朗主张的寻找社会结构的一般法则的世界视野或许能够给予人类学致力于人类丰富文化形态和差异的共同基础带来想象力的解放和社会整合的可能性。①

尽管强调布朗推动了涂尔干的社会理论和英国进化论的交流，社会理论与人类学的田野实践相结合，确立了人类学的现代范式。不过布朗的人类学理论也并没有脱离英国相对发达的法律人类学意识。这和布朗强调的应用人类学为英国殖民统治服务也是相一致的。

在他论述应用人类学的论文的脚注里记录了一个小插曲，就是批判在到人种学、民族学影响下，对殖民官员或公务员不进行人类学教育的后果是法官注意诉讼人的头骨而不是去关注诉讼案件在它嵌入的社会关系或社会结构意味着什么。他主张对殖民官员进行人类学的教育和训练，指的是有助于理解社会组织或者社会结构的人类学知识，尤其是习惯法的理解，使得殖民政府介入土著的管理过程不可避免要接触到地方纠纷，往往不能用西方社会的法律观念，来对当地的诉讼进行裁判或者处理。例如，本来是无伤大雅的戏谑关系，不乏荤段子的"亵渎"，却被殖民政府官员对当事人做出了一般伤害罪的裁判，在布朗看来是不公允的。他希望能够减少殖民官员的人类学的无知，减少因为法律使用不当导致的社会矛盾乃至冲突。

布朗关注习惯法与社会制裁的用意是为了讨论民法与刑法的关系，即公法和私法的关系。他发现源于氏族、家庭和世系群的习惯法（私法）进入罗马社会构成了民法的一部分，而刑法也就是公法。习惯法往往是社会制度对于复仇、通奸、乱伦和偷窃等犯罪行为、道德的不洁进行的惩罚、制裁，是地方社会对于社会正义的理解以及实践。在某些社会，复仇

---

① 布朗的社会通则并未因共同体遭遇的经验的碎片化和社会变迁的日新月异而削弱其解释力。不过不能不注意到，布朗不大愿意把差异扩大化，例如他对格瑞尔的批评。布朗提取的戏谑关系、二元对立的关系（既团结又分离的群体关系）、仪式价值，是为了论述仪式价值，他诉诸儒家论述的礼仪与社会的关系（借助冯友兰的《中国哲学史》），埃尔热论述的古代城邦（如罗马）涉及的宗教与社会的关系等。布朗尝试把从简单社会观察的社会现象背后的社会原理，与不同的社会体系联系起来，发现其中共通的社会逻辑。笔者认为寻找社会通则的社会科学方法是有利于文化的交流的。他对涂尔干社会团结理论进行修正的地方在于扩大了社会团结的外延，使得群体与群体之间的关系进入研究视野，内部团结与外部联合（通过互赠礼物而实现的连结）的关系，团结与敌对的关系，以及群体与群体之间既分离又联合的友谊关系。更正了涂尔干认为的图腾产生神圣感是因为图腾的神圣，而将感情和行为联系起来，进而通过物品（动物或植物）的仪式价值体现其社会价值。布朗将图腾崇拜的宗教神秘感"去魅"，进入宗教与社会的关系范畴。

是正当的，是风俗的一部分，伤害到一个人，并非仅仅一个人，而是伤害到了整个氏族。当然，复仇性质的杀人也可以被赔偿金代替。布朗论述了"罗保拉"的风俗，"罗保拉"指的是为了让渡母亲对子女的所有权而向妻子所在的氏族支付的赔偿金。母亲如果早死，子女归父亲的氏族所有，妻子的氏族放弃对其子女的所有权，母亲如果要带着子女回到娘家，则要向丈夫的氏族归还当初男方支付的赔偿金。"罗保拉"等风俗说明的是婚姻与财产交换的关系，妻子作为物被交换，也即布朗概括的所有权的不同形式，对人权，或对物权。他论述到部落社会的财产的所有权不同于私有制保护的个体或者家庭财产所有权，丈夫对于妻子的所有权，或者丈夫与妻子各自的所有权，而是根据亲属制度和社会结构的不同而有区别，婚姻关系也不同，如一夫多妻制，一妻多夫制，以及交表婚，财产关系又作了具体的规定。了解婚姻与财产所有权的关系，对于提交上来的财产纠纷应该怎么处理，法官也能够做出得体或合适的判决。这里需要补充的是，布朗突破了私有制的局限，论述了部落社会对所有权的复杂界定。例如，在安达曼岛人的社会，孩子通过收养成为养父养母的子女，亲生父母只需探望即可。应要求，养父养母又可以把孩子给另一个人收养，只要给亲生父母打个招呼即可。孩子确立了与公共社会的抚养关系，而不是亲生父母的私有"物品"。又例如，女孩可以有好几个爱人，但不需要婚姻关系的丈夫，所生的子女为女方的氏族所有，她固定的爱人也属于他的母亲的氏族。布朗从灵活的收养关系和婚姻关系论述了公共生活的维持与延续，个体为维护社会团结作出的婚姻或其他利益的牺牲。这些论述挑战了文明社会以家庭私有制为核心的中产阶级价值观。当然，布朗的论述是极为温和的，并不像马林诺夫斯基以中产阶级文明为靶子（如文明对于个体欲望的压抑）发出激烈而明确的批判。有趣的是，除了婚姻，布朗很少涉及性和性欲的内容。

　　在这里不妨将布朗对习惯法的论述和马林诺夫斯基的《蛮族社会的巫术、传说和习俗》相比较。在这本书里，马林诺夫斯基表达了他对习惯法和法律的认识。同样是法律人类学的视角，从中也能看出他们二人的差异。马林诺夫斯基着重社会习俗施加于个体的悲剧，但同时又赞扬个体为公共社会做出贡献，辛勤种植甘薯，甘薯收获入仓后又向公众炫耀，然后慷慨地分给妻子家族的姻亲成员。这种矛盾的关系与马林诺夫斯基肯定个体性欲的自由有关系。相反，布朗很少涉及性和性欲的内容，而强调通过婚姻仪式，年轻夫妇的地位发生了变化，社会成员馈赠年轻夫妇礼物的义务，婚姻要求夫妻双方对于子女的关怀和照顾，是孩子把夫妻双方连接起来。因此，女人只要在生育之后社会地位才会提高。这种社会高于个人、个人依赖社会的责任与义务的规定关系回避了通奸和乱伦由于放纵的欲望有可能威胁社会秩序的危险，而将其放入洁净与不洁的道德范畴，由族长或头人出面对当事人进行死刑的惩罚，即通过死，净化了乱伦引起的道德污染。性欲在布朗的社会理论体系中几乎是一笔带过，当然并不代表布朗忽视了社会关系存在的不洁、淫秽和民俗常有的"荤段子"，布朗将其归入"戏谑关系"的理论思考之中，用来表达两个群体之间既分离又连接的友谊关系，这种友谊关系是布朗在涂尔干和莫斯之后做出的拓展。涂尔干论述了社会团结，往往是共同体成员对于社会道德或者社会力量的认同与敬畏；莫斯论述了社会联合，通过不同群体之间互赠礼物，维系社会团结。礼物使得陌生人变成朋友，礼物又使得"马纳"的力量沟通了祖先、精灵、灵魂与社会的联系，从而使得社会对上天的献祭转变为了财富的竞争或者销毁，从而影响财富的再分配。莫斯在礼物社会中思考的是礼物对于世界和平的意义。而布朗注意到往往在姻亲集团之间，祖辈与孙辈之间，以及舅舅与外甥之间，发生的戏谑关系。其中，又分为单方的或双方的两种类型。交表亲的两个氏族之间、两性之间也存在这样的戏谑关系，这种戏谑表达的是亲密无间的平等的友谊。与回避习俗是共同发生的。布朗在《安达曼岛人》的民族志当中注意到姻亲之间的回避习俗，即女婿回避他的岳母，亲家之间也相互回避，但是通过第三方互赠礼物。后来在非洲和澳大利亚的田野调查他又发现了伴随回避习俗的戏谑关系，即女婿回避岳母，但是可以对妻子的兄弟姐妹相互任意戏谑，嘲笑，侮辱，甚至放纵感情。布朗说戏谑关系有助于维持两个群体之间即分离又连接的友谊关系，通过伪装的敌意来强化真正的友谊。放纵的性习俗，如猥亵、荤段子，恰恰是社会友好的表达与善意的关怀，是被允许、甚至鼓励的社会交往方式。从戏谑关系发挥的社会功能来看，布朗依旧没有离开他在仪式价值所论述的"清民风，正人心"民俗所具有的社会正面功能。与马林诺夫斯基所描述的美兰尼西亚的性自由与风俗的道德制裁之间的张力形成了鲜明的对比。

　　布朗对功能的看法是某个社会现象不能脱离社会结构来理解，分析某个仪式，或者亲属关系的叫法，以及其他现象，不能孤立地理解，而要结合其他的社会事项，进行归纳，从而发现社会结构的法则。在建立社会形态比较的基础上，进而发现社会结构的通则。这是社会人类学的理论任务和实践目的。例如"爬灰"习俗，仅仅靠文献或是结合几个民俗事象，就对该习俗进行解释（解释又总是离不了人的心理），布朗是不赞同这样的研究做法的。他认为，应该把"爬灰"这一习俗放置在它所在的仪式和亲属关系以及社会组织当中，联系语言、禁忌、信仰和仪式行动，只有综合考察人群、环境和宗教，才能认识"爬灰"习俗的社会功能，了解象征、戏谑和禁忌在姻亲、性关系建立一整套隐喻体系，该体系必然在其他方面也体现出来。这一研究的思路其实就是为了了解社会结构是如何展现出来的。布朗的研究方法可以说贯穿了社会功能和社会结构的紧密联系。他之所以是功能论者，但又和马林诺夫斯基的"功能论"区别开来，和其根本的社会理论的取向是有关系的。感兴趣的读者，可以阅读他们的民族志或者理论著作，来比较二者在功能论主张的联系与差异。

2. 宗教与社会

　　在笔者看来，布朗论述的宗教与社会的关系，是极其重要的。宗教与社会的关系，他自己取其名曰：一般仪式理论。这一思想源于《安达曼岛人》，关于"禁忌"是这样叙述的：

　　　　本次演讲所概括的仪式理论，早在 1908 年一篇有关安达曼岛人的论文中就已完成。经过 1913 年的修改和扩充，发表于 1922 年。很不幸，我在《安达曼群岛人》一文中所做的阐释现在看来显然论述得并不清楚，因为对此持批评态度的人看来并没有理解这个理论。例如，他们一直以为我所说的"社会价值"是"效用"的意思。[①]

笔者暂时无法获得布朗所说的 1908 年发表的这篇论文，仅能从 1922

---

① 拉德克利夫 – 布朗：《禁忌》，载《原始社会的结构与功能（二）》，九州出版社 2007 年版，第 326 – 327 页。

年出版的《安达曼岛人》来获悉布朗从仪式、习俗和神话、传说当中总结出的一般仪式理论。既然1939年做"禁忌"演讲时又提及它的思想来源，不免发现：一般仪式理论在《安达曼岛人》中已经成形。布朗1945年发表的重要文章："宗教与社会"，将一般仪式理论又进一步作了理论梳理。他按照卢瓦西、史密斯、库郎热、涂尔干这样一个原始宗教理论线索一路梳理下来，结合儒家经典《礼记》，孕育出宗教与社会的主题。按照笔者的理解，布朗做的较大的贡献是将宗教与社会的关系，嵌入到仪式中去理解。仪式，是宗教与社会建立联系的桥梁或交流途径。如果没有仪式的作用，宗教就无法对社会产生影响。因为布朗，仪式才确立了它的方法论意义的地位。为了摆脱宗教观念的控制，布朗甚至说：先有行为，再有理论。布朗这样说道："要想理解宗教，首先要研究各种仪式，而不是各种信仰。"研究仪式，是为了说明宗教的社会功能。"我们不再关注宗教的起源，而是其社会功能。"

布朗通过仪式研究宗教采取的是行为的取向。为了解释某一种符号的象征意义，他采取了"心智同一说"，例如颜色的象征意义具有普适性，白色象征幸福，红色象征热情。这一做法和摩尔根在《古代社会》的解释倾向一致。他借鉴《礼记》的核心思想是仪式用来调节、净化人的情感。然而仪式能够调节、净化情感的根源来自于什么？这里，布朗转向了涂尔干的原始宗教理论。涂尔干认为集体欢腾表征的观念就是社会，将其称之为集体意识。布朗认为还是停留在观念层面，将其替换为道德力量。在多处，他用精神或道德力量来指称仪式背后的支撑价值体系。群体与社会的双向依赖，又是个体感受到道德力量，形成基础情感倾向的社会关系的基础。人与人的依赖，人对社会的依赖，是布朗着重强调的。如果没有这重依赖感，那么，道德力量不会通过仪式作用到个体身上，个体也不会有道德力量的体验，当然，也无法通过仪式表达情感。情感、社群内部的依赖，道德力量和仪式之间形成了一般仪式理论的基本构成要素。布朗在多个场合，重复、强化他对仪式理论不变的看法，情感、双向依赖、道德力量与仪式，这四个要素之间缺一不可地触动、传染、扩散乃至融合达到的最高的目的：社会凝聚力。布朗的原话是：

社会成员头脑中的某些情感不仅是人们有序的社会生活的决定因

素，而且它还控制着个体与他人之间的行为。对这些情感的有规则的象征性表达就产生了仪式。因此，仪式特定的社会功能就表现在它对这些社会情感的作用方式上，仪式对这些社会构成所依赖的社会情感在某种程度上起着调节、维持和代代传承的作用。因此，我冒昧提出一个普遍公式，即无论宗教在哪里，它只是人们对自身以外力量的一种依赖感的不同体现，我们称这种力量为精神或道德力量。[①]

对于精神或道德力量，布朗最早是从《安达曼岛人》中对吃完某些食物后，要用 odu 黏土涂抹全身的习俗解释开始发现的。对这个习俗的解释，布朗用了将近五十页的篇幅，以迂回曲折的方式完成。他主要是考察吃完某些食物用 odu 黏土涂抹全身和成年礼、丧葬仪式之间的关联，因为这些仪式有一个共同的因素，那就是结束了某种危险的状态后，用 odu 白色黏土和红赫石进行体绘。显然，吃了某些在土著看来危险的食物和疾病、精灵之间有着间接的关联。布朗在揭开这一联系后，最后才回到习俗本身，提问：为何要用"热"来表示这种危险的状态。原因是吃了某些食物，身体会散发热能。热能使个体体验到了这种力量。这种力量就是道德力量的化身。

> 用 odu 涂身所起的作用是表明个人与某种力量之源之间存在着一种关系：而这种关系最好形容为一种个人与某种物种之间的团结关系。正是因为和这种危险的力量有亲密的接触，让人们心中与那种特殊力量相关的情感保持一致。[②]

当布朗把神秘的道德力量物化为"热能"的时候，就可以想象，布朗将热能与道德观念、社会团结含糊地糅合为一体，和他论述舞蹈所产生的团结一致的情感是多么接近了。布朗用拙劣的生理学的措辞来描述舞蹈在安达曼岛人群中激发的丰富形态，涂尔干的理论在这里反而成为他论述仪式的目的论，例如他写作的节奏遵循从表象到本质，从舞蹈的生理、审

---

① 拉德克利夫-布朗：《宗教与社会》，载《原始社会的结构与功能》，潘蛟、王贤海、刘文远、知寒译，中央民族大学出版社 1999 年版，第 175 页。

② 拉德克利夫-布朗：《安达曼岛人》，梁粤译，广西师范大学出版社 2005 年版，第 232 页。

美效果进入到舞蹈的社会功能层面。

> 舞蹈产生了这样的一种状态：社区达到了最大程度的团结、融洽与和睦，而且每一个社员都强烈感受到了这种团结、融洽与和睦。[①]

舞蹈对于个人而言，有两个层面，第一，节奏使人感到自己受到一种奇特力量的约束。当自己服从这种约束或力量时，它就会使人产生一种自我放任的愉悦感。[②] 第二，舞蹈影响到舞者对同伴的情感。舞者所感到的快感辐射到他周围的一切，使他对同伴充满了亲切和善意。[③] 在之后的仪式的论述中，例如成年礼，布朗还会强调内在的道德义务感是如何使个体服从习俗的约束，而自觉地遏制本性的恶。也就是说，社会依赖感让个体有强烈的他人导向，遵守传统的倾向，而内在的道德义务感又可以看作是道德力量对个体的内化。所以，情感在促成观念、传统与个人的整合过程就显得异常重要。布朗会把"基础情感倾向"与"情感"根据需要进行转换。情感可以表达个人的高兴、悲伤、愤怒，但是基础情感倾向又表示了某些物品具有的仪式价值。这也就是布朗所说的具有仪式价值的物品同样具有社会价值。布朗会把情感技术性地分解为情绪、感受、动机等，弥散的情感在仪式的场合总是会凝聚为基础情感倾向，这是集体性的表达，物品的象征价值，是和社会生活紧密相关的，是经验、体验的直接表达，布朗用了"共同利益"来表述把两个人或更多的人联系在一起的纽带——利益。有共同的利益，就有社会价值。仪式就是对他人而言有共同利益的社会物品，或者是让成员认识到成年礼或生育等仪式对于主体的意义，具有仪式价值就具有社会价值。其中，个人情感与食物的关系密切。安达曼岛人有许多与食物有关的习俗，例如吃龟、吃猪仪式。食物丰裕让人喜悦，食物匮乏让人低落。食物是基本情感倾向的一个二级对象，食物是最容易使人领会主要的社会情感体系的手段。[④]

---

① 拉德克利夫-布朗：《安达曼岛人》，梁粤译，广西师范大学出版社 2005 年版，第 189 页。

② 同上书，第 187 页。

③ 同上书，第 188 – 189 页。

④ 同上书，第 203、212 页。

　　牵动仪式、情感的无疑是近似热能的道德力量。涂尔干倾向于将道德力量产生的社会凝聚力表述为社会团结，布朗则宁可保留依赖感的说法。在《安达曼岛人》中，他往往采用他人的视角，来描述成年礼的新人是如何看别人如何做，如何反应，来矫正自己的行为和反应。通过不断地用外在的舆论、道德标准检验自己的言行，从而让外在舆论和内在的道德义务感来迫使自己按照习俗约束自我。而不是顺应、放任自己的本性，例如自私、放纵自我的利益，有可能损害社群的团结。他们依靠约束、畏惧和顺从等方式，将内在的道德义务感培养起来，从而让自我与他人达成统一。

　　道德力量是如何作用于个体，从而起到"调节和净化情感"的作用？布朗又进一步论述道：

　　　　仪式定义为社会使个人感受社会道德力量的手段，这种道德力量或者是直接作用于个人，或者是某些情况通过对社会生活有重大影响的东西来间接作用于个人。在道德力量对个人的作用下，仪式在个人的大脑中形成一个有组织的情感倾向体系并维持该体系的存在；这种情感倾向体系以一种特殊的方式存在于安达曼岛人当中。为了维持社会凝聚力的目的而利用人类本性中的一切本能倾向，根据需要来改变、合并这些本能倾向，使得社会生活成为可能。[①]

　　上文中最后两句话是与文化依附本能（将符合社会标准的本性用文化的名义合法化），或者本能控制文明（本能同样威胁文明）等理论的决裂。布朗回避用当时盛行的性、本能学说导引自己对性习俗的观察，而代之以社会的团结、社会的纽带，跳出了本能与文化、文明的互动。布朗认为利用礼仪对于本能的遏制，直接或间接地驯服本能、遏制本能进而教化本能。所以是"改变、合并本能倾向"，毋宁取"教化"的含义。显然，布朗的仪式理论的价值也就在这里大放异彩。并非他提出了多么高深玄妙的理论，而是他发现了社会、仪式和习俗、神话共同作用激发了人的道德

---

　　①　拉德克利夫－布朗：《安达曼岛人》，梁粤译，广西师范大学出版社 2005 年版，第 243 页。

良知的情感体验，从生理学、心理学占据的主导地位对象征意义的拯救。的确，布朗说道，工具—目的论之外，还有意义的赋予，不过他对意义的追寻，并不满足情绪的生理学基础，虽然，像马林诺夫斯基那样，他不得不依赖情绪的生理学基础，但是，他总是逃脱不了价值的缠绕。该价值并非是满足一己私利的价值的实现，而是兼顾社会关系、将两个人或多个人联系在一起的共同价值。他用了伴侣之爱、父母对孩子的爱来形容。这种共同价值，就是某种社会物品产生的仪式价值。父亲在怀孕习俗遵循禁忌，禁食某种食物，名字不能被使用，并非是父亲在履行父亲的本能（布朗显然意不在和马林诺夫斯基所说的"生物性父亲"对话），而是为了让父亲认识到即将发生的社会地位的改变、社会关系的孕育以及社会人格的提升可能。服从禁忌，部分地从社会隔离出来，目的是使父亲关注这件事情、身心为之牵动。这里的价值并非满足一己私利的价值的实现，而是考虑社会关系的共同价值。主体与客体之间的相互满足折射到自我与他人的关系当中。在这个情境下，布朗才说将他的理论理解为"效用"，实际是误导。这意味着他所说的功能，与功利主义区分开来，具体指的是器官之于生命有机体的作用，他注重的是部分与整体之间的关系。与之相关联的，就是他的社会取向，即"个体淹没于社会的倾向"。在他的写作中，没有具体的个体轶事，只有社会的个体代名词。社会散发的强大的磁石，使得个体无法抗拒地被吸引，没有超越的可能。而布朗表述为人们在传统中感受到祖先的庇护，人们用过去解释着现在，忠诚地实践着社会的一致性，就是安达曼岛人感受到的遵循传统、习俗带来的象征价值。例如白色寓意的幸福和吉祥，红色寓意的热情与活力，使笔者看到了徐琅光《祖荫下》的影子。[①] 而死亡带来的社会关系的断裂，社会结构遭受的损失和破坏，丧葬仪式发挥的修复关系的社会功能、安抚失去亲人的悲痛的情感功能，服丧期的结束，服丧者通过仪式回归社会，使笔者看到了林耀华《金翼》的影子。这两个影子的奇妙重叠，使得《安达曼岛人》这部

---

① 笔者对《祖荫下》的认识，来自于刘新在《自我的他性》中对该书的描述。刘新以"过去时"来界定该书的时间心性。巧合的是，《安达曼岛人》出版于1922年，也可以用"过去时"来形容。社会生活一成不变，和白人接触，在技术的引入方面，例如用狗捕猎，带来了渐进的社会变迁，但总体生活倾向于一成不变。载刘新：《自我的他性》，常姝译，上海人民出版社2005年版。

现代人类学的经典民族志被赋予了"橡皮筋"和"时间化石"的双重隐喻特征。马林诺夫斯基的个体悲情在这里颓然不见，抹去了那种需要为个人的性爱付出的社会成本，拉德克利夫-布朗的理性从哭泣、拥抱、克制、依恋、对小孩子的照顾等凝结的温情流露中达到了"哀而不伤"的古雅。

大致叙述了布朗的一般仪式理论之后，接下来落实到讨论的议题上，即仪式到底是约束人的本能，还是导引的人的真情实感。真情实感到底在仪式中占据什么位置？这个问题是笔者翻阅《礼记》时感受到的。同样，也不妨质询布朗。按照布朗的说法，仪式担负着改变、合并本能的职责，即教化人心的功能。布朗援引《礼记》，来说明儒家早已发现仪式的社会功能。礼，在《礼记》中至少包含两个层次：首先，礼的本意是约束人的行为、不放纵人的本性，因为"人性本恶"。饮食男女，厌恶贫困和死亡，尽可能满足欲望，减少厌恶，是人的本性。《礼记》中说，礼近人情，不是最好的。礼，对内讲求的是人的自我修养。对外讲求的对人性的规范、限制与约束。可以用"治理"来形容——"治人之情"，治理比教化更加准确。另一方面，礼又讲求内心的诚意。礼，首先应该建立对鬼神、上帝、天地的恭敬、严肃和端庄的态度。然后再来扩展到世俗事务，如丧葬射御冠婚朝聘。敬鬼神、敬上帝的信仰和心志，是至关重要的。所以，"忠信之人，可以学礼"。尽管虔敬的信仰是学礼的首要条件，不过孔子却赞赏礼仪执行的过程中流露出真情实感的倾向。孔子说："礼之不同也，不丰也，不可杀也，持情而合危也。"这大概也是布朗所重视的情感的因素。所以，适当地把议题展开表述："让人们与那种特殊力量相关的情感保持活跃"的情感的象征性表征（representation），与治理情感的社会性倾向，这两者之间的关系是什么？即仪式如何处理情感的不同面向，过滤情感的同时炫耀、宣泄净化的情感，仪式是如何运用情感的？思考这一矛盾的症结的时候，笔者意识到乐的作用。礼乐是无法分开的。礼用来约束人的行为，乐用来陶冶人的情操。礼是道德义务感的唤起，使人被迫屈从社会习俗的力量。乐是情感的外化，用来沟通社群、沟通不同范畴的事物的交流，例如使人感受到神、鬼、祖先与个体之间的和谐一致。舞蹈、唱歌，都是这个意思。乐，直抵人心，即使亲爱的人不在人世，也会使人体会到身临其境的怀念、依恋与亲密。情感，在乐中习得，构成与乐和谐一致的存在。认识到礼乐的关系，再来看布朗所说的舞蹈产生的团结一致的状态，就容易理解了。舞蹈将个人的炫耀和社会的依赖结合起来，个人的炫耀与社会的依赖是一致的。个人的成就感、个人的社会人格就从社会的奉献和分享中建立起来。个人的禀赋、个性的成长与社会的参与、道德义务感的履行是联系在一起的。礼与乐的相辅相成的关系，大致可以用来补充布朗的一般仪式理论，布朗没有在一般仪式理论中提及情感表达的载体：音乐、舞蹈、绘画等丰富的艺术形式。情感的象征性表达的载体可以看作是仪式与艺术无法分割的整体。换言之，礼与乐的相互补充解决了情感的矛盾症结。而且，可以确认，布朗是把礼、乐、刑、罚分开的。布朗将社会控制分为道德制裁、法律制裁和宗教制裁。虽然他描述了乐的作用，但是他还是令人遗憾地在仪式理论中因为过度重视乐的社会功能，而忽略了乐在情感控制之外的个体自由与风格、审美。实际上，也让他的一般仪式理论在表述情感、个体和观念关系的时候，过多地侧重于"礼教的束缚"，至于哭泣、拥抱与舞蹈，包含的仪式性的情感发扬成分，究竟如何与抑制性的仪式、禁忌共同"调节和净化感情"，笔者以为，布朗没有把感情与感情的载体（音乐、舞蹈、绘画等艺术领域）的关系作为本体来思考。

3. 比较社会学的学科定位

　　布朗生前出版的最后一本著作《社会人类学方法》是一本论文集，包括了他未实现的撰写一本人类学专著的前半部分。[①] 这本论文集，是更多的有关人类学的学科定位、方法论的厘清。他把社会人类学与心理学、历史学区分开来。力图使人类学摆脱历史学和心理学的学科统治，布朗不无轻蔑地评价其除了提供事实，毫无理论价值。正因为区分的需求，他干脆用比较社会学代替人类学。运用检验、归纳法以及田野工作者本人亲身的参与获取资料的方式，混杂地融合在他的方法论体系中。可以看到，他受到培根、孔多塞、涂尔干的实证主义的影响。此外，他大为推崇孟德斯鸠，认为孟德斯鸠在《论法的精神》提出了比较社会学的雏形，即经验是社会的制度、精神的某一方面的体现。对于这一不追究起源、而探寻社

---

　　① 拉德克利夫－布朗：《社会人类学方法》，夏建中译，华夏出版社 2002 年版。

会规律的做法，他大为赞赏。他对于比较社会学的阐释，对于"对立"（opposition）的概念如何抽象到社会现实当中，论述得较为清晰。他对社会制度、社会结构进行了清晰的定义。这一点可以说是非常关键的。① 他在给出任何清晰的定义的时候，都没有忽略和其他学者的对话。从其引用的状况来看，他了解英国学术界之外的动向，他对于南非、澳大利亚和美国的学术机构，有着广泛的接触和讲学经历。他的表达，更像是世界的，而非限于英国狭窄的经验主义的学术传统，或唯一的功能主义的取向。从他对博厄斯的复杂的理论对话，能够看到，博厄斯的拟构历史的所谓历史特殊主义，是他最为看不上的民族学的遗留风气，但虽然有限地肯定了博厄斯对进化论的批判。其他美国同行，如克鲁伯，都还是不放弃历史学的诉求。他仅仅保留了罗维等人对进化论的批判。他和美国人类学真正的分歧来源于罗维、本尼迪克特等人认为文化是碎片或补丁，文化不存在系统的联系，即使有联系，也是偶然的。布朗认为社会是某个社会类型的各个制度之间的系统联系。罗维认为文化是由实体或特性构成的。布朗则否定了特性这一说法。他认为社会和形态学、生理学是有可比性的，社会俨然一个生物的有机体。功能俨然器官在身体起的作用。同时，他又补充了社会的进步或进化，社会这一有机体是在运动、变化的，衍生出新的社会类型。这就透露了布朗对待进化论的矛盾症结。一方面，他承认了社会在趋异，是进化论的进程特点。另一方面，他对于文化濒于消逝和死亡的命运忧心忡忡，加深了他搜集文化的危机感，但是他却未对社会变迁有过真正的方法论的关照或理论的建树。还是尽量投入于对还存在、还未消逝于历史舞台的现存的社会结构的认知。他的社会结构理论，在解释文化接触的时候，将文化这一有争议性的学术术语改造为个体与群体之间的关系。这

① 布朗对比较社会学的提倡，以寻找社会通则和发现社会规律为目标。他反复强调人类学的这一最高理想和学科使命。这让笔者想起了1971年杜蒙再次提出比较社会学的学科定位时，面对的则是混乱的意识形态局面。用个体主义的社会来认知整体主义的社会。不仅仅停留认识，还要用来改造。将社会分层替换等级。再次强调比较社会学的古老使命，是因为非西方文化价值遭遇到前所未有的地位衰落（布朗把非西方的他者称之为"非欧洲民族"）。杜蒙批判的社会科学的知识暴力，和殖民地时期的进步主义思潮有相似之处。只不过布朗所处的时代还严格图囿于野蛮与文明，落后与进步的认知框架中。他的迫切感来自于在部落消失之前记录社会组织的构成，发现社会运作的方式，从而为社会通则这一最高理想服务。杜蒙的反思性体现了20世纪70年代的人文特征。可以看到，比较社会学根植于欧洲中心主义。

一说法，为文化接触这一命题引入了社会学的视野。他在社会结构的分析单元中，例如家庭，亲属制度，氏族和部落之间，增加了阶层。美国的反进化论论调向来不缺乏支持者，但是又走入拟构历史的窠臼。用布朗的话，"历史的解释方法"。① 为此他举了一个例子，法官、警察和凶手出席的审判场景。他的表述层次有两点：1. 心理学对个体的解释，无法提供个体所在其中扮演各自角色的整体过程的任何解释。2. 必须研究作为总体的场景，而非个体具体的行动、思想和情感。② 他明确说道：

> 这种关于社会制度和社会反应的研究，是社会人类学的专门任务。③

在某种意义上，布朗是谨慎的进化论者。他为进化论增加了许多附加条件。如环境、技术、职业结构、气候等，提出"社会接合"的概念。在有机体进化中，内部和外部的发展是相互依存的。④ 因此，即使社会在进化，也是和谐的。这一论调使他的社会结构概念打上了深刻的进步主义的烙印。他所处的时代，还是在进化论的时代开辟的进步主义的道路大踏步前进。人类学家也毫无不例外，布朗就是典型的代表。他渴望人类学为殖民统治服务，殖民官员在任职之前以见习生的身份从事人类学训练，接受人类学的课程教育，人类学为殖民统治服务，是他致力的实用主义的学科发展方向。第一，官员接受人类学教育。第二，理解当地风俗，更好地用于管理。第三，不乏学术的考虑，为社会通则的研究做出贡献。在法律、司法建设方面，最应该渗透社会通则的学术兴趣，从而用得到人类学启蒙的"公正"价值观造福于殖民地。布朗将其概括为"社会惩罚"（social sanction）。他没有说明，是否殖民地的未来就是自由、民主和平等的欧洲社会制度呢？可是他又苦苦建议当局

---

① 拉德克利夫 – 布朗：《社会人类学方法》，夏建中译，华夏出版社 2002 年版，第 12 页。

② 同上书，第 15 页。

③ 关注集体反应、社会，排斥心理学的个体解释。这里的社会，是包括了各种角色在内的整体。法官、凶手和警察，不同的角色共同构成一个"社会"的存在。布朗还有过这样的表述：社会人类学家专门研究的特殊社会力量（forces）始终呈现于每一个社会，并且能被观察和研究，这就像心理学家能观察到作用于个人行为的力量一样。拉德克利夫 – 布朗：《社会人类学方法》，夏建中译，华夏出版社 2002 年版，第 20—21 页。

④ 拉德克利夫 – 布朗：《社会人类学方法》，夏建中译，华夏出版社 2002 年版，第 177 页。

尊重当地的习俗。在他的论述中，依稀可以看到一个世俗化的涂尔干的社会理想的折射：非洲的社会结构是氏族、部落到更大的部落维系的弹性的团结与和谐。社会结构是延续性的，不以个人的生老病死而中断或改变。个体只是位置的配置。就像是一个岿然不动的剧场，来了又走，走了又来，但是剧场的演出格局不会改变。布朗甚至搬出了民主制度的隐喻。他最为直白的表达是他的改良主义的主张。社会结构与社会功能相互调适。正是他和进化论之间复杂的关系，他有这样一种信念：强调这种有点神秘化的社会力量，"认识这种社会力量，并控制这种社会力量，得到的关于社会发展规律的充分知识，使我们得到最重要的实际效果"。[1] 这也就是我看到的社会人类学在当时具有的实用主义特征。对于这一主张，他直言不讳：研究土著的习俗和信仰，是为了解决土著文明适应新条件的过程中所产生的实际问题，而这些新条件是由于我们国家的占领才产生的。人类学者，需要占据殖民带来新条件发生的适应问题的前沿，人类学是殖民行政系统的一部分，需要发挥它应有的工具价值，更好地服务于殖民管理。笔者诧异于布朗和马林诺夫斯基与殖民当局如此不同的态度。后者有种天然的敌意，总是刻意回避。前者却积极地寻求融入，并竭力指导、控制。布朗的控制欲、合作感比马林诺夫斯基显然要好，后者则饱受强迫症的折磨。这种态度，可能也影响到他们处理国家与社会的关系。社会，在布朗这里，几乎是替代国家的对等物。秩序的有条不紊，社会团结的整体，分离与团结的结构关系，对立与融合的戏谑关系，仪典在社会生活的重要性，这些都充分证明，没有法律、国家和制度，社会照样有序。即使充分证明"无国家的社会"的独立性，但布朗的表述也显得模棱两可。

有必要找到某种途径，使这两个非常不同的种族与其非常不同的文明形式，共同生活在同一个社会中，并在他们之间建立政治的、经济的、道德的密切联系；既不抛弃白色人种在其文明中有巨大价值的东西，也不存在任何社会中由于缺少稳定和团结，而不可避免地产生威胁我们的那些日益增长的骚乱和暴乱。[2]

---

[1]　拉德克利夫－布朗：《社会人类学方法》，夏建中译，华夏出版社2002年版，第28页。
[2]　同上。

言下，那种强烈的自我与他者的联系感，在布朗这里波澜不兴、毫无知觉。因为布朗将田野关系类比为土著与传教士、行政官员和法官的关系，教化和管理的连带责任依旧根深蒂固，中立化为"科学的搜集资料方法"。布朗对比较社会学的实用主义取向往往会淹没他对于文明的真正有价值的思考。① 他对于中国的兴趣，产生于对立的哲学。不同的部落，用风俗、礼仪指导部落成员，通过外婚制，完成繁衍、再产生的社会延续的。但是指导中国人类学的时候，又将其引导为农村研究。"在中国研究，最适宜于开始的单位是乡村"。② 一回到社区调查的范畴，社区调查就致力于论证两个关键词：适应（adaptation）与完整（integration）。社会理论与社会改良、稳定和团结的政治立场是相一致的，或曰"经世致用"。布朗的比较社会学的美国化，就体现在芝加哥大学以传统与现代的理念著称的农村研究，再加上农村研究向中国的拓展。③ 图腾制度的本质，乱伦禁忌的本质与功能，乃至一般道德的本质与功能，笼统地归于社会关系和社会结构的本质与功能。他提问：对立怎样才能作为社会整合模式？这一问题意识富有理论的生命力。"这种矛盾的关系是人类思维的普遍特征"。④ 布朗在社会构成的人类普遍进程和实用主义的农村撤退路线之间犹豫不决。相对于他意识到的"我们

---

① 这部分贡献体现在布朗的图腾制度的研究中。他把图腾看作既分离又联合的关系的思考。仪式庆典是中介。1907 年，布朗对图腾产生兴趣。但他研究的却是没有图腾制度的安达曼岛人。后来又去了澳大利亚，研究那里的图腾制度。两年后又去了波利尼西亚。图腾制度的本质是人与动物或植物之间仪式关系，即仪式和神话的本质与功能问题。这是一个人类的普遍进程。我认为，布朗对图腾制度的研究，用社会关系与社会结构的分析，破除了理论界长期以来对图腾的神话。后者不是陷入弗雷泽的接触律、传染律等类比的思维，就是拟构图腾的起源。

② 拉德克利夫－布朗：《社会人类学方法》，夏建中译，华夏出版社 2002 年版，第 183 页。

③ 参考燕京大学社会学系编：《纪念布朗教授来华讲授文集：社区与功能》，1936 年。载北京大学社会学人类学研究所编：《社区与功能——派克、布朗社会学文集及学记》，北京大学出版社 2002 年版。

④ 拉德克利夫－布朗：《社会人类学方法》，夏建中译，华夏出版社 2002 年版，第 111 页。

的许多侵害行为大部分是由于无知造成的"①，目的论的意图非常清晰：先研究土著的风俗，有了系统的认识，再建立变通的有效的管理和教育基础。"找位置"的说法暴露了布朗的进化论思想，他希望非欧洲民族能够在世界共同体中找到合适位置。这种主体给予、让渡的做法，依旧看出殖民统治者对土著的施惠的恩主心理。

他提出的这一课题：世界所有民族如何团结为某种有秩序的共同体。他自己并没有正面回应，反而用保存当下的现实策略来维持殖民统治的现状。文化接触，由于新条件带来的殖民关系、部落内部关系的变化，反映的是正在发生的变动，以及未来可能的实现。由于害怕未来的开放性、不确定性，而偏爱于社会稳定，布朗并没有像贝特森那样对殖民关系反映的不同的精神气质如何在互动中建立的多重分裂演变深深着迷。贝特森对探寻精神气质的具体化是如此执着，以至于由布朗和马林诺夫斯基关心的、但又回避的文化接触命题，开拓了民族志和社会学、精神分析之间崭新的联盟。重要的是，情感被激活。② 由于缺乏强烈的自我与他者的联系感，布朗并不像米德那样表现出真正地对社会变迁的体认与关心。对于土著由于外来文化进入而发生的社会变迁，米德表现出了卓越的敏感和同情。1968 年，人类社会出现的新条件，新条件引发的日新月异的变化，移民的扩张，小地方与大的世界格局变化从未像现在这样紧密联系。当地人的命运、思想、个体处境的变化，紧紧地牵动了人类学家米德的心。由于新条件加速的世界的分崩离析，这种与他者紧密相连的命运忧患感，在米德对"代沟"的研究中，深切地流露出来，发自肺腑，直抵人心。③ 相对而言，布朗对文明理性的擅长和信念，尚遗留了维多利亚时代处于上升时期的保守中产阶级的正统价值。科学、客观、精明，奉行实用主义，知行合一。一个文明社会的现代人类学家，在维多利亚时代的末日，迎接种族与

---

① 拉德克利夫－布朗：《社会人类学方法》，夏建中译，华夏出版社 2002 年版，第 87 页。

② 布朗和马林诺夫斯基的文本写作策略，虽然是当下的正在进行的社会生活，是现在时的（田野调查者也参与到当地民众的日常生活中），但历史观仍旧是过去时的，即亘古不变的地方与一成不变的部落生活。从这一点来看，他们和 1910 年前出生的年轻人对待社会变迁的看法发生了差别。

③ 玛格丽特·米德：《文化与承诺》，周晓虹、周怡译，河北人民出版社 1987 年版。

文明全面接触的时代的到来。

三　格列高里·贝特森

阅读贝特森的著作《纳文》并不是愉快的经历。原因是什么？大概是因为贝特森佶屈聱牙的文笔，和布朗的清晰、明快，马林诺夫斯基的细腻、堆砌形成了对比。较之米德充满温情的感性文笔，本尼迪克特的经验与概念的娴熟整合，很难习惯贝特森的文笔。一个纳文仪式，作者用多种分析手法反复纠缠、辗转进展。执着于一个细节，到了强迫症的地步。但是作者总是愿意交代民族志材料的真实场景、具体来源。对民族志材料的琢磨到了如痴如醉的地步。这一点，他的两位老师似乎都稍逊一筹。而且，他的老师不像他这样充满了怀疑论，无论是功能主义，还是社会结构，贝特森都缺乏一个坚固的信念贯彻田野。他的犹豫不决，他的优柔寡断，他没有目的性的散漫提问，都使他的田野风格有异于田野孤独而行动力强大的马林诺夫斯基。米德和丈夫的来访，解救了他的困境。贝特森开始和他们讨论田野陷入的理论困境。他不知道如何打开思路。这两位美国人类学家，用气质类型、文化人格还有从美国输送过来的本尼迪克特的"文化构形"来打开他的思路。可以说，他渐渐找到了一条精神分析和功能、结构主义相结合的路。

《纳文》主要是论述母系纽带是如何强化了社会团结、促进了社会整合。精神分析与功能结构主义的连接之道是精神气质。精神气质（ethos）是纳文仪式分析中有开拓力的一个概念。《纳文》这本书，前半部分是描述，后半部分是分析，集中于"精神气质的对立、竞争和分裂演化"这一部分。认知理式是第三个概念。贝特森提出直线二元论和对角线二元论。他探讨了文化的标准化，精神气质、情感如何影响到个体，使个体也表现出与仪式相称的情感、情绪。

在行文的过程乃至结论，作者都试图打开一个新的思考局面。特别是到了认知理式的提炼，简直到了天马行空的境界。这一新的思考局面，最有价值的就是将欧洲社会和雅特穆尔人的社会进行比较。作者发现，无论是精神气质，还是认知理式。其实乃是两个截然不同的关系模式、思维方式。贝特森批判了马林诺夫斯基的理性主义，他的老师认为习惯法和成文法一样具有理性，都发挥着各自的功能，满足着各自的需求。贝特森认为不能用欧洲的人观、法律观念来涵盖部落社会，其结果是认知的同质性。就像他毫不客气地指出，马林诺夫斯基分析的结果是经济人。恰恰相反，文化前提、思维方式、分裂演化的结构关系，欧洲本身就和部落有着对立性的认知习惯。雅特穆尔人具备对称性分裂演化和对角线的二元论，欧洲社会在互补性分裂演化和直线二元论方面则异常发达。这样导致他们的社会演变趋势也是不同的。雅特穆尔人所在社会结构是分裂的社会方向，向外扩张，分裂的力量是对等的，均衡的，敌对的。但是纳文扮演了姻亲关系刺激、维系的社会整合，调整冲突、争端，创造自我补偿的机制。欧洲社会要么是极权主义、独裁统治的互补性分裂演化，要么是从母体文化当中分化出来的同一信仰、不同主张的帮派、教派以及少数人组成的异端群体，社会的离间力量拉大，社会的敌意、误解和反感不断升级，除非一场战争，找到一个共同的虚拟的敌人，才能把分崩离析、人心涣散的局面扭转。纳粹找到的是犹太人这一替罪羊，发动了反犹主义的极端种族毁灭计划，进而扩展为全面侵略战争。读到这里，笔者才逐渐体会到作者寄予的政治情怀：第一次世界大战以后，人心涣散，人人疏离，貌似个体主义的年代，为何还又再发动一场民族主义的狂热战争？这是笔者揣踱贝特森所处的写作时代环境，并带着这一价值观崩溃的问题，进入到纳文的写作和分析中。一个小小的"纳文"，牵动的却是一场认识论的对话，阻止分裂演化的文明的修复和控制能力的呼吁，寻求友爱、忠诚与团结的反向交流，纳文带给世界的，有没有可能是缺失当中的替代、自我矫正的救赎，文明的调适机制的发挥？虽然，贝特森在将他的理论思考导向控制论或系统论，但是控制论或系统论，是建立在纳文的分析基础上的。他说："我自己也在追寻着一种分类，一种关于互动过程的类型学，不管是发生在个人之间还是群体之间的互动。"[1] 他提出累进式的进化，或累进式变化。习得、再次习得是累进式变化的基础。

---

[1]　贝特森：《纳文——围绕一个新几内亚部落的一项仪式所展开的民族志实验》，李霞译，商务印书馆 2008 年版，第 234 页。

随着控制论的发展，问题完全变了。从本质上说，这种循环的因果系统必然要寻求稳定的状态或是进行累进的指数变化，而这种变化是要受到限制的，或者受系统的能量资源的限制，或者受外界的限制，或是受限于此系统本身的崩溃。①

这是一套控制论的数学理论，应用于机械、生物学。负面反馈和正面反馈，是控制论的原始灵感。控制论是对过程展开牵涉到一系列的复杂环境因素的动态变化。他称之为"一个新的次序的问题"。次序既级别（grade）。百度词条解释如下："通俗地说，信息反馈就是指由控制系统把信息输送出去，又把其作用结果返送回来，并对信息的再输出发生影响，起到制约的作用，以达到预定的目的。"② 它指的是反馈有可能导致系统发生的新的演变方向，而不仅仅是预设好的目的论。在马林诺夫斯基那里，就是满足需求的目的的实现。在布朗那里，就是社会关系和社会结构相互作用，永远朝着一个稳定的结构的延续性不变。贝特森体现出来的理性的自信从怀特海对他的影响可见一斑。怀特海的哲学精神是"文明是一个渐进过程，它的秘密和希望存在于尊重传统、恪守传统基础上的变革与创新"。③ 贝特森对变化、失控的迷恋，使他在欧洲文明崩溃之际扮演冒险家的角色。笔者个人总觉得他一直试图追寻欧洲社会缺失了什么，引发了狂热的军事竞赛与极权统治。④

从民族志的引入，"将目的或适应的观念替换成自我调节的观念，这为我们讨论雅特穆尔文化的问题提供了一条新的思路。"整篇的论述就把

---

①　贝特森：《纳文——围绕一个新几内亚部落的一项仪式所展开的民族志实验》，李霞译，商务印书馆 2008 年版，第 238 页。

②　http：//baike. baidu. com/link？ url = P5 GRKkAU8 G2 gl6 Gw9 LwSKCMcHIcwqEy5 Jpb3 cH mmYnKE39 cJpdpBiR8 e1 M25 gY_ N。

③　http：//baike. baidu. com/view/6246322. htm？ fromId = 144781。

④　笔者一直以为这是自由主义的问题。但是贝特森提出向心系统，导致的社会分裂与社会冲突。贝特森说的到底有无启发价值？是仍待思考的。他提出反向的运动，来达到友爱，消除敌意。是否和波拉尼的反向运动，保卫社会，有相似的关怀？后者是为了弥补市场扩张造成的社会代价。前者认为利益、忠诚和地位的紧密相连，才能因为依赖而互补。贝特森更加偏向人与人的交往方式出现僵化和扭曲的时候，反向的矫正与自我修复。

主题带出来了。通过观察纳文仪式，这条新的思路，可谓济世良方。社会如何在分裂中还能趋向稳定？这一定是需要自我调节的策略。纳文就像是单线的分裂演化到达"特化"的危险期、一场冲突即将爆发的相反方向的倒转。有可能搞一个相反方向的仪式，军备竞赛就停止了，世界大战就避免了。纳文可以做到，那么，面对文明社会的混乱，发挥柔性的、精神气质倒错、分裂演化的冷战朝向和平演变的灵丹妙药，有没有可能发明？我们既能感到贝特森对欧洲文明扭曲到恐怖的地步的批判，又能感到贝特森对控制论的信心，这一自我修正的系统，有可能给解决社会问题带来的补偿机制的福音。这仍旧是理性的自信。第二次世界大战后，贝特森还能有这样的信心——阻止社会解体。如果没有纳文放大的魔力，他是不会对现实这么多不确定因素、随机、非连续性，任何一项参数的变动，都是不可控的存在可能，从而导致失控、系统死亡，仍旧能够有耐心去完善逻辑、理性来驾驭变化的能力的。综合了习得、遗传学、进化领域，以及教育、精神疗法、社会规划领域，可以看到控制论，扩展到社会科学的方方面面，来增强对付不可预测的变化的应变能力和及时的自我调整。纳文，同样作为应付内部分裂的实践智慧和认知方式，从非西方社会一隅，回应了控制论作为一种新的思维方式，分类突破类型学和静态均衡的革命，从20世纪30年代的发轫，到第二次世界大战后确立范式。[①] 利奇的动态平衡，可能也是受到了这一启发。他提出的两个模式的来回摇摆，和贝特森提出的互补性累进分裂与对称性累进分裂来回调适，以及发生的倒转的倒转，在表述上有相似之处。

在关于"纳文的社会学"当中，贝特森描写了威胁雅特穆尔社群的危险是对立社群的分裂。因为他们的对立由于竞争群体的长期对抗状态，由于个人或群体之间的对抗。因为他们是边缘化趋向（peripherally oriented）

① 自从1948年诺伯特·维纳发表了著名的《控制论——关于在动物和机器中控制和通讯的科学》一书以来，控制论的思想和方法已经渗透到了几乎所有的自然科学和社会科学领域。维纳把控制论看作是一门研究机器、生命社会中控制和通讯的一般规律的科学，是研究动态系统在变的环境条件下如何保持平衡状态或稳定状态的科学。他特意创造"Cybernetics"这个英语新词来命名这门科学。"控制论"一词最初来源希腊文"mberuhhtz"，原意为"操舵术"，就是掌舵的方法和技术的意思。在柏拉图（古希腊哲学家）的著作中，经常用它来表示管理的艺术。见百度词条：控制论。http://baike.baidu.com/link? url = P5GRKkAU8G2gl6Gw9LwSKCMcHIcwqEy5Jpb3cHmmYnKE39cJpdpBiR8e1M25gY_ N。

系统，和西欧的向心（centripetal）系统之间，存在着一种根本的对立。边缘化趋向是指争执总是在两个边界互分（peripheral）群体之间进行的。对争吵、冲突和分裂的关注，是作者对纳文建立观察兴趣的社会内容。在词汇索引当中，作者解释道：中心化的（centripetal）——如果一个群体的组织系统是围绕一个单一的中央权威或依据某种形式的等级制组织起来的，我们就说它是中心化的。边界互分的（peripheral）——一个群体组织系统如果不是依靠一个更高的权威，而是依照其他对等的群体的行为来实施制裁，那我们就说它是边界互分的。这就是雅特穆尔社群与西欧社会的根本的对立。这样会导致社会分裂有什么不同呢？贝特森这样论述：

> 在我们的社会中，危险在于文化规范的混乱，一种可能传遍某个社群的腐化，它首先会导致个人无法定位，而后会造成的社会的崩溃。偶尔，在某些情况下，背离具有积极的意义，它可以带来新的定位，背离常规的个体结合起来，在一个大社群内部形成一个群体，一个具有与其他人不同的文化规范的群体。这种群体一旦形成，只要它不是过于激烈地站在这个向心系统核心的对立面，这个社会是可以容纳它的。而这个背离群体或者能够成功地改变社会的文化规范，或许它会离开，到另一边，在那儿创立一种不同于其母群体文化的文化。①

言下，这种群体也有可能站在这个向心系统核心的对立面，发生了组织中心和背离此中心的群体之间的冲突。这很像帝国内部的叛乱，或是人群的分离、流失趋向：一部分人因为反对体制，而不得不流亡。或因为贫穷，移民到异国他乡去。贝特森接着说：在我们的社群中，威胁现状的就是这样一种人，从母群体中分离出来的次群体，摒弃各种文化规范，还教导别人也这么做——加大了社会的离心倾向，威胁到中央集权。贝特森维持社会稳定的正统地位其实和拉德克利夫-布朗一脉相承。他以英国文化的群体：军人俱乐部和学院名人晚餐（作者是该社团的一员）为例，他发现所有已定型的群体，有稳定的精神气质，社团成员共享一个精神气

---

① 贝特森：《纳文——围绕一个新几内亚部落的一项仪式所展开的民族志实验》，李霞译，商务印书馆 2008 年版，第 102 页。

质。精神气质指的是一套情感态度的标准化系统的体现。他称赞文明内部
文化的多样性保持的和谐统一，和谐的文化的差异因素保存在文化中，不
同部分的精神气质竟能相互保存、和谐共处。社会本身就允许小群体、小
团体的差异和发展，社会本身就是在分化中建立多元一体格局的。贝特森
清楚：多元一体的格局不会一劳永逸，只有主流价值尺度受到质疑，背离
权威，分化发展到过于极端时，这一系统才会崩溃。[①] 也就是说，变化是
存在的，变化是必然的，社会本来是可以动态平衡的。动态平衡是从化学
术语中借来的：它在化学中被用来描述明显稳定的均衡状态。通过两种或
多种对立的化学反应同时发生来达到的。[②] 各种分化可以笼统地称之为分
裂演化（schismogenesis，schism 是分裂的意思，genesis 是起源的意思，合
在一块，称之为分裂的起源）。一方面在对立中分化；一方面是对这种分
化趋向的抵消过程。这就是动态平衡的原理。欧洲社会的主体是互补型分
裂演化，对应向心系统；亚特穆尔人的主体是对称型分裂演化，对应边界
互分。贝特森所说的威胁到中央集权的源头是分裂（schism），最初的含
义是教会分裂，后来演变为政治派别斗争、政党分裂、国家分裂，也不为
过。对称型分裂演化的源头是异端（heresy），例如在但丁的时代，异端
分子是不信仰上帝的人，分别是异教徒、邪教徒和对上帝不敬受到诅咒的
人。异端是宗教派别与母群体的敌对。分裂与异端的区别其实也就是互补
型分裂演化与对称型分裂演化的区别。[③] 当然，笔者也只是重复贝特森的
原话。但就欧洲社会的政治领域而言，存在两种突出的分裂演化：（a）
国际竞争中的对称型分裂演化；（b）阶级斗争中的互补型分裂演化。接
下来是引用贝特森对时局的看法。

　　　　各方行为的累进发展趋势是越来越分化和相互对立，这是很明显
　　的，而我们的政治家们似乎没有能力来控制这一过程，就像精神分裂
　　症患者不能进行自我调适以适应现实一样。[④]

---

①　贝特森：《纳文——围绕一个新几内亚部落的一项仪式所展开的民族志实验》，李霞译，
商务印书馆 2008 年版，第 103 页。
②　同上书，第 158 页。
③　同上书，第 148 页。
④　同上书，第 155 页。

贝特森的这一认识，实难理解。他把纳粹也比喻为互补型分裂演化。他把政治和精神分裂症的病人建立了平行关系。个体精神的分裂、婚姻关系的不幸，和政治的对抗、国家的独裁是不同层面的分裂演化的展现。他甚至注意到：

> 在现代欧洲的"极权主义"共同体中，例如法西斯主义共同体，以前几乎被忽略的行为方面现在则被所有的宣传所强调。个人被塑造得越来越倾向于从自己和国家关系的角度来看待自己的行为。从国家的角度对社会学动机有意识的表述似乎要取代以前从神的角度对此问题的象征性表述。[①]

因为文化是模塑个人之个性的机制，也就是文化与个人的关系是需要考虑的。纳粹的政治审美化、群众动员与排犹主义相互结合，发动战争来激发内部的团结，日常生活反而成为高度个人化的象征和实践。身体和政治相互转换，身体就是政治，政治就是身体。相较之军人俱乐部或学院名人会餐，允许丰富活泼的社团自由发展。在纳粹的统治秩序中，反倒是高度个体化的国家效忠、同质化的社团分裂，导向战争的升级。在1936年后记中，他补充道："分裂演化的历时性的一面开始一直没有进入我的视野，直到后来我突然想到了个体如何被形塑进互补关系模式的问题，转而从发展心理学的角度思考这个问题"。[②] 纳粹上台发动的政治宣传对于个体的模塑，表现出集体协调的精神气质、行为，贝特森敏感地意识到了。他越来越想要寻找到阻止分裂、阻止战争的分裂演化，从而抵消单向的发展，演变为特化的过程，消除敌意。如果有和纳粹相对抗的精神气质同样也在崛起就好了，代替英、法等一枚采取的绥靖政策，绥靖政策其实在和纳粹形成互补型的分裂演化关系，助长纳粹的扩张，激化了对称型分裂演化，不是在遏制暴力、遏制战争，而是大搞军备竞赛。贝特森没有参与政

---

① 贝特森：《纳文——围绕一个新几内亚部落的一项仪式所展开的民族志实验》，李霞译，商务印书馆2008年版，第209页。

② 同上书，第229页。

治评论，但是从他所解释的欧洲社会的政治危机来看，确实人类学能够从非西方社会提供一个空想的世界和平的可能性。当然，他显得太浪漫主义了，就像玛格丽特·米德给罗斯福夫人写信说如何用文化人格来感染希特勒。人类学家总以为文化是决定性的，教育能够改变个体。

所以贝特森仅仅是谨慎地建议：不过观察一下政治家们的政策在何种程度上是对他们对手的反应而做出的反应，以及他们在多大程度上关注他们应该努力去调整的那些状况，应该还是有价值的。① 这是典型的控制论的论调。根据反应，做出调整，从而达到自我调适。这是贝特森基本的主张。

成对的群体的对立的精神气质相互影响，两个个体如何建立幸福的婚姻，相互关爱，收获真爱？什么是幸福婚姻的保证？从"纳文"引发的两性的精神气质的对立。

在纳文的仪式中，对待劳阿，沃把劳阿当作妻子，极尽凌辱。严酷至极，还会打耳光。劳阿为自己是女人感到羞耻、竭尽反抗。这样的暴虐关系结束后，沃又对劳阿百般爱护、百般疼爱，一听说劳阿饿着了，就跳起来，给她送猪。沃和劳阿建立了养育—依赖关系。经过纳文的庆祝，男孩不再是男孩，培养了部落为之骄傲的男子气。男孩的母亲、女亲戚，都会围绕四周，穿上男装，为之雀跃。一旦取得成就，如猎头，复仇成功，女人们会脱掉裙子，叫英雄从她们身上踩过去。"纳文"的特征是男女易装、沃与劳阿在割礼中建立了丈夫和妻子的仪式关系。一旦确立这种关系，在其他的社会交往中，劳阿在沃面前自吹自擂，沃就会报之以自辱的回应。沃希望劳阿在辩论中、在纠纷中维持母系纽带的立场，为沃辩护，站在母亲这边。

这就是纳文对于雅特穆尔人的意义。它包含了三重含义：社会学意义的母系纽带的连接，两性精神气质的对立以及认知理式的倾向。关键是什么机制减弱了两性精神气质的对立？什么因素改变了两性关系分裂演化的恶化？怎么解释一对孤立的个体而非群体之间的分裂演化？贝特森说，互换立场、互换角色，体验对方的情感、行为，可能会缓解两性的对立。丈

① 贝特森：《纳文——围绕一个新几内亚部落的一项仪式所展开的民族志实验》，李霞译，商务印书馆 2008 年版，第 155 页。

夫体会妻子的操持家务、养育孩子的辛劳，参与家政。妻子走出家门，参与公共事务，在公共领域扮演有影响力的角色，不断社会化。两性僵化的分工模式可能会改变。在一个不幸的婚姻关系中，例如暴力—屈服关系，其他互补模式的引入，例如一场疾病或事故，会使暴力—屈服关系转换成养育—依赖式的对应关系。贝特森还饶有兴味分析了控制分裂演化的要素是什么？或是通过相互的忠诚或是通过某外界因素的对立而将两个群体结合起来。他精辟地指出：个体的结合建立在某种共同利益、相互依赖的基础上或者是社会地位的结合。这似乎是通婚的阶级意识论。但是贝特森对马克思主义敬而远之。

对于外在刺激，不仅仅是寻求建设性的外在刺激，也有不可避免的负面刺激。有两种情况：1. 如果个体能够意识到他们所卷入的分裂演化进程，个体需要做出反应，而不是任由其发展。例如丈夫出轨，妻子如果察觉，需要做出反应，而不是忍受丈夫的不忠行为。2. 互补型分裂演化弥补对称型分裂演化，反之亦然。对于夫妻关系而言，若互补型关系已经从最初的依赖与关心、呼应演变为依附、负担、猜忌和冷淡，夫妻关系出现了大的裂痕，无法从伤害的阴影走出。不妨分开一段时间，恢复各自独立的生活，即两个边界互分的群体。妻子回娘家，或者搬到其他地方居住。分开一段时间后，如感情尚好，彼此感到无法离开对方，则不妨夫妻和好、回到家庭。当然，如夫妻所在的边界互分的群体若有像沃这样的角色，不一定是娘家的兄弟，夫妻彼此信赖的朋友、同事、单位领导等，都可以扮演沃这样的中间人角色，调解矛盾，推动夫妻和好、家庭和睦。中国俗语有"宁毁一座庙，不拆一桩婚"接近这个道理。夫妻关系也能维持动态的平衡：双方差异越来越大，一方也会越来越依赖于另一方的互补行为。互补是刺激向心力的发挥，将分化拉回核心的回流趋势。关键是差异和互补的关系如何实现。没有相互的信任和忠诚，差异可能让两个人的鸿沟加大，而非吸引。贝特森是这样论述群体之间的互动关系的。

一种分裂除了会受到相关群体内部的或外部的其他分裂演化的控制，还会被相关群体间关系中的反向累进变化所抵消。和分裂演化一样，这些过程也是个体对另一群体成员的反应所作出的反应之累积结果，但是反向过程在变化的方向上不同于分裂演化。反向过程不会导致双方敌意的升级，而是导向相互关爱。

这一过程不仅发生于群体之间，而且发生于成对的个体之间；从理论上说，我们可以认为，假如真爱能够顺利发展，其进程会遵循某一指数曲线。①

这也是我为什么把《纳文》有关精神气质的论述看作是幸福婚姻生活指导的小册子。他竟然想要描述"真爱"：长时间的互动交往、生活照料依赖而滋养、渗入的两性深厚情感可能遵循的某一指数曲线。这就是笔者发现的《纳文》向善的立意所在。作者始终不放弃在冲突、分裂、无时无刻不在斗争、对抗、分离的社会现状当中找寻反向的过程，反向过程不会导致双方敌意的升级，而是导向相互关爱。谁来扮演这样的角色？谁来参与这样的过程？我们的社会是否有类似纳文的仪式、沃和劳阿的关系，忠诚从来不被怀疑，忠诚不仅需要表达，而且热切地传递，使得个体在欣赏和鼓励的集体关爱中建立自信、骄傲与卓越的奉献能力。社会分裂及时地被"母系纽带"弥合、整合，维系了社会团结。雷锋在我们的社会已然失去了号召力，那么还有什么样的仪式与象征价值能够唤起大众的热情参与。和平和友爱的立意，像极了马林诺夫斯基，不管怎样，贝特森尽管对功能—结构主义进行了全面的反叛，但是在人类学家的精神气质上，他和他的两位老师：布朗与马林诺夫斯基，仍旧分享了促进社会稳定与世界和平的价值观。这是两次世界大战期间，给予的现代人类学家开拓性的理性魅力与不气馁的乐观主义：世界很糟，但相信未来会更美好。

四 埃文斯－普理查德

埃文斯－普理查德（1902—1973），和贝特森是同一代人。马林诺夫斯基的学生，在田野调查的关系上，受惠于塞里格曼教授及其夫人的帮助。在过去的十五年（1925年开始），与之结下了深厚的友谊。用他的话，"他们在尼罗河畔的其他人群所做的出色研究，为其后在这些地区所

---

① 贝特森：《纳文——围绕一个新几内亚部落的一项仪式所展开的民族志实验》，李霞译，商务印书馆2008年版，第163页。

进行的所有研究打下了基础"。① 在社会结构的理论取向上，无疑受到拉德克利夫－布朗的深刻影响。在《论社会人类学》，即 1950 年的演讲集当中，在解释社会结构的概念时，援引布朗举过的例子。例如，布朗用警察、法庭、犯人和法官的例子，来说明社会结构是研究制度如何运作的，而不是个人的行为或个人的心理。但是因为这一理论的衣钵关系，埃文斯－普理查德又表现了比贝特森倒向"精神气质和文化与个体的关系"这一功能—结构主义最为批判的动向，发表了更加激进的决裂檄文：他主张把历史再带回人类学，人类学除了历史什么都不是。他主张人类学不可能是自然科学，而是社会科学。研究社会通则是没有意义的。这两点关键的反叛，无疑挑战了布朗占据的结构功能主义的权威地位与核心理念。这也令人真切地感到，其实人类学反思的潮流，从第二次世界大战期间就已经开始了，具体的是指马林诺夫斯基和布朗指导的学生，从 20 世纪 30 年代登上民族志的舞台，到他们各自接替自己的老师，获得人类学的高等教育的席位。埃文斯－普理查德就是鲜明的例子，他可能比学生辈的同代人要更为突出些。从他的行文，你能够感觉到他强烈的个性，特立独行，而又不拘一格。他博览群书，对古典人类学有很深的造诣，文本细读，他思想的关联性方面，甚至超过了布朗对维多利亚时代的古典人类学的梳理。他的民族志文本，从写作体例上，已经超越了功能主义确立的经典的民族志样式，总是能别具一格，创造出属于他自己风格的民族志样式，除了纪实性的、第一手资料的部分，他善用二手资料，也就是殖民者、旅行者书写的文献，来建构一个非洲酋长和他的王子长达几十年的人物形象。他书写"大人物"，类似韦伯所说的"卡里斯马"权威，这些部落的权力精英，有着深刻的人格魅力，他毫不吝啬他对他们人格、道德与礼仪的赞美。

　　他在语言的翻译的过程中，不安地意识到任何翻译都是不准确的，一旦翻译，就存在用自己的语言、文化和价值观来同化原始部落的语言、文化和价值观。这是相差千里的。他竭力用自己对语言在特殊人群和文化的使用与理解来转述某个词汇的含义。他竭力靠近这个词汇的含义，并指出

---

① 埃文斯－普理查德：《努尔人——对尼罗河畔一个人群的生活方式和政治制度的描述》，"序"。褚建芳、阎书昌、赵旭东译，华夏出版社 2002 年版。

即使有相似的地方，和我们自己的语言和文化当中有哪些不一样的地方。这种靠近的努力，其实是放下自我，去呼应对方的诉求。这一点，保持了作者下笔时稍微的不安、谨慎与重复，他不确定写作可能导引到何种方向，因此，他尽量让自己谦卑、靠近任何符号、习俗、象征和俗语在该社会系统当中的本意，语言朴素、细腻，既保留了布朗的清晰、理性，又让通则式的语言增加了感性的魅力，因此读起来曲折动人。

对于第二次世界大战期间自发形成的这股反思的风潮，并没有认真地对待。笔者的看法是，埃文斯－普理查德将人类学与历史在功能主义坚决被分开的状况进行了友善的关系修补。他为读者引入了历史人类学的学者和作品，以马克·布洛克等人为代表，站在年鉴学派的肩膀上，将人类学的手法引入到历史的研究中。这是埃文斯－普理查德在理论视野方面做出的延展。虽然他自己并没有真正意义上历史人类学的作品，但是他敏锐地把握到了正在发生的历史学的动向有可能改变地域研究、民族研究、原始部落研究"占山为王"的学术局面。他想要找到文明与野蛮的联系是什么？历史人类学在宗教、巫术、王权和审判等命题开辟了新的可能。神圣王权将《金枝》神秘化的处理但是其依旧迷人的命题以民族志的方式获得重生、散发光芒。而至于为什么研究头人，那是因为无国家的社会，头人就是社会，虽然他们的权威在殖民接触的渗透下随着社会结构的改变而不断衰退，但是人格魅力却极其璀璨。歃血为盟当中，血意味着什么？埃文斯－普理查德探讨这些事物的时候，从未就血言血，就咒语言咒语，而是探讨巫术的思想是什么？原始思维的形态是什么？这一点，他吸纳了列维－布留尔对原始思维的研究，而回避了涂尔干的社会崇拜。在埃文斯－普理查德看来，前者对原始思维的兴趣是极其有价值的。他甚至援引列维－布留尔"互渗率"，来形容神的所在。弗雷泽的顺势思维因素（homoeopathic element）在魔法仪式和魔药中运用。涂尔干将符号、象征和观念看作是集体表征，他只关心集体表征的根源或实体是什么？在这一目的论的驱使下，他将原始思维看作是迷信。列维－布留尔的态度就不同，他尝试用理性的方式来理解原始思维。受他影响，埃文斯－普理查德对原始思维保留了浓厚的兴趣，这可以从他的著作《阿赞德人的巫术、神谕和魔法》，以及其他对巫术的研究中看出来。

埃文斯－普理查德有一个朴素的思想，即一个物品，在仪式中，不再是一个物品，而是神圣性的符号，被赋予仪式性价值。这一点，在他有关阿赞德人的著作中有所阐述。这本书看似是写阿赞德人，实际上写的是德国人，呼应纳粹统治的民众崇拜。当然，这完全是笔者的阅读视角所致。笔者尝试从作者分析的阿赞德人为什么相信巫医，理性明知道是欺骗，还是习惯用非理性的、超验的类似宗教的神秘和未知来给自己一个解释。在这里，理性和常识是可以相互替换的。在常识范围，这是疾病，但是在某些疾病面前，就判断是与巫术有关，需要魔药来治疗——来理解与极权主义相关的象征、符号和仪式，又为何发生了如此强大的信仰力量。埃文斯－普理查德从来没有这样评论过"自我的社会"，这一点和贝特森有鲜明的区别。贝特森说着"纳文"，就会提出一个平行的"我们的社会"的比较。在埃文斯－普理查德这里，绝少的踪迹看到他热衷于比较社会学，反而是他小心翼翼地避免欧洲人的常识和理性，对原始宗教进行的一系列概念界定、分类，运用于部落社会的巫术、巫医、神谕和仪式。但在某种程度上，二者是一致的。欧洲社会是从常识到常识，阿赞德人同样采取一个巫术信仰范畴合理性的解释。埃文斯－普理查德反复询问：为什么常识不能战胜迷信？但是文明社会的常识又怎会陷入纳粹的疯狂呢？显然，这是笔者的理解，从埃文斯－普理查德对巫术信仰的研究受到的启发，阿赞德人的巫术信仰和纳粹对民众的统治有着相似的地方，特别是在纳粹信仰体系当中，"每个人都一样"、"每个人都怀疑"、"每个人都感到他人的敌意"这样一种社会关系当中，所陷入到的复仇巫术和时不时的招魂（在阿赞德人那里是巫医举办降神会），用来激活已经死亡的信仰。仪式的背后是信仰的空洞。嫉妒，在这里不是空洞的存在，而是弥散于日常生活的方方面面，一种不好的暗语，弥散于交流和问候当中。埃文斯－普理查德将巫术行为的动机与情感联系起来。"这些情绪和情感包括仇视、嫉妒、贪婪、吃醋、背后说坏话、诽谤等等，因此巫师其实就是个人的仇敌。"①任何人类心灵受折磨的情感，在部落社会中通过巫术传达出来，在文明社会，虽然失去了巫术的思想基础，但是现代人何尝不在饱受贪婪、仇视、嫉妒、诽谤、腹诽等情感的折磨下，做出任何疯狂的举动，杀人越货、暴

---

① 埃文斯－普理查德：《努尔人——对尼罗河畔一个人群的生活方式和政治制度的描述》，褚建芳、阎书昌、赵旭东译，华夏出版社2002年版，第245页。

力、占有、剥夺、人身攻击、凌辱他人，种种疯狂的举动，将人类带向了欲望的深渊，而无从解脱。在情感、理性与意愿、实践的关系中，现代人虽然有发达的个体理性，不过现代社会的问题恰恰在于为何发达的个体理性在可能的条件下，重蹈纳粹的覆辙："每个人都一样"、"每个人都怀疑"、"每个人都感到他人的敌意"、"被告密的恐惧"。

当然这并非埃文斯－普理查德的命题，但是埃文斯－普理查德对巫术的研究，揭示了一种观念体系，以及这种体系如何在社会行为中体现出来。埃文斯－普理查德在方法论的建树，对于观念的解释，着重从客位转向主位，这一点继承了他的老师马林诺夫斯基的方法论立场，从土著的生活世界、经验和思考方式出发，来完成解释世界的说明工作。他说"我采用的叙述事实的方式使诠释表现为叙述的一部分，我的阐释就包含于事实本身。"① 这一做法意思是说，阐释是叙事的一部分，而不是独立于叙述之外。这和后来的人类学的主体转向还是有区别，作者有意压抑作者在阐释扮演的独立性（这和格尔茨很不同）。压抑自我在阐释的抬头，并非看不见自我的存在。作者积极地参与到认识和理解当地人精神、情感和观念的进程中。为了获得巫医知识，他甚至用策略或计谋挑起两个巫医的争吵，派出自己的"间谍"跟他们拜师学艺，从而亲自揭穿巫医治病的骗局，让他们在争吵中暴露更多的魔药的秘密。在为当地人治病包扎两年的经历中，他渐渐地接触、了解了很多疾病和巫医的知识。他还加入了一个秘密社团，虽然秘密社团被政府镇压，但还是发掘各种渠道来走入秘密社团的入会仪式当中。人类学家在当地扮演的积极的、被关注的、甚至介入、干预的姿态，在埃文斯－普理查德和贝特森那一代人的田野作业中似乎很普遍。我们为此想起了贝特森卷入了一场土著保护本部落图腾和仪式秘密与在外打工回村的年轻人的冲突，他不是旁观者，而是命令他的仆人打死那头猪，鲜明地表达了自己的立场：保护土著的仪式秘密。这些举动和态度，都令人惊讶。因为，在后来的民族志写作中，很少看到人类学家明目张胆地在地方事务上扮演类似裁判者、有能力的解决纠纷的外来者。笔者从这些透露了价值判

① 埃文斯－普理查德：《努尔人——对尼罗河畔一个人群的生活方式和政治制度的描述》，褚建芳、阎书昌、赵旭东译，华夏出版社2002年版，第27页。

断的行为中看到了第一次世界大战结束后到第二次世界大战前后，这一段时间，人类学家在田野作业表现出了比他们的老师：马林诺夫斯基和拉德克利夫-布朗更加激进的他者"亲善"。"亲善寓言"是詹姆斯·克里福德用来批判玛格丽特·米德的。① 反过来，亲善是否还包含了平等和尊重的思想情感呢？在部落生活很长时间的基础上，埃文斯-普理查德能够对被政府镇压的秘密会社持同情的态度，且努力为其正名，他预感到秘密会社的增多无疑是社会变革的动向。以往功能—结构主义者是只讲社会改良，不讲社会革命，只讲社会稳定，不讲社会动乱。但是秘密会社的增多本身就是为了回应欧洲人的入侵和当地社会神圣王权的衰弱，部落的安全感受到更大的威胁。埃文斯-普理查德一方面借助地方殖民长官的土著统治才得以完成田野作业；一方面又见证了欧洲和阿拉伯人对尼罗河流域部落的文化侵蚀和商品流入，他对部落人民命运的态度和情感是复杂而矛盾的。对秘密社团的肯定，间接反映了民族志者的良知。就像他怀念阿赞德人一去不复返的黄金时代的头人：格步德威（gbodwe），对这位不幸死去的头人具有的人格魅力寄予了真挚的爱戴。

1. 《阿赞德人的巫术、神谕和魔法》

回到《阿赞德人的巫术、神谕和魔法》这本书，我们若尝试理解阿赞德人的思维方式，理解整个阿赞德人的信仰，揭开信仰的神秘面纱，至少能够帮助我们理解纳粹是如何实现的，而纳粹的崇拜，任何极权主义的政治高压有可能也是一个观念网络，关键是秘密化、符咒化是何以变成真实的信仰被信奉、被践行。正如埃文斯-普理查德所说：

　　阿赞德人的神秘思想具有极强的黏合性，是一个相互关联、富有逻辑的网络。它很有条理，与感官经验从来没有明显德冲突，相反，感官经验似乎总是证实神秘思想的合理性。②

---

① James Clifford, "On Ethnographic Authority", edited in James Clifford, The Predicament of Culture: Twentieth-Century Ethnography, Literature and Art, Harvard University Press, 1988.

② 埃文斯-普理查德：《阿赞德人的巫术、神谕和魔法》，覃莉莉译，商务印书馆2006年版，第441页。

巫术研究给予文明社会的极权主义启发在于：替代权威的极权政治亦用符号、宗教、象征和仪式来操纵大众思想和精神。可能恰恰是和巫术、神谕和魔法相对的。正因为神谕无法被实际经验验证，才具有了神秘的力量。换言之，领袖或元首笼罩着神的光环，不也是借助超验的范畴，安放在民众的精神、灵魂和人格的神坛上吗？尽管埃文斯－普理查德一直用怀疑的眼光审视前者："尽管有这么多的方式可以维护对毒药神谕的信仰，在民主社会它是否还能保持这样强大的影响力，仍令人怀疑。"① 笔者想说，民主社会已经受到纳粹的威胁。问题是，埃文斯－普理查德能够站在神谕的外围看到它的"荒诞不经"，为何纳粹在当时的统治下还缺乏一个像嘲笑阿赞德人、自诩文明、科学的欧洲人那样来戳穿纳粹、抵制迷信。②

这本民族志结构冗长而又内容庞杂。太多的民族志材料、文本叙事占据了它的主体，中心思想反而弥散。它的篇章结构分为四部分：巫术、巫医、神谕、魔法。但是每一部分都包含着繁杂的内容。它大致讲述的是阿赞德人遇到不幸的事情，将其归之于巫术。他们把死亡也看作是被不怀好意的人施了巫术，需要找出这个人，实施复仇巫术。这个人就是巫师。往往多是受害者的仇人。巫术是一种器官性的、遗传性的现象，但是巫术又是一种非人格的力量，体现了人性。若信使找到这个被指控的巫师，巫师要朝地上喷水，以证实自己的清白。喷水的时候，还要用心去喷水，让巫术"冷却"，以表达自己的诚意和关切。这就是说，巫术包含了道德，巫术被赋予道德价值。"巫术信仰还包含了一套调节阿赞德人行为的价值体系。"③

---

① 埃文斯－普理查德：《阿赞德人的巫术、神谕和魔法》，覃莉莉译，商务印书馆2006年版，第471页。

② 埃文斯－普理查德并不是理性主义者，用欧洲人的理性来审视赞德信仰的荒诞不经。事实上，他常感到震惊的是，阿赞德人对巫术的怀疑，他们对因果关系的区分，他们对获取经济利益的透彻等是和欧洲人一样的理性思想。他致力于探索神秘性所在，解释内在的一致性。神秘的原因是他们从未将巫术的观念和实践理论化，因为他们的想法用行为表达。埃文斯－普理查德：《阿赞德人的巫术、神谕和魔法》，覃莉莉译，商务印书馆2006年版，第132—134页。

③ 埃文斯－普理查德：《阿赞德人的巫术、神谕和魔法》，覃莉莉译，商务印书馆2006年版，第108页。

　　巫术无处不在，它涉及赞德生活的每一个活动，例如：农业、渔业和狩猎、各户的家居生活，还有地区和朝廷的公共生活。它是阿赞德人精神生活的一个重要主题，并且是对神谕和魔法进行全面描述的背景。它对法律和道德规范、礼仪和宗教都有着明显的影响。它在技艺和语言方面也占据显著的地位。在赞德文化之中，就没有不和巫术紧密相连的地方。[①]

　　巫术概念首先是与不幸情景联系在一起，其次是与人际关系相关。[②]

　　发生了不好的事情，阿赞德人总是倾向于把巫术和不好的情感联系起来。这些不好的情感正如前面所说嫉妒、贪婪、诽谤等。当他发现他的邻居或其他人对他有不好的情感时，对他说过不好的诅咒时，一旦他遇到不幸的事情，他就会与身边的发生的不好的人际关系联系起来。阿赞德人有一套道德观念和行为模式，然后才有不符合道德观念和行为模式的恶劣性情和异常的行为举动。而这些不好的性格和行为既是巫术的根源，又是巫术的动因。从作者的描述来看，阿赞德人倾向于把任何不幸的事情都归咎于别人的敌意、别人的恶劣性情、别人的道德败坏。埃文斯－普理查德还认为，我们的社会区分，哪些不幸是他人造成的，哪些不幸则是意外或是自己的原因。即使是别人造成的不幸，也会理性选择是否报复、选择什么样的报复。而阿赞德人把一切原因都归之于巫术。既然是巫术，就要实施报复和惩罚。从作者的描述来看，赞德社会看上去是人人自危的、严厉的、易冲动的，争吵、矛盾和冲突在生活中处处可见。这也就是巫术存在的维系阿赞德人的性格、人际关系和道德的另一面，巫术牵制了嫉妒、贪婪和诽谤等邪恶的情感的发作。巫术是一种情绪化的含混的指控，但是也说明了巫术对于情绪、情感的敏锐感知。建立巫术的指控联系，实际上也是要求对我不满的人们站出来做一个澄清或者承认罪行，它要求扭曲的社

---

　　① 埃文斯－普理查德：《阿赞德人的巫术、神谕和魔法》，覃莉莉译，商务印书馆 2006 年版，第 109 页。

　　② 同上书，第 163 页。

会关系在巫术的控诉中交流、调节。因此，"信仰巫术是克制邪恶念头的一剂良药，因为显露坏脾气、吝啬或者敌意都会导致严重的后果。"① 看似消极的指向，恰是巫术发挥的正面的道德示范作用。

阿赞德人的巫术思想某种意义上也是普适的价值：遇到不好的事情，总是无可避免地与人际关系牵连在一起。而在现代社会，面对不幸，人类出于自我的利益生发的嫉妒、贪婪、吝啬与诽谤，这些本能的情感反应，甚至找不到巫术这样的渠道发泄、表达和交流，高度发达的物质文明尽管提供了发达的通讯交流媒介，然而同时替代的是人与人之间的隔离、孤立与自闭，这份怨恨、怨抑和怨忿长期积累，一旦爆发，个体情绪的失控又往往和反社会的报复行为联系在一起，由社会来承担。一个社会不再关心人们生活的是否快乐、社会关系是否融洽、情感是否美好，巫术缺席的现代社会反而找不到人与人联系在一起的、对嫉妒、贪婪和诽谤有自律机制的相处办法，道德、伦理与人性的基础破坏莫过于冷漠与压制，人们如何心中向善、心中留善？再退一步，如果个体的怨忿扩展为集体的怨忿、族群的怨忿，那个被集体投射的另一个群体是否会成为替罪羊？排犹主义不就是在"一切不幸归结为他人"的动机下发动而又走向种族灭绝的极限吗？

埃文斯－普理查德反复强化赞德信仰的构成：巫术信仰依赖巫医、神谕和魔法，这几个方面相互作用。巫术从一个方面，而神谕、魔法和巫医是从另一方面同成了同一个信仰的两个不同侧面。② 神谕、巫术和魔法的关系，在死亡的情况，这三部分像不同的几股绳拧在一起，可以说共同构成了一个整体，从中心点出发，各部分又是相互依赖、相互交错的关系。③

正因为相互联系，因果关系、思想也具有一致性和连贯性。"魔法仪式和咒语具有一致性。仪式和魔药的性质是一致的，仪式和人们想要达到的仪式的目的也是一致的。"④ 也就是说，内在一致性和连贯性，形成了

---

① 埃文斯－普理查德：《阿赞德人的巫术、神谕和魔法》，覃莉莉译，商务印书馆 2006 年版，第 177 页。

② 同上书，第 355 页。

③ 同上书，第 372 页。

④ 同上书，第 593 页。

封闭的循环论证，这样，理性就毫无作用。任何怀疑，只是针对个体的因素，与信仰的神圣性无关，反而强化了信仰的群体虔诚。这样，个体的理性就不再起作用，人们就不能用个体的理性，思考个体与政权、个体与信仰的关系。笔者很恐惧地发现：这是纳粹的血液在文明的民主的制度里流动。政权和大众的关系，建立在神秘王权的基础上。它是超验的、集体的、统一协调的。同时，也是自动的、机械做出一致的反应。在仪式的情境下，石头，只要是用作仪式的场合，就不再是普通的石头，而具有了像巫术那样的神秘性物质。从这一角度来看，支撑赞德信仰的形态却是唯物主义的观念体系。[①]

阿赞德人实践魔法和神谕的仪式有很多种，渗透于日常生活。其中，有一些仪式是和自然有关系的，类似当地的习俗。例如，在建屋子的时候，将石头悬空挂着可以阻止下雨。为了延迟落日，把石头放进树里。为了让雨—云飘走，吹响魔法哨。在举行宴会时，把一个斧头插入魔法植物丛中以防止下雨。把魔药挂在谷仓上以确保宴会能热闹而平安地举行。这些都属于次要的魔药、仪式。次要仪式的有效性既不依赖特定的魔药，也不在于遵守禁忌或者念咒语，而在于仪式本身。把石头放在树杈上，对着石头说："你，石头，愿今天的太阳慢点落下来。你，石头，让太阳停在空中，这样我到了我要去的那个地方后太阳才落下。"但是做了这一动作，说了这话，石头就不再是普通的石头，而具有了神秘功效。

　　　　这个仪式还简单地表现了模仿性地象征主义：就像放在树上的石头一样，太阳也会高高地停在天空。但是石头是什么呢？它是魔药吗？赞德人肯定会说，石头是太阳魔药。他用这个词的意思是：石头可以用于影响太阳移动过程的魔法仪式。用于这个仪式的石头与用于更重要的仪式的植物制品有区别，这个区别主要在于石头只在一个仪式重用作魔药物质（material medica），仪式结束了，它仍然只是一块石头，然而那些一般用树木和植物制成

---

① 埃文斯－普理查德说："不过让我最感兴趣的是与神谕、巫术概念直接相关的仪式。"载埃文斯－普理查德：《阿赞德人的巫术、神谕和魔法》，覃莉莉译，商务印书馆 2006 年版，第594 页。

的真正魔药，即使不在使用之中，它们仍然是魔药物质，直到它的功效完全耗尽。[①]

魔法师首先用石头把斧头敲进地里，然后念咒语，在斧头的周围撒上木薯叶子，并撒上一圈灰末。很难说是以上哪一样东西发挥作用让雨不降下来。斧头、灰末和山药叶子在不用于这个仪式的时候都是普通的东西，没有任何仪式方面的意义。[②]

魔法是什么，代指任何影响环境与人类关系的仪式性技巧。这些魔法无时无刻不在纳粹发动的广场仪式、入会宣誓仪式等诸多政治生活当中显现着。在广场的空间中，节庆不再是节庆，民众不再是日常生活的各行其是的个体，旗帜不再是旗帜，标志不再是标志，而变成了有着神秘魔法的物质存在。相互感染，相互传递，表达内在一致性的目的与心声。正如巫术、神谕与魔法在智力的层面形成了一个统一的体系，其中每一项都能够证明其他项。而国王的神谕又超越任何怀疑。个别魔药的无效不能证明所有这一类型的魔药都是无效的。个别的怀疑只针对个体，与此形成鲜明对比的是：他们的怀疑态度往往是对其他魔药与魔法师的一种支持。每个人、每个亲属群体在行动的时候都没有注意到别人的行为，人们没有相互借鉴仪式方面的经验，共同受益。每个人都只接受其中对自己有利的解释。赞德人从出生起就进入一种文化，这种文化包含着现成的信仰模式，信仰模式的背后又是强大的传统。他们极少想到去质疑这些信仰模式，他像周围的人一样接受这些模式，并相信它们。政治权威支持复仇魔法。不太重要的则很少有奖罚作为支持，人们使用次要魔法是因为觉得他们需要符合周围人的行为方式，或者觉得需要采取所有可能的预防措施。"每个人都一样"；"每个人都视邻居为敌人"；"每个人都用'问候元首'来问候每日接触的家人、朋友、同事和领导，包括陌生人。"纳粹的信仰说明每个人不是从出生起就进入一种文化，接受现成的信仰模式，而是这种文化、信仰模式是依靠极权政治灌输的，而信仰模式背后的传统则可能是通

①　埃文斯－普理查德：《阿赞德人的巫术、神谕和魔法》，覃莉莉译，商务印书馆2006年版，第643页。

②　同上书，第646页。

过寻找、溯源而全新创造出来的一个复古主义的传统，在人种的起源和文化理想的想象中完成了审美的巡礼。这一政治的审美化和体育、身体连接在一起。这也就是贝特森观察到的个体与国家的关系从未如此紧密地联系起来。

笔者认为，人类学，尤其是第二次世界大战期间的人类学，如果不恢复人类学与纳粹、极权主义的联系，开展充分的自由与文明、极权与个体、权力与象征的思考与讨论，则人类学缺失了它所嵌入的社会思潮所激发的对待非西方社会的严肃意义。即，为什么在战争期间、战争间隙，人类学家马不停蹄地开展各个部落的田野调查，搜集民族志材料，记录神话和传说的文本，研究巫术，研究精神气质，研究社会结构与亲属制度，他们这么做的动力是什么？这一时期的人类学思想做出了卓越的贡献，虽然无法弥补欧洲因为战争而急剧衰退的文明、社会的分崩离析以及冷漠的个体的分离、母文化因分裂而演化的新一轮的军备竞赛与战事的扩散，但却充满了异文化思想的睿智和道德的深切关怀。遗憾的是，埃文斯－普理查德的文本，看不到联系时事政治的努力，将巫术、神谕和仪式引入到权力、仪式与象征的思考，如果能扩展到文明社会，定能增色不少。这一点，他的老师马林诺夫斯基要比他勇敢。正如我所说的，如果说第一次世界大战引发了莫斯对文明的忧患，到了第二次世界大战，则是马林诺夫斯基来回答这一根本问题的时候了。

2. 《努尔人》的豹皮酋长与贵族

《努尔人》是埃文斯－普理查德的作品中经验抽象化的代表作。既区别于《阿赞德人的巫术、神谕和魔法》以感性为基础的推理、演绎，又区别于后来增添了文献比较和历史维度的民族志论文。这一阶段的作品，被称之为结构替代功能的理论阶段。世系群是一个核心概念。《努尔人》提出"宗族裂变支"的概念。言下，亲属制度是分析的中心，亲属制度如何与社会制度相互融合、相互平行，是世系群理论展开的过程。亲属制度使无国家的社会得以可能。由于裂变支的作用，《努尔人》文本制造了没有王权的社会存在。没有统一的王权，那么，氏族成为重要的存在，氏族使得努尔人的社群保持了统一。这也是《努尔人》在理论环节较为奇特的一面：那时候埃文斯－普理查德没有触及王权和权力精英的话题，而反复描述亲属关系的层次与村落空间的层次相互一致的事实。"努尔部落是对地域分布的一种估价"。① 对努尔人性格的描述，也可见一斑：努尔人崇尚平等，蔑视等级，暴怒，维护个人权利的意识非常强。他们崇尚自由，不开心了，就搬到别的地方去。② 他们总是游荡来游荡去，他们是游牧民族。他们自信而高傲，维护个人权利的能力也非常强。③ 这部作品以牛作为开篇，那是最为活泼、有趣的一章。但是接下来的章节就转入了社会结构的分析，以政治制度和宗族制度两章为例。特别是宗族裂变支，把亲属制度和社会功能写成函数关系。限于篇幅，这里只对豹皮酋长与贵族这两种人物，进行介绍。

笔者以为对复仇的讨论，来源于拉德克利夫-布朗。布朗将复仇列为私法的一种。复仇在风俗被认为是合法的。复仇可以用赔偿来解决。但是努尔人不一样。虽然规定了习俗性的赔偿，却很少实现，除非凭借武力或武力威胁。复仇在努尔人这里表现为世仇，或者血仇（blood—feud）。

一旦人们在械斗中被杀戮，血仇便由此开始了。在一个部落内部有一种方法，通过这种方法，血仇可以由仲裁来了结。④

也就是说，被法律承认的械斗导致的杀戮，仲裁就发生法律的效力了。杀人者躲在豹皮酋长家里，他的仇家在酋长家的周边紧紧盯着，寻找机会杀死他。酋长去拜访死者一方的人们，提出赔偿条件。直到仇家答应和解。一般是赔偿40—50头牛。赔偿的执行与否取决于结构距离，越近的距离，越容易得到赔偿。越远的距离，往往停留于口头。世仇在较小群体容易解决，在较大群体难以解决。裂变的加剧造成了无政府的状态。

---

① 埃文斯-普理查德：《努尔人——对尼罗河畔一个人群的生活方式和政治制度的描述》，褚建芳、阎书昌、赵旭东译，华夏出版社2002年版，第174页。

② 在利奇的《缅甸高地诸政治制度》一书也有这样的倾向。贡萨统治的平民，如果山官的压迫超过了一定限度，平民就会选择离开山官，迁徙到别的地方去。

③ 自信而高傲，原因在于努尔人没有政府，是无政府社会。不需要向强权低头、屈就。这是埃文斯-普理查德对努尔人性格的理解。

④ 埃文斯-普理查德：《努尔人——对尼罗河畔一个人群的生活方式和政治制度的描述》，褚建芳、阎书昌、赵旭东译，华夏出版社2002年版，第177页。

"部落是无政府状态的最终层次"。世仇意味着禁忌。① 吃饭有可能引发世仇冲突的导火索。世仇意味着仇家所在的两个宗族不在一个锅里吃饭。努尔人到各家吃饭本来是日常生活的习惯,随便到哪一家吃饭,都视为理所当然。在世仇关系中,一旦碰了锅碗瓢盆,就会产生"仪式上的对立"。跳舞也会组成战斗队列。埃文斯－普理查德说,世仇产生了一种因为敌对而架构的结构的平衡,保持又足够近又足够远的结构距离:"既要彼此相离得足够近,从而能够保持活跃积极得敌对关系;又要彼此相离的足够远,从而能使这些关系不会抑制这种更为和平的、必要的社会接触。"② 世仇使得宗族相互隔离,又通过调解世仇的媒介防止因为对立发展成为完全彻底的分裂。豹皮酋长是世仇调解的媒介。调解人,就是豹皮酋长的出场。调解人,是很重要的社会角色。调解人首先是被双方尊重的、有社会威望的人物。这样的人物,反而没有暴力的形象,看上去很文气,甚至文弱,无论是他的着衣打扮还是他的家,都与暴力保持距离。有时候也会是女性人物。③

豹皮酋长仅仅是仪式代理人,没有政治权力。也没有特权。努尔人也没有对他们表示格外的尊敬,只是把他们当作普通人。但是在仲裁仪式上,豹皮酋长的角色就意味着神圣。并不是因为他们的咒语而让他们神

---

① 对禁忌的理解,指的是懂得世仇设定的社会关系的不可触犯的边界。它是非常敏感的,日常生活的交往,都会在禁忌的权限下。工作关系的同事,其实很像世仇的关系。离得最近的同事,例如一个办公室,或者是研究所等等一个隶属最小单位的同事,有两种可能,一种是合作关系,真正能够一起共事、有共同的目标、相互配合;一种是敌对关系,谁也不理谁,谁也不愿意谈论谁。时间长了,身边的同事,有可能是最陌生的人。据我判断,合作很难产生,大多数的情况是个人做个人的,维持表面的友好。"面子上过得去"就可以了。

② 埃文斯－普理查德:《努尔人——对尼罗河畔一个人群的生活方式和政治制度的描述》,褚建芳、阎书昌、赵旭东译,华夏出版社 2002 年版,第 183 页。虽然说的是结构距离在世仇发挥的灵活的变化,又可看作是调节人际关系的因素。"距离产生美",接近这个道理。距离对人际关系的维持非常重要。既不至于亲密无间,但是又不至于天各一方。有分离,有团结,形成周期性的分与和的互补。世仇的结构距离对于日常生活的社会关系维持很有启发。终究,这种结构平衡指向的还是"邻居是你的敌人"。人与人之间的敌意在亲密无间的时候最容易产生。人与人的疏离在老死不相往来的状态下趋向隔绝。找到中间状态,是对潜在的敌对关系的保护。世仇形成的这种既隔离又允许调解空间的结构距离,就是对部落关系的诠释。

③ 侯孝贤导演的《悲情城市》,说和仪式上,请来了一位女性调解人,五十岁左右,矮胖,一进门,别人就叫她:"阿简姐"。这位女调解人一出场,肃然起敬的氛围给笔者留下了深刻的印象。

圣，而是因为他们被赋予了仪式权威。

> 豹皮酋长，他同土地有一种神圣的联系，这就使他具有了某些与土地相关链的仪式性权力，包括祈祷或诅咒的权力。他的公务行为主要都是仪式性的。不过，他的职能是政治性的，主要表现在调解世仇方面。豹皮酋长是一种机制，经由这种机制，这些群体通过世仇制度的方式，彼此之间相互交往，并保持其在结构上的距离。[1]

值得注意的是，豹皮酋长通常是外来者，不属于任何冲突和世仇的一员。豹皮酋长的角色可以拓展到现代生活的社会关系。在敌对的分化的小群体之间，发挥了社会整合的人物，他/她不是通过权力关系来运作，而是通过非正式交往，主要表现在社会关系的调节，使心生嫌隙的人群或个体还能有沟通的空间，制造沟通的场合。这样的人物，其实多少都具有豹皮酋长的部分特性。当然，他们不具备豹皮酋长公认的仪式权威，但是，他们还在世俗领域发挥着社会整合的作用。只要他们对社会的离心趋势，边缘化处境的个体有着认同与信任，给边缘化的个体参与社会活动的意愿和契机，只要不至于人心涣散、分崩离析，他们的存在就有意义。当然，这和努尔人的世仇调解有区分。努尔人是无政府社会，个人的独立和权利都是放在第一位的，现代社会的科层制，其根本是等级制的。类似豹皮酋长的公共人物，其实发挥着科层制弊端的补丁作用。豹皮酋长的存在，对于权力的理解，更为真切。正如埃文斯－普理查德所说，豹皮酋长是一种机制，通过这一机制，群体内部的、不同群体之间的矛盾和争端有可能诉诸以调解为形式的次级仲裁力量，从而推动将合作的意愿通过进入组织程序将其落实，这本身对于停滞状态的社会疏离就是一次社会化的努力。豹皮酋长提供了组织在竞争原则之下合作或和平的运动。

在豹皮酋长和预言家之下的，具有威望的仪式性的身份有牛人、图腾专家、战争专家等。他们共同的特征是不具有任何政治的意义，拥有仪式

---

① 埃文斯－普理查德：《努尔人——对尼罗河畔一个人群的生活方式和政治制度的描述》，褚建芳、阎书昌、赵旭东译，华夏出版社 2002 年版，第 198、199、202 页。

的联系。牛人在与牛的关系有世袭性的仪式权力。图腾专家与狮子、鳄鱼、织巢鸟等动物有着仪式性的联系，是其图腾的神灵。长老在争端、迁徙、婚姻等事务有发言权。最具影响力的长老被称为"图特"，即公牛的意思，又称为"营地的公牛"。图特是一家之主，即"主事的人"。他有财产，例如足够多的奶牛，聚集了很多投奔他的亲属，也能吸引年轻人来他的门下，有聚合的号召力。图特与豹皮酋长结合在一起时，就能发挥广泛的影响力。因为仪式的权威与世俗的财富、宗族力量结合时，权力就得以产生。

> 一个杰出的社会人物的产生，是许多因素共同作用的结果，比如宗族、年龄、在家中的辈分、许多孩子、姻亲关系、所拥有的牛的多少、作为斗士的勇猛气概、辩才、性格，常常还包括某种仪式权力等。他们在地方性的事务管理中担当起了大部分政府首脑的职务。①

这段话帮助笔者理解仪式权力与世俗权力之间的关系。当然，埃文斯－普理查德说的是社会领袖在拥有世俗权力的主体时，拥有某种仪式权力。仪式权力隶属于世俗权力。不过，豹皮酋长的角色，仅仅是仪式权力的一种。仪式权力与世俗权力也可以是分离的状态：各司其职。世俗权力获取仪式权力很容易，仪式权力获取世俗权力，则非常困难。

辅之对迪尤的描述中，可能对社会领袖的理解更加丰富。迪尤是贵族，迪尤的地位接近图特。"'图特'或公牛之子这两个词语在用法上与'迪尤'相同。"

> "迪尤"具有一种声望，而不是等级地位；具有影响力，而不是权力。如果你是你所在的部落的"迪尤"，那么你就不只是一个微不

---

① 埃文斯－普理查德：《努尔人——对尼罗河畔一个人群的生活方式和政治制度的描述》，褚建芳、阎书昌、赵旭东译，华夏出版社 2002 年版，第 205—206 页。根据努尔人的社会形态，这个对社会领袖的定义，对理解权力精英也很有启发。如果以《红楼梦》为例，在爱情和婚姻的考虑范围，林黛玉的孤儿身世、没有财富等，接近仪式的权力，是爱情的对象。薛宝钗的世俗地位非常巩固，兼姻亲关系的联盟。她还参与到因为王熙凤空缺后的权力决策事务当中，是婚姻的对象。薛宝钗进贾府，是对林黛玉在宝黛关系中最大的威胁。因为薛宝钗具备的世俗权力，是林黛玉匮乏的。

足道的部落民，而是这块土地的主人之一，是这块土地上的村落所在地、牧场、鱼塘和井的主人了。其他的人则是因为与你的氏族通婚、被你的宗族所收养或是由于某种别的社会关联而到这里来住的。你就是这个部落的一个领头人，当部落发动战争时，人们就会向你的氏族的长矛名祈求保佑。不管在什么地方，只要村落里有一个"迪尤"，这个村落就会像一个牛群聚拢在公牛周围一样聚集在他的周围……对努尔人来说，到一个新的社会集团而成为重要人物是关于地位的不变注解，这是以地域条件，而不是个人素质为基础的，它使一个人或宗族的优越地位得以巩固下来。①

无论是图特，还是迪尤，正如营地公牛的比喻一样，像一个牛群聚拢在公牛周围一样聚集在他的周围。迪尤表达的是这样一种公共人物，具有公众吸引力，凡是他所去的地方，就会吸引一批人追随他。凡是他所在的地方，又会有一批新的人聚集在他周围。这样的人物，没有政治权力，而是"一种声望"。公众对他的爱戴不是没有道理的，是因为他的人格魅力，是因为他的声望，但和迪尤区别的是，这样的人物，不具有地方首领的身份。这从孔子可见一斑。孔子一贯宣扬"学则优而仕途"，但是他的仕途坎坷，一直得不到国君的重用。贫贱的生活始终伴随。正是仕途不得意，孔子才退到教育领域来，整理典籍，作《春秋》，希望用文字来留驻真理。② 正是因为声望与实际的政治权力不对等，无法建立实质的联系，图特和迪尤，是努尔人这个社群的产物。毕竟，政治的复杂介入，还没有

<hr>

① 埃文斯－普理查德：《努尔人——对尼罗河畔一个人群的生活方式和政治制度的描述》，褚建芳、阎书昌、赵旭东译，华夏出版社 2002 年版，第 248—250 页。

② 在费孝通的《皇权与绅权》当中，他把孔子这样的人物称为王道，他们没有政治权力，但是具有社会权威，社会权威的赋予来自于传统。孔子想要用王道制约皇权，但是仕途坎坷，以失败告终。于是采用分离的办法，即道统与正统分离的办法，来维系自身作为知识阶级的独立性。这就是士大夫阶级试图在皇权之外找到自己安身立命的位置。在董仲舒那里，还能用灾异、征兆来批评皇权，但是遭到皇权的恐吓和惩罚后，灾异说也就偃旗息鼓。到了韩愈那里发生了大的转变，政统的合法性不再受到质疑。在保证政统的前提下，道统如何为政统服务就变成了韩愈论证的主要任务。道统为政统服务的关系建立并巩固，士大夫阶级也就下降为皇权的服务阶级，变成在乡间念诵圣谕的师儒了，吴晗直接表述为"奴才"。载费孝通、吴晗等：《皇权与绅权》，天津人民出版社 1988 年版。

深刻地影响到努尔人。虽然欧洲人的威胁已经进入到尼罗河流域，用飞机、战争、炮弹和杀戮，给努尔人带来了灾难。这也就是预言家产生的背景。埃文斯－普理查德的情感常在矛盾中流露。和殖民杀戮相反的是，他投入到努尔人的理解事业中。正如他在书中最后一句话所言：

> 在政治学科中，所做的工作很少，所知道的东西也很少，探索新的知识领域尤为困难。我们觉得自己好像是一个给养已经用完的沙漠中的探险者。他看到前面有大片大片的土地，知道该如何去穿越它们；但他必须返回，希望自己所获得的一点点知识能够使别人进行更为成功的旅行，聊以自慰。[①]

埃文斯－普理查德在沙漠中旅行，对布朗的社会结构有一定的反思。他把布朗所说的由亲属关系形成的普遍的依赖关系，落实到时空和宗族裂变支的变化中来考察。年龄组、宗族制度和政治制度之间的关系并不一定因为依赖关系而产生功能的关系。相反，年龄组和政治制度没有关系。所以埃文斯－普理查德说政治制度和宗族制度之间有着结构的一致性，即抽象观念的一致性。而且带着明显的挑衅性："正如一个人为了某些目的，可以只研究身体器官之间的关系而不研究构成这些器官的细胞之间的相互关系那样，我们只对这些组织形式的关系进行研究。"因为布朗说过社会生理学的概念，指的就是器官之间的关系。在这本民族志中，埃文斯－普理查德已经对布朗的社会结构有了批评，而用世系群的概念进一步将布朗理论中含糊的部分加以更加精细的考察。社会人类学探讨的是社会集群以及这些集群之间的一种假定的关系。这貌似布朗的原话，但是将不同类型的社会关系抽象化为观念。这便是这番沙漠的旅行的理论诉求。回顾《阿赞德人的巫术、神谕和魔法》，展望埃文斯－普理查德后来的历史转向，《努尔人》为旅行者精心炮制的"路书"，几乎是一个现实为理论服务的、比布朗的理论模型更加细致的理论范式。

---

① 埃文斯－普理查德：《努尔人——对尼罗河畔一个人群的生活方式和政治制度的描述》，褚建芳、阎书昌、赵旭东译，华夏出版社 2002 年版，第 308—309 页。

3. 《论社会人类学》之神圣王权

我们的船已经往前行进，沿着神话、巫术与仪式权力，向前行驶。收入《论社会人类学》的五篇论文，大部分与阿赞德人的文化相关，转入神圣王权、国王、神话、巫术的领域。也就是说，在世系群之上，还有一个王权或者神的存在。这是埃文斯－普理查德的社会理论的倾向。这五篇论文有内在的连续性。"神圣王权"讲述《金枝》的古老寓意，讨论施鲁克人的国王在仪式的象征意义、弑君的紧张。"赞德国王和王子"讲述的是在埃文斯－普理查德进入赞德地区，这位敬爱的国王已经离开人世，可是人们仍旧纪念他、爱戴他。为此，埃文斯－普理查德通过当事人的口述、文献的记载，勾连起这位国王和他的王子的性格和人格。"阿赞德人的遗传和怀孕观"讲述的是阿赞德人是如何解释怀孕和婴儿的，由此相关的怀孕所具有的神圣性。"赞德歃血为盟"讲述的是歃血为盟，在盟誓兄弟之间建立的咒语对义务的约束关系。歃血为盟对两个人施加的咒语具有神圣性。"赞德神话"讲述的是 mbori 神在赞德民众的心中是什么样的信仰。mbori 神对于赞德民众的含义无法用欧洲人的宗教观念来类比。这篇论文高度体现了埃文斯－普理查德的解释学的倾向。收入该书的最后一篇论文，sanza，一个习惯用语，这里不讨论。笔者主要围绕以上所说的五篇论文论述。一个想法是继续神话、仪式和巫术的话题，埃文斯－普理查德将文献资料记载的原始宗教用论文的形式再次呈现，他会展现出怎样的气质和风采。他的文字回归了谦卑、睿智以及在批驳主流价值观表现出的极大的耐心。另一个是所谓埃文斯－普理查德的解释学传统，指的是什么？比喻并没有得到太明确的陈述。

"神圣王权"取自《金枝》。"《金枝》缘起于一个古老的地方习俗：一座神庙的祭司被称为'森林之王'，却又能由逃奴担任，然而其他任何一个逃奴只要能够折取他日夜守护的一棵树上的一节树枝，就有资格与他决斗，就能杀死他则可取而代之。"① 施鲁克王国有杀死

---

① J. G. 弗雷译：《金枝——巫术与宗教之研究》，汪培基、徐育新、张译石译，商务印书馆 2013 年版。

国王的习俗，那么是否就认为该风俗就可以用弗雷泽等人的解释来说明呢？埃文斯－普理查德提出质疑，他说国王被杀死是一种谣传或臆测。真正有可能的是国王死后，遗体被封闭起来，禁闭在一个小屋中——而非国王被处死。但是当地又流传着国王被处死，或者被王子杀死的传说。埃文斯－普理查德修正为这些传说暗示了任何对候选人持疑义的王子都可以领导造反，特别是王子所属王国部分的造反，"以王权名义的造反而不是革命"。传说只是论证了国王候选人的合法性，认定他的任命体现了仪式的王权价值。和豹皮酋长相似，国王行使的也是仪式权力。国王是土地的祭司。他的作用和地位主要是一种仪式制度。国王统治但不管理。埃文斯－普里查理已经点明了主题，从国王的任命仪式到国王死后的"弑君"仪式再到迎接新国王的加冕，世系群的首领对国王有仪式的职责，为其修缮小屋、修缮 nyikang 神龛，无不体现了政治结构与宗教祭礼的相关性。仪式的循环表达了王权的继嗣绵绵不绝、生生不息，国王代表的 nyikang 永垂不朽。这样的结构关联性，类似埃文斯－普理查德在《努尔人》所说的亲属制度和政治制度的相关性。这里，神圣王权的仪式成为施鲁克人政治生活的核心。埃文斯－普理查德用仪式的二分法来与国家结构的二分法对应。国家分南北，仪式也把国家分成仪式的南北。被选为国王的王子必须得到整个地区的支持。仪式用戏剧的方式表达，政治角色在国王的选举仪式中扮演仪式角色。有意思的是，在仪式中，当选的国王是被 nyikang 捉住，被他的军队带走，成为整个国家的首领。或是国王战败，nyikang 把他捉住，带走，成为整个国家的首领。授权仪式用战争、婚姻的情节，表达 nyikang 转移到国王身上，国王具有 nyikang 的灵魂，具有了王权价值。

　　　　因为神秘价值与王权联系在一起并集中在国王身上，因此国王通过举行某些活动、遵守某些规定，使自己处于仪式的纯洁性状态，使身体处于最佳状态。[1]

----

① 埃文斯－普理查德：《论社会人类学》，冷凤彩译，世界图书出版公司北京公司 2010 年版，第 153 页。

nyikang 的灵魂转移到国王的时候，会出现迷狂的状态。

> nyikang 被放在国王的凳子上，过了一会儿，nyikang 被从凳子上拿下，选出的国王代替他坐在上面，niyikang 的灵魂进入国王的身体，使他颤抖，他成了国王，那就是说 nyikang 占据了他。①

在结论中，作者讨论到，神圣王权意味着国王不是一个掌权的个体，也不是神性的国王，他本身就是王权的化身。神圣王权是显著的世系群制度的社会的一种典型制度。保留了政治结构与仪式结构的平行关系；例如仪式的二分法与国家结构的二分法对应。政治组织采用仪式的和象征的形式——与中央集权的政府区分开来，也和其他君主制度区分开来。"政治组织采用仪式的和象征的形式"是神圣王权的关键特征。从仪式戏剧的描述来看，这篇论文几乎是《尼加拉——19 世纪巴厘剧场国家》的简化版。② 在埃文斯－普理查德这里，虽然神圣王权还是保留了《努尔人》的裂变支的分裂与竞争的结构趋势，不过在仪式象征与王权的关系方面，埃文斯－普理查德的观察是敏锐的。

---

① 埃文斯－普理查德：《论社会人类学》，冷凤彩译，世界图书出版公司北京公司 2010 年版，第 157 页。

② 格尔茨在"核心、王者和魅力：权力符号的反照"里讨论了魅力和大人物的议题。这篇论文列举了伊丽莎白巡行，爪哇王朝国王哈彦·吴鲁克的巡游，以及 18、19 世纪的摩洛哥国王持之以恒的出巡，描述魅力和仪典的密切关系，魅力来自于仪典，仪典增加魅力。其中摩洛哥国王穆莱·哈山的最后一次御巡最为悲苦。他率领一支三万人组成的远征军向王朝的发祥地塔费拉尔的圣庙进发。历经 7 个月抵达，又向马拉凯奇进发。最终抵达马拉凯奇时，军队损失了多于三分之一的人。哈山终因体力不支死在了距马拉凯奇 100 英里之外的泰德拉。大臣隐瞒国王暴毙的消息，巡行队伍拖着恶臭的尸体行至拉巴特。格尔茨比较了三种巡行的文化差异，但是它们相通的是魅力的本质：向远离核心的人们尽量显出想更加亲近的愿望，而且这是一种普遍性的现象。载格尔茨：《地方性知识》，王海龙、张家瑄译，中央编译出版社 2000 年版，第 186 页。格尔茨创造了一个术语："先天的中央集权的神圣性"，用来反映社会统治者魅力的事实。载格尔茨：《地方性知识》，王海龙、张家瑄译，中央编译出版社 2000 年版，第 190 页。与巡游相似的是，王铭铭充分挖掘了"朝圣"的中国历史经验和帝王统治的哲学，引出了"天下"的世界观。王铭铭：《走在乡土上——历史人类学札记》，中国人民大学出版社 2003 年版；王铭铭：《西学"中国化"的历史困境》，广西师范大学出版社 2005 年版。

"赞德国王和王子"这篇文章的立意，不禁让人联想起卢梭的"高贵的野蛮人"。因为作者对赞德国王 gbudwe 毫不掩饰的赞美，夹杂在殖民者、欧洲人的眼中，拥有让人尊敬的品格。gbudwe 之后，他的儿子们，受到殖民的影响更加深入，服饰、穿着、宫廷礼仪、语言等，全方面地打上了阿拉伯文明的烙印。花里胡哨的衣服穿在他们身上，显得那么怪异。可是即使这样，"他举止镇静而不失尊严，仪表堂堂"。Wando 呢，在不同的外来者看来，肥胖，畸形，"牙齿洁白完整，完全处于自卫的状态。"容克尔把国王 bogwa 的侄子称作"花花公子"。受到阿拉伯文明和欧洲文明影响的赞德王子、贵族的装扮、家居、修饰表现出繁文缛节、精致繁复的特征，奇异杂糅的搭配，出现在帽子、发饰等细节上。这些不厌其烦的描述，呈现出印象主义的风格。因为他们对旅行者和殖民者的第一印象的便是外来文化杂糅、对比鲜明的装饰。尽管如此，国王和王子在统治国家的艺术手腕上丝毫没有衰退。容克尔发现：等级越高的王子和贵族，智力水平也越高，他们具有黑人统治者的风范。随着外来文明的渗透，赞德国王和王子的性格也变得复杂，用殖民者的话就是，"狡猾的狐狸"。文明交流的结果是适应。王子 hetman 习得了欧洲的观念和情趣。"他法语流畅，穿着欧洲制服，骄傲地展示胸前戴着地贝宁黑勋章。他居住在按照欧洲式样建造的房子里，房子里有欧式的家居，欧式的厨房和酒窖，他还邀请欧洲人吃饭。"[1] 引述这么多的变化，作者还是想强调 gbudwe 生前难以磨灭、难以遗忘的品质——尊严，在一代代赞德国王和王子身上保留下来。这同时也是真正的赞德人的品质，恭敬、有礼、举手投足流露出高贵。在欧洲人实现殖民之前，他们还不会卑躬屈膝、谄媚权贵、狡诈贪婪。

笔者留意到，马林诺夫斯基、拉德克利夫－布朗、埃文斯－普理查德都关注生育习俗。不过观察的角度不同，马林诺夫斯基讨论的是准父母如何通过生育习俗实现父母的转变。布朗讨论的是父亲如何通过遵守生育习俗的禁忌来习得对新生儿的关注，获得社会人格。布朗关注习俗，在论述父亲的精液和母亲的黏液的结合，解释怀孕的原因的时候，和马林诺夫斯

---

① 埃文斯－普理查德：《论社会人类学》，冷凤彩译，世界图书出版公司北京公司 2010 年版，第 191 页。

基的论述手法雷同，不同的是，对于美兰尼西亚人而言，父亲的精液不是必要的，处女也可以怀孕。对于赞德人而言，父亲生了孩子，母亲养育了孩子。孩子不听话，舅舅在咒骂他时，会用大拇指和其他四指捏起他的乳头，在上面吹气，暗示他们的家族在养育他上的作用。父亲或叔伯咒骂他时，会拍打自己的大腿，拿起他的性器官，在上面吹气，暗示是父亲生了他。这就是生育和抚养在父亲和母亲的亲属关系中强调的不同，从而维持社会平衡。与布朗对话的是，1. 阿赞德人不把怀孕禁忌当回事儿。禁忌缺乏普遍性和严肃性。世俗生活没有多少仪式价值的内容，而属于日常生活的一部分。2. 孕妇不一定因为怀孕而获得社会人格。非得生了孩子，通过仪式，婴儿和母亲从被禁闭的小屋带出来，这时婴儿才获得社会人格，给它取名字，加强了这种社会人格。随着婴儿的社会身份完全得到承认，孩子母亲的地位才相应地改变。这和中国的谚语："母以子贵"是相似的，第一个男孩子对于改变母亲的社会地位是重要的。埃文斯－普理查德和他的两位老师共同的地方在于认为怀孕的生命象征着灵魂，小生命乃"神赐"。

　　"赞德歃血为盟"描述了歃血为盟仪式的过程，作者也与王子参加了歃血为盟的仪式，结下血盟兄弟的关系。有他亲身的观察。歃血为盟一般是没有血缘关系的两个男子约定好，割下伤口，用花生蘸着血，吞下。然后对着两人，说出咒语。咒语包括的内容很多，大意是说围绕歃血兄弟之间应该尽的义务，如果违反这些义务，就会遭到血的报复，会死掉。歃血兄弟之间除了相互帮助的契约关系，还存在戏谑关系，以平等、亲密的模式，"表现兄弟亲密和平等的一种方式是相互公开冒犯对方。"双方碰面后，可以故意欺骗对方，说对方哪位亲人死了。结果回到家发现不是这么一回事，才知道上当了。等到下次两个人再见面的时候，自己数落对方的时候，对方就大笑，自己越抗议，对方就笑得越厉害。总之，两人可以任意开玩笑，相互嘲讽对方的缺陷。两个人的戏谑关系会延伸到两个人所在的部落之间的戏谑关系。但由于裂变支的存在，戏谑关系也有亲疏之别。"他优先照顾通过仪式与他结盟的人最亲近的亲属。"[①] 血盟兄弟之间的行为模式缺乏功

---

① 埃文斯－普理查德：《论社会人类学》，冷凤彩译，世界图书出版公司北京公司 2010 年版，第 222 页。

能的关系,而逐渐成为礼节性的关系。随着世事变迁,过去的规定已经消逝,但是有两项义务是必须履行的:一个人必须帮助挖掘血盟兄弟家人和亲属的墓。原因之一是丧家被隔离社会事务,亲属不能执行丧葬仪式的某些行为。"死者的亲属不参加掘墓,也不抬棺材。亲属之间不能够交换财富。血盟兄弟打开棺材看是否有巫技,亲属不能够执行这项任务。"①

> 对血盟兄弟的姻亲不必执行这一任务,然而,如果他住在附近,在这种场合缺席,就被认为应该受到指责。他还必须参加为他的血盟兄弟准备的丧葬筵席,带来矛与他们交换啤酒。在此在此说明一下,对姻亲必须尽的义务与对血盟兄弟的礼节更相像。②

笔者多年前发现民间"拜把子"的习俗,要求拜把兄弟参加其父母的葬礼,为拜把兄弟的父母穿孝,做孝子。埃文斯-普理查德抓住血盟兄弟与丧葬仪式的联系,社会契约的礼仪关系在丧葬仪式中有所体现。丧葬仪式中血盟兄弟俨然丧家亲属的代理人,反映了跨越亲属关系的社会联系是如何在丧葬仪式表达的。

最后埃文斯-普理查德比较了弗雷泽、韦斯特马克等人对歃血兄弟的理论,指出歃血兄弟不同于亲属关系的兄弟。不能用亲属关系来比拟歃血

---

① 2015 年 1 月,笔者的外祖母病逝,请假回到家乡参加她的葬礼。笔者穿上了用纸做的一次性麻衣,戴上孝帽,舅舅、姨妈都在现场。死者的嫡系亲属只能守在家户。到了开吊的日子,舅舅和他儿子在院子设的灵堂接受外来者的吊唁。女客进入屋子停放水晶棺的外厅,女人就跪在旁边陪哭。有一个规矩,"孝子不出门"。如果出门,就要把孝衣脱掉。死者家属聚集在家户围绕丧葬仪式有这样的性别分工。街上搭了灵棚,由主事的,又称总管,来管理一切其他事务。例如供应"五服"亲戚、街坊邻居的饭食,包括孝子的饭食。每到吃饭的时候,就会有人端了一个大锅从街上到院子里,给丧家吃饭。从这个仪式看到,很多丧葬仪式的事务,丧家是不能参与的,必须要由其他的社会组织来承担。笔者看到邻居们在灵棚支起的大锅旁边洗木耳、洗菜、洗碗(丧家吃完饭后,碗又有人统一收走),当时在想,为什么他们愿意为丧家的仪式义务服务。到了出殡那天,笔者的婶婶还要过来搀扶笔者的母亲,女儿的婆家人也要参与这个送葬仪式、履行送葬义务。笔者家的邻居也赶赴过来,慰问的同时,把她们的份子钱交到我母亲手里。笔者的小姨的儿子因为在外面上学无法及时赶回来参加葬礼,他的七八个朋友,中学时候的"拜把子兄弟"集体参与,每人戴了一顶孝帽子。从这些例子看到,丧葬仪式的互助性组织是异常活跃与广泛参与的。这可以叫作二元性组织。拜把子兄弟的组织,很接近埃文斯-普理查德说的血盟兄弟,他们有参与丧葬仪式的义务。

② 埃文斯-普理查德:《论社会人类学》,冷凤彩译,世界图书出版公司北京公司 2010 年版,第 219 页。

兄弟。白人往往以为喝了对方的血就变成亲属关系的一员。埃文斯－普理查德批驳这种说法。赞德人知道友谊与亲属是不同的；何以白人就混为一谈呢？埃文斯－普理查德认为让歃血兄弟有义务的约束感、不违背契约关系的力量来自于巫术的约束。血被施加了咒语，这类咒语对义务的具体规定，被称为"有条件的诅咒"的咒语。那么就产生了巫术效力。如果不遵守咒语的约束，就会发生死亡或其他灾难。由你的歃血兄弟通过巫术仪式来施加惩罚：用绳子缠绕，让到屋顶上。

　　血不单是咒语和有条件诅咒的工具。血本身就是"药"，是巫术情结中的物质要素，它通过与咒语和仪式的联系变成这样。[①]

　　民族志更倾向于把巫术看作巫术，重视巫术的社会功能。社会成员之间基本的联系具有一种巫术的特征。当笔者读到埃文斯－普理查德对"有条件的咒语"对歃血兄弟表现出威慑的时候，也为之动容。"你必须帮助，不是因为亲属的义务驱使你这样做，而是因为如果你在他需要的时候不帮助他的话，他的血凭借自己的魔力会杀死你。一个人不是借助语言习惯、生物关系、社会地位或者支持他对你的义务的社会约束力来成为你的血盟兄弟。他通过巫术纽带成为你的血盟兄弟，这种纽带使他需负担一组特殊的义务，这些义务有时和亲属义务相同，但常常不一样，甚至身体与亲属义务完全相反，这些而且这些义务受到'有条件诅咒'典型的巫术约束。"[②] 通过这种依赖巫术纽带发挥履行义务的社会效力的方式，埃文斯－普理查德思考的是巫术纽带背后人与人结成的互惠义务，这正好可以表达布朗所说的人与人的普遍依赖关系，不过不是限于亲属制度范畴，相反，是跨越亲属关系、依靠巫术纽带连接的社会关系。这一巫术纽带在丧葬仪式发挥着积极的作用。

　　"赞德神话"在这里简单论述。通过田野调查，作者发现赞德人所敬仰的最高神 mbori，其实是祈雨仪式、攘灾仪式当中出现的神，mbori 居住

---

　　① 埃文斯－普理查德：《论社会人类学》，冷凤彩译，世界图书出版公司北京公司 2010 年版，第 228 页。

　　② 同上。

在小溪的源头，他们就在小溪的源头表演这一仪式。"仪式的两个主要动作是敲击地、把食用植物的树叶放到小溪的源头。"mbori 与鬼都在仪式中提到。"mbori 与雨与鬼与小溪的源头之间的关系就是列维 – 布留尔把互渗律（participation）一词运用于此的关系。"① 这篇文章有意思的是 mbori 的讨论。mbori 是否是基督教的上帝？是否是宗教教义的神？这篇论文呈现出作者讨论的解释主义主张最为详尽而又温柔的文风。埃文斯 – 普理查德发现，按照欧洲人的宗教观念解读，是徒劳无益的。询问的结果反倒是阿赞德人对这个问题毫不感兴趣，而且明显厌倦有关神的问题。他们只能表达关于 mbori 最最模糊的观念。既然解释是如此别扭，埃文斯 – 普理查德干脆拿掉了传教士的观念的影响看看 mbori 到底在赞德人的生活中占据什么位置，表达了什么样的意愿、情感和道德认知？在作者看来，"赋予每一种它自己的、有别于其他观念的个性"是最重要的。

正是赞德信仰观念的模糊性使我们更容易地在他们的信仰中阅读我们自己的文化。这种设想是因为阿赞德人用一种类似于我们祈求上帝的方式祈求 mbori 的保佑，因为他们有类似于我们的一神论的教义。从阿赞德人德行为中，我们依据我们自己的思想建构一个概念。但我认为阿赞德人没有任何明确的教义观念，因为他们使他们的信仰实际化，在仪式和祈祷中表达它们，而不是使它们理智化，在教义和神话中思考它们……一旦我们把赞德词翻译成诸如"神"、"灵魂"这类英语词汇，这些词汇激起的观念和情感已经使我们渲染了对阿赞德人认为它们所具有的意思的理解。②

不得不承认，埃文斯 – 普理查德对传教士观念的批驳，依然可以放在布朗开拓的民族志的批评传统。布朗批评传教士把安达曼岛人的神话、仪式关联的信仰系统放在基督教的体系：天堂与地狱之分，实际上安达曼岛人的信仰不是这么一回事。他和布朗解释立场的不同在于，布朗把仪式、

---

① 埃文斯 – 普理查德：《论社会人类学》，冷凤彩译，世界图书出版公司北京公司 2010 年版，第 261 页。埃文斯 – 普理查德对列维 – 布留尔十分欣赏。布朗大力推崇涂尔干，埃文斯 – 普理查德发现列维 – 布留尔的理论价值，似乎是一种隐晦的"反其道而行之"。

② 同上书，第 258—259 页。

神话归于神秘的道德力量，沿袭了涂尔干的社会崇拜。埃文斯－普理查德则把这种从观念到表象的解释路径暂时抛开，而是看宗教、巫术牵涉的观念是如何在社群的生活中展开的，被使用的（不仅包括仪式的实践，还包括日常语言的片语），并且赋予理解的。他抛弃了宗教学理上的束缚，而直接考察仪式、生活与社会关系之间的联系，既"信仰实际化"的状态。这就体现出埃文斯－普理查德的解释主义的立场，他不仅抛弃了传教士观念的影响，也抛弃了隶属白人的宗教理论的束缚，思考的是理论如何更贴近生活的本源，翻译如何贴切词汇在当地的含义。埃文斯－普理查德以不那么激进的阐释主义的立场，将他对词汇、观念的理解温柔而又不厌其烦地缕析出一个层次复杂、含义丰富的表述系统。正如他所说，"任何全面的阐释都必须考虑所有文化上的相互关系，这是一项在此不可能完成的任务，必须等到对赞德社会进行彻底的论述时。但即使在这个地步，一个人可能尝试用基本的方法分析在什么情况下 mbori 被祈求，甚至去说明宗教范畴间的一些逻辑—情感的互依性。"① 如果说第一句话表现了埃文斯－普理查德激进的阐释主义的主张；第二句话则发生了与后来的格尔茨的"文化的阐释"的区别，埃文斯－普理查德还是希望将阐释的目的回归功能—结构主义的理性视野当中，谨慎地实践功能—结构主义的理论价值取向，例如先要有一个类似"裂变支"这样的对社会结构的理论模式的建构。地方性场景的考虑、实际的应用、他者的主体性等阐释主义尊重的因素，服务于语言、实践与观念的一致性。仍旧需要方法论介入，把情境变化描写清楚、交代透彻。从这个意义而言，普里查德的解释主义主张透露的是理性与感情的平衡。

　　为了论述埃文斯－普理查德的解释主义的立场，最好的文本莫过于格尔茨在《论著与生活》对埃文斯－普理查德对非洲的写作策略进行的剖析和批评。从中可以看到格尔茨对普里查德的解释主义的理解态度：现实主义的写作风格有着先入为主的强势。埃文斯－普理查德的民族志文本清晰、平实，没有犹豫、附加的脚注、不确定的试探。格尔茨用"当然"来形容这种确定无疑的口吻。这种清晰、平实的、一览无余的描述占据了

① 埃文斯－普理查德：《论社会人类学》，冷凤彩译，世界图书出版公司北京公司 2010 年版，第 259 页。

写作的主体，与此相反，格尔茨在《尼家拉》对仪式的描述中，却铺陈着大量的脚注。这种截然不同的写作态度表达了埃文斯－普理查德在他的田野点对认知他的田野报导人的自信和文化代理人的自谦。也就是说，关于表述的正当性不容置疑，不会作为写作的前提存在。这种自信的先入为主，例如我告诉你努尔人是怎样的，我描写的就是努尔人是怎样的，努尔人当然就是这么想的，我把我的所见所闻，也就是他们所思所想所做的忠实记录下来。格尔茨把埃文斯－普理查德的写作风格定义为可视性品质。可视性是通过三个途径建立起来的：1. 照片；2. 线图；3. 图表。综合而言，格尔茨把这种可视性品质形容为幻灯片效应。"埃文斯－普理查德民族志展示路径的最主要特征及其说服力的源泉在于他构造文化现象的可视性呈现——人类学幻灯片——的巨大能力。"[1] "插图，包括照片、线图和图表，是埃文斯－普理查德民族志的组织力量，主要通过明确的形象概念来推动，它更像是风景画组合，而不是神话（日记）。最重要的是，它努力于使令人费解的问题变得清晰。"[2] 分析了可视性品质之后，格尔茨开始分析促进可视性品质的知识生产的根源是什么。格尔茨发现，通过幻灯片放映，他者任何不可理解的政治、文化都变得可以理解。什么奥秘呢？那就是如何在国家、理性、宗教缺席的情况下理解部落的架构、巫术和信仰。埃文斯－普理查德给这样的异文化一系列的概念工具，来祛魅异文化的光怪陆离的色彩，"翻译"的结果竟然接近"心理一致说"：他们与我们的差异，无论多么引人注目，最终都算不了什么。格尔茨把埃文斯－普理查德的这种文本建构策略称为"阿科博现实主义"（阿科博是埃文斯－普理查德作为一名丛林非正规兵在苏丹活动的一个地名）。

对普里查德的文本建构策略全面进行剖析后，在文章的结尾，格尔茨才集中提出他所在的真实处境和反思余地，总体含义是埃文斯－普理查德的时代一去不复返，今天我们面对的是一个全新的作者与他者的复杂书写关系。

---

① 格尔茨：《论著与生活——作为作者的人类学家》，方静文、黄剑波译，中国人民大学出版社 2012 年版，第 92 页。

② 同上书，第 97 页。

阿科博现实主义给予埃文斯－普理查德的信心在许多人类学家看来越来越不可及。他们面对的社会是半现代半传统的，面对的田野工作状况具有惊人的伦理复杂性，面对的描述与分析进路繁多且大相径庭，面对的主体能够而且的确为自己说话。不仅如此，他们还会沉重的内在不确定所钳制，几乎陷入一种认识论臆想，质问人们如何知道自己所说的其他生活方式的一切在事实上的确如此。信心的丧失及与之相伴的民族志写作危机，是当下的一种现象，也源于当下的发展。这是我们现在所面临的，但不是埃文斯－普里查德爵士所面对的。①

从格尔茨对埃文斯－普里查德的系统批评可以看出，恰恰是埃文斯－普里查德秉持的在经验翻译的基础上进行综合和抽象的加工，使其呈现出处于裂变动力的亲属制度与政治组织相互叠加的社会结构的均衡状态，以及巫术和巫医、魔咒、神谕之间的相互依赖关系，这种理论建构透露的感性与理性的均衡，把作者完全当作认识论的客体或参与认知过程的客体来处理，构成了格尔茨的批判靶子。在翻译的基础上进行综合和抽象的加工，埃文斯－普里查德秉持的解释主义的立场，与格尔茨的阐释学究竟在何种意义上拉开距离，通过格尔茨的这篇文章，可谓一目了然。但是我认为，格尔茨的这篇文章仅仅是放大了普里查德的幻灯片映像，而忽略了埃文斯－普里查德虽然作为英国殖民者、军事活动的一员介入非洲腹地，不仅仅发现他的田野报导人"在战争中很有用"，而且在朝夕相处中培育了作者和田野报导人的深厚的友谊，作者对殖民之前的非洲同胞的同情跃然纸上，尤其是他对于部落头人的深厚感情和敬仰。这种感情和敬仰从神圣王权的研究中真切而不乏惋惜。

在殖民角色的扮演中，埃文斯－普理查德和拉德克利夫－布朗有联系也有差异。布朗认为，人类学应该服务殖民统治，扮演像殖民机构官员一样的管理和教化角色。埃文斯－普理查德则有所变化，他在学术的解释立场上已经转向了对象世界的认知、经验、情感与信仰世界，在学术的政治工具立场上显然又倾向于关怀土著的命运。当然相同的是，他们的人类学

① 格尔茨：《论著与生活——作为作者的人类学家》，方静文、黄剑波译，中国人民大学出版社 2012 年版，第 102 页。

事业都隶属于大英帝国的殖民统治。而且普里查德在非洲军事活动与政治调节的核心任务是培植非洲殖民地的亲英倾向（驱赶意大利人），巩固英国的非洲殖民地势力。但是就学术的解释立场而言，他对土著的同情、对头人的敬仰同样也和政治无法分离。玛丽·道格拉斯评价他说："他的民族志研究是一个个清晰的故事的描述，没有省略什么、没有扭曲什么，也没有增加什么不公允的内容。"①

---

① 穆尔：《人类学家的文化见解》，欧阳敏、邹乔、王晶晶译，商务印书馆2009年版，第183页。

第三章　法国人类学

　　罗伯特·帕金对法国人类学进行了细致的梳理和评价，他梳理学科史的方法是思想史，不过他也兼顾到群体、派系和机构。在论述思想史的时候，他同时开辟一条线索：田野调查的展开与发展。除了学者个体的调查，还包括博物馆和田野调查的支持关系，其田野作业传统是探险式的短期造访的集体作业模式，从格瑞尔组建的非洲田野团开始，到列维－斯特劳斯组建的巴西探险队伍，长期的社区调查始终没有建立起来。当然，帕金更关注的是文化理论和观点，他提出一个富有意味的看法：理论和民族志之间存在的鸿沟与断裂。由此，他对于法国人类学打了一个问号：一种法国式人类学传统？这种鸿沟或断裂具体概括如下：1. 民族志的反理论性。民族志没有理论野心，以描写事象见长，表现出卓越的民族志品格。2. 基于民族志的理论的创造。3. 田野作业开始的晚。马林诺夫斯基式的田野工作只有到了第二次世界大战后才真正被确立为常规。早期的田野作业者，例如范·甘那普被涂尔干的社会学派轻视和不齿，但在法国人类学的总结中，帕金给予了高度评价。

　　　　它在理论与实践之间以及教学与研究之间的分离，它所具有的可观的理论延续性，以及它相对来说较晚的学科建制以及田野工作转向都使得法国人类学可以声称自己是一种具有真正独特性的国别化人类学传统……法国被列为当今世界最重要的社会思想和民族志实践生产者之一，实属实至名归。①

---

①　巴特等著：《人类学的四大传统》，高历中等译，商务印书馆 2008 年版，第 303 页。

　　姑且把理论与实践的分离、理论与民族志的鸿沟与断裂看作是民族志和理论的分工：民族学者搜集资料，描写清楚事象，提供清晰的细节和整体。由书斋里的学者进行二次加工和分析，将细节和事象塑造为社会整体，提炼出社会理论。在涂尔干那里是社会学家，在莫斯这里则成为了人类学家。他们一脉相承的地方是探索集体观念形成的社会机制是什么，用集体表征的办法，探索现象背后的实质，所以罗伯特·帕金称涂尔干的社会学派有本质主义的色彩。莫斯将集体观念的宗教路径转化为巫术和献祭，并进而挖掘更为世俗化的礼物交换，引出整体交换的概念体系。莫斯的治学风格表现出来百科全书式的博学和旁征博引。他擅长举例，信手拈来，然后把案例迅速组织到社会分类的体系中，用来说明整体观的模式。他的写作担负了整理遗稿的工作，许多没有写完的文章最终由他来执笔完成。写作风格有时候竟像是一个模子刻出来的（例如于贝尔仅仅是导言的文明，由莫斯完整诠释与演绎），印证了亲密无间的同事兼知己之谊。第一次世界大战后，他忠诚地担负起涂尔干创始的法国年鉴学派未竟的事业。

　　笔者对两次世界大战前后的法国人类学的书写以三个人物串起：涂尔干、莫斯和列维－斯特劳斯。关于法国人类学的两点独特性：理论与实践的分离、理论与民族志的鸿沟，并没有作为问题意识进行全局观照。笔者关照的是学术思想和社会危机之间的回应关系。例如涂尔干、莫斯和列维－斯特劳斯，他们各自的思想有着回应不同阶段的意识形态危机与现实困境的人类学的担当性和使命感（the burden）。这并不是说理论与民族志之间的分离、鸿沟和断裂引发的认识论和民族志写文化的讨论不重要。相反正是因为这种法国式的人类学传统，理念才变得至关重要，成为民族志实践的精神和意志。① 虽然英国人类学者都多少会用非西方社会作为欧洲社会的否思，但是对宗教有如此深刻理解，且第一次世界大战和第二次世界大战前后认识论传统发生如此大的否定：列维－斯特劳斯拆解了表象折射本质的理念体系，将理念看作意识形态，只有法国的人类学才会表现出

---

　　① 这样就出现了被英国人类学诟病的用民族志经验来论证理念，英国人类学者最为拙劣地是用科学实证主义的方法斧正涂尔干和莫斯在《原始分类》探讨的社会组织与认知分类建立的对应关系，指出存在大量的谬误，无论是民族志材料，还是事实本身。即根本不存在社会组织和图腾观念体系如此和谐的对应关系。对于列维－斯特劳斯而言，民族志只是理论的事后证明。怪不得格尔茨会批评列维－斯特劳斯的神话研究是炼金术。

如此坎坷多艰、但是生命力顽强的理性之光。涂尔干用社会团结的整合力量应对欧洲社会的社会危机和分崩离析的状况使笔者联系到了中国改革开放以来个体与社会所处的相似困境，集体观念的缺失也可以表达为信仰的空洞，映照着市场的消费运动和不可抵抗的物化的力量。莫斯表述了互惠、和平与国际社会主义的关联，废墟中的欧洲社会汲取非西方社会承载集体观念的献祭、巫术与全面交换等淳朴"古风"，走出文明的忧患，保持技术的信念和跨越民族和国家藩篱的超社会体系的全球化延伸趋势。列维－斯特劳斯又是从文明毁灭的悲观气氛中完成"野性的思维"的思考，脱胎于列维－布留尔的前逻辑思维与科学的分类，他将前逻辑思维演变为理智的思考，是有益于思考的（good to think），而非有益于吃的（good to eat），从而开始了结构主义的实验。他这样全力以赴地解开原始思维的深层结构，目的就是在"原始社会"的理论困境中找到"野性的思维"继续存活于神话和图腾的独立世界。他开辟了象征与社会的议题，他祛除集体观念当中的涂尔干式的神秘和迷狂的成分，他进一步解除巫术和心理学结合起来的莫斯式路径，建立了宗教、婚姻和亲属关系的转换关系、神话与仪式的对应关系以及观念和社会组织的分类的对应关系。上层建筑与经济基础的转化、上层建筑对经济基础的掩盖与否思，告别了涂尔干的社会学派，奠定了结构主义的地位。他不相信遥远的文化是闭塞的、封闭的，恰恰相反，是相互交流的，并且相互借用，他接受了部分的传播主义的观点，他主要探讨临近社会是如何通过神话、仪式和面具等象征系统维系联系与差异的关系。他反复说明，没有一个社会是孤立的。一方面，结构主义走了"去政治化"的道路；另一方面，又使萨特意义的发展观根深蒂固的自我膨胀的主体论（个体能动性）破产。他是反人本主义者，他是悲观主义者。莫斯从文明的忧患中继续迸发的技术的信心和文明的进步，即涂尔干和莫斯共有的温和的进化论思想在他这里消失殆尽。列维－斯特劳斯从消极的角度（降低人的主体性，将人降至自然与文化的中介状态，回到裸人和制陶的新石器时代），捍卫他者的生存权和守望尊严。① 在

---

① 所谓消极的角度，指的是经过了战争的破坏和战后发展对"原始社会"的大肆破坏，他对文明的失望、对涂尔干理论信仰"我不相信"，第二重含义是 1968 年法国学生运动，他不参加，只是淡淡地说"运动把周边的环境破坏了"。

《嫉妒的制陶女》当中，他解决了内容与形式的关系，他解决了意义的方法论问题。如果说列维－斯特劳斯的结构主义表现出了"去政治化"的文化撤退路线，那么他真正的政治呼声从保存文化多样性、反种族主义、进步主义的怀疑论者那里，以人类学的学科名义，以倒退"冷社会"的方式表达对文明的反思。

在论述其他英美学者与结构主义的对话关系时，笔者引入了利奇、萨林斯、玛丽·道格拉斯、特纳这四位学者。利奇进一步摒除了形而上的因素，恢复了一定程度的生理和情绪的因素，例如身体动作，非语言交流系统，讨论代码和交流的关系。但是利奇处理自然与文化的关系与列维－斯特劳斯大相径庭，他把不确定的控制力量驱赶出去，秩序如此清晰，就像电灯开关一样，一按下去，电灯就会亮。列维－斯特劳斯对非语言交流系统仍旧犹豫不决，他只能含糊不清地把情绪、情感和生命冲动归入"能指剩余"的口袋，通过神话或巫术宣泄出去。利奇虽然在交流的理性恢复了部分的人的指认能力和控制欲望（列维－斯特劳斯取消了作为写作过程的作者的主体性），不过他的贡献却在于对待社会变迁的态度，他以动态平衡论来迎接社会变迁，推动社会变迁，这种开放的态度，对于功能—结构主义的民族志呈现地方的封闭边界，已经发生了巨大的变化。萨林斯将列维－斯特劳斯所言的上层建筑和经济基础的转化关系上升到了文化决定论的地位，这样对照，就能看出列维－斯特劳斯说他的结构主义是唯物论的原因了。玛丽·道格拉斯在世俗化取向上做了较大努力的结构主义的日常生活面向，但是她向涂尔干致敬，她把被利奇驱赶的不确定的控制力量转变为制度的威胁，讨论应对边界与污染的巫术唤起和仪式征召。在《制度如何思考》中，她再一次把集体观念的存在问题摆在了现代人秉持的个体主义的制度理性面前，回归科学发明的重复性和偶然性负载惯例和累积传统。特纳是真正意义上把情绪、激情和生理反应以及不可控的情感因素作为主体来对待的，他引用结构主义，借鉴结构主义的二元对立的思维方式，将万事万物的二元性社会的观念分类与意动联系起来，意动激活了行动与结构的关系。他把结构指向革命，直言不讳：象征创造社会，很多方面的反叛力量都转化为积极的结构的动力系统。特纳可以说是象征人类学的代表，将函数关系运算得出的集体无意识，拉回到了仪式展演的场景当中。

一　涂尔干

公共空间在共同体的社会有着悠久的传统，公共空间，是社群的中心。这一点，在人类学家的民族志报告中都有所描述。例如，摩尔根在他对印第安部落的建筑和民居的考察中就论述了公共棚屋的存在，有助于社群生活的延续。[①] 拉德克里夫－布朗提出公共棚屋在安达曼岛人的存在，安达曼岛人的房屋是环状分布的，围绕着中间一块空地。家庭棚屋的旁边有一个公共棚屋，里面有灶具，供从家庭分离出来的单身的青年男子使用。进入成年礼之前的青年女性也从家庭分离出来，寄养在养父母家里。布朗说空地是公共生活的场所。是氏族举行跳舞、歌唱的地方，也就是举行仪式的地方。大多数仪式通常在这里举行。例如成年礼、婚礼、和解仪式、葬礼结束后与族人的团聚等等。缺少了舞蹈和音乐，是不可想象的，当然，也缺少不了哭等仪式规定的情绪或感情。布朗说，哭是仪式的一部分。[②] 人类学对于公共生活的描述是和仪式联系在一起，构成了历史悠久的社群传统。

这一传统在现代社会发生了变化，现代社会定义它自身的公共生活，公共领域发生了巨大的变化，公共领域和博物馆、图书馆、市政中心、歌剧院、大学等政治、文化、艺术建筑联系在一起的。可是现代社会的公共空间究竟如何在宗教精神与氏族社会的公共空间联系在一起呢？涂尔干对此进行了论述。

民族志对仪式的关注来自涂尔干。涂尔干对原始社会的公共空间有着详尽的描述，它往往是仪式举行的神圣场合。这个地方叫作"圣地"，多选在山川河流的交汇处。布朗将涂尔干的社会理论做了"世俗化"的田野情境的扮演。事实上，并无法完整地表达涂尔干对宗教、仪式和人群关系的集体表象的本意，反而受到科学实证主义的削弱。甚至有"功能化"的倾向，造成了英国功能—结构主义的通病，精致的社会结构模式与现实生活的抽象化关系，实际上抽离了涂尔干的本意：集体观念与群体之间的息息相通，仪式对神圣情感的表达。神圣意味着禁

---

① 摩尔根：《美洲土著的房屋与家庭生活》，李培茱译，中国社会科学出版社1985年版。

② 拉德克里夫－布朗：《安达曼岛人》，梁粤译，广西师范大学出版社2005年版。

忌与圣洁。它需要消极仪式和积极仪式的实践来安排神圣空间介于理想与世俗之间的状态。充满了乌托邦的理想，指向未来，但是又活在当下。这种集体观念"无影无形又无处不在"的特质如何具体化？首先在公共空间的开辟上就形成了本质的待解决的问题。既是技术的，又关乎抽象，既是实在的，又是宗教的，因此，涂尔干对集体观念采取了双重性论述，恰好捕捉了公共空间集合宗教与仪式以及象征符号的交流，指向世俗的超越力量。神圣既是与世俗对立的，又是世俗的彼岸，但是绝对不是脱离世俗的。相反，作为集体观念，它俯瞰苍生，慰藉子民的苦痛，孕育成员的情感，培养个体的道德情操。经过漫长的积淀与渗透，古老观念残留为个体不可缺同样也是无法抗拒的社会本能。就是这些残存的社会本能，表达了人类自远古时代遗留下来的对宗教情感的敬畏，揭示了原始共同体的本质。为了实现神圣与世俗的秩序安排，涂尔干论述了氏族生活的双重性：澳大利亚人的生活是由极为不同的两部分构成的：一部分时间他们用于打猎、钓鱼和战争；另一部分时间用于宗教崇拜活动，这两部分是互不相容、互相排斥的。[①] 集体观念弥散于世俗生活，人生活在宗教之中。但是世俗与神圣又有边界。这样才能保持社会的平衡与稳定。集体欢腾可以把日常生活的平庸、麻木及时地驱赶，唤起情感，转化为力量。因此，适当的仪式生活不仅能够帮助人们恢复精神，不丧失激情，是对世俗的调节，同时也是对世俗必要的补充，是民族性（或种族）发达的根源。氏族社会的仪式包括成年礼、追忆祖先（讲述祖先的故事，让族人铭记本族的光荣传统）等集体仪式。

结构—功能主义没办法把这种介于宗教和科学之间的"整体社会事实"表达出来，只能代之以功能性的相互联系的社会制度或结构。从中也能看出英国经验—实证主义与法国理想—实证主义在人类学或民族学的区别。

问题不在于事实正确与否，在于涂尔干以造物主的技法创造社会组织与认知分类的和谐关系是为了指出：时空观本身就是世界的想象方式，因

---

① 涂尔干：《宗教生活的初级形式》，林宗锦、彭守义译，中央民族大学出版社 1999 年版（2002 年重印），第 338 页。

此每个民族都是世界的，按照"心灵同一说"，世界性的部落或族群随着地理屏障的打破、社会分工的融入、城市的扩张，相对自足的文化边界能够在接触和交流中发展出共同的目标、共同的价值和共同的情感。从中可以看出，涂尔干对偏狭的民族主义、地方主义的批判，普遍主义建立在原始社会——共享的一致的社会的基础上。它由普适性概念组成：社会分工，社会团结，集体观念，集体表象等。① 因此，现代社会区别于氏族社会的地方也就是分工的细化与否，组织单元的异质性与否，专业化创造的个体自由有多大空间，个性的多样性等。但是现代社会在享受技术的发达带来的高度的物质繁荣的同时，随着宗教的瓦解，集体意识的消逝，现代社会也缺失了现代性带来的个体解放（多样性、差异、分化等）的整合力量。这就是摆在涂尔干面前的课题。涂尔干不得不思考道德的困境，实际上是共同体即将被以社会分工为基础的现代社会交换体系替代的命运。这也是他在转向宗教起源研究之前写作《社会分工论》《论自杀》和《社会学的一般方法》的状态：对现代理性的自信，温和的进化论，以及作为进步主义的信徒。但是在面对人心涣散，私利泛滥、道德焦虑和精神缺失的现实处境时，涂尔干无法满足于职业伦理和职业道德构成的"局部"范式，他思考的是即使有了分工的完满，合作的关系，就说明这是一个好社会吗？幸福与快乐绝对不是同一个含义。生意合作与既对立又联系的胞族亦不是同一个层次的交流内容。因此，后期的涂尔干开始转向乱伦禁忌、原始分类乃至原始宗教，并且占据了他十多年的精力，不可谓巨大的理论转向。这一系列研究，崭新的社会理论体系逐渐成形，它恰恰是在现代社会的社会缺失的道德危机激发而来的，这个时候的涂尔干，热情而富于想象，感性而又偏爱理性，注重情感而又敢于释放激情，应该说，涂尔干对现代社会的社会缺失困境做出了巨大的贡献。他思考现代社会如何建立神圣与世俗的二重性社会，打通氏族社会与现代社会的共享价值。晚年的涂尔干，停留于被泰勒称之为"遗留物"的地方，即进化过程中仍旧残留的被看作野蛮、落后的观念、惯习和风俗，涂尔干通过这些残留表象看到了集体观念，并加以热情的讴歌和扬弃。涂尔干的这一系列努力可以

---

① 普适性概念被广泛接受和单一的民族国家有很大的关系，阶级问题和民族问题相较，民族问题几乎不存在，那么面对的就是社会危机和分崩离析等社会问题。

看作是搜集"返祖现象"的事实与证据，开始"返祖"的撤退，寻找现代社会被无神论、个人欲望和需求吞噬的救赎的可能①——重塑集体意识是民族国家的使命所在。

涂尔干在"集体欢腾"当中详尽地描述了人们聚集公共空间的盛况。"由于成年礼是部落礼仪的重要形式，因此只有在这种场合才有可能产生部落神话……成年礼的目的恰恰就是制造人。"② 他将氏族社会的宗教传统移植到现代社会，指出发扬民族国家的爱国主义传统是振兴法兰西民族精神的强心剂。首先这一思路是混合性质的，混合了威权主义和法国大革命赋予法兰西的革命传统。其次这一思路是超自然的，为了神圣空间的缔造，社会的二重性，民族国家的时空观需要加以注入，以象征为媒介，节日、风俗、仪式、庆典需要形成系统的社会道德规范，培养集体情感，以国家替代氏族的集体观念，建立国家与个体的认同。这就是涂尔干所说的民族国家的爱国主义传统。正如制造"新人"的成年礼在氏族社会发挥了重要的情感激励作用，民族国家也要寻找爆发"集体欢腾"的仪式、庆典，使得爱国主义强烈的情感能够融合个

---

①　19 世纪末社会分化严重，自由主义陷入危机。社会主义应对自由主义的危机，赢得了底层民众的支持，但是阶级斗争的实践指导也带来诸多问题，使得社会主义革命理论总是陷入失败、暴动与复辟的再循环中。马克思、涂尔干和韦伯都先后放进了相似的命题之中：面对自由主义的危机，剩余价值的再分配、社会整合、国家干预都出了自身的回答。奇妙的是，要研究这一问题，首先要从现实剥离出意识形态开始。三个人都遵循了这一规律。马克思的《德意志意识形态》，涂尔干的《原始宗教的一般形式》，韦伯的《新教伦理与资本主义》，都是对意识形态的卓越分析。只不过，涂尔干进行的要缓慢一些，他从集体观念的起源入手，才找到了意识形态的成熟感觉。马克思早年的意识形态研究沿袭了康德、费尔巴哈的传统，有"唯心"的痕迹。但是在着手商品价值的分析之后，马克思抛弃了探讨现实与意识形态关系的工作，将意识形态看作是物质基础之上的上层建筑，以生产为中心，将工人阶级的消费惯习、闲暇和亚文化看作是道德堕落的来源。韦伯发现资本主义价值观的起源，继续着手"为何资本主义诞生于新教国家？"的文明比较工作，强大的问题预设在接触异文化的经验、心性和传统的时候也并不是得心应手。不得不放弃意识形态的课题，转入经济与社会的关系。韦伯从探讨城市的起源开始，提出市民社会的概念，目的却是国家如何干预市场，而非放任市场和资本的膨胀，将资本主义制度与官僚制捆绑起来，将政治权力与经济联系起来，提出有利于资本主义发展的官僚制和利益团体代理人的代表制。我们看到，韦伯集中解决的是支配权力与干部问题。涂尔干集中解决的是法人团体与社会权威服从问题，动员群众权力但是又"强制性"命令群众权力就范。马克思以资本主义的批判逻辑发展斗争哲学，解决工人阶级的主体性问题。可以看到，三大古典社会学理论均发展出"群众权力进入历史舞台"避免成为"乌合之众"的强大理论指导，解决自由主义危机的出路问题。

②　涂尔干：《宗教生活的初级形式》，林宗锦、彭守义译，中央民族大学出版社 1999 年版（2002 年重印），第 326 页。

体的差异，通过集体观念的传染性，达到仪式的高潮。例如"升国旗"的仪式占据了公民心目中的神圣感。整体而言，涂尔干呼唤的是民族国家神话的复兴。

在结论中，涂尔干这样深情地写道：

> 我们现在正处在一个精神平庸的过渡阶段。古代的神已经衰老或死亡了，其他的神却还没降临于世……总有一天，我们的社会将重新出现富有创造性的兴奋时刻，到那时候，会再次出现新的理想和能够在一段时期内指导人类的新的箴言。一旦这种时刻过去，人们就会本能地认识到需要不时地从思想上使它们得到再生，这就是说，通过宗教节日的形式回忆兴奋时刻，这些节日能使人们定期重新获得那种兴奋状态所产生的效果。我们已经看到大革命是如何建立起一系列节日的，以使大革命受到启示的原则处于一种永恒不衰的状态。如果说节日不能延续下去，这是因为人们对这种革命的信仰只维持了一段时间，同时也是因为人们在革命初期的狂热崇拜状态之后很快就产生了失望和气馁。但是，尽管这种变革失败了，它却能够使我们想象在其他条件下这种变革可能会怎样，并且使我们确信有朝一日这种变革一定会再次出现。①

这段话处在 19 世纪末民族国家复兴的萌芽阶段，涂尔干深知事物的本质，却没办法获得发达的象征的想象力（除了上文提及的国旗，占据涂尔干的象征灵魂，其他表现新的信仰的象征物的形式尚无条件出现）。革命将空间的象征权力从资产阶级的手里夺过来，破坏拿破仑的象征，发扬了节日传统。这在大卫－哈维的《巴黎城记》有着详尽的描述。经过民族主义的收编，在国旗的感召下，法国在一战以伤亡 350 万人的代价取得了毫无矜夸的胜利。法国社会学年鉴学派因为成员的损失被迫停刊，涂尔干的社会理论至少从象征层面唤起个体自觉担负的对国家的献祭使命濒临瓦解，也就是涂尔干社会理论当中的本质主义产生了质疑。经过一战的

---

① 涂尔干：《宗教生活的初级形式》，林宗锦、彭守义译，中央民族大学出版社 1999 年版（2002 年重印），第 476—477 页。

洗礼，现代性危机在欧洲大陆初步流露。①

正如雷马克在《西线无战事》中所描述的那样：

> 战争把我们的一切都毁了。我们已经不再是青年了。我们不愿再对这个世界发动进攻。我们是逃兵。我们躲开自己，躲开我们的生活。当时我们才十八岁，刚刚开始热爱这个世界，热爱生活；然而我们不得不对它开炮。那第一颗打来的子弹，击中了我们的心坎。我们与行动、追求和进步割断了联系。我们再也不相信它们了；我们相信战争。②

> 人们无法理解，在这样支离破碎的身子上面居然有人的脸，而生命每天都在那里面延续。然而这仅仅是一个野战医院，也仅仅是一个病区——在德国有成千上万，在法国有成千上万，在俄国也有成千上万。既然这样的事情都是有可能的，那么所有已经写出来、做出来和想出来的一切是多么没有意义啊！既然几千年的文化根本无法阻止血流成河，无法阻止成千上万个折磨人的监狱的存在，那么一切必定都是谎言，都是无关紧要的。只有野战医院才显示出什么是战争。③

纳粹复兴了象征——现代主义（或曰摩登）与国粹（或曰复古）的结合，创造了纳粹的新古典主义，在公共空间遍地开花。涂尔干想象的乌托邦是面向未来的，缅怀的过去停留在法国大革命。德国民族主义指向的是过去，追溯到古希腊时期，种族起源于雅利安人。

---

① 19世纪末的维也纳在少数精英群体已经开始了现代性危机的实验。文学、建筑、绘画、音乐、犹太复国主义和弗洛伊德的精神分析，惊世骇俗而又独树一帜。由于它们还是凤毛麟角，遭到了资产阶级道德猛烈抨击。一战之后，文明与谎言不分，通货膨胀，经济萧条，这股发生在少数异教徒的反叛，逐渐普遍开来。我们看到，19世纪末在维也纳、法国等国家兴起的排犹主义已然导致欧洲文明的离心倾向，只不过暂时统一在民族国家的旗帜下，被知识精英的普遍主义抵制。但是发展到20世纪30年代经济大萧条，排犹主义再一次抬头，而且很快和参加一战但是失去一切的退伍士兵滋生极大的不满相结合，希特勒即为其中一员。魏玛共和国推翻，纳粹上台是迟早之事。关于19世纪末维也纳文化界的情况，参见卡尔·休斯克：《世纪末的维也纳》，李锋译，江苏人民出版社2007年版。

② 雷马克：《西线无战事》，李清华译，译林出版社2001年版，第65页。

③ 同上书，第185页。

纳粹之所以复古，其实是要说明的是，整个欧洲人种都被其他劣等民族污染，因为，他们要追溯远古的文化传统，建设远古的社会。整个德国从18世纪就开始了浪漫主义思潮，又称"狂飙突进运动"。该思潮要求德国人追寻德意志浪漫之根。19世纪，荷尔德林的希腊样式勾起了德国人关于德国文化源自希腊，德国人种源自雅利安的神奇联想。但当时的公共性规范和实践条件并不完备。社会利益集团并没有充分进入魏玛民国的论辩之中。犹太人和共产主义团体在辩论中失声，而中间政治力量在右翼的民族主义绑架下，走向极右。[①] 如果公共性变成了无限度的参与，本身会很危险，也就是说，公共性变成了多数人屠杀少数人的工具。如果公共性源自共和的话，那么失去法治边界的公共性本身，损害的公共性本身，也就破坏了共和的理想。虽然，精英主义在面对冲击的时候得到瓦解，问题是与精英文化相关的文明是否应该彻底毁灭？在纳粹的操作下，公共性演变为排他性的民族主义，以排他性为统治的合法性基础，实践国家社会主义，反特权阶级、反自由主义、保证被垄断资本牺牲的小业主的利益，实践平等的价值观等，阶级与民族主义的结合产生了巨大的群众动员力量（解决了涂尔干未能触碰的群众动员机制）[②] ——与排犹主义推行的犹太隔离区、集中营和种族大屠杀形成了鲜明的对比。自私的集体意志被架在战争的车轮上，从一个胜利走向另一个胜利，构成群体效忠、服从与膜拜

---

① 巴黎公社失败后，法国依旧是共产国际运动的中心。第二国际即"社会主义国际""社会党国际"，1889年在巴黎开第一次大会，通过《劳工法案》及《五一节案》，决定以同盟罢工为工人斗争的武器。欧战时各国的国家社会主义派违背了"非战"的决议，反而帮助资产阶级去从事国际战争，于是第二国际几同无形消失。欧战终了，各国社会党会议，通过《拥护国际联盟案》，并筹备恢复第二国际。1920年在日内瓦召开大会，第二国际才恢复起来。第二国际并未正式宣布解散，只是停止活动，但列宁在1914年8月4日德国社民党议员在德国国会投票通过军事预算案消息后，宣布："第二国际已死，第三国际万岁！" http://zhidao.baidu.com/question/48362519.html。"修正主义"就是从列宁对第二国际的批判开始进入共产国际的革命词汇当中。第二国际内部分化，遭到了共产党成员的激烈批判，元气大伤。自纳粹推行极端的国家社会主义以来，对第二国际极度失望的部分共产党成员加入了纳粹阵营，其他人流亡，第二国际名存实亡。1919年第三国际在莫斯科成立。第二次世界大战爆发，法国沦陷，法国共产党组织才真正活跃起来，加入抵抗运动。这个时候的法共受第三国际指导，说明共产国际中心向苏联转移。同时期受第三国际密切指导的还有中共。

② "涂尔干对待人群的态度是积极的。正是仪式上那种将人群聚集在一起的狂热催生了宗教观念。涂尔干将人群看作是——以宗教会众的形式——把它视为有序的、一致的社会生活的基础。"巴特等：《人类学的四大传统》，高丙中等译，商务印书馆，第216页。

"元首"的唯一条件。

勒庞在《乌合之众》这样说道：

> 名望是说服群众的一个基本因素。享有名望的人、观念或物品，会在传染的作用下，立刻受到人们自觉不自觉的模仿，使整整一代人接受某些感情或表达思想的模式……名望的产生于若干因素有关，而其中成功永远是最重要的一个因素。每个成功者，每个得到承认的观念，仅仅因为成功这一事实，便不再受到人们的怀疑。成功是通向名望的主要台阶，其证据就是成功一旦消失，名望几乎也总是随之消失。①

正是解决了群众动员机制，以象征、仪式和集体观念为元素的"集体欢腾"才真正复兴，广场政治应运而生。涂尔干的社会理论并没有破产，相反，只有阶级与民族主义的结合，个体被高度地组织化，多元利益群体被仪式高度地统一，国家仪式才有可能成为全体民族成员共同的节日、共同的欢呼和共同的荣耀。纳粹对广场的推崇到了美轮美奂的地步。它从两个层面进行突破：1. 征用过去的传统资源，创造丰富的象征形式，象征主义成为政治强有力的审美工具。即政治审美化。2. 隔离神圣与世俗的边界不复存在，它意味着禁忌包含的社会权威被政治权威毫不留情地践踏，涂尔干曾经警戒社会本能积淀的道德不能被破坏，一旦破坏，就会陷入混乱。然而逝去的古老观念残存的惯习、风俗和道德，使人们在世俗生活中不知不觉地遵守、维护的神圣感，突然之间，在强权的干预下，分崩瓦解。涂尔干所说的社会权威所具有的"强制性"力量，转瞬间化为乌有，纳粹的权力逻辑在于将涂尔干有意"命令"国家、政府或政治等外来权力形式对集体观念的权威保持的谦卑进行了破坏，代之以造神运动，朴素的宗教意识限制于外婚制、乱伦等原始道德意识以及亲密无间的"马纳"灵力被打倒，让位于领袖的神位。也就是说，世俗生活的权力崇拜成为民众与领袖交流的途径时，民众才能得到领袖透过祭拜、献祭等积极仪式显现的"神迹"。可以看到，政治就这样渗透于日常生活，日常生

---

① 勒庞：《乌合之众》，冯克利译，中央编译出版社 2005 年版，第 115 页。

活的理性失去了自在的权利，即日常生活的交流只有建立第三方的仪式联系，才有可能正常交流。当人们在日常生活不知不觉服从的"强制性"力量被"元首"附体，神圣观念弥散于日常生活的惯习、风俗和道德，就被彻底"仪式化"。这一点在《德意志问候》有生动的描述。微笑、脱帽和问候语、招手等自然的问候方式消失匿迹，代之以德意志问候："嗨希特勒！"① 正是纳粹时期，二重性社会的取消，日常生活理性才获得了自身的概念、范畴和特性。以往涂尔干是不讨论这一命题的，因为在涂尔干看来，日常生活是精神平庸的、容易厌倦的、过于私人利益或算计的状态，缺乏集体情感，缺乏集体意识，而且性激情会搅乱大家庭的集体生活。经过了日常生活的"政治审美化"，私人领域才成为对象化的可能。也就是只有经过了类似呼吸、喝水和吃饭这样基本需求的钳制和干涉，日常生活的自在权利才被视为不可或缺的"社会事实"。这一思路从马林诺夫斯基的探讨开始，吃、喝、拉、撒、睡等生物需求的满足填补了日常生活的主体。② 在战争、饥馑时期，有可能成为生存的全部目标和趣味，且赋予了政治之外的自由意志。

独裁解禁，政治从私人领域撤退，伴随世俗生活完全舒展开来，如何思考私人领域根深蒂固的规范、道德迫力，重新沿袭弗洛伊德从无意识入手，观察性冲动目的实现与否的力比多能量与理性的关系，福柯重新解释性经验。20 世纪 60 年代，性解放与女权主义、黑人平权运动联系在一起。私人领域的性政治得到了微观的显现，从中可以看出，愈加微观的个体表象使得私人领域趋向封闭，乃至市民社会对公共领域失去了普遍的兴趣，不乏对政治和极权的厌恶。

广场政治的陨落意味着古典时代彻底死亡，民族国家在公共空间缔造的神圣情感自 19 世纪末西方民族国家复兴到 20 世纪 60 年代反文化运动，经过现代性危机的全面到来，几乎瓦解殆尽，乃至龟缩为局部的政治冲突。群众权力进入历史舞台，以厌倦政治告终。城市化加快，人口流动加快，火车承载民工潮进入城市，给家乡寄回现金。地铁播放的时事新闻吸

---

① 提尔曼·阿勒特：《德意志问候——关于一个灾难性姿势的历史》，孟翰译，江苏人民出版社 2008 年版。

② 马林诺夫斯基：《自由与文明》，张帆译，世界图书公司北京公司 2009 年版。

引毫无联系的人群聚集。人群和城市的关系就像本雅明所说波德莱尔在冷漠的人群中找寻的灵韵。工资、奖金、社会福利成为物质的兴奋。股票、基金和利息刺激政治冷漠的升温。消费领域在大众舆论运用集体意识的传播性：暗示、传染和模仿，在日常消费常态发动节日消费运动，成功地效仿政治的动员机制。权力的空洞已经意味着符号的滑动即可戏弄本质主义，偶然性酿成无法预料的意外，至于"马纳"的力量，从哪里来？

涂尔干在原始宗教的研究留下一个饶有兴味的课题：宗教与经济的关系。他是这样表述的："只有一种社会活动形式还不曾与宗教明确地联系起来，这就是经济活动。不过由巫术衍生出来的各种手法正是通过这里间接地来自宗教。此外，经济价值是一种力量，一种效力，而且我们知道这种力量观念的宗教根源。财富可以给予人类以'马纳'。因此，财富本身必然拥有这种力量。由此，我们可以隐约看出，经济价值观念与宗教价值观念两者必定存在着某些联系。"[1] 正是这种未曾与宗教明确地联系起来的经济活动却是政治意识衰退之后占据的大众宗教。财富通过巫术效力发挥了"马纳"的力量，它具有巫术的实用性和技术性特点，追求直接效果。财富发挥的"马纳"力量几乎无法拒绝：中产阶级用车房消费来补偿生活的挫折。晃动的车钥匙或房门钥匙从贪婪的眼神中焕发了魔力。人类学研究共同体在商品经济的渗透中如何将金钱的"马纳"力量引入宗教，从而驱使神明保护财富的生产能力，应对商品经济的风险。财富从城市产生，它是危险的，本能地寻求共同体的宗教庇护，转移财富的危险，留住有可能离开的"马纳"灵力。因此，财富供养就非常重要。

由于公共空间局限于共同体的宗教权威对外来财富的吸引，世俗与神圣的分野按照自然地理的分布进一步强化。占据城市神圣情感的公共空间，依旧没有超越物质财富的力量。"雷锋"价值观的强化呈现出需要军权稳定社会混乱的策略性均衡。爱国主义传统在整合多元利益群体方面显现出力不从心。可以说，改革开放走过三十多个年头，面对的价值观危机来源于社会主义传统的价值观，如大公无私、无私奉献、已经瓦解，自由主义意识形态深入人心，但是无法提供社会公正、价值批判等公共领域的

---

① 涂尔干：《宗教生活的初级形式》，林宗锦、彭守义译，中央民族大学出版社 1999 年版（2002 年重印），第 466 页。

严肃内容，发达的私德为个体化提供了理论工具，但是恐惧民众，甚至有意识瓦解大众的联合可能，使得威权政府在表达公共空间（集体观念）与人群的关系方面面临以往的社会主义传统体制不会有的交流障碍。但是并不是没有创新性。改革开放以来，市场被引入进来，市场、资本和政府的关系在公共空间建立了模棱两可的"合作"关系。市场和资本在前台，政府引退其后。不过国家社会主义对公共空间的根深蒂固的观念依旧残存：工厂、土地被私有化，以各种形式出现在公众视野，如创意园、娱乐城、房地产开发。公共空间的意识形态由"生产政体"向"去政治化"转型。①

二　莫斯

1. 莫斯论身体技术

马塞尔·莫斯（Marcel Mauss，1872—1950），法国社会学家、民族学家，涂尔干的学术继承人，被尊为法国实地民族学派创始人。1925 年创办巴黎大学民族学研究所，参与编撰涂尔干创立的《社会学年鉴》，与亨利·于贝尔是亲密的同事，与其他国家的博物馆同仁关系密切。著有《礼物》等，在巫术、交换和人观、社会形态学等方面研究甚为独到，提出"社会整体事实"以及"超社会体系"等文明概念，显示了他对社会、集体的关注。身体技术则是莫斯唯物主义的兴趣所在，通过身体技术的民族志材料的比较与分析，莫斯思考日常生活身体技术的范围与作用，技艺以及技术学的设想，表达了他对实践理性的信心与技术未来的展望。

莫斯对身体技术的认识始于他一战期间参军的经历，英、法、德的士兵混在一起，他注意到蹲的姿势有所不同，英国人不会使用法式铁锹，同样在法式的号角声中，英国士兵的步伐会走乱，法国士兵走外八字的鹅步，德国士兵则把腿伸得很长。向后转的技术，英国人和法国人的动作完

---

① 笔者用"文化政体"来代替。市场支配的公共空间，对意识形态方面有何影响？群众参与是否重要？群众参与的主体性是否鼓励？需要指出的是，政府孵化文化资本的动力来源于生产向消费转型，废弃的生产空间通过文化资本的介入可以增加经济价值。但是这类的文化资本能否"孵化"为政府信任并依赖的文化政体呢？看来还有待做个案研究。

全不同。① 正是注意到这些细小的差别，莫斯于 20 世纪 20 年代末开始思考身体技术的问题，即存在一个不使用工具的技术领域。他补充道："我自己曾经提出一些关于身体的技艺及其功能的观点。例如，游泳的技术多种多样，今允许我们借以将所有的文明分类。"②

　　按照他的表述：身体技术指的是在不同的社会当中，人们以传统的方式知道了怎样使用他们的身体。总之，这需要我们从具体到抽象，而不是相反。③ 不使用工具的技术领域几乎是日常生活的惯习，频繁的发生于日常生活中无意识的行为，通俗来讲"吃、喝、拉、撒、睡"，吃饭、睡觉、走路、跑、跳、攀援等，无不是身体技术的一种，同时，我们也感到即便是微不足道的身体动作，也受到文明的控制或约束，使本能接受矫正。莫斯发现：身体技术是心理的、生物的、社会的综合，是总体的人必不可少的，展现了教育、仪式和知识的不同背景。莫斯用惯习来统称。

　　身体技术同时也包含外来的技术引入，引发的日常生活的习惯的改变、风俗变迁。有关身体技术的记忆、风俗变迁往往容易被人忽略。④ 身体技术也包含学习和模仿的试错和尴尬。憨豆先生带着英国人的刻板进入法国餐馆，无法下咽在法国人看来精致的海鲜大餐，反而因自己的无能给他人造成了尴尬。与其吃食物，实质是吃食物的礼仪。再如电视剧《还珠格格》里的"小燕子"闯入宫廷，接受宫廷礼仪的训练，无法穿着旗人的花盆鞋走路。进入另外一个文化后，面对新的规矩和礼仪，首先学习的是身体技术的适应，试错和出洋相是学习必经的一个过程：

　　1. 惯习是习得的，不是天生的。

---

　　① 《莫斯传》里说，莫斯仅仅依据走路的方式就可以把一个英国人和一个法国人区分开来，这得益于他一战服兵役的经历。

　　② 纳丹·施郎格（Nathan Schlanger）编，莫斯等著：《论技术、技艺与文明》，蒙养山人译，世界图书出版公司北京公司 2010 年版，第 165 页。

　　③ 同上书，第 78—79 页。

　　④ 笔者母亲说，她年轻的时候梳辫子，原来是从头发底下开始辫，后来流行"北京辫子"，从高处辫，而且故意让其蓬松，这样辫下来，显得非常精神，非常洋气。使笔者意识到，社会变迁包含着很多逝去的身体技术，这些有关身体技术的记忆是过去的生活的烙印，累积下来，会呈现民众生动的生活图景。关注童年生活和童年记忆正在成为人类学的议题。笔者曾阅读到一篇复旦大学的人类学硕士论文，就是童年生活的民族志记录。在这本民族志中，作者用图片和文字的方式记录了大量的童年时期接触的动植物、游戏和互动活动。申言夫：《流逝的快乐——凤凰村的童年（1985—1995）》，硕士论文，复旦大学，2013 年。

2. 培养：依靠教育和模仿，以及训练。

3. 惯习与礼仪相关。

身体技术是基本的适应环境的动作反应和体系，从身体技术延伸开来，使用工具的范围就涉及技艺和技术。技艺处理的是使用工具的手工艺领域，技艺是传统的效用行为（traditional efficient art）。一种实用的技术有两个根源——动作或者工具的发明以及使用它的传统。确切说，使用本身——而在这两方面本质上都是社会性的物。

如何研究技艺呢？莫斯指出从物与他自身和他行动的关系上认识物。方法如下：a 针对物品本身；b 针对物品和使用者的关系；c 针对物品与所考察的整个体系的关系。

莫斯总结技艺是审美的、巫术的、实效的，艺术、巫术和技术是无法分离的，是有意义的，同时也是有效用的。这就是莫斯所说的实践理性：满足使用工具的人的需求，发挥了实际的效果（奏效），"技艺、物品和动作的共同作用，既充满效用，也充满意义"。莫斯认为：人在创造技艺的同时创造了自身。莫斯信手拈来民族志细节，无不与他对技艺的尊重息息相关。无论工业文明发展到多么复杂的地步，无法脱离的还是手工技艺的基础，莫斯称为技术基础：传统的和实效的，构成了社会生产生活的不可缺少的实践理性。与感情和创造隔离的机械的麻木的劳动，似乎并不能增添人类的高贵之处，反倒是技艺，是人类生活的生命力所在。

从手工技艺到工业技术，这一过程是技术的进步历程，通俗地可以概括为"衣食住行"发生了翻天覆地的变化。随着劳动分工概念的出现，专门技术或者工艺的专门化意识也开始出现。以具有特定用途的特殊化工业为例：耗费（烹饪、饮水）工业，获取工业（采摘、狩猎、渔猎），生产工业（畜牧、农业、采矿业），提供防护和舒适的工业（居住、穿衣），交通工业。电影《亡命速递》有两个"飙车"片段，恰恰是法国导演吕贝松对工业技术的追求和极致想象，展现了退役特种军人从事司机职业具备的专业化技术：驾驶、冒险、打斗以及海陆空出入的活动能力，无不显示了职业化的特征，恰是工业文明对个体素质的塑造与驾驭工具的能力扩展。当然，也可以看到工业文明的反面：物对人的奴役以及人的物化，使现代人不知不觉丧失了手工技艺保持的人使用工具的智慧与创造。

莫斯的信心来自于对技术理性的信任和技术未来的展望，他认为工业技术是大多数人幸福的基础，是促进进步的基本进程。"正是技术在社会中的发展，带来了理性、感性和意志的发展。正是技术使得现代人成为最完美的动物。""要更好地讨论技术的道德、真理、效率、用处和善行。在我们这个时代，工具的力量就是思想的力量，对工具的运用包含道德和才智。"

2. 原始分类

《原始分类》是涂尔干与莫斯的合著，写作时间大致是 1901 年，1969 年由罗德尼·尼达姆（Rodney Needham）翻译过来，并为该书写了长序，"《原始分类》英译本导言"，收在中文版的附录中。

这本书在讲什么？按照尼达姆的说法，社会分类与符号分类的关联，是该书的瞩目理论价值。该表述对应的是涂尔干和莫斯一开始提出的问题：究竟是什么使人们采取这种方式来安排他们的观念的，人们又是在哪儿发现这种独特配置的蓝图的？他们给出的答案是两种方式：一种是通过图腾，一种是通过空间，来安排人们的观念的。他们从澳洲部落发现简单的分类体系，部落—胞族—两个姻族，通婚规则是外婚制。"氏族是由具有相同图腾的个体所组成的群体"。每个个体都有他/她所属的图腾。图腾被看作是所有者与所有物的关系。其次图腾反映了亲属关系的远近亲疏。"澳洲人的本质就在于他的图腾。"① 在复杂的原始概念分类中，往往以空间的形式呈现，例如祖尼人和苏人。区域对应季节的元素和不同的动植物，每个区域还专门有一种颜色，反映出该区域的特性。笔者把书中的这个图表列在下面。

区域	氏族②
北	鹤 松鸡，或雄艾草榛鸡 黄木，或常绿栎树（该氏族几乎已灭绝）
西	熊 郊狼 春草

---

① 涂尔干、莫斯：《原始分类》，汲喆译，上海人民出版社 2000 年版，第 23 页。

② 同上书，第 48 页。

续表

区域	氏族①
南	烟草 玉米 獾
东	鹿 羚羊 火鸡
上	太阳（已灭绝） 鹰 天空
下	蛙，或蟾蜍 响尾蛇 水
中	金刚鹦鹉，整个中心唯此氏族

　　六个氏族，每个氏族都有一个主祭，熊是北方之首，郊狼是西方之首，獾是南方之首，火鸡为东方之首，鹰是上方之首，蛇族是下方之首。主祭就是同属每一个胞族的氏族所信奉的图腾。作者说，以氏族为基础划分世界的做法与以方位为基础划分世界的做法相互交织，融为一体，当然，氏族分类比较古老。猎物也算是一个范畴，分为六类。北方是美洲狮，为黄色；西方是熊，为黑色；南方是獾，黑白相间；东方是白狼；上方是鹰；下方是猎鼹鼠，像地底下一样黑。三种猎物：熊、獾、鹰仍旧是图腾，而美洲狮不过是郊狼的替代。这说明了氏族分类要先于方位分类。

　　区域，以及归属区域的所有事务，实际上是处在对动物图腾的某种依赖之中的。如果是方位分类在前，那么这一切就不会发生。②

　　作者继续描述道，在村落的居住格局中，各个氏族也按照方位居住，发挥相应的功能。当然，不一定是真正的功能，而是象征性的仪式价值。

---

① 涂尔干、莫斯：《原始分类》，汲喆译，上海人民出版社 2000 年版，第 48 页。

② 同上书，第 54 页。

有的氏族负责战争，有的氏族负责和平。一个在左，一个在右。定向是以营地的中心为参照的。这让人想起了男性会所，或者家庭围绕的公共营地。"仅仅对应于与这个中心点相对的前后和左右。"① 举了很多例子后，作者总结出两个胞族扮演不同的角色，独具个性，在居住空间也是对应的，一个定位于这个方向，一个则相反。由此，很多社会都有这样的特征。作者的这一做法，被列维－斯特劳斯称为"空间形态学"。所谓空间形态学的概念就是：存在两种分类类型，一个以部落的法制和宗教组织为蓝本，一个以部落的形态组织为蓝本。前者的框架是由氏族本身提供的，后者的框架是来自氏族当场造成的物质印记。

对于涂尔干和莫斯所说的"社会的对立"，笔者不由将他们所描述的部落社会的二元对立法则，移植到现代社会，思考胞族的对立关系是否仍然在现代社会发挥作用呢？在组织之间的关系层级中，例如 S 大学与 F 大学，同样一个学院，或许是兄弟院校关系，其实又是有趣的对应关系。因为它们是建立在相似性中的差异基础上，它们的关系尤其微妙。S 大学的生态系统独具匠心，人工的痕迹很深刻。"人造自然"是 S 大学的生态系统的特征。F 大学的园林则是在自然的基础上尽量不事雕琢。因为它有至少五十年树龄的树林。在自然的对话关系上，两座校园处理风景的侧重点也不同。S 校园引入水的元素，和水进行互动。F 校园在树木和园林之间进行互动。从信息的理解来看，列维－斯特劳斯、利奇等人将莫斯的"社会的对立"发展为社会交流。受到结构主义影响的学者越来越有意识地关注到社会的交流和社会的交往。而在《原始分类》中，"社会的对立"是不可或缺的发现，有了莫斯等人对社会组织与社会空间的对应关系的论述，研究"社会的交流"才得以可能。

3. 论馈赠

《论馈赠》讲述了为什么要回礼的道理。② 简单而言，首先，从写作的结构来看。莫斯先描写了礼物的整体给予体系。这包括夸富宴和库拉的

---

① 涂尔干、莫斯：《原始分类》，汲喆译，上海人民出版社 2000 年版，第 58 页。

② 莫斯：《论馈赠》，卢汇译，中央民族大学出版社 2002 年版。笔者反复读这本小册子，奇怪的是，即使读很多遍，也无法克服阅读带来的陌生感。

交换。其次，描写了古代法律有关礼物观念的遗留。最后，记录了现代社会从礼物维系的社会关系汲取的待人接物之道。在第一部分，莫斯主要论述了礼物之灵，a 赠给 b 礼物，b 把这个礼物赠送给 c，c 又把这个礼物赠送给 a。这当中，是礼物之灵，迫使 c 把礼物返还给 a。因为 a 赠送给 b 礼物，礼物里有 a 的人格的一部分，有灵性。b 如果不返还给 a 一个对等的礼物，那么礼物的灵会对 b 造成危险。b 不能占有礼物的灵。b 不能占据，赠送给 c。c 同样要返还礼物给 a。这就是一个礼物连接的社会交往的圈子。第二部分，论述古代法律保留了礼物有关的人与物的所有关系。财产和家族、人格、荣誉紧密关联。罗马、印度、日耳曼人、中国人，不同程度都有礼物的观念在日常生活的交换起作用。第三部分，有关礼物对现代社会问题的缓解和治疗作用。莫斯在鼓励一种由礼物参与的生活的艺术。人既不能依赖他人，要有独立性，又要有无私、慷慨的古风。他批判了苏联的共产主义。在他看来，礼物维持的几近于生活的审美的追求。人既不能自私，又不能无限的慷慨。人首先要照顾好自己，然后照顾他人，进而有益于社会。正如他所说，首先放下武器，然后坐下来谈判，然后再交换礼物，取得信任和依赖后，再发展进一步的礼物交换关系。他提到现代福利如何吸纳礼物的精神遗产，给劳资关系蒙上"温情脉脉的面纱"，体恤工人，关心工人。所以结论分为三个层次：一、道德；二、政治经济；三、社会与道德。由于他的宗教关怀，道德总是放在重要的位置。当然，礼物之所以有灵，情感也是很重要的因素。这一点，是列维－斯特劳斯对莫斯仍旧残存的形而上的东西的不满。在《原始分类》中，形而上的关怀依旧发挥着作用。例如，原始分类中道德的存在，就是结论的一个部分。由于他对奉行"整体给予"的社会的寄予，他挖掘礼物的古风这一"整体性社会"的视角，使之与现代社会形成了互补的关系。①

---

　　①　这本书，是笔者在古典人类学当中，阅读最有障碍的一本。原因在于该书的精神实质是——全面给予。身体、情感、经济、财产、婚姻、仪式、宗教、家宅、氏族，都将在礼物的交换中全面动员起来。这是一个庞大的表征和交流世界。单纯地抽出"交换女人"，来理解"全面给予"，是一个方法论，一个视角，但不是涵盖莫斯的"全面给予"的精神实质。阎云翔的"工具性礼物"说法，将连接神圣与世俗的礼物的世界，陨落到形而下的工具理性。当然，可以说是在解释现实世界，但是现实与理念是两回事。

三 列维 - 斯特劳斯

本节分为四部分：一是梳理列维 - 斯特劳斯的早期思想脉络。在结论中论及列维 - 斯特劳斯和新结构主义者萨林斯、利奇的对话关系。二是进一步展开利奇对功能—结构主义的反叛与突破。三是将结构主义的对话关系延伸至象征人类学的两个代表人物：玛丽·道格拉斯、特纳。四是介绍其晚年的著作《嫉妒的制陶女》。

列维 - 斯特劳斯的学术声望的建立和学术权威的巩固分为两个阶段：巴西的教学时期和法国的教学时期。巴西的教学时期将田野、教学和博物馆展览有机地结合起来。巴西田野的经历成为他以后的实验室阶段的少有的田野经历。法国的教学时期比较复杂，分为前后两个时期。1950 到 1959 年期间在开设讲座"未开化民族的宗教比较"，先后开设了 9 门课。这 9 门课成为其日后的思想来源。他相继出版了《忧郁的热带》和《结构人类学》。其中，《野性的思维》的雏形也初见端倪。1960 年到 1982 年期间他在法兰西学院任教，主要进行神话学研究。

列维 - 斯特劳斯早期思想在题材上保留了很大的综合性。开放的框架，问题意识活跃。这有别于后来的神话学转向。晚年他对艺术的兴趣又有一定程度的回归。把握早期思想脉络，无论是理论还是方法论，都有基础的意义和价值。

早期思想回应的主题是经济基础与上层建筑的关系。这个问题的讨论从他对涂尔干的不满开始。他援引马克思，作为理论武器。但同时他对马克思的上层建筑理论提出了质疑，提出了上层建筑的辩证理论。主要观点是：经济、法律会转化到上层建筑的不同范畴，如神话、仪式、艺术等。同时，神话、仪式、婚姻、图腾之间是可以转换的。运用邻近和相似的逻辑，实现异性同构。外婚和内婚制有不同的逻辑。内婚制是图腾制度的安排，体现了上层建筑与社会结构的辩证关系。二分法是逻辑的逻辑。二分法源于原始分类的思想。二元性组织是安排空间和结构关系的观念体现。空间与结构的关系也就是象征与社会的关系。这些具体的观点整合起来就是，列维 - 斯特劳斯提出文化与自然的中介理论。这是他对马克思的上层建筑理论的重新表述。

这些表述，并不是一下子就自成系统的，是有循序渐进的过程：

1. 从二元性组织开始，探讨的是象征、观念独立于社会结构的存在。

2. 发现了神话与仪式的辩证关系。

3. 发现了婚姻、交换、神话、仪式的相互转换的关系，他提出"图腾算子"。

4. 他不得不回应社会变迁与结构的关系。他发现，尽管发生了剧烈的社会变迁，但是结构还是倾向于朝神话的方向延伸，受到阻碍，又会恢复了神话与其他范畴的一致性。这就是他说的整体性思想。从"片段见整体"。是他一贯坚持的"野性的思维"理念。结构有对抗社会变迁的稳定性力量。

5. 他最早把语言学的范式引入到人类学的亲属关系范畴，其次他开始用数学的方法，对集体无意识进行了函数值的化约。他将经济、婚姻（亲属关系无法孤立存在，包含在姻亲关系中）、语言和信息之间的交换统称为"沟通的科学"，交流的系统。通过"野性的思维"的研究，他发现了转化的神奇力量。经济、法律等基础转化到上层建筑的其他领域。按照他的说法，代数符号，现代数学思想中的组合分析，交换是大量表面上异质的社会活动的公分母。"这一区分的哲学根源在于有关各种数学概念的理论之中"。函数值[①]概念：现象之间的一种恒定关系。他说："对它们逐步地进行数学化"。[②] 数学的思想和方法使他相信可以运用到普遍交换中。他在交流研究中应用数学推理，与控制论结合起来，援引了 C. E. 香农和沃伦·韦弗的"交流的数学理论"。

6. 中介理论。他确信，主体之间的交流，是通过中介完成的。他只是说神话、仪式等上层建筑是相对于经济基础独立存在的，是辩证的存在，有否思的一面。他并没有说意识形态的转变导致社会的转变。他还没有上升到文化决定论的意思。他只是根据中介理论，提出文化图式的概念，但是并没有原型性文化图式的意思。

7. 人们运用文化建立了区别性联系。结构是文化多样性的思考。象

---

① 参考百度的函数值概念：函数 $y = f(x)$ 当 x 在定义域内取一个确定值 a 时，对应的 y 的值称为函数值，表示为：$f(a)$。

② 列维－斯特劳斯：《马塞尔·莫斯的著作导言》，载莫斯：《社会学与人类学》，佘碧平译，上海译文出版社 2003 年版，第 18 页。

征和符号用来建立区别性联系。a 部落的神话是 b 部落的仪式，b 部落的神话是 c 部落的仪式。神话和仪式是颠倒的关系。相互映照的关系。它考虑的是一个系统的交流。个体化的网眼，网眼中的纲目。所谓"片段中见整体"就是这个意思。

8. 历史与结构的关系。他用仪式和神话的"可逆的时间"来解决"不可逆的时间"问题。这就引入了历史与结构的关系。仪式把历史的连续性不时用不连续性来打断或阻隔。结构有停滞的倾向，历史则是进步的方向。在历史前进的视野中，神话是倒退，但是在结构的视野中，历史是倒退。只不过看事物的参照系不同。

9. 对于人与神的交流，献祭的解释，消除献祭，是为了建立临近性。同时区分交换系统的差异，比如市场交换是可逆的，但是婚姻交换是不可逆的。对于交换系统的神圣性，礼物本身的灵性，例如"豪"，"马纳"，如果不用宗教来解释，怎么看待？列维－斯特劳斯用"游移的能指"，或"剩余能指"来涵盖。他的原话是："有点像代数符号，为的是表现一个不确定的意义价值，它自身虽然空无意义，但是却可以接受任何意义，其唯一的功能就是填补能指与所指之间的差距，或者更确切地说，就是指出在如此境遇、时机或它们的表现中，能指与所指之间出现了一种不相符合的关系，它破坏了先前的替补关系。"[1] 对于不可交换的神圣性问题，他在后来的家宅思考中有所触及，但是未能深入。在给莫斯的序言中，他批评莫斯和涂尔干在马纳概念中赋予的神秘权力、神秘力量的特性。他尤其无法忍受的是莫斯对集体表象的解释仍旧有"神秘的情感纽结"的残留成分。他过于相信数学的方法能够化解信仰、巫术当中神秘和情感的成分。在社会的起源理解中，交流和契约是不能涵盖一切的。他有传播主义的倾向（当然，他采取严谨的实证的传播主义路线），发现转借很普遍。孤立的创造很少。但是对于创造，他做出了"象征支配想象"的解释。他认为，人们有一些基本的符号系统，结合自然，进行连贯的想象，创造出来的形象、神话与艺术。对于符号的发生论，列维－斯特劳斯的解释应该是有"硬伤"的。

----

[1] 列维－斯特劳斯：《马塞尔·莫斯的著作导言》，载莫斯：《社会学与人类学》，佘碧平译，上海译文出版社 2003 年版，第 24 页。

以上 9 点就是对他的上层建筑的辩证理论进行的分析和概括。

他建立的"修正"的上层建筑理论，指向的是人类学的研究对象：无意识。首先区别于涂尔干和莫斯的集体意识，其次，区别于萨特的存在主义，即主体论。有学者称他"反人本主义"，就是在这个意义上说的。再次，他不满马克思的上层建筑理论对符号与象征的独立性的削弱，基础与上层建筑的辩证关系的论证缺失，提出自然与文化的中介理论，进行修正。这样的话，就把结构与经济基础相互作用的动力机制悬置了。马克思认为社会进步的动力是阶级斗争，列维－斯特劳斯认为宁肯维持在新石器时代的均衡状态，一过了这个临界点，结构就发生了变化，从社会静力学转变为社会动力学。他把亲属制度的纵轴——代际关系作为社会动力学的形式，这说明他的理论适用范围是无文字社会。他对书写产生的个体自由和权利的剥夺是有批判的，他对文明是有批判的。他强调象征和能指的独立性。但是他又没有把象征和能指上升到决定论的地位，他还是谨慎地将"能指的游移"限制在中介的位置，起到了不同范畴之间交流和沟通的作用。最后，无意识是"体验的结构"和"想象的结构"背后的深层结构呈现。处理的是"神话是一套标准关系"。这也就是格尔茨形容他的"炼金术"的含义。

本章关注的问题是列维－斯特劳斯的上层建筑理论，原因是该主题在国内现有文献没有得到好的整理、足够的认识和值得的正视。我在结论中梳理新结构主义者与他的对话关系，目的是认识列维－斯特劳斯的上层建筑理论被误解、误用乃至改变方向的局面。虽然新结构主义与象征人类学为结构主义之后拉开的新的篇章，带来的新的时代，取得了不可磨灭的成就，但是不可避免的失去了结构主义的宝贵精神和财富。特别是在实验民族志和表征危机的冲击下，列维－斯特劳斯对人类学的影响更加复杂。本文的写作，也就以勾连作者的早期思想的脉络为契机，尝试对作者的结构主义思想进行片段式的整体主义的解读和辨认。

1. 经济基础与上层建筑的关系——列维－斯特劳斯的早期思想脉络梳理[①]

结构人类学，实际上就列维－斯特劳斯而言，是复杂的思想体系。在

---

① 本文曾经以同一题目发表在《青海民族研究》2014 年第 5 期，发表时有删节。

思考自然与文化的关系方面，以神话研究为主线，做出了相关的探讨。烹饪的起源是什么？蜂蜜和烟草意味着什么？餐桌礼仪的来源？经过烹饪、食谱和餐桌礼仪这一文化的过程之后，又通过消化（如粪便）返回自然。与此同时，可交换的与不可交换的形成对照。舞蹈、节日、乐器和不同范畴的中介载体的联系，扮演了人与神的沟通工具。餐桌礼仪亦是生理与道德的中介，对日常生活的吃、喝、拉、撒等惯习进行规范。"小骗子"、"灰小伙"和"怀孕的男孩"等矛盾、错乱和背离的人物往往是神话喜爱的带有多重特性的角色。

　　以上关于神话的简要论述，表达了列维－斯特劳斯运用神话对人类学所持的"神话与仪式是相符的"、"神话是现实的反映"等反映论的修正，而创建新的解释体系。提出神话对现实的否思，神话对于邻人关系的差异表征，神话与仪式的转喻、置换等，以及神话如何把外来的"陌生人"文化、价值吸纳到自身的解释体系当中，保持对外交流的倾向。结构主义的方法论释放了神话的想象力。实际上又探寻无意识结构，这是列维－斯特劳斯创造的对意识形态的无意识转化。他是马克思主义的，又是不唯马克思主义的，他尝试在变形、颠倒等丰富形式的镜像关系中寻找自我的存在。他用两面镜子呈现的镜像做比喻，一面倾斜，在对应的另一面呈现的镜像一定是有限的。

　　以他者为前提，拒绝自我，他秉承了卢梭的批判意识。此种"自反性"，又是以文化的多样性为前提的。因此，梳理了神话世界当中的自然与文化的联系，野蛮与文明的关系，列维－斯特劳斯尝试继续用野性的思维、部落等"原始"词汇来和科学对话，揭示野性的思维包含的巨大的感性、关系和秩序相互参照的丰富性和完整性，来反驳发展理性呈现的现实世界的可怕单一。涂尔干隐隐的担忧，即"技术膨胀到一定程度反过来控制人"，正在成为现实。列维－斯特劳斯所要做的工作是揭示进化、发展的深刻缺失与毁灭所在。更多的批判在《种族与历史》当中有着呈现，尊重、保存文化多样性成为抵抗现代性的学科自觉。

　　他的艺术、面具研究也别具一格，早年受到立体主义、超现实主义的影响，又在部落社会搜集了大量的艺术品，他希望精英艺术对大众的文化垄断能够打破，高雅艺术的区隔能够祛除，恢复自然与文化的艺术本源（同样也是他早年反对资产阶级艺术的烙印）。同样，他也倡议在城市与乡村的交界地带设立自然保护区，史前史，考古所，为城市预留自然的敬畏。笼统来看，列维－斯特劳斯在文化和文明的进化过程搜集了许多仍旧清晰可辨的自然成分，并将其有效地综合、分析。所以，又可以说他是反人文主义的，和文艺复兴以来的无限的自我的张扬拉开了距离。① 这一倾向，看到了心智、技术、文字和意识形态发达的文明体系相较裸人、"石斧"、交换、乱伦等未开化状态不过是某些方面的进步，偶然的，多线的进化论。重建人类基于差异的交流，是结构主义自西方文明重创之后的温和回应。此种基于自我改良为前提的回应方式，又可以看到第二次世界大战后保守主义回升的时代氛围。列维－斯特劳斯在神话的世界里思考静静延续到 20 世纪 70 年代，几乎看不到外界的干扰，反而神话学系统渐趋丰满。"结构不上街"，也就道出了细微事实。列维－斯特劳斯（后期的研究，包括他本人的状态）和结构主义阵营的其他成员，如拉康、福柯的差别，其个人色彩反而颇有意味。

一　国内文献研究现状与早期思想的脉络

如果以神话学四卷的出版为界限，之前的作品可以称之为早期思想阶段。这些作品包括：《亲属关系的基本结构》（1949），《种族与历史》（1952），《忧郁的热带》（1955），《结构人类学 1》（1958）②，《图腾制度》（1962），《野性的思维》（1962）。《亲属关系的基本结构》由于中文文本缺乏，不包括文献考察范围。1971 年他发表《种族与文化》，与《种族与历史》合并在一起，收入列维－斯特劳斯文集第 13 卷。而1984 年出版的《人类学讲演集》，提供了这些著作之间联系的重要线

---

① 莫伟民："文化与自然：从克拉底鲁到列维－斯特劳斯"，厦门大学学报，2009（2）。王伟涛："列维－斯特劳斯'结构人类学'研究理路探析"，世界民族，2011（3）。王立志："人的科学如何可能——从方法论视角看列维－斯特劳斯的结构"，自然辩证法研究，2009（12）。余碧平："'结构'谜思：从列维－斯特劳斯、梅洛－庞蒂到布尔迪厄"，同济大学学报，2009（2）。王立志的这篇论文显然质量很差，我评价质量差的标准是原著引用非常可怜，大部分都是引用其他人对列维－斯特劳斯的研究，将各种话语拼凑起来。相反，莫伟民和王伟涛的研究比较有价值，在懂得自己在说什么的基础上，有实质的内容值得他人借鉴和思考。不过问题是他们大多围绕作者的一两本经典著作，如《结构人类学》《野性的思维》展开论述，对于作者的思想脉络还是没有作为专题进行研究。余碧平先生的论文引文最为精致，除了法文原著，还有蓬皮杜的访谈录。这和他的法语翻译的贡献和学术素养有关，他翻译了莫斯的《社会学与人类学》。

② 《结构人类学 2》于 1973 年发表。列维－斯特劳斯：《结构人类学 2》，张祖建译，中国人民大学出版社 2006 年版。

索。即，教学与研究是结合在一起的，研究与学术活动也是结合在一起
的。他的学术职位的变迁，学术制度的依托，对于他的学术研究，从事
开拓性的方法的实践，也是必不可少的支持条件。《人类学讲演集》为
探索著作之间的联系提供了丰富的连接线索。在笔者看来，早期作品是
结构主义的系统的混杂时期。它把亲属制度、图腾和神话混杂在一起
了，阐述结构主义的统一思想。

　　《图腾制度》对于"通往心智"已经迈开了一小步，但是受限于这本
小册子还不足以展开。在《野性的思维》中，阐释的是原始心智，而非
情感、情绪，构成了原始思维感知世界的独特方式。

　　1960 年 1 月 5 日他在法兰西学院社会人类学讲座第一堂课作演讲，
可以看到，属于列维－斯特劳斯的结构主义时代正式到来了。与之前的流
亡经历形成了鲜明、先后两次申请法兰西学院的挫折形成了鲜明的对比。
1949 年、1950 年，他两次申请法兰西学院职位，两次落选。无疑，曲折
的思想的形成，与坎坷的经历又是分不开的。巴西的旅行、田野对于他后
期转向神话研究有着深远的影响，几乎开启了他的人类学的启蒙之路。作
者的思想、精神状态（在旅途中对他者的思考，对卢梭的思考等）在
《忧郁的热带》生动地记录。在巴西任教期间，从事田野调查和教学，为
博物馆搜集民族志工艺品，回国进行原始部落的展览，这三项工作有机地
结合起来。战后回国后，1950 年，在杜梅泽尔的支持下，开始在"人文
研究实践学院"第 5 系（又作高等实验研究院第五分部：宗教科学）讲
授"无文字民族的宗教比较"。后成为主任。1951—1960 年，列维－斯特
劳斯依托"无文字民族的宗教比较"，先后开设了九门课程。这些课程，
几乎是结构主义思想的雏形，后来得到发展，均转化为他的著作中的内
容。① 列维－斯特劳斯自己说道："实际上，我在神话学和其他课题上的
许多想法都是在这里形成的。从 1950 年到 1959 年的大部分时间里我在这
里任教职，在我的记忆中它们是我事业中最有成果的年份之一。"② 这大

---

　　① 这九门课程分别是：亡灵的探访，美国神话研究，美国神话研究（续），神话与礼仪的
关系，婚姻的禁忌，对灵魂概念新近的研究，社会结构和宗教表现中的二元性，社会结构和宗教
表现中的二元性（续），狩鹰仪式。

　　② 列维－斯特劳斯：《人类学讲演集》前言，张毅声译，中国人民大学出版社 2007 年版，
第 6 页。

概是他早期阶段的作品和社会活动轨迹。笔者在资料的空白处作了一句批注："经历坎坷，而不自弃，从不放弃，坚持不懈。"可谓是对人生逆境的鼓励。

1964—1971 年期间，列维－斯特劳斯对神话进行专题研究，出版了四卷本的神话学研究：《生食与熟食》（1964）《从蜂蜜到烟灰》（1967）《餐桌礼仪的起源》（1968）《裸人》（1971）。这四卷本有着共通的地方是：自然与文化的关系，成为神话永恒的迷思与矛盾的无解。在一篇有关他的研究资料，这样写道：

> 研究人类应该纯粹去研究人：不是披着政客、士兵或银行家外衣的那类人，而是赤身裸体、敷着油彩、猎熊捕鸟的这类人。这里存在着关于人类思考模式及人之本性的普遍真理。①

1975 年之后，列维－斯特劳斯的创作有了变化，从神话转向了造型艺术，从大型神话群转向神话小品。《面具之道》（1975 年初版，1979 年新版）《看听读》（1993）等。当然，神话的研究仍旧是延续下来的。"在 1977 年给加拿大广播公司所做的谈话节目中（后来以《神话和意义：破解文化的密码》为题发表），列维－斯特劳斯演示了如何对神话结构进行检验的方法。"② 1978 年，《神话与意义》发表。1982年，74 岁的列维－斯特劳斯退休，退休后不再在法兰西学院教课，但仍担任社会人类学实验室的成员。1983 年，《遥远的目光》文集（1971—1983）出版。1985 年，出版《嫉妒的制陶女》，作为神话学四卷的补充。1991 年，出版了《猞猁的故事》，再次探讨北美神话。晚年的著作既是神话学研究的尾声，又可以看作处理从神话剩余或延伸出来的其他题材。从神话转向艺术的列维－斯特劳斯，从 20 世纪 30 年代青年时代就对音乐、绘画产生浓厚兴趣。他专门撰文评论立体主义绘画。不过，晚年的他，从神话潜入面具、绘画、音乐，寻找不同范畴的转换

---

① "逝者"。2009 年 10 月 30 日，列维－斯特劳斯逝世，悼文。

② 吕吉尔编译："克洛德·列维－斯特劳斯（1908—2009）"，资料来源：The New York Times，《世界科学》，2009（12），第 44 页。

方式，延续的还是"野性的思维"的统一性。

从列维－斯特劳斯介绍到国内，到他的研究现状，也能看出一个基本的问题：对列维－斯特劳斯的著作始终没办法完成系统的阅读，形成系统的认知，反而在一知半解中，往往借助一本书，抽取出来，就对结构主义侃侃而谈。晚年的列维－斯特劳斯的艺术转向，对中国读者而言更加隔膜。[①] 在这种情况下，需要借助研究列维－斯特劳斯的综合文献，来帮助读者克服这些普遍存在的障碍与困难。但是笔者花了很大精力去查找这方面的相关文献，失望地发现，已发表的研究文献并不见得多么高明，大多数情况是"拿出一本书，就对结构主义侃侃而谈"。当然，这些有关某一著作的单篇书评亦有它的严肃价值，帮助读者理解列维－斯特劳斯集中该书的学术思想。[②] 列维－斯特劳斯的综合研究，聚集了不少中国学术精英。最早由杨堃在《民族学研究》发表了对列维－斯特劳斯的理论介绍。1981年王庆仁发表了数篇对利奇的研究，并梳理了利奇与列维－斯特劳斯的对话关系。[③] 这篇文章的内容不予赘述。不过，就著作之间的联系而

①　笔者在读《看听读》的时候，陌生的艺术题材，陌生的西方艺术传统，构成了阅读的障碍，几乎读不进去。如果对列维－斯特劳斯的隔膜是因为对西方艺术的不了解，那么神话学研究四卷，应该是老本行了吧，谁料也是一知半解。除了对于南美洲神话素材离自己的经验太过遥远，原因恐怕是对列维－斯特拉斯研究神话的方法还是没有真正理解。

②　令笔者吃惊的是，这些书评的作者大多数是1985年以后出生的研究生硕士，阅读一写作群体如此年轻。我大概检索了相关论文，有58篇与之相关。其中，书评类，集中于《忧郁的热带》《图腾制度》《野性的思维》《嫉妒的制陶女》和《猞猁的故事》等。还有有关作家传记的书评，例如《列维－斯特劳斯传》和《列维－斯特劳斯：人类学与美学》。这些书评的发表在2009年掀起高潮，这与《西北民族研究》、《中国农业大学》等刊物推出的列维－斯特劳斯纪念版块有关。具体的发表信息，这里就不一一列举。《图腾制度》的书评相对较多，其中，黄淑娉先生以七十岁高龄发表了该书的书评，在梳理思想源头，中国图腾制度的研究方面，做的文献工作要丰富很多。黄淑娉：《图腾的意义——读列维－斯特劳斯〈今日图腾制度〉》，《思想战线》2004年第4期。《中国人类学评论》推出"列维－斯特劳斯逝世纪念专题"。国内的学术界对列维－斯特劳斯的研究除了书评的介绍，还有翻译列维－斯特劳斯鲜为人知的论文、对他的访谈。笔者目前搜集到的有江小平翻译的"列维－斯特劳斯谈新作《猞猁的故事》"，"'亲属制问题'编后记"，收入《中国人类学评论》纪念专题中首篇就是周雷的"列维－斯特劳斯的梦"，该文的语言几乎是列维－斯特劳斯的语言。当然，第三篇就是列维－斯特劳斯的"话语与音乐"。这些翻译是有文献价值的。作者的自述对理解著作是最好的帮助。

③　20世纪80年代初对列维－斯特劳斯的介绍，还显得犹豫、准备不足，还是无法摆脱马克思主义对结构主义的批评，特别是唯心的一面。采取好和坏兼具的分析手法，对结构主义进行介绍。

言，这方面的文献梳理工作仍旧薄弱。由于它的欠缺，列维－斯特劳斯的结构主义的思想系统是什么，在这篇论文的编撰过程中，笔者就有责任、也有义务来完成，至少也要努力尝试。现阶段自己能做的，是梳理他的早期著作之间的联系。

　　1951 年到 1952 年"亡灵的探访"一课的内容引发了《忧郁的热带》的第二十三章①；1954 年到 1955 年的"神话与礼仪的关系"以及 1959 年到 1960 年的"狩鹰仪式"导致了《野性的思维》的第一章和第二章②。1952 年到 1954 年期间进行的"美洲神话研究"引起了广泛的反响，大家试图把一系列分析方法在普韦布洛人（pueblos）的神话上加以验证。③ 这些方法后来运用到了 1957 年到 1958 年的"二元性及其他"的讲座当中，并且构成了《神话学》一书的起源。……我为 1960 年到 1961 年期间"辩证思辨批判"讲座④撰写的材料变成了《野性的思维》的第九章。最后，我还在 1957 年到 1958 年的课程上出人意料地透露了一部分我对母系社会的最新研究成果。⑤

---

　　① 第二十三章："生者与死者"。波洛洛族村落对的表面与真实结构，第二十二章："黄金与砖石"，客贾拉村的规划，这些对村落空间的图式描绘，在他的论文"有二元组织这回事吗"，这些素材形成的二元社会的思考，在该文有所延续。互惠与不平等交换的等级体系，形成的互补关系，在该文中进行了淋漓尽致的表达。区别于马林诺夫斯基和莫斯的互惠理论，他重新发掘了里弗斯的学术思想，后者在拉德克利夫－布朗那里得到了严厉的批评。

　　② 神话和礼仪的关系（1954—1955 年）讲述的是神话和仪式是互补的关系。神话与仪式还呈现出颠倒的状态。神话与仪式是元语言与副语言的区别。狩鹰仪式（1959—1960 年）讲述的是希达茨人与普韦布洛人的狩鹰仪式和鹰神话的差异，一个是地上陷阱的矛盾，一个是天上的矛盾。对待经血，同一污渍的象征意义的区别。《野性的思维》第一章是具体性的科学；第二章是图腾分类的逻辑。可以判断，列维－斯特劳斯依托这两门课程的原始思路扩展为《野性的思维》这部著作。1960—1961 学年的星期二课程，列维－斯特劳斯讲课的题目是"当今的图腾崇拜"，该教学大纲几乎是《野性的思维》的雏形。

　　③ 参考列维－斯特劳斯："神话的结构"。收入《结构人类学1》。1952—1954 年对祖尼人创始期的神话做了穷尽式分析。

　　④ 列维－斯特劳斯说的讲座指的是 1960 年以来在法兰西学院开设的社会人类学讲座。

　　⑤ 列维－斯特劳斯：《人类学讲演集》前言，张毅声译，中国人民大学出版社 2007 年版，第 7 页。

　　由此可见他在高等试验研究院（第五分部：宗教科学）讲授的 9 门课是多么重要，由此可见，《忧郁的热带》的重要性。

　　当然，高等研究院期间开设的这 9 门课，与 1960 年转入法兰西学院开始的教学和讲座还是有联系的。只不过在我看来，法兰西学院的讲座皆与神话有关，高等研究院期间的教学与思考算作是神话学研究的发轫。

　　1952 年，列维－斯特劳斯发表了《种族与历史》，1955 年《忧郁的热带》出版，思考了人类学是什么？人类学家应该做什么，等学科方向的思考。1949 年，他发表了"历史学与民族学"。1959—1960 年，他开设"民族学的未来"课程。在《野性的思维》的最后一章，他探讨了结构与历史的关系。这可以理解为，一个从事神话研究的学者，不得不触碰历史，来解决功能学派确立的人类学的学科地位的难题。在他之前，要么是把历史排斥出去，要么是人类学"除了历史，什么都不是"，到了列维－斯特劳斯这里，他不得不根据自己的方法论和理论主张，寻找人类学的定位。他将人类学归为人文科学，与社会科学一同借鉴自然科学，与自然科学对话。这样，他就避免陷入埃文斯－普理查德从功能—结构主义转向的特殊主义的解释路线，又没有像拉德克利夫－布朗那样干脆将自然科学等同于人类学。列维－斯特劳斯区分了机械模型和统计模型，处理经验与表象。历史学、民族学、社会学和民族志，这四个领域的差别与联系。历史学与民族志在经验搜集上相似，民族学和社会学在机械模型上相似。小心翼翼地确立了与历史的共识与差别之后，挪开特殊主义的障碍，列维－斯特劳斯在方法论上迈开大步向数学、天文和地理等自然科学演进，探索无意识的结构。这个时候，他的学科建设基础是实验室。[①] 1945—1953 年，列维－斯特劳斯学科一直在语言学与人类学的转换方式和转换模式上徘徊。也就是说，他的方法论从语言学移植过来，介入人类学的学科领域，进行社会学的改造，例如亲属关系、社会组织、神话、仪式，当然，首当其冲的是"图腾"。改造的结果是确立了人类学的研究对象乃是象征与语言。这是结构主义区别于功能学派和博厄斯历史特殊主义的所在。对学科定位、学科方向

────────────

① 实验室的思想容易引起混淆。马林诺夫斯基主张在田野建立观察人类行为、心理的实验室。布朗主张建立理论的实验室，途径是比较社会学。列维－斯特劳斯建立实验室，是自在法兰西学院任教开始的研究工作：主要的任务是研究神话。配合实验室，1961 年他创办杂志《人类：人类学的法国之路》，依托该阵地，他发表了许多重要论文。

与方法论的探讨，可以看作是与神话研究相互交织的积累与思考。

二　上层建筑的文化理论初见端倪：二元性组织

在列维－斯特劳斯之前，英国人类学的学者很少把象征与社会的关系看作是独立的课题。列维－斯特劳斯对部落的空间表现出了从未有过的敏感，这构成他的方法论的出口。了解空间的概念，象征与社会的关系，也就成为空间的不同形式的衍生方式。他对房屋在空间的表现形式，做了忠实的记录。据笔者粗略统计，他至少描绘了四种印第安部落的房屋样式：卡都卫欧族的长屋（long houses）；波洛洛族的 baitemannageo，男人会所；南比克瓦拉印第安人的房屋简陋；① 溯河而上，终于找到吐比克瓦希普族的时候，进入"竹片守护通往村落之路"，整个村落由四间大致正方形的房子组成，都一排一排，与溪流平行。最大的两间房子是住宅。整个建筑看起来像颗正方形的蘑菇。"虽然这些房子一点都不像邻近的印第安部落住屋，这些房子仍然很可能是依照传统格式建成的。"土著既不种烟草也不吸烟，把烟草看作是"大便"。

南比克瓦拉族和吐比克瓦希族又是一组对比项——解决酋长在婚姻方面的特权，即一夫多妻制，这一共同的问题在如此邻近的两个部落采取截然不同的解决方式：南比克瓦拉族容许青春期男子肆行同性恋，吐比克瓦希族则以一妻多夫制，如弟承寡嫂制，来补偿妇女分配不公。至此，已经形成了两类对比项：

卡都卫欧族：波洛洛族

南比克瓦拉族：吐比克瓦希普族

列维－斯特劳斯的二元对立思想，"所有神话都可以归结为一种标准关系"的想法，可以从四个部落的田野记录中找到端倪：对立项是睦邻关系，族源的相近，文化的差异，形成一个有关联的系统。"和而不同"的文化的规则，乃是为了交流与沟通，而不是被同化或者被泯灭。这一思想在他发表的《种族与历史》早已阐述。在方法论上，作者在田野中已经生发了神话与仪式之间相反相成的互补的思想②，之后的研

———————

① 他们雨季定居（10 月到 3 月），"住在一条溪上面的岩石或小山上面，用树枝或棕榈叶建造粗糙的小屋"。旱季到来时（4 月到 9 月），他们开始了迁徙的生活，全部的财产放在篮子里面。

② 见 1954—1955 年的"神话与礼仪的关系"课程。详细内容见《人类学讲演集》第六部分："九门课程的介绍"。列维－斯特劳斯：《人类学讲演集》，张毅声译，中国人民大学出版社 2007 年版。

究工作是将巴西田野中发展出来的对立项，进行理论的综合。不过在
《忧郁的热带》中，列维－斯特劳斯采取的空间的方法论。① 空间在波
洛洛族的民族志中得到了充分的展现，而且，列维－斯特劳斯把氏族与
氏族的艺术所有权结合起来，将艺术看作是"技术上的特权"。从中，
已经具有了家宅和世系的观念雏形。只不过家宅在相对晚近的面具研究
中才充分展现出来。列维－斯特劳斯自述，"1976 年到 1982 年之间在
《氏族，世系，家宅》一般标题下公布的有些课程事后也收入了《面具
之道》（1979 年版）。"②

> 在空地边缘一带有一排房子，共二十六间，格式与我住的接近，
> 围成一个圆圈。圆圈周围有另一间房子，约二十米长，八米宽，比其
> 他房子大很多。这就是 baitemannageo，男人会所，未婚的成年男性睡
> 在山地，族中男性如果不狩猎捕鱼，不忙着在跳舞场举行公共仪式的
> 话，就在会所中消磨时间。跳舞场在会所西边，一片椭圆形的空地，
> 以一些干草堆为标记。女人严禁进入男人会所：女人住在围成一圈的
> 房子里面，男人则一天要在会所与家居房之间来回走好几趟，在地面
> 上的矮树丛中沿着一定的小路来回走动。从树顶或屋顶看下来，波洛
> 洛的村落看起来像牛车车辆，轮缘是家庭房屋，轮辐是小路，轮壳则
> 是男人会所。③

"男人会所不但是工作场、俱乐部、宿舍，偶尔还是妓女户。此外，

---

① 《结构人类学 1》中："有二元组织这回事吗？"，就是空间方法论的延续。素材运用了
其他作者的民族志，选取了三个村落的空间案例进行比较。

② 人类学讲演集，"前言"，第 3 页。笔者将在后面对《面具之道》进行梳理，具体论述
后期研究与早期命题的呼应关系。"夸扣特尔人的社会组织"收入《面具之道》的第二版，
1979 年出版，原名"高贵的蛮族"。"内容来自于作者在法兰西学院讲授的家宅型社会的课程，
并且把夸扣特尔人、法国加洛林王朝和中世纪日本社会加以比较，力图在北美太平洋沿岸、美
洲其他地区和亚洲的神话之间的交集点（亲属称谓，单/双系继承制度和姓氏嗣袭等）之间搭
起桥梁。"译者序，第 2 页。载列维－斯特劳斯：《面具之道》，张祖建译，中国人民大学出版
社 2008 年版。张祖建先生在序言中对《面具之道》进行了精彩的概括和解说。但对于家宅的
概念，还需要深入的探讨。

③ 列维－斯特劳斯：《忧郁的热带》，王志明译，生活·读书·新知三联书店 2000 年版，
第 265 页。

会所还是寺庙。"波洛洛族人的精神信念和日常生活结合得如此紧密，使得列维－斯特劳斯调动了他对宗教的童年记忆。他的祖父是拉比，在他祖父住的房子，有一条长长的内部走廊和犹太庙相通。这条走廊，把俗世的世界与神圣的世界分割开来。但是宗教在波洛洛人这里乃是生活的一部分，并没有绝对的边界、严格的仪式把宗教情感灌入神圣世界。男人会所具有宗教价值，"维持人与宇宙的关系，社会与超自然界的关系，生者与死者的关系"。① 列维－斯特劳斯是无神论者，对宗教没有太深厚的感情，反而厌恶宗教的形而上倾向，这也可以解释他为什么批判涂尔干理论中未能摆脱的形而上的残余。在无神论上，他是非常马克思主义的，他把宗教看作是欺骗的意识形态。②

　　从摩尔根到马林诺夫斯基、布朗，都注意到村落的空间结构布局。例如，摩尔根在《古代社会》描述的原始社会的公共空间：祭坛和公共墓地依旧在希腊和罗马社会完整保留；布朗在《安达曼岛人》描述的公共棚屋。由此，不能说列维－斯特劳斯对村落格局的民族志描述就是创举，他延续了前人对房屋的民族志经验的积累。但是他的创造性在于他从布朗未能摆脱的涂尔干的"集体表象"窠臼中跳了出来。布朗将公共空间处理成"集体表象"的载体，服务于神秘的道德观念。列维－斯特劳斯在思想和气质上产生的"割裂"就来自于这里，开创了空间的研究方法，将亲属制度、联姻法则与不平等的阶级世袭制度联系起来，建立了不同范畴的对立：氏族的对立，居住的对立，氏族内部又存在等级的划分。③ 和布朗一

---

① 列维－斯特劳斯：《忧郁的热带》，王志明译，生活·读书·新知三联书店 2000 年版，第 294—297 页。

② 他的这一理性倾向，后来的新结构主义学者都有所继承。玛丽·道格拉斯的著作《制度如何思考》对弗雷克推崇备至。"对理智的兴趣，同样可以在弗雷克身上体现出来。"弗雷克发表于 1935 年的著作《一个科学事实的谱系与发展》继承了理智主义的传统。"涂尔干的论述经常援用玄秘的、超越个体的群体心智。而弗雷克则确定没有这样的缺陷，他的方法完全是实证主义的。"载玛丽·道格拉斯：《制度如何思考》，张晨曲译，经济管理出版社 2013 年版，第 19 页。

③ 在《面具之道》中，他还有大量的论述，有关神话、仪式和（经济）社会结构的关系的探讨。

样，他将个体放在 person 的范畴，而非 individual。① 但是和布朗不同的是，他不把 person 仅仅理解为社会人（social being），而是社会宇宙的一部分，是有生命的存在（animate being）。② 他试图把布朗的社会结构思想转换为经过抽象和综合之后，婚姻、经济和符号的交换体系，建立的结构主义的思想。神话就是转换的完成，终极的指导原则是"自然与文化这项基本的对立"。这也就是为什么说象征与社会的关系在列维－斯特劳斯这里成为独立的课题，被不断开拓、延展，集大成者就是他的四卷本神话学研究。③

这样，波洛洛族人对立的范畴在世俗世界表现为：东西坐标方向的上江人和下江人；南北坐标方向的却拉（cera）和图加垒（tugare）。人死后，进入死亡世界，死亡世界也就是灵魂社会（the society of souls）。灵魂世界也有对立的范畴：灵魂分属两个村落，一个在东方，一个在西方；在灵媒方面，巫师与"灵魂之道的大师"的对立。巫师是非社会的角色，巫师会被守护灵附体，"迷狂"。灵魂之道的大师不会"迷狂"，但会助人。巫师和大师互怕互恨。巫师管理的从天到地的力量，沿着一条垂直的轴排列。教士（即灵魂之道的大师）管理的是一条横坐标，从东边到西边，两个村落的死者分居两处。巫师来自图加垒半族，教士来自却拉半族。在丧葬仪式上，要表演戏剧，戏剧安排了一幕情节：两群人，每群五个到六个男人，一群往西边；另一群往东边。往西边的人群代表从西方来的死者灵魂，回到村落去迎接死者。一群人象征性的溯河而上，另一群顺流而下，顺流而下的人群先回到村落的跳舞场。整个仪式生机勃勃：在一

---

① 参考诺贝特·埃里亚斯的《个体的社会》当中对于 person 与 individual 的词源解析。希腊、罗马时代只有 person 的概念，person 属于氏族、世系和家宅的概念范畴，个体与面具联系在一起。还没有衍生出 individual，有的话，也是综合水平非常低的个体的存在。词源梳理见该书的第三编："我们——自我平衡中的演变（1987）"。诺贝特·埃里亚斯：《个体的社会》，渠三江、陆兴华译，译林出版社 2003 年版，第 179—186 页。

② 列维－斯特劳斯相信人与动物相去不远，人并没有高出动物多少，人与动物的区分仅仅在于自然与文化之间建立了中介机制。这让人联想起狄德罗嘲讽卢梭"把人退化到爬行动物"。列维－斯特劳斯的人学思想需要从卢梭的思想源头进行理解。

③ 在后面我会对特纳的象征人类学进行梳理，用来和列维－斯特劳斯对话。因为有一个问题必然要面对：既然象征在结构主义占据独立的位置，那么如何与特纳的象征人类学区别开来。列维－斯特劳斯对不能用宗教解释的形而上的存在，用"游移的能指"来处理。

片欢乐之中，土著视为他们是在和死者比赛，要从死者手中抢到继续活下去的权利。

两个村落半族热烈互相交换女人，交换财物，交换各种服务；使子女互婚，互埋死者，每一半族均给对方提供保证，保证生命是恒久的，社会是正义的，这个世界上充满无私的帮助。①

笔者简要地概括了波洛洛族的二分法原则，列维－斯特劳斯从中得出结论：社会制度和宗教体系无法分割；物理宇宙与社会宇宙无法分割。世俗世界与灵魂世界是平行的关系，在世俗世界创造的二分法原则，在精神世界又会以颠倒或对立的方式呈现出来。掌握物质财富的"却拉"在宗教角色中变成弱者，在财富地位占弱小的"图加垒"在宗教角色中变成强者。②

三　上层建筑理论重构

1962 年，列维－斯特劳斯同时发表《图腾制度》和《野性的思维》。③ 在笔者看来，《图腾制度》颠覆了涂尔干的理论范式，《野性的思维》重建上层建筑理论。

围绕《野性的思维》，着重展开两点：一、列维－斯特劳斯是如何论述上层建筑的。二、社会变迁对结构发生了影响，结构是否不复存在？这两点是和《忧郁的热带》有对话的延续关系。第一重对话就是马克思。第二重对话就是在剧烈的社会变迁面前，列维－斯特劳斯是怎样修复社会变迁与结构的关系的。一个较大的变化是，作者不再像写作

---

① 列维－斯特劳斯：《忧郁的热带》，王志明译，生活·读书·新知三联书店 2000 年版，第 313 页。这段话是列维－斯特劳斯关于交换的经典理解。这一点，他和莫斯区分开来。莫斯将礼物定位在是"全面奉献"。依然带着宗教的情怀，虽然较之涂尔干，已经将宗教的形而上关怀演变为献祭命题，已然世俗化了。但是列维－斯特劳斯走得更远，将礼物看作是自我与他者的"互通有无、互相区别"的关系。交换的真正目的是为了建立交流，所谓"礼尚往来"，就是这个道理。他对莫斯的序言就表达了他对莫斯"爱之深、责之切"的学术态度。

② 却拉和图加垒指的是波洛洛族社会生活中的两种角色。

③ 关于《野性的思维》的介绍，就目前能够搜集到的资料，有《今昔纵横谈》，以及利奇写作的《列维－斯特劳斯》。国内有关该书的书评远远少于《图腾制度》，倒是有关列维－斯特劳斯专题研究的学位论文多有该书的介绍与分析。相关学位论文有《列维－斯特劳斯艺术人类学思想研究》，《列维－斯特劳斯结构主义方法及其应用透视》，《列维－斯特劳斯的美学思想研究》。书评有舒璞：《列维－斯特劳斯的历史观》，《西北民族研究》2010 年第 2 期。李国华：《列维－斯特劳斯论艺术》，《重庆社会科学》2000 年第 3—4 期。

《忧郁的热带》那时哀悼文化的脆弱性，而是看到了结构抵抗偶然性事件的顽强力量。

一　自然与文化的中介机制

列维－斯特劳斯和马克思的对话关系非常复杂。马克思对他的影响体现在他早年的政治活动方面（他早年是左翼分子，参加了"社会主义研究小组"）。在有关的他的传记作品中，有着细腻的披露。[①] 他早年的政治热情和接受马克思的影响不无关系，但是《野性的思维》之后，尤其是转入神话学研究之后，他的保守主义倾向越来越稳固。他自己在《忧郁的热带》说，从法国纳粹的阴影中逃离出来，旅居美国期间，他对政治失去兴趣。但是马克思对他的影响是无法抹灭的，虽然研究对象是无文字社会，他探讨的主题没有离开马克思的思想范畴：经济基础与上层建筑的关系。

列维－斯特劳斯是如何论述上层建筑的？在写作《忧郁的热带》时，他还是"亦步亦趋"。进入《野性的思维》，他已经开始明确地指出马克思存在的意识形态问题。当然，在"意识是自欺"这一点，他还是忠实于马克思的观点的。在访谈录中，他也承认了：

> 我根本不是想暗示，意识形态的变换导致社会的变换。实际上情

---

① 笔者参考了帕特里克·威肯写作的列维－斯特劳斯传记。"1925 年夏天，另一个因素加入到当时 16 岁的列维－斯特劳斯身上：政治。通过比利时工人党的激进分子沃泰尔（Arthur Wauters），他接触了各种社会主义的经典。回到巴黎之后，他一面读了《资本论》，一面在中学里研读哲学。'我一点也不了解它。事实上，我在马克思作品里发现的是另一些对我来说全新的思考形式：康德、黑格尔……'。"载帕特里克·威肯：《实验室里的诗人——列维－斯特劳斯》，梁永安译，新世纪出版社 2013 年版，第 32 页。在索邦大学读书期间，课余时间他会阅读社会主义的刊物，并与马克思的作品角力。列维－斯特劳斯决定把论文题目定为《历史唯物论的哲学假设——特别是以马克思作为参照》，找来社会学家布格列当指导老师。布格列本身是社会主义者，也是涂尔干的《社会学年鉴》的主要协力者之一。有鉴于马克思在当时的法国还是个敏感课题，所以他虽然答应当列维－斯特劳斯的指导老师，但为了保险，又要求他写一篇谈圣西门的论文（圣西门是较古典的思想家，因此也是格安全的题目）。当时的列维－斯特劳斯已胸怀远大目标。他把自己视为潜在的左派哲学家，一心想把古典思想和激进思想综合起来："在伟大的哲学传统（我是指笛卡儿、莱布尼兹和康德）和政治思想（以马克思为代表）之间搭起一座桥梁的想法对我非常有诱惑力。时至今日，我仍然理解当初自己何以会有那样的梦想。"载帕特里克·威肯：《实验室里的诗人——列维－斯特劳斯》，梁永安译，新世纪出版社 2013 年版，第 35 页。

况正相反：人是自然与文化之间关系的概念，是与他们自己社会关系改变的方式有关的。①

观念服从于社会条件，这是马克思唯物主义的指向。既然已经否定了涂尔干的表象—观念的反映论，那么什么样的方法能够解决现实与神话的表征关系——抛弃本质主义的造物主技法。这显示是个极大的挑战。以至于列维－斯特劳斯被人批判为抽离了情感，仅剩下符号运作的纯思辨的结构。实际上，这是对他的误解，他的结构主义思想是唯物主义的体现。符号包括心理学、生物学和社会学的三个维度。符号是实在的。"这一套符号结构只有在社会生活方面才是可以实现的"。②

作者举了奇卡索社会中对立半族相互敌对、彼此隔绝的例子，形成竞争关系。浣熊人据说靠鱼和野果为生，美洲狮族人住在山里，靠猎物为生。野猫族人白天睡觉，夜间行猎。鸟族成员天亮前起床……诸如此类，给人的印象是：图腾是什么，人的性情、习惯也是如此。奇卡索社会由生物物种串联起一个具有等级制度的社会，而在印度，图腾团体的残迹可用技术或职业的象征来说明。被交换的女人和同样被交换的商品、劳务之间，存在着一种根本的区别：女人是自然的，商品、劳务是制作物，是社会性产品。职业等级和图腾团体之间是一种逆对称。一旦女人被交换，女人就从自然转化为文化。而人的再生产又延续了自然。

列维－斯特劳斯总结道：这些社会至少被看成是由"自然的"等级制度所组成的——换句话说，这些社会中的文化被看作是作为自然的投影或反映。等级制度和图腾团体这两个区分系统之间的等价关系，人们借助这两个系统使他们的社会关系概念化。简言之，诸社会等级把本身想象为自然物种，而图腾团体把自然物种想象为社会等级。但是必须准确地说：社会等级把真实的文化错误地加以自然化了，图腾团体则把虚假的自然真实地文化化了。③

列维－斯特劳斯全部的努力还是付诸自然与文化的关系。观念与现实

---

① 列维－斯特劳斯：《野性的思维》，李幼蒸译，商务印书馆1987年版，第133页。

② 列维－斯特劳斯：《马塞尔·莫斯的著作导言》，载莫斯：《社会学与人类学》，佘碧平译，上海译文出版社2003年版，第8页。

③ 这句话应该对照他所说的"意识形态是自欺"结合民族志的具体表达。

的关系，他避开了柏拉图的模仿论，竭力否认自然主义的论调。而是探索自然与文化的中介机制，解决自然与文化的对立，调节文化与自然的矛盾。婚姻、饮食禁律皆如此，按照"中项"的需要发明出来。作者又第二次否认："社会生活，人与自然间的关系，是发生在心灵中的概念游戏的一种投射，或者甚至是其结果。"① 列维－斯特劳斯还未将象征、符号上升到决定论的地位，这就是他的复杂的似乎取"中庸之道"的结构主义位置。他清晰地表述他和马克思的同与不同：

> 我相信，在实践与实行之间永远存在着调节者，即一种概念图式，运用这种概念图式，彼此均无其独立存在的质料与形式形成结构，即形成既是经验的又是理智的实体。正是对马克思极少触动的这一有关上层建筑的理论，我想有所阐发。②

作者在这段话中阐明，概念图式仅仅是在实践和实行之间的调节者，由于这一中介作用，实践和实行才能整合。这一说法和后来有所延续的萨林斯有所区别。萨林斯借鉴了"概念图式"的说法，不过添上了"原型"的前缀，显然，列维－斯特劳斯的原意已然被扭曲，走到了他回避的"意识形态的变换导致社会的变换"。列维－斯特劳斯接着说：

> 上层建筑的辩证法正像语言的辩证法一样，正在于建立起组成单元，为此必须毫无歧义地规定这些单元，也正是使它们在成双成对的组列中互相对比，以便人们能利用这些单元来拟制出一个系统，这个系统扮演着观念与事实之间的综合者的角色，从而把事实变成记号。③

为了说明单元和系统的关系，这里，笔者援引利奇从罗兰·巴特的《符号学要素》引用的表格，来说明隐喻和转喻、范例和单位语符列的

---

① 列维－斯特劳斯：《野性的思维》，李幼蒸译，商务印书馆 1987 年版，第 148 页。
② 同上书，第 149 页。
③ 同上。

关系：

单位语符列与系统①

	A 系统（口头语部分；名词、动词等）	B 单位语符列（句子）
服装系统（语言、代码）	片、部分或分件的系列，它不能同时穿在身体的同一部位，并且，要根据各人戴的帽子，如小檐帽、女帽、兜帽等的不同而变化。	同一类型不同成分的服装并置：女裙、罩衫、夹克衫。
食品系统（语言、代码）	粮食系统，既有联系又有区别，人们根据自己的爱好选择一种：小菜、烤食、甜食等。	在进餐和菜单中选菜的实际句子。
家具系统（语言、代码）	一件家具"风格"上变化的系列：床等。	不同家具在同一地方并置：床、衣柜、桌子等。
建筑式样系统（语言、代码）	在同一建筑物中，一个部件在风格上的变化：屋顶、阳台、大厅等。	整个建筑物中部件的句子。

通过二元对立，或者对野性的思维非常重要的"图腾算子"，给出系统、单位语符列的关系，作者是要以此来总结他对意识形态的看法吗？他多次用筹码和扑克牌来形容这重变与不变的游戏规则。制度和规则不过是组合游戏中的筹码，以象征的形式呈现，"充当着经验性的能指者"，实质上又有着审美的想象。

> 不同的玩牌者不会用同一副牌总玩同一局牌戏，尽管由于规则的限制，他们也能用任何某一副牌玩出任何一局可能的牌戏来。②

① 利奇：《列维－斯特劳斯》，王庆仁译，生活·读书·新知三联书店 1986 年版，第 53 页。

② 列维－斯特劳斯：《野性的思维》，李幼蒸译，商务印书馆 1987 年版，第 110 页。

　　列维－斯特劳斯在之前提出"正是对马克思极少触动的这一有关上层建筑的理论，我想有所阐发"，在"图腾与等级制度"，他论述经验的多元性如何过渡到概念的单一性，又过渡到意指的综合性。在"可逆的时间"又有所延伸。图腾分类是一种认知事物的方法，依据它的方法，分类意向有着无限延展性。受到阻碍，意味着系统完成了其进程，也充分实现了其功能。列维－斯特劳斯在阐释原始思维依赖记号发生的准确的判断力和感知，运用了驾驶汽车的例子，作为野性思维在现代社会的延伸。"我们在驾车时一眼就估计出超过或躲避一辆车所需的瞬间。"他从中受到的启发是，我们在做出反应的时候，这种混合力的感觉，作用于与其他驾驶者的交流之中，由于彼此意图的相似，被转译为记号，被理解，也被破解。这同样延续了作者之前对文化与自然的中介说法：

　　　　人与自然法则并不是直接面面相对，而是使自己成为以下双方的中介者。问题不再是一方或另一方的被动性的大小如何：诸存在物在同一时刻彼此作为主体与对象面面相对。而在他们使用的信码中，把他们分开来的距离的简单改变，就具有一种冥冥神谕之力。①

　　简言之，正是因为这种人与自然间接的交流，才使得人与世界彼此互相反映。虽然这种反映很像是人在山洞里看到的影子的投射。确切说，是反映外界的知识像一面镜子一样与挂在屋内的镜子相互映射，有丰富的镜像，但是总体是有限的。这个比喻，可以看作是《野性的思维》的概括。② 不仅图腾如此，宗教是自然法则的人化，巫术是人类行为的自然化。虽然结果或事实均逃避不了"意识是自欺"，明明知道是"现实为想象设置的圈套"，还要往里跳。列维－斯特劳斯指出，虚幻的观念之所以是意识形态，是因为不具有具体的基础。但是问题在于，当社会组织被意识形态化，赋予人的感觉时，

----

　　① 列维－斯特劳斯：《野性的思维》，李幼蒸译，商务印书馆1987年版，第253页。怪不得利奇在《列维－斯特劳斯》的结尾会说："好像到了空间火箭和氢弹时代，仍然想念天堂一样。"评价准确至极。

　　② 列维－斯特劳斯总是喜欢在人文的象征系统中模拟物理的实验。总想找到可验证的自然规律。神话转移到实验室，设计参与和变量，来找寻基本的模型。他把包含了"标准关系"的公式称为"深层结构"。两面相互反映的镜子，或许就是上层建筑的辩证法。

就像自然一样，成为涂尔干在社会理论中所分析的社会事实，被看作是真实的。和部落民族相信的图腾神话一样，"显示出理智的和预先确定的性质"。列维－斯特劳斯在图腾社会的素材中探讨马克思忽略的上层建筑理论，将之归于自然与文化的命题。可以想象，阶级这个视角，从结构主义中消失了。将结构与扑克牌类比，这样的做法是否也将政治毫不留情地扫地出门呢?① 列维－斯特劳斯有一个著名的扑克牌比喻，无论事象怎么变，函数关系不变，这一函数关系便是结构。

　　二　社会变迁与结构

　　在第二章和第五章中，列维－斯特劳斯两次回应了社会变迁对结构的影响，结构如何驾驭社会变迁。这一次的表述，较之《忧郁的热带》有了较大的变化。在《忧郁的热带》中，他对于传教士、殖民者对印第安部落的破坏持颓废的态度。而且发现：村落的房屋结构被改变后，社会生活就破坏殆尽。所能寻找的只是文化的碎片。饲养角鹰的风俗，由于社会结构的不再，角鹰也被弃置一旁。列维－斯特劳斯有一个著名的理论："当一种生活方式被破坏的时候，失去其中的某些要素，导致所有其他要素随着贬值。"② 这些对于社会变迁的论述，在《忧郁的热带》的解读中已经多少言说过。

　　这一次，在《野性的思维》，列维－斯特劳斯讲述了同样一个村落的居住结构被改变的故事，发生在澳大利亚的土著当中。他们被强制搬迁到政府为他们安排的拓居地里，住在传教士管理的营房里。但是故事并没有结束，反而刚刚开始：

---

　　① 有关阶级斗争，国家的介入，以及政治的权力游戏，意识形态的斗争，被列维－斯特劳斯回避的这一块内容由布迪厄继承下来，并且是正面回应。布迪厄用象征资本来处理和经济资本的对应关系，同时，用实践媒介，来处理现实与想象的关系。他强调斗争的概念。他讨论象征暴力的失效是怎么回事，象征暴力有一层温情脉脉的面纱。人们相信统治阶级的意识形态，即意识形态的合法性，是因为制度的保证。例如头衔的再生产。在布迪厄看来，学术是造舆论的思想温床。意识形态发挥了位移和改换、掩饰和合法化效应，而且需要默契和自由放任。当意识形态斗争，委婉变得无用时，与象征暴力相对立的，"是对任意性的清醒认识，而这种清醒认识使支配者失去他们的一部分象征力，从而消除了对象征暴力的不识"。他补充道：阶级关系少了象征关系就无法体现其"客观"真实性。围绕象征资本的讨论，他对马克思的阶级理论进行社会学的改造。他还批判列维－斯特劳斯的思想在精神上是唯心主义的。基于对结构主义的批评，布迪厄对功能主义有了重新的欣赏和同情。参见布迪厄：《实践感》，蒋梓骅译，译林出版社 2003 年版，第 213、214、218 页。

　　② 列维－斯特劳斯：《忧郁的热带》，王志明译，生活·读书·新知三联书店 2000 年版，第 446 页。

　　当一名土人被问及属于哪个亚族时，他会这样回答："按我自己的话说我是这个或那个，因而在这里，我是温戈人。"土人又说："冷皮肤几乎总属于乌图鲁族，而羽毛几乎总属于烟古鲁族。"树和在树上搭巢的鸟属于同一半族，沿小溪、水池和沼泽生长的树木与水、鱼、水鸟、莲茎属于同一半族。龟的变种也是如此。灰袋鼠属乌图鲁族，红袋鼠属烟古鲁族，但彼此不争斗。①

　　这些变通尽管分布并不均匀，但是遵循的原则是规则性与系统性。用各种方法，"设法提出等价原则"。因而，部落的诸结构协调一致。这种并合作用（syncretism）可作为一个新社会的起点。作者得出结论："尽管因为强加给土人的新生活条件以及他们所遭受的世俗与宗教的压力，而使社会组织陷入混乱，他们的理论态度仍然继续存在着。"②

　　也就是说，作者对野性的思维的信心在写作该书的时候已经毫不动摇地建立起来。这是否是走出"忧郁的热带"的信号？不然作者会花下一个十年去继续思考野性的思维繁杂的"网眼"过滤出的神话母题。在第二章，他考虑到人口演变对于氏族的影响。以普埃布罗印第安人为例，就克鲁伯1915—1916年掌握的资料，祖尼人和合皮人各个部族加起来，人口还是大致均等的。此外，他又举了植物学家收集的证据，这位植物学家发现：墨西哥的印第安农民种植的玉米品种整齐一致，种子相较周边的杂交玉米纯粹许多。凡是古老的印第安人作物完好地延存下来的地方，玉米的变种就是非常整齐的。还有一个奥撒格人的传说，讲述食素的和食肉的在迁徙的时候遇到了食腐肉的，三方商议合并为两个大组：好和平的与好战的。两项系统过渡到三项系统，然后又返回先前的二项制。这些案例支持了作者的观点：结构能够在外界的冲击下想办法重建一套系统，和之前的系统不一样，但保留了形式的同态关系。列维－斯特劳斯用控制论来解说这个冲击—调整的系统或结构的不变性与稳定性。

---

①　列维－斯特劳斯：《野性的思维》，李幼蒸译，商务印书馆1987年版，第178—179页。
②　同上书，第179页。

假定一个初始点，一组系统在这一点上都协调一致，那么这个系统网将对任何影响某一部分的一切变化做出反应，就像一种"反馈"（"feed—back"）装置的机械一样：受其先前协调状态所伺服（asservie）（在这个词的双重意义上），它将使失调机制趋于一种平衡，这种平衡无论如何将是旧状态与外界引起的紊乱之间的一种妥协的结果。①

由此，神话和仪式抵抗社会变迁与遗忘的力量彰显出来，列维－斯特劳斯将称其具有"剩余力量"，能够在一个时期保持住全部或部分的原始的方向。就像一棵大树一样，能够经受偶然事件的作用而不违背自己最初本性。顶端的枝杈再也不能危及树的稳定。结构主义虽然宣称去政治化，但从这重对抗社会变迁的信心可否理解为社会稳定的意识形态？或者是相信社会结构的力量和为此树立的对社会结构的信心。当然，结构和社会结构完全是两回事。结构主义关心的是社会实体背后的语法与"单位语符列"。在语言学范式的转换下，涂尔干意义的社会实体自然解体了。在《今昔纵横谈》里，列维－斯特劳斯表达了和福柯观点的区别。福柯关注词与物的断裂，他更多关注的是延续性。② 这个说法可以从《野性的思维》找到答案。

总体而言，所谓野性的思维，意味着对外实行与对内实践，运用邻近

① 列维－斯特劳斯：《野性的思维》，李幼蒸译，商务印书馆1987年版，第80—81页。

② 也有一种观点说，心、物、言这三者之间的关系，结构主义一脉相承的是去除物，建立心与言的关系。这一做法始自索绪尔，能指和所指分开。列维－斯特劳斯将心与言的关系表述为集体无意识，福柯将心与言的关系表述为知识与权力的关系。不同的表述，福柯和列维－斯特劳斯反而有着"逻各斯"的共性（内在的逻各斯是理性和本质，外在的逻各斯是传达这种理性和本质的语言）。"列维－斯特劳斯的人类学以抛开仪式行为的代价来获取的对神话的集中关注，涉及对涂尔干社会学当中提到的情感狂热的重要性的否定"。巴特等著：《人类学的四大传统》，高丙中等译，商务印书馆2008年版，第252页。福柯一直有现代性的焦虑，从疯癫与文明，到规训与惩罚，福柯从边缘化经验中发现疯癫是如何被理性禁锢的，现代性的原型乃是全景敞视监狱，用于监视犯人的监狱技术，应用到医院、学校、收容所、教堂、军队、工作场所等公共机构。"与列维－斯特劳斯式的结构主义不同，福柯的方法论很大程度上是历史化的。"巴特等著：《人类学的四大传统》，高丙中等译，商务印书馆2008年版，第286页。真正的断裂始自罗兰·巴特、怀特海等后现代主义思潮，将心与言的联系也割断。"逐渐陷入批评的文字游戏中"。巴特等著：《人类学的四大传统》，高丙中等译，商务印书馆2008年版，第257页。也许福柯扮演了结构主义与后现代主义之间的过渡人物。

性与类似性——这两个基本的思维方式，由于转换的实现，将神话、仪式、婚姻与饮食禁律广泛地结合起来。对内实践是等级制度，对外实践则是图腾的标示——图腾的实质是区别性差异。野性的思维，是人与动植物、人与超自然、人与神、人与灵魂的交流。[①] 因此，列维－斯特劳斯又说，和科学一样，巫术处理的也是信息。它运用什么来处理如此繁杂的信息呢？即二元对立的编码方式。所以列维－斯特劳斯说应该和计算机结合起来，收集完整的民族志资料，运用计算机，来找到经验隐藏的深层的结构，这也就是"集体无意识"。这一信念几乎成为他的信仰，不然，他何以花费十余年来从事神话学研究。他常常用"谜"来刺激自己的求知欲，就像一个充满好奇心的小男孩，寻找谜底这种在谜团中的研究状态早在巴西的探险期间就已产生，被田野的空虚攫取，他苦苦地思索，这个看似没有尽头却有一个清晰的答案在等待着他来解答。这就是列维－斯特劳斯，离功能主义的人类学流派越来越远，利奇毫不客气地指出这一点，他在苛刻地批评对方的同时，也在尽其所能诚恳地理解对方从事事业的宝贵价值的可能所在。[②]

四　集体无意识与"祛魅"

列维－斯特劳斯认为人类学全部的研究对象是集体无意识。他否定了博厄斯的拟构历史陷入的不可知论，他否定了涂尔干的形而上，他抓住了马克思的辩证法，他又不满意马克思的上层建筑理论，他确定集体无意识的研究价值。在给莫斯的序言中，他批评莫斯和涂尔干在马纳概念中赋予的神秘权力、神秘力量的特性。他尤其无法忍受的是莫斯对集体表象的解释仍旧有"神秘的情感纽结"的残留成分。他发现了集体无意识在梦、图腾、献祭、亲属制度、社会组织的普遍存在，他要做的是"修补术"，虽然这修补术既有"原始"逻辑的爱好，也有艺术的情操。他徘徊在艺

---

① 人类学是人与人之间的一场对话。人类利用象征和符号从事沟通。它们出现在两个主体间的沟通。载列维－斯特劳斯：《野性的思维》，李幼蒸译，商务印书馆1987年版，第475页。人与人之间怎么沟通呢？这个问题在利奇的《文化与交流》中有了回答。

② 1960年以来的人类学者，任何人都无法避开同列维－斯特劳斯的对话关系。不管是批评，继承还是反对，都要不可避免地引用列维－斯特劳斯的著作。何况列举的这三位——利奇、玛丽·道格拉斯和特纳还是对结构主义较有创造性转变的学者。结构主义到了20世纪70年代已经成为"时尚"。

术和神话之间，介于巫术与科学之间，停留在审美和理智之间的一种状态。

结构语言学认为在言语之下有语言的结构，列维－斯特劳斯认为语言的结构是无意识活动的产物。在有意识的社会表层下面，隐藏的是无意识活动。换言之，社会意识是无意识活动的一种投射。他确信用结构的方法分析社会生活的其他的方方面面：宗教、语言、艺术和法律的可行性。"所谓'集体意识'将还原为普遍法则在个人的思想行为层次上的若干时间样态，即精神的无意识活动。"① 作者的观点在"语言与社会"中概述为一句话，将社会意识还原为集体无意识。该信念几乎构成他研究、写作的动力。

列维－斯特劳斯认为亲属关系称谓、婚姻关系和社会组织这三者之间密切关联。作者注意到神话在其中也扮演着积极的角色。集体无意识在沟通的语用学范畴得到了解释。

人类的心智散乱无章，分解为互不相干的部分和层次，彼此间不可能有任何沟通；然而，这种怪诞的局面跟我们在人类的心理活动的其他方面所看到的情形毫不相干。②

虽然事物与命名是任意性的，但是意义是限制的。

语言符号的任意性是临时的。一个符号一旦被创造出来，它的用途便渐趋明晰，这一方面取决于大脑的生物结构；另一方面也是相对于所有其他符号，也就是相对于必然走向系统化的整个语言世界而言。③

就像产品一旦生产出来，它的自然属性就具有了象征价值。红绿灯的例子在这篇文章首次提出（在此基础上，利奇进行了翻新，萨林斯又做了翻新）。他当时举这个例子的时候，只是想说明"交通规则把不同的语义价值任意地赋予了红色和绿色的交通信号"。交通规则显然是人为的对人类秩序和行为的规定，是抽象的存在。他在解释内容与表意功能结合，

---

① 列维－斯特劳斯：《语言与社会》，载《结构人类学 1》，张祖建译，中国人民大学出版社 2006 年版，第 70 页。

② 列维－斯特劳斯：《语言学与人类学》，载《结构人类学 1》，张祖建译，中国人民大学出版社 2006 年版，第 85 页。

③ 列维－斯特劳斯：《第三章和第四章的跋语》，载《结构人类学 1》，张祖建译，中国人民大学出版社 2006 年版，第 99 页。

从而调整价值时，是为了说明神话和仪典同样具有唯物的基础。"所有神话思想和全部仪典都是感性经验在一种语义系统中的重组。"作者举了马克思对金银的论述，金银被开发出来，就天然地具备货币的价值，成为财富的象征。他接着论述道：

> 正是马克思本人鼓励我们去揭示语言背后以及人与世界的关系背后的象征体系：生产的社会关系采取了一种客体的形式，只有日常生活的习惯才使我们以为这是稀松平常的事情。①

当然，列维－斯特劳斯的研究对象不是生产的社会关系，而是无文字社会或静止社会的"各种关系的一般理论"。举例而言，经济、亲属与婚姻制度、信息的交流（如"图腾"涵盖的巨大的信息量）构成平行的交换关系。其次，对区别性特征进行社会分析。②

在"绪论：历史学与民族学"中，这篇文章虽然是在回答历史学与民族学的区别与联系，实际上还是在回答民族学的研究对象为什么是集体无意识。为此，作者批判了马林诺夫斯基、玛格丽特·米德等人因为放弃历史、坚持"共时性研究"而将人类学（在该语境中，人类学等同于民族学）带入自然主义的道路。列维－斯特劳斯的用语是刻薄的，

---

① 列维－斯特劳斯：《第三章和第四章的跋语》，载《结构人类学1》，张祖建译，中国人民大学出版社2006年版，第101页。

② "这样或那样的社会的各种关系的一般理论，对规定着这样或那样的社会的关系体系所特有的区别性特征进行社会分析"。大致的意思是指某社会存在的复杂的交换体系，这些交换体系之间的关系是什么，与其他社会相较所体现的区别性特征是什么，就构成了人类学的研究领域。这样理解，是否就把象征与社会整合为物的交换、婚姻的交换以及艺术的交流之间的关系？是否需要处理社会交换系统（对应经济基础）与神话、仪式与艺术等象征所构成的意识形态之间的关系？"神话思想和全部仪典都是感性经验在一种语义系统中的重组。"重新理解这句话，它似乎指向了首先要清楚这套语义系统是什么。这样看来，继二重性社会的研究兴趣之后，神话、仪式和艺术的方法论就显得异常重要了。因为这个领域是最为切近上层建筑的。上层建筑理论也就在符号的交流中产生。不要忘了，列维－斯特劳斯无论怎样完善马克思的上层建筑理论，他都忠实于马克思的"意识形态是自欺"。也就是说，有着内在的一致性。用他的话就是意识形态与亲属制度、神话、仪典、艺术和烹饪等不同领域之间遵循的一致性，又是转换的。这样的表达几乎和《野性的思维》论述"野性的思维"是一致的——区别于"发展的逻辑"。野性的思维在文明的参照系之外才发生意义。

每当马林诺夫斯基得出一个自然倾向的普遍结论时，例如，人一定要结婚、组建家庭，巫术是有实用目的的，他会反问："为什么偏偏是制作草裙，不是制作干葫芦或陶器呢？"他讽刺米德的研究是动物学家按照独居的、合群的和个人主义的三大类来区分原始部落。"与一套真正的分类法差之远矣。"① 列维－斯特劳斯的主张是从比较到概括，概括反而是目的，"把不同时空环境的唯一的概念程式揭示出来。"例如，二元组织就是一个提炼的概念。它相当于一个"元语言"。即使没有二元组织的社会，也存在"关联和对立的关系"。"这些做法和习俗也履行着跟二元组织相同的功能。"那么，二元组织的结构性成分就可以看作是"集体无意识"。也就是"唯一的概念程式"在不同的社会有着不同的"变体"。他在"历史特殊性"的意义上抬高博厄斯的理论地位，他用博厄斯的历史特殊论来支持自己对集体无意识的捍卫：像马林诺夫斯基、米德"从来只能把我们研究的民族变成'我们自身社会的反映'"。他对博厄斯的评价之高，是溢于言表的："能够以令人钦佩的清醒头脑明确说明文化现象的无意识性质者，非博厄斯莫属。"所以，问题又回到了结构主义的主张：从比较到概括，"把不同时空环境的唯一的概念程式揭示出来"。具体而言，归纳法是不够的，"从音位里提取区别性成分的逻辑现实"。语言学的方法运用到民族学，就是逐步收缩，剔除经验，直到提炼出"同一的概念程式"。作者认为这是唯一可以保留集体无意识、揭示集体无意识的做法。其他的共时性研究都不可避免地沦落为社会意识、个体意识的腐蚀因素。注意，他是用"腐蚀"来形容历史对无文字社会的解读或诠释。由此，他再次说明"历史学围绕着社会生活的有意识的表达活动组织它的数据，民族学则着眼于无意识的条件。"② 他是这样表述无意识的：

> 在我们的社会里，每一个人对餐桌规矩、社交礼节、着装方式，以及我们的许多道德、政治与宗教的态度都看得很清楚，然而它们的

---

① 列维－斯特劳斯：《绪论：历史学与民族学》，载《结构人类学 1》，张祖建译，中国人民大学出版社 2006 年版，第 19 页。

② 同上书，第 22 页。

起源和真正的功能却从来没有获得严肃认真的思考。母权至上、泛灵论和晚近出现的心理分析，目的都是为了顺利地解决无论意志还是思考都似乎始终抓不住本质的那些问题。[①]

　　事物的区别就是在于二次论证和再诠释——有意识思维的层次如何回溯到无意识的源头。这构成了民族学的严峻挑战。按照列维－斯特劳斯的说法，结构主义应运而生，将矛头指向无意识，为此将结构语言学移植到民族学，在方法论上进行大刀阔斧的改革，在元语言的层次上，小心翼翼地揭示无意识的存在。如何获得无意识的结构呢？民族学方法与历史学方法在这个问题上殊途同归了。也就是说，历史学为民族学提供了形态学的"变体"资料库，民族学才能提炼形态学背后的深层结构。也就是说历史学描述了意识范畴的具体的呈现（因为只有"对象化"才能做出描述），民族学挖掘具体的个体的经验所隶属的"逻辑架构"，其实就是"晶体结构"。利奇对他的批评就在这里：他把符合他的理论的材料都搜集到一起，纳入分析范围，对不符合他的理论的个案排斥在外。[②] 而列维－斯特劳斯引用马克思的名言："人类创造自己的历史，却不知道自己正在创造历史"来说明历史学和民族学的位置。他强调的是历史学与民族学的不可分割、紧密结合。然而现实是民族学与历史学却过度分离。

　　确定了无意识的研究对象，需要一套发现集体无意识的方法。例如，为了确定一种假设，需要"变体"材料库去验证：

　　　　1955 年我提出了"所有神话都可以归结为一种标准关系"的想法（《结构人类学 1》，252—253 页）[③]，1974—1975 年我用"吃人风俗以及礼仪上的换性乔装"一课来把这个理论用到实例上。例如，证明非平衡关系是神话变换的一个内在属性的时候，我对数百个不同

　　① 列维－斯特劳斯：《绪论：历史学与民族学》，载《结构人类学 1》，张祖建译，中国人民大学出版社 2006 年版，第 23 页。

　　② 利奇：《列维－斯特劳斯》，王庆仁译，生活·读书·新知三联书店 1986 年版。

　　③ 这里列出一个神话的函数公式。某一项被其对立项替换，两个成分的函数值和项值之间产生了关联性颠倒。载列维－斯特劳斯：《结构人类学 1》，张祖建译，中国人民大学出版社 2006年版，第 245 页。

的神话进行了分析，充分显示了这种关系。[1]

在无意识的研究方法上，笔者不一定认同结构主义的做法。例如列维－斯特劳斯的人类学理论宣言："我们按照工程师的榜样设想人类学家。通过理性操作制造机器，开动机器。提供的更多的是一种保证，而非一场验证。"[2] 结构主义走向"唯智主义"的野心和抱负似乎同样是一条不归路，为此，利奇对列维－斯特劳斯的批评是有部分合理矫正的。

五 经济基础与上层建筑的关系

结构主义的研究对象是集体无意识，集体无意识对应的是社会结构，社会结构对应的是结构。结构以模型的形式来表达，"一个潜藏在无意识的表层下面的结构使得存在某种模型的可能性更高"刚好说明了集体无意识是它的深层结构。从亲属制度"词项之间的关系"到语言、艺术、法律和宗教——社会生活的各个范畴之间的根本的类似之处[3]，把握隐含在每一种制度与习俗后面的无意识结构。在结构主义的视野之内，涂尔干的"集体观念"将还原为普遍法则在个人的思想行为层次上的若干时间样态，即精神的无意识活动。[4]

模型满足四个条件，才可被称为结构：

1. 一个结构表现出系统的特征。对于它的某一组成成分做出任何变动都会引起其他成分的变动。

2. 任何一个模型都隶属于一组变化，其中每一种变化都对应于同类模型内的一个模型，以致所有这些变化加起来便构成一组模型。

3. 上述特制使我们能够预见，当模型的某一成分被更改的时候，该模型会如何反应。

---

① 列维－斯特劳斯：《人类学讲演集》前言，张毅声译，中国人民大学出版社 2007 年版，第 5—6 页。

② 列维－斯特劳斯：《人类学的领域》，载《结构人类学 1》，张祖建译，中国人民大学出版社 2006 年版，第 473 页。

③ 列维－斯特劳斯：《语言学与人类学中的结构分析》，载《结构人类学 1》，张祖建译，中国人民大学出版社 2006 年版，第 55 页。

④ 列维－斯特劳斯：《语言与社会》，载《结构人类学 1》，张祖建译，中国人民大学出版社 2006 年版，第 70 页。

4. 拟构一个模型应当使其运行能够解释全部被观察到的事实。[1]

结构的概念是建立在以往的研究基础之上，它由涂尔干、莫斯的空间形态学、社会静力学和社会动力学这三部分组成。这三者之间整合起来，实际上处理的是基础和上层建筑的关系，弥补马克思相对薄弱的上层建筑理论。在"民族学中的结构概念"里，列维－斯特劳斯把结构分为体验过的结构和构想的结构。空间形态学：空间配置与社会组织的关系；社会静力学："沟通的游戏"（横向的关系，包括：女人的沟通、货物或服务的沟通、信息的沟通）；社会动力学：亲属关系（纵向的纽带，确切说是代际关系、传承关系）可以笼统地称之为"体验过"的结构，"构想的"秩序对应神话和宗教的领域。"构想的"秩序又称之为"秩序之秩序"。这一部分就是马克思意义上的上层建筑。

古尔维奇针对这段文字，指责他打算把某种关于社会秩序的武断的构想纳入社会学研究。他在回应中把上层建筑理论提出来。1955 年，针对古尔维奇的批评，列维－斯特劳斯又作了注解的补充。几乎同时，1955年 11 月 25 日，他在《新批评》回应了麦克西姆·罗丁生的批评，将这篇回应作为注解纳入"第十五章的跋语"。[2] 这两位批评者针对他的"意识形态"问题，激发他捍卫上层建筑理论的无限热情。结构的概念如果不面对基础与上层建筑的关系，确切说不面对宗教，是无法触碰到真正的难题的。

列维－斯特劳斯曾经批评涂尔干的社会理论走向了形而上，也批评拉德克利夫－布朗的"社会结构"是经过分析后取得的"某种性质更为复杂的预先存在的结构的残留物"。但是面对超自然的存在，神话、巫术、宗教等精神世界的存在，如果不走向神学，还能怎么办呢？列维－斯特劳斯既然否定了神秘主义，那么他怎么研究人类精神最为复杂的寄托：神圣性呢？成功研究社会组织、亲属关系和交换关系的模型能够运用到"构

---

① 列维－斯特劳斯：《民族学中的结构概念》，载《结构人类学 1》，张祖建译，中国人民大学出版社 2006 年版，第 298 页。

② 列维－斯特劳斯：《第三章和第四章的跋语》，载《结构人类学 1》，张祖建译，中国人民大学出版社 2006 年版，第 86—103 页。

想的"秩序吗?① 这绝对是一个挑战。在这篇文章里,列维－斯特劳斯还没有施展拳脚,故有所保留,只不过树立了信心:"神话、仪式和宗教信仰一起形成了一个可供结构主义大显身手的领域。"1955—1956 年期间,他创作了有"震动"意义的神话作品,分别是:神话的结构、结构与辩证法。这些研究成果是和他对上层建筑的思考有关系的。凡是他受到批评的,他说过的,哪怕是假设,他也会用实际行动来证明他的假设是站得住脚的,也就是说他的假说是得到实践支撑的,这就是列维－斯特劳斯,不会因为外界的影响而动摇,但是愿意付诸劳动去影响外界原有的看法或偏见。现在还是回到这两篇文章,看他是如何论述基础和上层建筑的关系的。

　　"体验过"的秩序与"构想的"秩序是什么关系,换言之,(经济)基础和上层建筑是什么关系。如果说"民族学的结构概念"抛出了问题,且招致了批评,那么"第十五章的跋语"则不得不将问题展开,站在马克思的经典理论的肩膀上言说"原始社会"。② 列维－斯特劳斯将结构语言学、亲属制度和马克思的辩证唯物主义结合起来,理解民族学家所关心的原始社会,确立人类学的真正研究对象是区别性特征——"它们能够凸显社会生活的某些一般性特征"③,建立一种关于亲属制度的新的类型学。④ 他指出两点:第一,许多土著社会都有意地把它们对自身制度的观

---

　　① 这时候,列维－斯特劳斯对结构已经相当自信了。因为结构语言学的理论与方法在亲属关系、社会组织和象征等领域已经得到了转换,建立了模型,取得了成功。

　　② 列维－斯特劳斯是骑虎难下吗? 还是早已准备好对马克思进行结构主义的转换。第一个在原始社会的领域与马克思对话的人是列维－斯特劳斯。二十年后,萨林斯在《文化与实践理性》以相似的方式与马克思进行了第二次的对话。不过这一次他的对话对象发生了微妙的变化,批判的靶子从马克思本人变成了庸俗马克思主义。因为,到了萨林斯这个时代,经济决定论、生物学、自然主义已经充斥了前资本主义的社会的研究。在列维－斯特劳斯的那个时代,情况还不那么严重。至少,生物学刚刚在第二次世界大战后取得了显赫的成就,还没有扩散到其他学科。对抗经济学、生物学的任务没有那么紧迫,列维－斯特劳斯的任务是论述上层建筑乃是文化与自然的中介机制。这个本来很朴实的上层建筑理解,在萨林斯那里地位被抬高,上升到"文化决定论"的层次。列维－斯特劳斯论述马克思的口吻是相当温和、包容与仁慈的。

　　③ 列维－斯特劳斯:《人类学在社会科学中的社会地位及其教学问题》,载《结构人类学1》,中国人民大学出版社 2006 年版,第 369 页。

　　④ 列维－斯特劳斯:《第十五章的跋语》,载《结构人类学 1》,中国人民大学出版社 2006年版,第 347 页,第 360 页。

念投射到空间布局里，社会的结构和现实的结构十分不同。第二，无意识的结构类似梦的形式，形成隐含的社会结构。

古尔维奇对列维－斯特劳斯的批评主要有两点。首先是对空间研究的质疑。即空间配置与社会组织的关系。古尔维奇认为，列维－斯特劳斯叙述的空间结构与社会结构是一回事，列维－斯特劳斯进行了反驳。他指出两点：第一，许多土著社会都有意地把它们对自身制度的观念投射到空间布局里，社会的结构和现实的结构十分不同。第二，无意识的结构类似梦的形式，形成隐含的社会结构。

其次便是对"秩序的秩序"质疑。古尔维奇说道："经过种种努力之后，半遮半掩地倒退到传统的'社会秩序'的观念上去了"。

到这里，列维－斯特劳斯才开始正式进入议题：上层建筑和现实到底是什么关系？① 但是他真正切题的回应有些草率，接下来就忙于应对他者的批评了，用马克思论述原始社会的观点来支持自己对原始社会的研究立场和观点。例如前资本主义社会（马克思仅仅研究了印度和古日耳曼社会、凯尔特制度等）受血缘关系支配，而不是受生产关系支配的。在没有遭受外力破坏的条件下，这些社会能够无限地延续下去。② 这仅是理想状态，存在于人的观念。一旦考虑到社会变迁因素，社会结构的认识就会改变。列维－斯特劳斯本人就有一个变化的过程。从《忧郁的热带》到《野性的思维》，他已经从空间布局与社会组织的密切关联走向了图腾、神话对变化的传统的重组能力。这说明，他越来越相信上层建筑应对社会变迁的力量了。正如他所说，上层建筑最大的特点是各种矛盾全部属于同一个类型。这里，他依据的马克思的文本是"路易·波拿巴的雾月十八日"和"政治经济学批判"那篇据说未发表的"导言"有一段关于艺术的著名论述。"它断言，经济或社会结构始终有可能经过转变而进入法律、艺术或宗教的结构"。它从未声言，"意识形态只能像一面镜子那样反映社会关系"。

按照马克思的思路，如果我们承认基础和上层建筑包含多个层

---

① 按照他的观点，上层建筑并非现实的反映，有可能是颠倒的、相反的形式。

② 列维－斯特劳斯：《第十五章的跋语》，载《结构人类学 1》，张祖建译，中国人民大学出版社 2006 年版，第 356—357 页。

次，而且层次之间的转变有多种类型①，那么同样可以设想，归根结底而且不考虑内容，用转变的法则概括不同类型的社会的特点是可能的，因为这是一些固定的说法，它们能够表明那些应当——假如可以这样说的话——删除的畸变的数目、数量、方向和次序，以期在结构化的不同层次之间（从逻辑上，而不是从道德上）找到一种理想的对等性。②

理解这段话其实非常困难。列维－斯特劳斯的写作往往有"断点"，为了找到他的完整意思，笔者不得不在其他地方寻找线索。首先是他在《新批评》对罗丁生的回应，"我还有两项探讨巴西村落的研究（卡都维奥人和博罗罗人），那两篇论文均以辩证唯物主义为基础，试图解释土著人的上层建筑"。收入《结构人类学1》的论文是"巴西中部和东部的社会结构"。在《忧郁的热带》也有田野报告的描述。例如卡都维奥人的文面艺术，博罗罗人的男子会所。他初步的结论是：土著关于他们的社会组织的理论与这个社会的实际运转有很大的区别。不仅只是社会组织的部分或某种反映，有可能跟他们的社会组织抵触，或者忽略了其中某种成分。拼命宣扬的，所起的作用有可能是次要的（言实不符）。③

其次是在"结构与辩证法"中，讨论的是神话和仪典的对应性，并不能被视为相符性或同源性，而是置换或转换的结果。神话和仪式之间是辩证关系。"神话和仪式之间的辩证关系必须考虑到结构。"④

可否说，因为转化，上层建筑的不同范畴之间是颠倒或相反的关系，维持"一种标准关系"，信仰、实践和表征也是"浑然一体"。这一思想

① 这里需要补充列维－斯特劳斯对"秩序的秩序"的定义，是指一个由次集合构成的集合体的形式特点，其中每一个次集合都对应于一个特定的结构层次。这让我想起了结构主义很重要的一个概念：异形同构。可以有很多变体，但是遵循同一个系统或模型。

② 列维－斯特劳斯：《第十五章的跋语》，载《结构人类学1》，中国人民大学出版社 2006 年版，第 353 页。

③ 一个等级的社会，会拼命宣传自由。一个独裁的社会，会拼命宣传平等与个体。这个悖论是统治阶级早已谙熟的治理术。意识形态是将自身神秘化的符号工具。相反，艺术可能是理想或愿望的折射，理想并不存在，但是并不虚幻，因为民众以艺术的形式宣泄真实的意愿或理想。

④ 列维－斯特劳斯：《结构人类学——巫术·宗教·艺术·神话》，陆晓禾、黄锡光等译，文化艺术出版社 1989 年版，第 78 页。

在《面具之道》有了充分的发挥。A 部落的 a 面具移植到 B 部落演变为 b 面具，又派生出与 a 对立的 c 面具。以此类推，面具与铜板又是对立的关系。神话与仪式关系的颠倒、相反，是在系统关系中完成的。上层建筑包含了两个含义：第一，它是社会现实的掩盖。第二，它是通过象征和交换完成的。这两个含义在他论述的二元性组织、在图腾制度内部的统治术当中保存得最为完整。在《面具之道》中有着进一步的论述。

> 通过面具获得铜，这是一种属于若干贵胄世家的特权，只有他们才掌握财富的魔法。这种致富手段通过世袭或者联姻传递，始终掌握在特权阶层的手里，他们让盼望获得它的人缴纳租赁的费用。这就说明，在那些拥有面具的族群里，有关的神话的表现方式仍然属于社会经济的基础结构；这些表现方式只有首先反映出这些结构，才能宣称奠定了这些结构。①

也就是说，统治阶级的统治术要么通过掌握神话、面具等象征和仪式系统，来维系不平等的社会制度，要么没有这种手段，就用隐喻的方式，来制造出平等的幻象与象征，与现实形成极大的反差。这一思想从《忧郁的热带》的文面研究中衍生出来。

在"亚洲和美洲艺术中的拆半表现"中，他把卡都卧女子的文面与造型、雕塑、绘画和青铜器等多种艺术类型联系起来，探讨拆分和错位形式在时空、地域和社会制度的普遍应用。较之《忧郁的热带》的文面艺术的论述，对形式的地位进行了提升：形式具有意义。他这样论述道：

> 西北海岸和卡都卧艺术，这两个地方，艺术与社会组织休戚相关：花纹与主题表现了不同的社会地位、贵族特权和不同程度的威望。这两个社会都按照同样的等级制度组织起来，它们的装饰艺术起到解释和证实等级制度中的地位的功能。②

---

① 列维－斯特劳斯：《面具之道》，张祖建译，中国人民大学出版社 2008 年版，第 91 页。
② 列维－斯特劳斯：《结构人类学——巫术·宗教·艺术·神话》，陆晓禾、黄锡光等译，文化艺术出版社 1989 年版，第 97 页。

他又发现毛利人的文身，"不仅是装饰，不仅是贵族的象征和社会等级制度中的地位标志：它们是充满着精神和道德意义的启示"。[①] 结合造型与绘画的关系的讨论，正如神话与仪式的辩证关系，或者面具与神话的替换，他通过拆半原则的否例，论证了符号与象征、社会地位、社会制度之间的统一性关系。装饰有着严格的规定，也就是说，装饰、表现绝不是任意的，而是遵循了社会地位和身份的戒律。[②] 他在写这篇文章的时候，还没有以面具为研究主题，直到《面具之道》的完成，他通过西北海岸面具系统的研究，其结论又回到了神话和面具服务于统治阶级维持统治的合法性，"马纳"等神圣观念创造等级和阶级的论调，也就是特权阶级支配象征的源泉：

> 造型与描绘成分的相互独立与社会和超自然秩序之间的更为灵活的作用相一致，拆半表现也同样表明：扮演者严格遵守他的角色；社会地位严格合乎神话、礼仪和门第。这种尊奉是如此严格，以至个人背离了他的角色，必定会使他粉身碎骨。[③]

由于大多数是转借，真正的创造很少，他得出这样的结论：没有孤立的个体，"传播是一种有机整体的传播，在这个整体中，风格、审美习惯、社会组织和宗教在结构上是相关的。"[④] 经济基础与上层建筑的辩证关系，自然与文化的平行关系，几乎是在对等的意义上进行了综合，谁也无法拆离谁，谁也无法涵盖谁。因为如果继续剥离、分离下去的话，意味

---

① 列维－斯特劳斯：《结构人类学——巫术·宗教·艺术·神话》，陆晓禾、黄锡光等译，文化艺术出版社 1989 年版，第 98 页。

② 列维－斯特劳斯有另外一个说法："如同语言一样，社会也是一种自治的现实，象征比起它们所象征的东西更为真实，能指先于而且决定了所指之物。见"莫斯序言"。转引莫里斯·古德利尔：《礼物之谜》，王毅译，上海人民出版社 2007 年版，第 19 页。这一思想与玛丽·道格拉斯如出一辙。后者强调思想的社会传统使得个体从生下来就要嵌入到这个传统中，依赖思想的储备库进行个体的思考。所以，完全的原创很少，而且往往有重复的发现在不同的时期出现，之所以最早的发现没有被重视，被遗忘，是因为知识权力和社会的原因。

③ 列维－斯特劳斯：《结构人类学——巫术·宗教·艺术·神话》，陆晓禾、黄锡光等译，文化艺术出版社 1989 年版，第 106 页。

④ 同上书，第 108 页。

着"网眼"从结构纷纷脱落，交流被阻隔，信息被切断，婚姻、征战和贸易被取缔，除非孤立的个体真正自成一体，片段再也无法再现整体，现代社会才能说文化征服自然，经济基础决定上层建筑。

正是象征与符号、社会地位和社会制度之间的统一关系，统治阶级支配了象征的核心力量。不过象征并非机械的反映社会现实，反而发挥了否定社会现实、掩盖社会结构的作用。可是同时又发挥着思维的作用，在自然与文化的困境中转换。这重思考是精神性的、道德性的，包含了秩序破坏和社会紊乱的发生。他有一个很独特的视角，"这世界本身则是社会体系的投影"。[①] 表现的主题想要表达的是未表现的，拆半原则从造型艺术运用到绘画艺术。"最后，也是以这种方式，生物学上的个人通过自身的服装也投射到社会舞台上来"。[②] 至于象征的效用，病态思维是能指过剩，如果能够引导其精神发泄，情绪层次上的状况转化为思维层次。那么，病人就恢复了正常思维。心理学、生物学和社会学三者结合起来，诱使象征发挥作用。也就是说，通过一场紊乱，通过一次戏剧战斗，通过一场精神发泄，调动集体的参与和共鸣，情感、情绪显露出理性的特质。[③] 他探寻无意识的落脚点，仍旧回落到祛除了迷狂、情感和病态的象征和符号系统的理性审美。但又不完全是装饰美学的，象征是功能性的，它把"能指

---

① 上层建筑的否思性存在，"这些神话在它们自身内思维，或者是相互思维"，列维－斯特劳斯的结构主义主张也被古德利尔概括为"象征支配想象"。对于这一点，诟病甚多。有学者认为若超越结构主义，就要放弃象征，研究"神圣"之谜。古德利尔认为，并不一定放弃象征。问题是要确定它在社会的生产、在我们的社会存在中的真正位置，判断到底是一种支配地位，还是从属于现实的其他要素。载莫里斯·古德利尔：《礼物之谜》，王毅译，上海人民出版社 2007年版，第116页。他在正文中说，象征的两重含义：1. 交流；2. 契约。想象必须在种种社会关系中"物质化"后，它就变成了社会现实的一部分。也就是说，他认为，象征是交流的方式，表现和想象也很重要。也就是说，一方面象征是交流的能力，另一方面想象关系之间的关系的能力，是大脑的物质支撑。两者相互作用，大脑生产了社会现实。载莫里斯·古德利尔：《礼物之选》，王毅译，上海人民出版社 2007 年版，第23页。为什么这么说呢，他继续探讨社会的起源：一方面是契约性的交换；另一方面是非契约性的传承。即不可交换的领域。"与互换、互惠及竞争无关的领域，一个他们必须保存、收藏和扩大的领域"。载莫里斯·古德利尔：《礼物之选》，王毅译，上海人民出版社 2007 年版，第 32 页。

② 列维－斯特劳斯：《结构人类学——巫术·宗教·艺术·神话》，陆晓禾、黄锡光等译，文化艺术出版社 1989 年版，第 104 页

③ 在失序中发现秩序，他在研究神话、仪式或巫术等明确表示。"Find an order behind this apparent disorder", Lévi-Strauss, *Myth and Meaning*, Routledge, 2001 (1977), p. 3.

过剩"宣泄掉，通过这样的努力，"马纳"这样的神圣观念就蜕变成了自欺欺人。可是在现代社会，神话还会死灰复燃，变成政治动员的工具，继续发挥图腾制度的权威，神话并未破产。①

结语：上层建筑理论的回音

自我与他者之间的关系，在列维－斯特劳斯这里从属于两个问题意识：第一，人类是如何从自然走向文化的，又是如何从文化返回自然的；第二，人类是如何建立沟通机制的。这就是他在《忧郁的热带》最后一章提出的熵（entropy）。② 他将自我对他者的理性、认知的诉求转换为他者对自我的伦理意义。也就是说，知识论的问题，包含了伦理的馈赠：反诸求己。他把这部分的思想源头追溯到卢梭。卢梭深刻地影响了他对于他者的思考。这里容易产生的误解是，认为他主张认识自我的社会，不错，他是主张多检讨自我的社会的问题与罪恶，但是手段或途径却是——离我远去。这也是他在《遥远的目光》寄予的情怀，离开自我的社会，目光指向遥远的、更加遥远的社会与人类，因为一个陌生的社会，会带来意想不到的神话两难的解决办法，他者意识，是不可缺少的。就他个人而言，他晚年居住在远郊，亲近自然，远离喧嚣的城市。这样的生活方式与"生活在别处"的人类学感觉是一致的。

一　列维－斯特劳斯与萨林斯

列维－斯特劳斯在两个层面深刻地影响了20世纪70年代声名鹊起的萨林斯。一是新石器时代蕴含了人类伟大的创造，文明的引入、成熟到发展的热力学，建立在进步主义基石上的人类的进步，无法和新石器时代的创造相媲美。这一进步的否思，在于萨林斯的《石器时代的经济学》。列维－斯特劳斯秉持一个马克思主义的态度或价值观：生产与消费相互联系，相互平衡，而不是消费与生产脱节，造成消费主义的泛滥。这样就失

---

①　马林诺夫斯基曾经把巫术和广告比较，发现广告采用了和巫术语言的相似性运作。

②　交流和沟通，是不可缺少的神话的功能。笔者把交流理解为生态系统（不同等级的食物链联系）的营造、人与鬼、神的交流。列维－斯特劳斯对交流有明确的说明。存在三种沟通方式：婚姻，经济和语言。对应的是婚姻法则，社会组织和亲属制度。也有人把他的理论称之为"普遍交换理论"。

去了人的创造性。只事消费，不事生产，豢养了资产阶级的腐朽生活方式。[①]他在鉴赏现代艺术时，尤其注重生产与消费的关系。二是外来者和陌生人的思想。列维－斯特劳斯发现印第安人的神话系统中就有白人的对象化思考，不同于白人把印第安人看作奴隶，印第安人把白人看作神，他们杀死白人，想看看尸体是否会腐烂。从萨林斯写作的库克船长与夏威夷土著的邂逅事件，不妨看作是列维－斯特劳斯"把白人当作神"的思想折射。但是列维－斯特劳斯区别于萨林斯的地方是，萨林斯把象征与社会的关系处理成文化图式的再生产，仔细理解列维－斯特劳斯的结构主义的话，他还是有马克思的影子，例如，他把象征、宗教看作是制度本质的掩饰和欺骗。意识形态是制度所不及之处的想象与填补。神话与仪式的颠倒关系、神话的非对称关系以及神话的螺旋式上升和结构的延续性。他并没有把符号提高到经济基础决定论的地位。他这么做强烈抵制的是涂尔干的形而上趋势。他因为对涂尔干的批判，初到巴西任教时就遭到同行的排挤，回国后也未被膜拜涂尔干的学术集团看重。马克思主义对列维－斯特劳斯而言，有时候是盟友，有时候又似是而非。当抵制形而上时，马克思是盟友，因为马克思把抽象的理念放回行为嵌入的制度现实来检验，用辩证唯物主义完成了意识形态对象化的工作。列维－斯特劳斯始终强调理论的可检验性，即客观性。否则实验室也就没有意义。但是他从来没有把象征放在"机械反映论"的层面来认识符号。他采取的是精神与社会的平行的关系。他发现了神话对于社会的否思的独立的存在。这就是无意识结构的普遍存在。当然，上层建筑理论的正式表述，要到《野性的思维》才始见锋芒。《神话学》四卷全部的任务是揭示无意识结构的普遍存在。萨林斯的理论取向是剥离马克思的《资本论》对原始社会进行自然主义的解释倾向。伦理使命是捍卫他者的文化价值的自主与平等，揭示资本主义的秩序也不过是一整套象征体系的生产。列维－斯特劳斯之后，迎接庸俗马克思主义、生物学和个体理性的社会学的挑战，提高象征的地位，就成为萨林斯的文化理论任务。

萨林斯做的一个工作将列维－斯特劳斯的神话学向"前资本主义社

---

① 在《忧郁的热带》中，列维－斯特劳斯充满了对中产阶级的讽刺，无论是法国，还是移民到巴西殖民地的子民们，他们矫揉造作的风气，有过之而无不及。

会与资本主义的遭遇"前进一步，进入到历史的边缘。所谓的边缘，也就是借助"热社会"的文献，来到达历史与神话接触的界面。但是萨林斯把"遭遇"处理成事件，看资本主义价值观如何被前资本主义社会转化成自己的世界观，通过转化"物的用途"转化物的象征价值。萨林斯的出发点是好的，虽然有它的不尽如人意之处。结构与历史的关系就成为较之语言学与人类学（解决研究对象的问题）而言的不可逃避的需要回答的问题。当然，责任落在列维－斯特劳斯身上。在笔者看来，把握新石器时代的时间节点，是理解列维－斯特劳斯的思想的关键所在。理解列维－斯特劳斯的结构主义思想，在于结构主义乃是"知道、理解和懂得"社会、文化与结构的区别性特征的源泉。这样，文化多样性在人类学者的手中才有意义。对结构主义的误解往往就发生在用"我们的社会"认识论来替代他者的逻辑。

二 列维－斯特劳斯与利奇

利奇在《文化与交流》中在根除形而上的意义上坚持了列维－斯特劳斯的使命。他将一切的存在，例如神圣与世俗，寻找它们的内在的逻辑。文化的逻辑也即交流的逻辑。不过不同的是，列维－斯特劳斯所说的文化与自然的关系，中介机制，被利奇作了全然一新的程序设计。他试图把隐喻/并喻，纵轴/横轴，神话/交响乐整合到一切的存在。

理解《文化与交流》这本书，需要把握代号（sign）、记号（signal）和符号（symbol）之间的关系。利奇天才性地发挥了结构主义运用于献祭的理解，更别说婚姻禁忌、巫术、服装、烹饪、割礼等涵盖生活经验的方方面面。在"烹饪"一节，他照搬了列维－斯特劳斯的"烹饪三角关系"。他评价道："列维－斯特劳斯的贡献在于指出了像生/熟，熟/烂、烤/煮、煮/熏这样一些二分概念在食物代码中构成的明显特征，以及它们如何被应用于礼仪行为和神话中。"[1] 在"割礼"一节，他又重述了身体的肮脏需要排泄的欲望，集中了禁忌。在"服装"一节，他论述了正式着装和非正式着装之间的模糊穿着。

将宗教、献祭、巫术和婚姻禁忌等几部分综合起来论述，利奇强调的是对照形成的社会系统。一个元素无法孤立地发挥作用，只有在对照中才

---

[1] 利奇：《文化与交流》，郭凡、邹和译，上海人民出版社 2000 年版，第 61 页。

能确定它的意义和地位。对照是文化与交流的基础所在。在对照中诸多元素才会发挥作用。① 另一方面，符号又并非纯粹的抽象，具有生理基础。利奇论述感官、知觉与意象，观念的关系的时候，就在论述外界的接触如何通过反应（条件反射）来传递到人的知觉，又如何演化为较为复杂的隐喻和并喻关系，从而建立了丰富的代号和符号的系统。利奇进一步说明，言语和非言语存在都是交流的内容。神话、服装、巫术、仪式、献祭等，通过对照建立了交流的系统。文化是涵盖了神话、服装、巫术、仪式和献祭等言语和非言语的总体。

> 除了口头表达，表达行动还包括姿势，如点头、拉长脸、挥手等，还包括穿衣、站立讲台、戴结婚戒指等。② 非言语交流系统中的标志，就像言语表达的音素一样，单独不具意义，只有作为整体的一部分时才有意义。代号和符号只有与其他相对应的代号或符号形成对照才具有意义。③

利奇处理神话或自然与文化的关系，与列维－斯特劳斯大相径庭。他创造了一个著名的比喻，巫术的假象与错误行为，如果继承弗雷泽的理性主义和按下电源开关电灯就会亮的判断没有本质的区别。④ 与利奇相较，列维－斯特劳斯在论述文化的时候，还存在某种程度的不确定，犹豫不决，他并没有把"非言语范畴"放在一个与言语对等的总体关系范畴进行考察。"有必要把各种各样的性犯罪当作一套结构对待，然后考察其相

---

① 利奇的对照表述与列维－斯特劳斯的"从片段中见整体"，虽然都是整体性思维的表达，但是含义却有区别。

② 利奇：《文化与交流》，郭凡、邹和译，上海人民出版社 2000 年版，第 7 页。

③ 同上书，第 48 页。

④ 对于利奇发明的著名的电灯开关的比喻，玛丽·道格拉斯进行了尖锐的讽刺。对利奇的引文，出自《人类学再思考》（1961），转引玛丽·道格拉斯：《洁净与危险》，黄剑波等译，民族出版社 2008 年版，第 127 页。原文是："权威的地位似乎是由电路构建起来，只有那些达到正确地点的人才能操纵开关以便为整个系统提供力量。"她认为，事情远远没有那么清晰，意识到的结构的力量是清晰的控制论可以发挥作用的，就像电钮开关，一揿，电灯就亮了。但是往往还有结构缝隙、权力边缘模棱两可的、不明确的力量的存在，它们是巫术力量的来源，巫师存在的结构位置。对这种不明确的力量的控制，有可能是组织的威胁，具有无意识的伤害力量，就像"好运"一样。

互关系的层次和排列"。① 利奇的方法论"昭然若揭"。利奇最终描述的是献祭制度在宇宙空间与社会空间的转换与呈现。如何把观念具体化，转化为物质、空间和制度安排。反过来，物质、空间和制度安排如何体现此岸与彼岸的关系。这本来是形而上的问题，但是中间地带——分界区，"a 与非 a"，神圣区域，宗教活动场所，就提供了无限丰富的对话舞台。这也就是为什么笔者在一开始就肯定的利奇在摒除形而上因素对结构主义的贡献。但是另一方面，理论诉求，无论是概念还是方法论，把人的存在放在了第一位。这虽然是一个无可厚非的出发点，就像言语与非言语交流都是以人为本的。但是恰恰是这一点，与列维－斯特劳斯在结构主义思想拉开距离，后者处理的是神话、仪式与其他艺术在系统中的转化关系。这还要回顾列维－斯特劳斯对自然和人的看法。他理解文化、认知结构和实践结构，在自然与文化的交流中离不开象征的中介作用，依赖语言和记号反馈给主体。实践往往是"临时起意"的。利奇和列维－斯特劳斯都提炼出交流的文化理论，但是人赤身裸体来到世界、重建文化、建立餐桌礼仪过程与自然反反复复的沟通、斡旋与困境的克服，这种前进到一定阶段停滞的状态，却是列维－斯特劳斯想要止步的时间。

> 因此我们区分两类历史：一为发展、积累的历史，积累了历史的遗留和发明，因此建构了伟大的文明；一方可能同样积极，发挥了同样多的才能，但缺少综合的天赋才能的历史，而这正是前面一种社会历史的长处。每一次革命，不是对先前革新的增加和朝着同一方向，而是消逝于一种波流，从未持久地离开原初方向。②

回顾萨林斯、利奇作为新结构主义者对他们共同推崇的列维－斯特劳斯的对话，列维－斯特劳斯的结构主义思想犹如野性的思维，也避免不了理解和引用碎片化的局面。虽然笔者尝试梳理他的早期思想脉络，却也不能否认有断章取义的做法。虽然笔者对他的唯智主义："用代数方法论证集体无意识

① 利奇：《文化与交流》，郭凡、邹和译，上海人民出版社 2000 年版，第 79 页。
② 列维－斯特劳斯：《种族与历史》，于秀英译，中国人民大学出版社 2006 年版，第 22 页。

的存在"不一定认同。但是笔者想表达的是，他的思想，犹如"片段中见整体"，给上层建筑的否思性存在留出了独立的位置，有着汲取不竭的象征的源泉。

2. 利奇的反叛——《缅甸高地诸政治制度》

上文笔者提及了利奇的《文化与交流》书，指出了利奇与列维－斯特劳斯同与不同之处。如果从列维－斯特拉斯对利奇的影响而言，利奇的确有不尽人意的地方。但是如果不了解利奇的博士论文，则无法全面认识利奇对人类学的贡献。利奇对人类学的贡献来自于他对英国人类学传统的反叛，这一反叛在1954年到1960年期间颇有惊世骇俗的意味。这一反叛明确在他的博士论文的表述中传达出来，那就是他认为结构均衡存在于人类学的理想中，在现实生活中，结构是不均衡的，结构是在变动的，原因就在于社会变迁是结构变动的动力。社会变迁往往来自于外界因素的干扰和介入，地方结构的变迁是作为外界因素渗透地方社会的回应。于是在这一核心理念下，利奇完成了他的博士论文，并于1964年再版了《缅甸高地诸政治制度——对克钦社会结构的一项研究》。

请看看巴特在《人类学的四大传统——英国、德国、法国和美国的人类学》是如何评说利奇的：

> 埃德蒙·利奇（1910—1989）在剑桥是最富创造性地同这些问题进行较量的资深人类学家。[1] 他也是为我们至此所述这一历史时期的社会结构主义过渡到随后1970年代以后时期的结构主义框架构建桥梁的人。[2]

王铭铭在对英国人类学进行简要梳理的过程中，肯定了利奇从内部对

---

[1] 这些问题，指的是如何处理社会变迁，人类学家自马林诺夫斯基开始一直显得谨小慎微、保守不前。马林诺夫斯基将其定义为"文化接触"。曼彻斯特学派认为结构的张力是能够自行解决的。弗思把变化看作是个体选择及其累积性的后果。但是无法在理论层面解决，他认为这是一种神秘的机制。参见巴特等著：《人类学的四大传统》，高丙中等译，商务印书馆2008年版，第49页。

[2] 巴特等著：《人类学的四大传统》，高丙中等译，商务印书馆2008年版，第50页。

英国人类学进行批评和反思的努力：

> 利奇的建树主要在于两个方面，一是在民族志内部加进动态过程（历史）的因素；二是试图将专注于个别群体研究的民族志改造为一种区域性的研究……他的名著《缅甸高地诸政治制度》一书，内容丰富，谈到的问题很多，但从上面说到的这两个方面，挑战了英国派自身的传统。①

何少英从亲属制度的角度论述贡萨和贡老摇摆的不安定根源，不失为一个发现：由于克钦社会传统的等级制度和特殊的婚姻亲属制度（即母方舅表优先婚而形成了"丈人种"的地位高于"姑爷种"），导致克钦社会不断地在贡萨和贡老这两种政治秩序之间来回摆动。② 何少英进一步指出利奇对列维－斯特劳斯的结构主义学说的修正："列维－斯特劳斯把克钦社会两种制度轮回的原因全部归结为亲属制度，完全抛开了政治、经济以及文化等多重因素"③，不失为一种发现。需要指出的是，笔者虽论述亲属制度，但是并不拘泥于亲属制度的形式论述钟摆式理论。

评述利奇出版的《缅甸高地的政治制度》，有一个困难就是利奇的表述缺乏语言的生动性，因为语言风格清晰、有层次和系统，无图片的辅佐，加之克钦社会的复杂性，缅甸高地族群分布的多样性，如果缺乏对藏、滇、缅交界地带的认识，包括历史背景和语言的了解，语言风格的清晰、概括的抽象性反而构成了理解和阅读的困难。克服的办法是将民族志的写作框架的思路清理出来，将表述层次连接为思路线索，还是有可能对该书进行较为完整的理解。

梁永佳在《地域的等级——一个大理村镇的仪式与文化》对该书进行了简单的概括，下面我将他的概括引用过来，根据自己的理解，首先指出其纰漏。

---

① 王铭铭：《人生史与人类学》，生活·读书·新知三联书店 2010 年版，第 120 页。
② 何少英：《社会文化人类学初探》，云南大学出版社 2007 年版，第 103 页。
③ 同上书，第 103—104 页。

利奇探讨了空间在观念和经验之间的关系。利奇通过缅甸克钦人的贡萨、贡劳和掸的三种政治模式，阐述了"理想的政治模式的社会结构和经验社会的社会结构"之间的空间关系。他明确指出，空间的经验层面和观念层面之间存在涵盖的关系，即后者涵盖前者。他认为空间不具有独立自主性，空间依附于政治模式。①

梁永佳着眼于空间的视角，对利奇的著作进行高度的概括。实际上，对克钦社会结构进行认知的时候，空间的视角并非利奇有意识地运用。他是以政治模式或政治体制来论述克钦社会存在的两种政治体制：贡萨和贡劳，以及这两种政治体制和他们的邻人掸人的政治体制发生的联系。由于掸人采取的是地主和佃农的封建等级制度，贡萨有向掸演变的趋势，在演变的过程中，由于激起了反抗，又向贡劳转变。而贡劳演化的趋势是贡萨。掸人的封建等级制可以说是一个靠近藏、滇、缅交界的第三方存在。贡萨和贡劳分布在向缅甸腹地延伸的山地之中，分为 a、b、c 三种生态地带。a、b、c 分别代表：山地通哑，包含了十二年的休耕；草地通哑，适宜经济作物的耕作；梯田通哑，虽然修建梯田耗费人力，但是从军事、防御的角度来看，比较稳定，属于人口密集地带。论述了生态系统，接下来从政治制度的角度来认识族群。他没有从语言和文化的角度来区分族群，而是从政治的角度对其进行分类：贡萨和贡劳。贡萨是等级的，贡劳是平等的。

论述了贡萨和贡劳的政治模式的含义后，他对语言进行了简单的分类。主要是用来批驳学者一直存有的种族和部落的僵化概念：说同种特定语言的人组成了一个独特和可界定的单位。却忽略了这些说不同语言的族群互相通婚的事实。贡萨意识形态把社会表述为大规模的封建邦国。这个体系意味着社会世界中有阶序的等级制，也意味着大规模的政治整合。在贡萨山官统治之下的政治区域中，语言往往趋向于统一。贡劳的极端形式是无政府的共和主义。每个人都与他的邻人一样优秀，没有等级之分，也没有山官。在贡劳实行的区域，存在着一种绵延不断的语言派系主义。掸

_____

① 梁永佳：《地域的等级——一个大理村镇的仪式与文化》，社会科学文献出版社 2005 年版，第 21—22 页。

人的政治体制是怎样的？居住在谷地，种植水稻，都是佛教徒，阶层分为贵族、平民和低等种姓。除一些低等种姓的平民之外，所有掸人都讲泰语的方言。在政治上建立掸邦，各掸邦都有世袭的国王（召帕）。论述了三种政治模式之后，作者着重辨析的一个概念是："一个人说这一种语言，不说那一种语言是一种仪式性的行为，它是个人身份的一种声明"。语言不是固定化的族群的特征。跨越语言和地方习俗的边界，贡萨和贡劳这两种政治模式在同一个族群转化。

如何理解语言是一种仪式性的行为？例如，同一个群体，群体内部出现了派系对立的亚群体，即使他们都说汉语，但是说话的方式、使用的词汇和口音又有微妙的区别。有的亚群体使用双语，表明他们和英语世界的联系。有的亚群体使用文言文，表明他们和传统文化的联系。有的亚群体使用地方方言，表明他们和家乡的认同。说不同的语言，并不能表明他们是不同的族群，恰恰相反，他们是同一个群体的亚群体，他们相互联系又相互区别，他们为了区别在亚群体内部采取不同的政治制度，可是条件发生了变更，这些多样化的政治制度又会相互转化，a 转化为 b，b 转化为 c，c 转化为 a。亚群体之间的联系，使得民族志对该群体的研究首先就要建立在联系的角度来看待族群的分化。其次，民族志研究要在跨界的层面尽可能地恢复亚群体之间的联系。这样，动态的变化才能有规律可循。而非传统意义上社区研究习惯的做法：静止的封闭的族群的固化。用利奇的话就是："看似存在的均衡状态，事实上是非常短暂和不稳定的。而且我应该始终考虑到社会亚系统之间的相互关联。"[①] 这可以看作是全书的核心观点。

梁永佳的概括，采取空间的视角的解读方式，游离于原著的本意。实际上，贡萨和贡劳之间的对比是理念秩序而非经验事实上的差异。换言之，亲属关系的结构大致保持不变，但内部的权威结构发生了根本的变化。所谓内部的权威结构就是贡萨还是贡劳，并非观念层面涵盖经验层面。换言之，并非谁涵盖谁的问题，而是权威结构对亲属关系的赋予。利奇接着说道："我们真正的兴趣并不在于历史上实际发生了什么，而是为

---

① 利奇：《缅甸高地诸政治制度——对克钦社会结构的一项研究》，杨春宇、周歆红译，商务印书馆 2010 年版，第 69 页。

什么同一事件现在被叙述成这些相当不同的故事。"① 这一观点表述为
"观念涵盖经验"。概念、观念是当事人已有的一套整体理念体系，并不
是人类学家根据当事人的经验来概括出来的一套概念和观念，他们会根据
不同的位置、处境来用神话解释这一事件，同一事件，他们的看法却截然
不同。

那么当地人是如何认识社会结构呢？利奇认为他们的认知方式和人
类学家不同，他们借助"仪式活动中的表演以及叙述具有仪式内涵的故
事，意识到结构关系。象征体系的组成部分可能具有仪式性意义，但它
们同时也具有一种现实的（技术的）意义。而这两种意义从来都不是
截然区分的"。利奇依然把仪式放在首位。仪式在社会整体生活当中分
为两个方面：一方面是与财产、社会等级和宗教信仰有关的价值观。具
体包括姻亲关系、财产和土地权、等级与社会阶层、超自然信仰和政
治、宗教权位等。这些范畴在有关身份和义务的争论中如何被用做象
征。另一方面是仪式性财物，与普通的商业交易区分开来。这个概念与
马林诺夫斯基的"仪典型财产"有着相似之处，马林诺夫斯基论述仪
典型财产的时候，也是为了和一般的商业交易区分。利奇在民族志中将
用作仪式性交换的项目称为帕伽。帕伽（Hpaga）与喀（债务）结合起
来。仪式性财物通常在某在特定场合才易手。主要的场合有：1. 婚礼；
2. 葬礼；3. 因仪式活动支付给祭司或代理人的酬劳；4. 迁新居或造新
屋；5. 在裁决各种纠纷或罪行时所判定的赔偿。例如在解决争端的时
候，涉及帕伽的赔偿包括：一面锣、一串项链和一把长刀。有时候帕伽
的债务清单会很长，如果是一百个帕伽，人们用一节一节的诗歌来维持
这段记忆。但是实际执行又很灵活，如果是赔一头牛，实际是一头猪替
代。如果是"赔偿双眼——两块陨石"，最终结算可能换成了一对豆
子。由于姆尤—达玛的婚姻体现了阶层差异，地位高的女子嫁给与自己
相当或比自己低的男子，男子在送出聘礼的时候，就要尽量地多送聘
礼，符合自己的阶层身份。如果一个人没有支付合适的礼物，他就会很
丢面子，而且有身份地位全面受损的风险。但是他再怎么多送，也没有

---

① 利奇：《缅甸高地诸政治制度——对克钦社会结构的一项研究》，杨春宇、周歆红译，商
务印书馆 2010 年版，第 103 页。

幼子作为山官继承人迎娶一个山官级世系群的新娘所支付的礼金。在脚注中，利奇写道，整个交易实际上是用鸦片来支付的。

关于债务，有一个很积极的看法是，债务是保证相互之间关系持续存在的一种信用户头。债务的存在表示的不仅是敌对状态，而且也可能是相互间的依靠和友谊。而且帕伽作为解决债务的媒介，于是变成了一种关于社会义务的货币。帕伽是解决债务的象征性财物，可是象征性财物又表现为实际的财物。例如锣、项链、长刀。这样，帕伽的价值同时具有仪式性和经济性的意义。以长刀为例，新娘的长刀是婚姻合法性的依据。长刀象征着把土地（和/或新娘）从原先的世系群那里"割离"，长矛表示新主人在土地上（或对新娘）有任意处置的权利。

等级和阶层的差异在仪式性意义上体现更为集中。贡萨分为三个阶层：山官、自由出身的平民和奴隶。所谓山官和平民的区别并非是经济阶层的差别，而是一种仪式性的区别。接受礼物的人，要付出远远多的礼物还礼，才能符合自己高的身份，否则就被认为吝啬。对于那些想要向上爬的人，则要通过挥霍履行自己的仪式义务才能获得声望。在论述幼子继承制和从妻居的矛盾时，通过婚姻，使达玛从属于姆尤，可以说解决了这一矛盾。这样，尤姆—达玛体系通过婚姻的媒介（高地位的女子嫁给低地位的男子）建立起了贡萨体制的社会基础。

贡劳是怎么出现的？贡劳起源于叛乱的传说：发生了一场叛乱，山官要么被杀，要么被赶走了。在统治者看来是叛乱，在贡劳发起者来看则是革命。贡劳社区起源于 a. 最开始的聚居点，有三个或更多地位平等的"原来的"家户，之间相互通婚；b. 革命的传统，山官要么被赶走，要么被贬到无特权的世系群头人的地位上。建立贡劳制度最大的改变是债务的改革以及通婚的变化。过去要向山官进贡一条后腿，又称"后腿山官"。实行贡劳之后，婚礼开支根据新郎的阶层而定。村民无需向村里的头人提供任何形式的献金。婚姻实行的圈内婚。不再是尤姆—达玛这样的严格等级的圈外婚。利奇的用语非常小心，他是这么表述的：

　　　　我不想说这个证据（指叛乱的传说）就足以证明在一段时期内，形势总是在贡萨和贡劳两个极端之间摆动，但是我认为它强烈地暗示着，情况有时确实如此。①

　　这就是利奇对克钦地区的政治制度的描述：在贡萨与贡劳的两个极端来回摆动。而造成钟摆运动的动因来自于外部政治和经济环境的变迁，没有自足、自发的社会，但是任何变迁借以体现的形式大部分取决于一个既定体系已有的内部结构。也就是尤姆—达玛的亲属体系、朝贡和等级体制等内部结构的变化。利奇引用西方世界的经验，君主制原则和共和主义原则是对立的，如此对立的政治理论在缅甸—阿萨姆边界地区却保持一致、相互转化。如果说外部环境的介入是社会变迁的诱因，那么这一外部环境的变化就包括英国殖民者对当地事务的插手干预导致了贡劳接近贡萨的变化。

　　而另外一个外部环境的变化是当贡萨想要向比它更高一级的掸人政治靠拢时，例如山官想要做像掸人统治者那样的召帕时，就会遭到反抗。"他冒犯了姆尤—达玛互惠的原则，鼓励了贡劳革命趋势的发展"。其地位不稳的危险在于他那样做会招致亲戚们的敌意，从那之后，至高无上的权力多半就只有存在于想象中了。②

　　要想进一步了解掸人和贡萨的关系，则需要回到历史中去。利奇将中国的南诏政权与掸人建立了历史的联系。南诏政权衰落后，掸人的勐就占据了藏、滇、缅的交界地带，而且主要是河谷地带。分散到山谷腹地，贡萨就模仿掸人的政权建立起来，而且依附于掸人。产生这样的依附关系源于铁贸易。但是贡萨和掸人又有本质的不同，原因在于贡萨维系自己的政权的方式是山官与平民之间象征性的礼仪关系，而且他得通过交换女人，也就是借助姆尤—达玛的婚姻关系才能获得物质财物。有意思的是，反叛贡萨统治的反叛者往往是铁匠，这是因为贵族不从事锻造业，而铁匠祭司

---

　　①　利奇：《缅甸高地诸政治制度——对克钦社会结构的一项研究》，杨春宇、周歆红译，商务印书馆 2010 年版，第 201 页。

　　②　在后面讲述克钦的贡萨与掸人的勐的区别。贡萨的权威依靠的是山官和他的随从的私人关系，一个平民如果不满这个山官，可以迁移到另一处。勐的集权性质要牢固很多，一个掸人的小召帕可以直接控制着以他为首领的社区。参见利奇：《缅甸高地诸政治制度——对克钦社会结构的一项研究》，杨春宇、周歆红译，商务印书馆 2010 年版，第 241 页。通过这一本质的差别，说明姆尤—达玛婚姻是巩固贡萨政权的工具。

就成为贡劳的发起者。"锻造业卷入贡萨和贡劳的对立之中"。[①] 比贡萨的统治高一等级的、被贡萨模仿的掸人因为是南诏政权衰落后才占据了缅甸北部的稻田、盐、铁贸易集中的中国和缅甸的商业贸易交通要道，由于经济的优势地位，他们同样受到中国的影响。甚至中国对掸人的影响要大于英国殖民者对缅甸的殖民。利奇在论述缅甸高地政治制度的历史演变时，就不得不联系到中国，因为中国王朝政权与边境的互动关系对于缅甸的山地文明有着扩散性的主导作用。当然，利奇还是放在经济、生态资源的物质基础上来论述这一历史的溯源关系。而缅甸与中国的历史溯源关系却是可以在中国的思想史上找到根据的。贡萨和贡劳的政治制度可以从荀子和孟子的论述中找到端倪。荀子认为，社会秩序是需要用差别、位置和等级来巩固的，而且还需要借助法律的规范来制约越轨、僭越等侵犯行为。孟子认为在强调差别、位置和等级的时候，道义也很重要。如果权力不符合民的意愿，那么民可以推翻王权，建立一个顺应民心的政权，这就是王道和仁义结合的合法性基础。从贡劳受到启发，延伸到中国的历史，也可以说革命是王朝统治兼容的传统。从贡萨与掸人的联系，到掸人到南诏政权的联系，从孟子的王道革命到贡劳的反叛，可以看到，联系的视角始终贯穿了利奇认识贡萨与贡劳所嵌入的复杂的历史联系以及生态经济背景之中。由此也可以想见，利奇为什么是中国研究热忱的批评者，例如，他对费孝通的批评[②]，对许烺光的《祖荫下》的批评[③]。批评的核心立意是中国研究如何不在一个联系的关系中取得相对化的认识，而如此强调中国本位。当然，他的批评与20世纪60年代生出的中国人类学者在从事中国人类学的反思与批判的工作时遥相呼应。[④]

　　在结论中，利奇对于经验和社会结构模式的抽象理论的关系进行了进一步的讨论。他认为，不但人类学家在概括抽象的社会结构模式，就是当地人也有一套认知社会结构的抽象社会理论。但这仅仅是假设，不同的结构模式

　　① 利奇：《缅甸高地诸政治制度——对克钦社会结构的一项研究》，杨春宇、周歆红译，商务印书馆2010年版，第238页。

　　② 见费孝通《重读〈江村经济〉序言》中对利奇的回应。费孝通：《重读〈江村经济〉序言》，《北京大学学报》1996年第4期。

　　③ 见梁永佳：《地域的等级》对利奇评论《祖荫下》的引用。

　　④ 例如王铭铭演绎出"三圈说"，缅甸和中国边境的关系可以归入"海外圈"。

和事实是相互混杂、相互渗透的关系。同一种社会事实，可以有不同的结构模式为自己的行为辩护。换言之，一个均衡的社会理论、标榜社会团结的理论模式根本无法涵盖复杂的事实。即使在仪式的场合实现了人类学家所言的社会团结，但是在实践层面，却是利益分化、矛盾多样甚至是分崩离析的。利奇在结论中向人类学秉持的均衡的社会理论开足了火力，不遗余力地炮轰。他想要把他的前辈开创的、论证的社会团结的坚固的理论大厦引入到实际的、理论无法还原的现实、实践层面，从而看到社会团结的理论假设和现实的错综复杂的关系。掸人、贡萨和贡劳的神话可以作为当事人的辩护依据，对自己所处的社会进行评价和认知，从而辨认自己的位置。这个道理就如同一个群体内部的亚群体援引祖宗的权威，为自己的行为和诉求做辩护一样。其中，革命的传统尤其依赖个人的力量，这样的个体，心怀不满，野心勃勃，对等级的制度充满了仇恨，寻求推翻山官、赶跑山官的支持资源。利奇说道，反叛者来自于吃了幼子继承制亏的长兄们，不一定是出身卑微的铁匠祭司或者是寡妇的儿子，反叛者和山官一样，在注重仪式性财产的时候，更加看重经济财产。反叛者试图建立的贡劳政权和贡萨有着一脉相承的地方。利奇运用假设与现实的不对应关系使均衡的社会理论松动起来。接着，他引入了社会变迁，而不再拘泥于传统，拘泥于传统的做法毋宁是满足了人类学者内心的固执和保守。他们认为，一旦发生社会变迁，文化就遭受了污染，面目全非。这种对于社会变迁的厌恶同样来自于社会团结的理论情结（complex）。现实的仪式和实践较之完整的社会团结的理念显得杂糅、模糊且变动不安。利奇从事民族志的方法不是在经验层面去整合社会制度，而是首先破解社会制度的观念，然后再来观察社会结构的变动状态。这就把社会变迁吸纳过来，从而来看社会变迁的过程中，理念是如何再赋予的，以及随着社会变迁，当地人的解释系统是如何再生成的。

马林诺夫斯基将社会变迁看作是文化接触，外界的冲击，社会结构的回应，传统的变化。"三栏分析法"被费孝通引用过来，在《江村经济》中有了绝妙的发挥，讲述了一个应对世界市场衰退、应对技术变革的乡村工业化的故事。① 利奇并没有沿袭三栏分析法，但是基

---

① 这一观点受益于张经纬解读费孝通的《江村经济》的启发。2014 年冬，笔者邀请他来笔者开设的《人类学与中国研究》的课上做了一场有关费孝通学术思想的讲座。

于缅甸高地的民族志经验，同样提出了社会变迁的模式。那就是贡萨、贡劳和掸人等三种政治制度在实际生活中的辨析和回应。社会结构在外界的社会力量的介入下，从来不会固定不变。恰恰相反，在外界的社会力量的介入、生态经济条件的改变下，社会结构做出回应，发生社会变迁。这种对社会变迁开放的论述使得经验与当地人的理论假设和学者的理论建构构成了三重的对话力量，学者应当首先在研究态度上抛弃自己的理论建构冲动，才有可能揭示经验与理论的错综复杂的渗透关系，也就是说，接纳变迁，并跨界拓展联系。反过来，只有联系的视野建立起来时，关于族群的刻板印象才有可能消弭。利奇尖锐地讽刺道，那些民族学家按照自己对族群文化的一套标准（利奇还是用种族言说族群），生活在缅甸北部的族群至少有十几个，因为语言就有十几种。拘泥于传统、种族理论等种种做法就只能不断地强化人类学社区研究的偏见：在那里，有一个孤立的、与世隔绝的地方，生活着同一生活方式的族群。

3. 象征人类学与列维－斯特劳斯的对话

　　玛丽·道格拉斯和特纳与列维－斯特劳斯的对话关系是有区别的。如果说玛丽·道格拉斯对列维－斯特劳斯的结构主义思想进行了世俗化的改造，那么特纳则是创造性革命。但无论是结构主义的渊源，或者是其他的学术主张的相互支持，他们之间又相互引用，相互佐证，虽然彼此观点的论述不尽然认同。列维－斯特劳斯并未从他们的视线消失，他们还是在"野性的思维"领域从列维－斯特劳斯那里汲取源源不断的灵感。从二次引用来看列维－斯特劳斯的结构主义思想和他们区分开来的具体体现，可以加深对结构主义的理解，也可以间接看到结构主义拓展开来的社会语义场。

　　一　《洁净与危险》

　　玛丽·道格拉斯在原始心智的文化理论迈向现代社会的努力中，不遗余力地进行理论更新。这可以将《洁净与危险》与《制度如何思考》呼应对照来看。她将社会分类引入到象征领域，她是这样表达的："我们越是深入到这个或者是与之类似的规则之中，我们就越明显地发觉自己所研究的是象征性的体系"。①

　　她认为，结构缝隙、权力边缘存在模棱两可的、不明确的力量，它们是巫术力量的来源，是巫师存在的结构位置。对这种不明确的力量的控制，有可能是组织的威胁，具有无意识的伤害力量。她举了一个例子，来自阿赞德人的巫术信仰例子，"只有在社会中那些未经政治系统组织的领域里，人们才会以巫术相互责难。"② 她指出，无所谓污染，污染来自于"观念本身结构内部的污染力量"。也就是说，污染不会化约，某些力量，某些物质被看作"污染"，那是因为它触动了社会分类的边界。"有污秽的地方必然存在一个系统"。因为污染的存在，仪式的作用就特别明显。她在该书的前半部分用了大量的篇幅去论述仪式的意义、价值和功能。对仪式的论述建立在她对拉德克利夫 – 布朗的批评上，后者对仪式的论述，对涂尔干的宗教理论有所贡献；但是也存在问题。玛丽·道格拉斯认为，仪式是聚焦注意力的框架；其次，仪式是记忆和控制经历的办法，仪式的目的是重新阐释过去的经验。仪式发生的契机是社会秩序紊乱，污染发生，危险蔓延到社区。仪式关系到信心。她举的例子包括丁卡人赶路的时候用一捆草打结，希望做饭的时间推迟，他好快点回到家。丁卡人在春天干旱时举行的求雨典礼。丁卡人活埋"鱼叉之王"的葬礼。特纳对萨满教治疗的分析，主要在于恩丹布医生给病人治病举行的集体治疗。列维 – 斯特劳斯对库纳（Cuna）萨满的歌曲的分析，主要是萨满巫师在产妇生产的时候吟唱的歌曲，帮助产妇减轻生产的困难。最后，仪式创造生活。她说社会关系的维护中需要仪式的参与，才能构成社会现实。人与人之间没有仪式关联的话，就谈不上社会关系，更谈不上社会交往。"仪式演绎的是社会关系的形式。"③ 将仪式看作社会关系的象征性联结，理解仪式对于日常生活的意义，是玛丽·道格拉斯高度重视仪式的所在。这是她将原始分类引入象征领域的具体的展现。

　　她的问题意识非常清晰，而且贯穿到全篇。她紧扣无法分类的事物，

---

　　① 玛丽·道格拉斯：《洁净与危险》，黄剑波、柳博赟、卢忱译，民族出版社 2008 年版，第 44 页。

　　② 同上书，第 129 页。

　　③ 同上书，第 159 页。

所谓《利未记》叙述的天、地和水宇宙三界无法分类的动植物。对上帝而言“可憎的”事物为什么要被区分出来？污染为什么要被辨认？为什么要遵循禁忌？为什么污染的就是危险的？危险的精神力量被谁赋予？这个问题，从弗雷泽、施密特到涂尔干，以及列维－布留尔都触及到了，但是都失之交臂，含混带过，没有真正作为问题意识予以正视。[①] 从这里来看，她和利奇的分歧已经十分明显了，利奇将“异常”看作是神圣与世俗的重合区域，其中，世俗是中心，神圣是边缘，在这里，宗教仪式就铸造了提供形而上交流的空间。这个空间不仅仅是物理空间，也是象征空间。利奇认为，“a 与非 a”，即禁忌集中的地方，激活了交流的因素，是事件的肇因。玛丽·道格拉斯则走向了另一个方向。她还是坚持探索“异常”究竟具有怎样的系统的意义。从污染的角度梳理原始分类，她在推动原始思维迈向现代社会方面，不遗余力。她使我们思考洁净与污染是如何在现代社会存在的，使我们审视自身根深蒂固的洁净与污染的惯习和观念，从身体到家屋，无一不渗透了洁净与秩序的所在。例如，现代人实践性自由，可是无论怎样开放，性仍旧是婚姻关系中洁净与危险的集中体

① 她讨论原始宗教的起点从分类中模棱两可的，异常的事物的存在开始，渗透到原始分类、巫术和仪式，以及接下来在后半部分集中讨论的外部边界，内部区隔，以及系统自身的交战，系统的破碎与更新。其中，外部边界和内部边界对应的是她所说的“观念本身结构内部的污染力量”。观念包含两个方面：一是认知结构；二是道德反应。对外针对身体的排泄物，对内针对性污染。明知道通奸、乱伦是危险的，可是还是要义无反顾地以身试法。这种人性的弱点在非正常的性关系中暴露无遗。饮食、烹饪与危险的性关系区隔开来，有着严格的食物禁忌。因为不洁之物，如果触碰了饮食，就会造成“不祥”。妻子和别人通奸，受害者是无辜的丈夫。系统自身的交战就围绕性污染展开。她说：“没有别的社会压力能够比抑制性关系的社会压力有更大的潜在爆炸力”。系统的破碎与更新，回答的是“为什么污秽在有些时候会被神圣化？”仪式为什么会引入污秽的因素。最后一章，还是要回到形而上。作者的解释是巧妙的，面对形而上的矛盾与伦理的困境，例如既要守贞又要来者不拒，既要顺从男人又要独立自主，需要根据仪式的场景具体变通。通过仪式，通过动植物或巫师的媒介，来实现人与神的交流与沟通。这里的仪式包括穿山甲的祭祀膜拜仪式，千禧年宗教运动，尼亚库萨人的死亡仪式，把垃圾扫到哀悼者身上。丁卡人置他们年老的梭镖大师于死地的谋杀仪式。她把形而上化解为仪式和可见的行为。她发现了污秽、不可见的威胁力量，不可控的敌意，外界的危机对于仪式整合信心和社会团结的积极作用。污秽的消极力量可以转化为积极力量、建设性力量。她把仪式和可见的行为，看作是观念的反应。“通过有意识的努力，他们用这些规则来回应天空中的生灵在本质上与大地上的生灵不同的理念。”载玛丽·道格拉斯：《洁净与危险》，黄剑波、柳博赟、卢忱译，民族出版社 2008 年版，第 207 页。

现。这里不仅仅是性经验，还包括性关系，非正常的性关系对婚姻造成的威胁和伤害仍旧是现代社会的亲密关系和私人领域的焦虑和困扰。什么是脏？谁会是无辜的受害者？家庭、婚姻和两性关系仍旧在处理这一棘手的"污染"问题。玛丽·道格拉斯讨论的角度可能有所区别，从她后来的作品来看，她涉及的领域包括货物的世界、风险与文化，以及社会秩序中的食物。大体而言，她在现代社会和世俗生活的吃喝拉撒等日常行为中，寻找她所执着而又熟悉的"原始分类"命题，现代社会与原始社会到底有多大的区别？这个问题本来是列维－布留尔的原创，但是由于他的失之交臂，她开始重建，原始分类作为一种思维方式，其实和现代社会并没有本质的鸿沟或者差异，相反，探寻现代社会当中残存的巫术、迷信和风俗，虽然掩盖了科技、商品和健康的理性面纱，但是揭开这重面纱，却发现，它们的本来面目依然在"原始分类"的思维范式中得到理解。只不过，她一再声明，现代人的生活经验是碎片化的，个体化的，局部与局部之间丧失了联系，是分离的。但是对于原始社会而言，它却是整体的，一致的，各个范畴是相互关联的。能够这样去论述原始社会到现代社会的区别和联系，足以说明玛丽·道格拉斯在世俗生活的经验探讨是深刻的，这使她的理论打上了鲜明的世俗化烙印。这一点，按照笔者的理解，构成了对列维－斯特劳斯的结构主义的延伸。

在笔者看来，列维－斯特劳斯在走到神话与世俗生活的临界点的时候，就止步不前了，他的全部兴趣转变为"内敛的"。他回归了文本，沉湎于涵盖与操纵神话符号置换与变异的原型公式。这一工程，也就是他的神话学研究，长达二十年。在这二十年，现代社会发生了日新月异的飞速变迁，新的问题层出不穷，新能源，环境恶化，食品安全，身份认同，金融危机等，变迁发生得太快，甚至人们都还没有来得及做好准备。与世俗社会紧密相连的文化理论的解释，就变得迫在眉睫。人类学自身的理论视野、理论储备反而首当其冲，需要调适，需要改变，需要重新吸纳新知识、新理念，以重新架构原始社会与现代社会的距离与联系。这一莫大的挑战由20世纪60年代以来兴起、80年代民起的实验人类学、阐释人类学做出回应与批判，几乎构成了人类学的新动向和主力军。这二十年，列维－斯特劳斯在神话实验室里"雷打不动"，隐居在郊区，拓展题材的多样化：面具、陶器和绘画等。他把结构主义的历史使命交给了他当初在

《忧郁的热带》设定的"新石器时代"，他也几乎成为"自然之子"。[①] 推开结构主义的窗户向外张望，是与外面的世界同呼吸、共命运的结构主义者，但利奇、玛丽·道格拉斯等，尤其是后者，其文化理论充满了时代感。玛丽·道格拉斯在世俗社会的经验分析中游刃有余、大显身手。虽然对于她而言列维－斯特劳斯的理论支援非常有限，她不像利奇那样，介绍他，继承他，批评他，"修正他"（理论著述方面），她谨慎地引用列维－斯特劳斯，[②] 并将分类秩序中模棱两可的"异常"作为原始宗教研究的出发点，作为现代社会的延伸。她把无意识转化为有意识的行为，理性的自由选择。她把观念和规则的关系更多地建立在情境和策略的选择上。这样的话，同利奇一样，对仪式的研究放在了首位，因为两个人的理论旨趣都有更多的行为主义色彩。[③] 在结构位置上，利奇站在神圣与世俗的边界，致力于形而上的摒弃。玛丽·道格拉斯卸下形而上的负担，毫不犹豫地向世俗社会迈进，致力于结构主义的世俗化特征（类似宗教的世俗化改革）；在宇宙观和现实之间，强调仪式的媒介和行为的理性。这无疑宣布，象征、巫术、禁忌、仪式、神话当中的无意识被驱赶出去了。综合两方面，玛丽·道格拉斯走出了形而上的理论阴影，开创了对原始分类的实践人类学探讨。在后期研究，她的研究对个体主义的意识形态进行了抵制与反驳，重申涂尔干的社会团结，为集体意识的"一致性"提供了理性基础。也正是问题意识的着眼点、认识论迥异，使玛丽·道格拉斯与列维－斯特劳斯论述结构主义的核心思想有所区别，这差异根源于他们处理

---

① 在 1983 年法文版的《遥远的目光》的序言当中，列维－斯特劳斯直截了当地说："1958 年（《结构人类学》）书名具有宣言的价值，15 年后，结构主义不时髦了。如果第三次重复同一个题目，会给人一种印象，似乎在研究中采取了对我来说是新路的近 10 年内，我一直满足于原地踏步，今天展现给读者的只是老调重弹。"列维－斯特劳斯：《遥远的目光》，邢克超译，中国人民大学出版社 2014 年版，"前言"，第 1 页。

② 在《洁净与危险》中，引用了列维－斯特劳斯对萨满歌曲的分析；在《制度如何思考》中，引用了列维－斯特劳斯在《野性的思维》对小摆件的论述。

③ 行为主义的理论色彩可以从当时流行的理性选择理论给人类学带来的压力得到理解。集体行动如何产生，社会团结如何维持，在玛丽·道格拉斯所处的时代不得不进行回应。面对个体对社会的分裂，文化多样性，所谓民主社会的个体自由，民主制度出现了严重的社群问题和信任危机。为什么要有社会，是需要回答的。在制度经济学理论中，有一种观点认为公共产品只不过是个体利益最大化的副产品，她援引桑德尔的观点来抨击社群主义建立在个体基础上的观点。行为主义的理论旨趣是用来重新阐释个体与社会的关系，回归涂尔干的社会团结。

的问题不同。下面，笔者将结合《制度如何思考》，进一步探讨玛丽·道格拉斯对列维－斯特劳斯的引用思路。

在《制度如何思考》中，她把自己称之为"希望为涂尔干的主要论题辩护又反对他将自己的论题应用到现代人身上时的犹豫的学徒"①，分析我们自己的集体代表。

这里笔者需要援引一段该书的"作者简介"，来帮助自己梳理她和列维－斯特劳斯的具体关系。

> 道格拉斯被视为新结构主义的代表，她的人类学理论主要有三个来源：一是英国社会人类学的经验主义传统；二是法国列维－斯特劳斯的结构主义；三是法国涂尔干传统的比较社会学。②

玛丽·道格拉斯的思想被称为新结构主义，她和列维－斯特劳斯的结构主义具体是什么关系？正是笔者对这个问题感兴趣的原因。笔者在《洁净与危险》的梳理中已经对她的思想进行了粗疏的把握，指出其研究取向。这里针对《制度如何思考》，进一步将他们的对话关系具体化。

道格拉斯对列维－斯特劳斯的引用主要集中在第五章："制度赋予同一性。"结合第四章："制度建立在类比之上"，这两章集中论述的问题是制度是如何支配个人思考的？制度给个体思考提供了框架。简单社会如此，科学社会家的创造与发明亦如是。具体而言，自然与社会如何建立类比。原始社会的分类与现代社会的分类如何建立类比。论述了这一中心思想，接下来就是第八章："社会如何分类。""制度的记忆与遗忘"是中间的铺垫。在评述了涂尔干和韦伯的不足之后，她才对现代社会的分类系统进行分析。她举的案例是为棉纺织业编纂产业词典，红酒的分类系统，法国依据红酒的产地进行命名，美国加州红酒依据种类的多样性进行命名。作者意在说明命名系统，和规模没有关系，而是和社会模型有关系。笔者认为这个说法原封不动地从涂尔干那里继承过来。作者认为，先有观

---

① 玛丽·道格拉斯：《制度如何思考》，张晨曲译，经济管理出版社 2013 年版，第 127 页。
② 同上书，第 2 页。

念模型，才有命名和创造，而这个观念模型又是根植于制度条件的，即制度条件足够成熟，才会有匹配的社会模型以及社会分类。她解释道，祖先崇拜有赖于祖先的观念如何介入社会结构，她把介入称之为"建构主义"。那么，列维－斯特劳斯在她的理论体系中占据什么位置呢？

> 图腾崇拜的体系将平衡的原则自然化了，但是却没有把统治着不同图腾部落的等级关系的观念自然化。（列维－斯特劳斯，"熊与理发师"，1963 年）[①]

二分法分支基础上建立起来的民族取得的集体成就会在复杂社会面前显得束手无策。第二种分类：科学分类产生了。

> 第一种分类无法通过不断深入事物表层下面去追求知识的过程转移到第二种分类，因为对知识的追求并不是它的目的。（列维－斯特劳斯，野性的思维，1962 年）[②]

在引用了这两处之后，作者开始分析类比的思维是如何运用到社会认知，引入了社会类比的概念。它提供了个体思考的背景，为个体提供了认知新事物的习惯用语和基本语法。这一社会类比不仅仅是分类的概念，还附加了道德和政治的内涵。

> 比如，1984 年的列维－斯特劳斯让我们熟悉的系列，从自然别于文化开始，继续几个层次。分类学同一边的因素不可避免地被分到一组，男性与文化一组，女性与动物性一组。
> 文化：自然
> 人性：动物性

---

① 玛丽·道格拉斯：《制度如何思考》，张晨曲译，经济管理出版社 2013 年版，第 72 页。
② 同上书，第 74 页。

男性：女性①

重点不在于引用列维－斯特劳斯的这个观点，重点在于原始分类被改造以现代社会的科学分类，具体学科分支从属于自然科学与社会科学两个大类。

精神的	物质的
诗歌与宗教	经济学
思辨哲学	应用科学
模糊的隐喻	严格的理论
无形资产	可计量物资②

这说明什么？"每一个都是为了说明分工是如何为类比提供权威的，其中的每一种类比又都是社会构建，却被牢固地放置到自然界中的。"这

---

① 玛丽·道格拉斯：《制度如何思考》，张晨曲译，经济管理出版社 2013 年版，第 80 页。玛丽·道格拉斯采用的这段引文来自列维－斯特劳斯的《遥远的目光》，1884 年（英文版）。《遥远的目光》是一部风格混杂的论文集。除了论述性文章，在第五部分"约束与自由"当中加入了个人色彩的旅居纽约、艺术品收藏的经历，他对瓦格纳音乐的欣赏，女画家阿尔布斯的绘画欣赏等。这部著作用不同的语言来论述结构人类学的经典议题：家庭、婚姻、生态环境与神话。所以作者说这是"老调重弹"。颇有新意的是，列维－斯特劳斯发现结构主义作为思维方式的普遍性。他引入了《源氏物语》对近亲婚姻的思考，将中世纪的日本盛行的通婚习俗与澳大利亚－美拉尼西亚的部落的婚姻、马达加斯加王朝的通婚制度相比较，其比较的范围还可以拓宽。很难说玛丽·道格拉斯罗列的这一系列对立项，例如"自然：文化，人性：动物性，男人：女人"是列维－斯特劳斯在《遥远的目光》的原意，反过来最多是玛丽·道格拉斯对列维－斯特劳斯的二元对立分类的概括与呈现，而且打上了玛丽·道格拉斯的思想烙印："分类学同一边的因素不可避免地被分到一组，男性与文化一组，女性与动物性一组"。列维－斯特劳斯在《遥远的目光》尽管保留了二元对立的分类系统，但是极大地削弱了二元对立的"对立"含义，强调矛盾之间的关联。例如自然与文化的关联回答了声音与意义的关联。第 233 页。他仍旧注重转化的作用，对立之间的中介存在。他举出更多的神话道具来丰富神话的折中结构、文化的中介理论。例如，他发现蚕豆沟通死者与生者的交流，介于生与死之间，与禾类（玉米）对立。他发现"蛤蜊水管和象牙贝"在陆地居民（而非海洋）的神话中发挥了神奇魔力。列维－斯特劳斯坚持自己对神话的认识：神话是独立的存在，不依赖于经验的制约，满足于自身的精神的追求，"反映了独立于环境之间的差异的，恒定地表现出来的精神要求。"第 185 页。参见列维－斯特劳斯：《遥远的目光》，刑克超译，中国人民大学出版社 2014 年版。

② 同上书，第 82 页。

也就是作者之前说的社会分类还附加了道德和政治的内涵。因为权力结构在发挥作用。[①] 来自智力与社会的两种努力相互扶持，共同塑造了社会模式——社会互动、社会交往对于认知结构有必要的补充。于是，作者在"制度如何分类"通过棉纺织业和红酒的例子，说明社会模型具有创造性的时候，呼应了这里所说的"小摆设"说法。

> 列维－斯特劳斯（1962）创造了一个思想者的形象，一个自成一派的工匠，一个业余的艺人，能把破钟表做成烟杆架，把破桌子修成雨伞架，把雨伞架修成灯架，把任何东西修理成另外一种东西。这个自成一派的设计师使用一切可用的东西，然后又在各种装饰品可能的范围内给它们换个外形。在列维－斯特劳斯看来，这种东拼西凑就是原始思想的特征。尽管他没有这样去引申（编者按，当今社会），但他的小摆设概念很好地描述了一再重复出现地类比和思想的风格，这些是任何文明都有的特征。[②]

也就是说，现代思维依赖的分类依然是将自己的制度建立在自然的类比之上，就像小摆设一样，被不断地刷新。即使是理性选择，也有东拼西凑的痕迹。个体的认知是依赖社会的，是有道德和政治含义的。没有绝对独立的个体。玛丽·道格拉斯将小摆设的比喻延伸到了现代社会，引入到现代社会的社会分类思想中。在《洁净与危险》中，她强调现代社会与原始社会的差异，即洁净与秩序的观念存在于现代人的家屋和身体之中，但是现代人对于秩序的体验是支离破碎的，局部性的，片段性的。可是在《制度如何思考》中，她的思想发生了变化，开始强调即使在现代社会也依然有"一致性"的社会需求。个体自由加大，文化多样性充分发展，民主制度反而遭受到前所未有的挑战。公共福利怎么办？社会道德怎么办？个体是否要维护社会团结，维护利他性和不再用宗教辩护的自我牺牲的合理性。这个问题无法在个体利益最大化的理性选择那里，得到真正的

---

① 作者的这个表述令人联系起马克思的观点，大致的意思是统治阶级的意识形态是支配性的。这让人联想，列维－斯特劳斯和玛丽·道格拉斯对待马克思的态度是不同的。对于后者而言，社会模型是关键概念。

② 玛丽·道格拉斯：《制度如何思考》，张晨曲译，经济管理出版社 2013 年版，第 84 页。

解决。小摆设就出现在这里，用来说明现代社会信奉的科学也是在"东拼西凑"的类比基础之上运行它的合法性的。科学遵循的复杂的工具、专业和语言规范，和手工艺人摆弄的小摆件，在知识传统上并没有断裂，由此相关的，道德和伦理的困境也就一语双关。从这一点来看，《制度如何思考》更像是现代版的《野性的思维》。同时，也具体体现了玛丽·道格拉斯的三个理论源头之一：法国列维-斯特劳斯的结构主义。当然，笔者认为这个观点只是说出了一部分的事实，还是要指出的是玛丽·道格拉斯与列维-斯特劳斯的结构主义核心思想有所区别。

从观念或社会模型衍生出命名系统，创造新的分类系统。"社会制度要稳定必须满足的智力条件也与分类需要的社会条件相匹配。两者都是社会学认识论基础所必须的，没有一个是充足的"。[1] 道格拉斯本人也承认了，她感兴趣的是制度的形式主义思考。在仪式的论述中，她认为仪式是社会的形式。她对形式主义的界定是放在情境和实践当中的。因而，在论述社会分类的时候，她少用文化图式，而喜用社会模型。她在论述"制度的记忆与遗忘"的时候，举了一个例子，多数人投票并不必然产生一个好的社会秩序，最早由斯宾塞发现，为什么沉寂了百年才又被重新提起；她举了第二个例子，心理学家发现心理学从个体心理出发，离开社会学的解释而无法自足。既然"社会性习俗"不是生物学能解决的，那么就需要社会学有所作为了。这两个例子是为了说明个体的记忆与遗忘都是制度性的，就像个体的认知是制度性的一样。个体的发明创造即使是原创，也还是在制度的框架内进行了被公众接受的知识革新。这说明，重复的叙述，有选择的遗忘，都是社会筛选的结果。思想的社会性规范就体现出来。知识领域的生产，也可以说是涂尔干意义的"集体表象"。但是列维-斯特劳斯对涂尔干的理论范式的颠覆是"不可逆"的。虽然他已经对涂尔干的原始宗教理论作了世俗化的努力，摒弃了形而上的因素，祛除了集体欢腾的情感因素。不得不承认，他对原始分类的思考是在语言学范畴转换的。玛丽·道格拉斯对观念与实践的关系作了形式主义和行为主义的折衷，直到找到自然、现实与制度的最佳匹配位置，才会说明社会模型是怎么运行的，怎么发挥作用的，怎么对个体产生控制力量的，又是怎么

---

① 玛丽·道格拉斯：《制度如何思考》，张晨曲译，经济管理出版社 2013 年版，第 79 页。

为认知提供社会框架的。精神气质上，玛丽·道格拉斯契合涂尔干，但列维－斯特劳斯对涂尔干的理论范式几乎是"反其道而行"的。集体表征（representation）在他这里被否定了。观念不是社会现实的反映，但是也不是社会模型发挥作用，好像投射的影子一样。关键在于无意识的存在，无意识构成结构主义解释原始思维的全部任务。象征与符号是一种思考自然与文化的方式。社会性在二元性组织的互助当中体现其道德基础。意识形态是与社会组织对立或对称的象征与想象，意识形态是"自欺"。两相比较，相对于制度的理性基础，制度的想象层面、神话对于社会的否思在玛丽·道格拉斯这里大大削弱了。后者更倾向于"协同论"。而列维－斯特劳斯倾向于巫术、神话与仪式的相互转化，以及原始思维从科学中解放出来的蓬勃生命力。从这一点来看，玛丽·道格拉斯和列维－斯特劳斯对原始思维的终极关怀是分道扬镳的。

二　特纳的仪式过程与符号象征

特纳对列维－斯特劳斯的引用几乎微乎其微。列维－斯特劳斯对他的影响也远远不如布朗、埃文斯－普理查德和格拉克曼，以及纳尔逊夫妇、卢因等英国人类学者对他的影响。那么他的创造是什么？这个问题要伴随着阅读他的著作，才慢慢有所体会。特纳的创造有英国经验主义传统的继承，也有艺术个性化的发挥。除了他受训练的学术传统，还有他对涂尔干的批判、修正，这一点倒是类似列维－斯特劳斯对涂尔干的态度，与玛丽·道格拉斯拉开了距离。笔者选取了三本书，分别是《象征之林》《仪式过程》以及《戏剧、场景与隐喻》来综合理解特纳的象征人类学思想，从而与列维－斯特劳斯的结构主义建立对话关系。既然无法从引用线索中得到两个人的联系与区别，那么只有从思想的表述层面入手，理解象征人类学从结构主义借鉴了什么？又否定了什么？从而走向自己的"象征之林"。

从1957年特纳的博士论文《一个非洲社会的断裂与延续》开始，特纳在20世纪60年代占据了活跃的学术舞台，彰显了与"反文化运动"一致的时代精神。20世纪70年代，他把非洲田野扩展至墨西哥的田野，引入到社会运动的领域，尤其是发现了朝圣的"超越"力量。特纳的学术思想一直呈现出世界主义的躁动特征。他有着强大的好奇心，文化多样性的包容与开放，以及艺术的热情与衷情宗教神圣体验。他的感性，尤其与列维－斯特劳斯形成了鲜明的对照。这有点类似他说的象征的两极化。在笔者看来，他对仪式的民族志描述与分析在他的时代达到了一个高潮。在他之前或者和他的同时代专业圈子，从来没有哪个人对仪式的理解能放到如此之核心的位置，对仪式的象征价值能放到如此支配性的地位。虽然对仪式的强调不绝如缕，且都对原始宗教的研究做出了不同程度的反拨，但是将仪式、社会与象征的关系放到"场景"当中展开并加以多元"嵌入"，权力结构、社会变迁与仪式的反应进行交替的辩论，并强调真实场景的方法论，从来没有哪个人能像特纳这样既进行特殊经验的"厚描"又进行普适价值的扩展，特纳将其称为"个案拓展法"。例如，《象征之林》当中的颜色象征，《通过仪式》当中的阈限理论，《戏剧、场景与隐喻》中的朝圣空间。某种程度上都具有象征主义的解释力和统一诉求。值得注意的是，他把仪式看作是社会结构的折射，可是又认为仪式具有相对独立的位置。仪式具有整合力量，具有价值规范导向，具有矫正和修正的功能。这三重因素都是仪式背后体现出来的超越性的力量。这样的表述既可以看到马林诺夫斯基的影子，例如神话是行为的宪章；也可以看到格拉克曼的冲突论的影子，正因为权力结构的竞争与冲突，才强调仪式的整合与凝聚力的体现。之所以仪式背后会有统一的力量，是因为有支配性象征符号的存在。支配性象征符号在仪式占据中心位置，有强大的辐射场，它往往是由树木来扮演的。选择某些树木作为支配性象征符号，是因为它的颜色、形状等物质形态赋予了象征价值。他特别提到了"转借"，从部分见整体的特点。象征体现为多义性，象征符号具有"扇面"和"频谱"。[①] 某一个符号与其他象征建立了有机的联系，从个体就可以连接整体。他把这种部分见整体的特点称"格式塔的统一或整合"。这常常使笔者思考，特纳所说的象征的统一性特点，与列维－斯特劳斯在《野性的思维》当中论述的"小摆件"到底是什么联系？看起来相似的表述，却包含了迥然不同的含义。因此，这是需要考察的第一点线索。

　　第二条线索是二元对立的分类系统从抽象的理念转化为象征。他采用了二元对立的分类系统，但是强调二元对立当中包含的丰富的象征含义。

---

① 特纳：《象征之林——恩登布人仪式散论》，赵玉燕、欧阳敏、徐洪峰译，商务印书馆2006年版，第291页。

它首先指的是色彩的象征意义；其次是阈限的象征意义；最后是社会戏剧（social drama）的象征意义。也就是说在特纳这里，二元对立还是结构的，但是却引入了空间和实践的维度。它呈现在真实场景中。象征包括三种不同层次的意义；一、本土诠释的意义；二、操作意义；三、位置意义。位置意义通过符号与其他符号的关系来获得。象征不仅仅有认知的功能，因为生理和感性的基础，还有刺激欲望的功能。特纳用一个概念来涵盖二元对立的观念系统：仪式化。二元对立的观念在仪式当中有着具体的呈现。这一点是特纳对结构主义的最为鲜明的范式改造，他将结构主义的语言学的范式转换为现象学的范式，发挥了经验主义和生理感官基础的刺激和情绪作用。回顾人类学历史，玛丽·道格拉斯对拉德克里夫-布朗不乏批评，后者将社会结构的理念价值还原为情感因素，这是后来的研究者对涂尔干残留的情感神秘主义的最大的诟病。那么到了特纳这里，情绪、情感的作用仿佛突然之间从沉睡中唤醒。不能不说是一个理论思潮的转变。特纳强调：生理和感性的基础，具有刺激欲望的功能。而且，力量不是自然地被感知，需要某些特殊的人物将其唤醒。特纳关注了仪式当中的人，毋宁是掌握仪式不可知力量的"局外人"的角色。他们是权力结构的边缘人，被排除在权力结构之外，但是在仪式当中占据核心的位置。那就是特纳对巫术、妖术之间的辨析，对医药师的医药知识的研究，对巫师生活史和生命哲学的关怀。仪式背后有共同的核心理念，"力量"的显现，需要被唤醒。

　　仪式背后有共同的核心理念，即"力量"的显现。在白—红—黑这个主题三重奏之下，具有专门知识的人能够唤起力量为善或作恶。能够以多种方式被唤起。还要积极的行动唤起。[①]

特纳究竟是如何将合作群体的统一价值、他所说的唤起团结的力量、营造团结的氛围："他们之间的相互依赖，而不是相互的对抗"，与情绪、情感、欲望等生理、感官基础联系起来的呢？特纳对涂尔干的批判初步回

　　① 特纳：《象征之林——恩登布人仪式散论》，赵玉燕、欧阳敏、徐洪峰译，商务印书馆2006 年版，第 357 页。

应了这个问题。他认为，人类的社会关系不是事物的原型，社会的结构不是事物的结构，而是对关系的某些紧张体验。① 也就是说，只有现实的冲突，才有仪式的团结，有部落的分裂，才有结构的延续。这几乎可以看作是结构与仪式的辩证法的运用。他强调社会关系的认知是通过实践和体验来获得的。其次，他运用列维－斯特劳斯的"异形同构"来解决生物、结构与文化的过程。最后，个体、事件是必然的分析单位。他说过，"死亡、个体性与部落的延续性的关系紧密相连"。如果是落在在体验范畴的话，那么方法论当中的个体主义是不可避免的。他明确地肯定了个体的自私与集体的目标存在矛盾、不协调的一面。"理想目标和自私动机几乎是彼此冲突的"。"没有组织原则之间的矛盾，冲突，就不会有社会。"他称之为"个体、事件与动力学的整体"。

> 我相信个案、"独特的事件"和特定的关系能够借助一些结构成分和特性而表现出来。这些成分和特性将活动场域看作动力学的整体。一个整体的活动场域或者情形必须先被标示出来，不是作为各孤立成分的汇聚，而是依照在时间和空间上相互依赖的方式，表现出有效的统一。②

特纳的动力学的思想受到卢因的影响。③ 无论是权力场，还是力量场域，还是力量场为仪式成员提供的正化合价（positive valence），均是权力的不平衡，个体与群体的斗争关系的表达。他强调的是仪式场域散发出强大的吸引力，把每个人卷进来，个体根本无法抗拒。依据它的支配性象征力量和基本规范，排斥冲突和对抗，调整、修正个体的行为。显然这一表述结合了格拉克曼的冲突论思想与涂尔干意义的社会团结的统一力量，但是社会团结不是理念的原型，而是在个体竞争、社会关系的冲突体验中激发、唤起社会团结的宗教体系。对场域空间充分赋予了"操作意义"。笔

---

① 特纳：《象征之林——恩登布人仪式散论》，赵玉燕、欧阳敏、徐洪峰译，商务印书馆2006年版，第89页。

② 同上书，第279页。

③ 卢因的著作是《社会科学中的场域理论》，1949年出版。这本书在中文世界介绍不多。但是聚集了特纳的很多思想灵感的源泉。因此也可以说，特纳对仪式的研究是场域理论的应用。

者将其理解为经济变迁、社会结构与仪式相互嵌入的关系，因此是多元嵌入（multi-embedment）的概念。① 他将仪式看作是社会变迁的最后的抵抗。仪式创造了一个隔离、排斥社会现实的整合空间。这一思想，孕育了他的反结构思想。

论述到这里，已然发现，情绪、情感和欲望的感知，在特纳这里是和二元对立的分类系统是截然不可分开的部分。它不仅仅是力量的唤起，象征的体系，甚至上升到社会整体的动力学机制。这一点是特纳对列维－斯特劳斯的结构主义的修正与转换。

但是又不得不提问的是，列维－斯特劳斯与特纳对象征的看法有何不同？象征并没有从列维－斯特劳斯的结构主义中抹去。因为符号与象征是不可分割的。于是特纳写下的这段话就算是对列维－斯特劳斯的清晰回应了。

列维－斯特劳斯强调，野性的思维包含着对应、对立、联结与转换等属性，而这些属性正式复杂思维的特征。他的这个看法是正确的。但是，在恩丹布部落的具体情况下，我们需要注意到，他们所使用的象征表明，这些属性被物质的包装层层裹起，而这种包装是它们的生活体验所形成的。对立并不以对立的形式出现，而是以器官可以感知的物体之间的冲突出现。比如，在各样的空间关系上或不同的命运安排下，冲突就体现在不同年龄和颜色的母鸡和公鸡上。尽管列维－斯特劳斯在一定程度上，也关注了仪式和神秘象征作为感情和欲望的催化剂时的情况，但是他并没有像研究象征作为认知因素时的情况那样，把自己的这一思路进行充分的发展。② 伊瑟玛仪式中的象征和它们之间的关系，并不只是一套认知性工分类体系。它们同样也是（而且也有着重要的意义）一套唤起性的工具体系，能够唤醒、引导

---

① 多元嵌入的概念受到波兰尼的《大转型》的影响，市场与互惠的共同体是相互嵌入的关系。

② 特纳举例自己的研究成果，主要是《象征之林》当中对仪式象征符号的三个特点的论述，1. 浓缩。由于高度的浓缩，根据不同的场景，意义具有多义性。2. 各个所指的统一体。3. 意义的两极性。例如奶树具有支配性象征意义和派生意义，奶树具有规范级和欲望级的两极化特征。道德与物质紧密相连。

和控制各种强烈的情感，比如仇恨、恐惧、爱慕，以及忧伤。它们同样也富有目的性，有着"意动"①（conative）的层面。②

以伊瑟玛仪式的二元对立的空间分布图为例，通过这张图来展示二元对立的语义结构的存在，但同时，二元对立的符号系统无法展现的色彩的象征意义。而探索符号的语义结构与象征意义之间的关系就构成了特纳的研究思路。按照特纳的说法就是，"从'火焰'到'火焰'，从'烽火'到'烽火'。只有当未知通向已知的象征之路被铺筑完成的时候，我们才能回头看起，对最终的形式有所理解。"③ 这句话几乎是方法论的檄文。

梳理到这里，笔者就仪式与结构的辩证关系，展开特纳与列维－斯特劳斯的对话。这是神话、仪式与社会结构的表征关系的经典模型。列维－斯特劳斯认为：神话是现实的倒置。在这个部落是神话，在临近的部落有可能是仪式，呈现出两个主体之间区别与联系的交流。这就是文化的差异在同一个系统当中的呈现。文化，如纹面的形式还有可能是社会结构的理想所指，因为它的不存在，具有社会想象的乌托邦特征。但是总体而言，列维－斯特劳斯把神话看作是社会结构的掩盖。可是特纳却发现了结构与交融的关系，仪式的反结构力量，而且是革命的指向。从原始心智到行动，是特纳对结构主义的激进性取向。列维－斯特劳斯对神话的分析又是辩证法的运用，神话并非现实的反映，神话是否思的存在。玛丽·道格拉斯则削弱了否思的独立性，转向"协同论"的整合思想。与列维－斯特劳斯不同的是，利奇、玛丽·道格拉斯、特纳不约而同地把仪式放在首要地位，从仪式入手，从场景出发，延伸到神话、制度与个体。玛丽·道格拉斯更多地强调原始思维与科学的延续性。特纳更多地强调符号除了分类学思想之外还发挥的工具价值，例如意动、唤起。相对而言，列维－斯特劳斯以神话为原始思维的载体，解析现实与神话的表征关系。他的结构主

---

① 意动的含义是行动的倾向——准备好要从事某种行为。在心理学对"意动"有专门术语，自我权力意动行为（self - power conative behavior）。特纳认为象征包含三个层次：认知，情感以及意动的倾向。这就是他对象征的解析。

② 特纳：《仪式过程——结构与反结构》，黄剑波、柳博赟译，中国人民大学出版社 2006 年版，第 41 页。

③ 同上书，第 20 页。

义思想是辩证唯物主义的体现。符号包括心理学、生物学和社会学的三个维度。符号是实在的。"这一套符号结构只有在社会生活方面才是可以实现的。"① 他在《裸人》关于神话的最后终结论述感情，例如笑、焦虑，都是用了神经的生物学的理论，解释笑和焦虑等情绪是如何产生的，目的是为了个体的情感是如何在神话的叙事结构当中转化为集体情感，他将其称之为"共鸣"。

反结构具有两个层次。首先是阈限的宗教、哲学价值；其次是社会反叛与社会戏剧的联系，这得益于墨西哥的社会运动的扩展。特纳将阈限时期的交融（communitas）定位在结构的裂缝之处。世俗的身份、地位，个体的差别都消失了，边缘人或局外人或弱者的地位上升。交融是无地位的状态（stateless state）。一些宗教团体的领袖为了回归交融，抛弃财产，安于贫困，进行刻苦的自我训练。交融是即时性的，一旦它制度化后，又会僵化为独裁的结构，丧失了交融的初衷。交融是直接性的，一旦它积累到一定程度，又会发生革命。千禧年运动是宗教形式的一种，也包含了交融的诉求。在反复论述了交融的哲学价值后，特纳将交融与结构的关系上升到他对社会的理解。

> 在某种意义上，我们可以说仪式在"创造"社会，这就像奥斯卡·王尔德所说的那样：生活就是"对艺术的模仿"。②

接着，特纳表达了对社会的理解，区别于英国的社会实体论等"主流"观点。

> 交融只有在社会结构没有显现的时候才会显现，它指的是让一个作为整体的人参与到与其他作为整体的人之间的关系中。③

---

① 列维－斯特劳斯：《马塞尔·莫斯的著作导言》，载莫斯：《社会学与人类学》，余碧平译，上海译文出版社 2003 年版，第 8 页。

② 特纳：《仪式过程——结构与反结构》，黄剑波、柳博赟译，中国人民大学出版社 2006 年版，第 118 页。

③ 同上书，第 127—128 页。

特纳的这一概念有些模棱两可。正是这一概念，使得他认为交融是与结构相对的，交融是虚无的。"在总体性的存在事物之间的关系之中，能够产生象征、暗喻，以及类比；艺术和宗教就是这些关系的产物，而不是法律结构和政治结构的产物。"① 这里，特纳把列维－斯特劳斯的结构主义进行了认知结构意义的结构分类体系：是一个对文化与自然进行思考，并为个人的公共生活赋予秩序的模式。他将列维－斯特劳斯的结构概念放在认知的维度，进行与仪式化相对立的概念化的工具加以使用，目的是为了与交融对比。在阈限时期，交融从结构中释放出来，交融具有结构的解放力量。二元对立的分类系统脱离了依赖临近和相似的"野性的思维"的轨道，走向了象征和生理感知当中。相反，象征、暗喻和类比，变成了阈限从结构裂缝释放出来的，对交融的所有的艺术与宗教的表达。这是反结构的含义。特纳是这样总结的：

> 阈限、边缘性，以及结构中的低下地位都是各种前提条件，在这些条件下，往往会产生神话故事、象征手段、仪式行为、哲学体系，以及艺术作品。这些文化形式为人们提供了一套模板或模型。在某个层面上，这类模板或模型是对现实情况和人与社会、自然以及文化之间的关系的周期性重新分类。但是，它们还不仅仅是一些类别而已，因为它们在促使人们思考之外，还促使人们采取行动。在这些产物之中，每一个都具有多重含义的特点，涵盖着众多的意思；而且每一个都能使人们同时在多个心理—生物的层面上运动。②

笔者特意强调"周期性重新分类"与"采取行动"，意在说明特纳把神话、象征和仪式行为等所有表征系统都划分到上层建筑当中去。交融具有平等的乌托邦的想象和人与人重新联结的创造力量。这是他所言的交融的主旨。一定程度上，把艺术、宗教看作是交融的产物，可以得到理解和认同。但是对于特纳基于阈限的还原处理，笔者并不完全认同艺术和宗教

---

① 特纳：《仪式过程——结构与反结构》，黄剑波、柳博赟译，中国人民大学出版社2006年版，第129页。

② 同上书，第130页。

全部是交融的产物。特纳是否夸大了阈限的经验，暂且不加以评论。特纳在这里有归纳法的倾向，将所有和他所言的交融的理念一致的风俗、经验与行为都囊括到交融的文化形式中。这种做法是值得商榷的。正是在反结构的理论上，特纳比列维－斯特劳斯表现出了行动的激进取向。这是二者形成鲜明对照的第二点差异。

结语

梳理玛丽·道格拉斯和特纳与列维－斯特劳斯的对话关系，暂时停留在这里。从两个人与他的对话关系的探讨中，究竟是想说明什么呢？或者说梳理他们两个人与他的对话关系，有何意义呢？

第一，不能将他们的学术思想与列维－斯特劳斯的结构主义混淆。尽管有引用关系，有主动对话并受到影响的地方，但是每个人引用和理解结构主义的方法与含义都不同。反过来，每个人根据自己的问题意识，对列维－斯特劳斯的结构主义的理解都做出了不同程度的个人倾向和个人兴趣的处理与选择。

第二，他们不同程度对列维－斯特劳斯的结构主义在方法论和理论上做出了崭新的表述和突破，具有原创性。例如，玛丽·道格拉斯对结构主义的世俗化推动，特纳对结构与交融关系的精湛论述。其共性是突出了人本主义和主体能动性的存在，与列维－斯特劳斯对人的主体性、意识的否定，形成了鲜明的对比。

第三，他们对列维－斯特劳斯的回应与他们对涂尔干的态度分不开。社会是社会事实的原型。集体表征的经典模型在研究工作的展开中不断地被激活。原始分类处理的符号、观念与现实的表征关系从未退出原始宗教的研究领域。无论学术范式发生了多大的变化，还是要回到这一基本的关系模型中进行实验场的调适、修正与规范。玛丽·道格拉斯尝试把涂尔干的神圣与世俗的分类转化为不确定的边界，从而在制度外对制度进行匡正或者保护，总之将模棱两可的边界转化为一种积极的力量；特纳不认为有社会团结这样的理念在自在地发挥整合作用，相反，通过唤起的仪式行为，使社会的统一价值从"自在的存在"转化为"自为的存在"。所谓自为的，就是通过实践对社会关系的体验。这样，特纳就解决了生理、感官和情感等主体情绪范畴的存在与宗教等超越性力量之间的感应关系。涂尔干原始宗教中残存的情绪、激情成分一直受到学者以理性为批判武器的诟病，但只有特纳，才通过象征，对情感的体验，进行了正面的回应与严肃的表达。由于真正的溯源在涂尔干这里，对列维－斯特劳斯的回应也就在他对"野性的思维"的解放意义上加以肯定，使其具有不可逾越的理论援引价值。"野性的思维"就像是一个门槛，在原始宗教领域要想做出进一步的超越，就要站在巨人肩上进行思考。

第四，从他们与列维－斯特劳斯形成区别的关键特征入手，进一步明确列维－斯特劳斯的结构主义的理论内涵与方法论。这才是本文对列维－斯特劳斯的结构主义思想进行理解的考虑所在。为什么在梳理列维－斯特劳斯的结构主义思想之前，首先选取两位英国人类学者与列维－斯特劳斯的对话关系来进行梳理，反过来，这一对话关系的梳理工作，是为理解列维－斯特劳斯的结构主义思想服务的。

列维－斯特劳斯把神话看作是社会结构的掩盖。可是特纳却发现了结构与交融的关系，仪式的反结构力量，而且是革命的指向。从原始心智到行动，是特纳对结构主义的激进性取向。列维－斯特劳斯对神话的分析又是辩证法的运用，神话并非现实的反映，神话是否思的存在。玛丽·道格拉斯则削弱了否思的独立性，转向"协同论"的整合思想。与列维－斯特劳斯不同的是，利奇、玛丽·道格拉斯、特纳不约而同地把仪式放在首要地位，从仪式入手，从场景出发，延伸到神话、制度与个体。玛丽·道格拉斯更多地强调原始思维与科学的延续性。特纳更多地强调符号除了人类学思想之外还发挥的工具价值，例如意动、唤起。相对而言，列维－斯特劳斯以神话为原始思维的载体，解析现实与神话的表征关系。他的结构主义思想是辩证唯物主义的体现。符号包括心理学、生物学和社会学的三个维度。符号是实在的。"这一套符号结构只有在社会生活方面才是可以实现的"。① 他在《裸人》关于神话的最后终结论述感情，例如笑、焦虑，都是用了神经的生物学的理论，解释笑和焦虑等情绪是如何产生的，目的是为了个体的情感是如何在神话的叙事结构当中转化为集体情感，他将其

---

① 列维－斯特劳斯：《马塞尔·莫斯的著作导言》，载莫斯：《社会学与人类学》，佘碧平译，上海译文出版社 2003 年版，第 8 页。

称之为"共鸣"。

4. 从结构到意义，从转喻到隐喻——《嫉妒的制陶女》

列维－斯特劳斯在论述人类学的学科关怀时颇有理想主义的情怀。这并不是说人类学是远离现实的，恰恰相反，他对人类学的就业前景充满信心，因为人类学的应用价值还没有得到充分的认识。他指出：人类学是当前唯一一门具有社会"间离效果"的学科；它拥有一部巨大的理论和实践的机器，使它能够培养出实用的人才；更重要的是，它随时可以参与承担一些其实必须受到人类关注的任务。[①] 理想主义和实用主义在列维－斯特劳斯的人类学学科规划与学科目标的蓝图中相得益彰。这并不是说应用人类学就应该满足于为维持现状服务，恰恰相反，人类学的实用性和人类学对他者的社会的理论兴趣是不可分割的，这才是人类学全力以赴阐明"它是做什么用"的本意。

> 在这个可能是空想主义的展望中，社会人类学将发现最高的理由，因为它所研究的生活和思想形式将不仅仅会引起一种历史的和比较的兴趣，而是将满足人类的永久的希望，面对这种希望社会人类学负有长久关注的使命，特别是在最充满忧患的时代。[②]

这是列维－斯特劳斯在法兰西学院的 1960 年 1 月 6 日的社会人类学讲座的就职演说，慷慨激昂，气势磅礴。这一开场白从涂尔干到莫斯，这些前辈开拓的伟大事业回顾，气势就如滔滔江水，一泻千里。不过从列维－斯特劳斯开始，是要在批判反思中开拓人类学的一个新时代，那就是结构主义的到来。这一时间段大致在 1960 年到 1973 年，他就职于法兰西学院，完成了《神话学》四卷本的研究。

列维－斯特劳斯两次被拒，直到 1960 年才迎来了法兰西学院的邀请。他坎坷的经历成为他宝贵的精神财富，最重要的两笔财富，一个是巴西探

---

① 列维－斯特劳斯：《人类学在社会科学中的社会地位及其教学问题》，载《结构人类学1》，张祖建译，中国人民大学出版社 2006 年版，第 401 页。

② 列维－斯特劳斯：《结构人类学 2》，张祖建译，中国人民大学出版社 2006 年版，第 34 页。

险式的田野调查，一个是与博厄斯相识相知。《忧郁的热带》记录了他这段寻找巴西原始社会的经历和感受——失望和厌倦，从此以后，他再也没有从事相似的田野考察，而是在美国同行搜集的太平洋西海岸的大量神话文本中，换言之，也就是在图书馆和博物馆，进行数学家一样的解析工作。博厄斯的神话和艺术思想，是他源源不断的灵感的源泉，他几乎是在发现博厄斯的巨大思想价值的基础上，开始的攀登，那就是将无意识的研究作为人类学的学科使命，奉献了他大半生的热情和智慧。

　　阅读列维斯－特劳斯是一个"离我远去"的过程。到一个遥远的神话世界，倾听神话当中的月亮，太阳和猫头鹰的故事，这和现实生活有什么关系？结构主义的研究内容和研究方法，和应用人类学有什么关系？它毫无应用人类学的价值——它和弱势群体、维权、艾滋病毫无关系，更不要说政策批判或者政策改良建议。结构主义的神话、巫术、艺术研究，和宗教人类学也有一定距离。稍微做统计就会发现，结构主义的思想研究，在人类学学位论文的选题中罕见，结构主义的理论应用，也鲜有个案支持。这一理论和实践脱节的状况伴随着人类学的学科恢复的这三十年。然而大师的离世，倒是在期刊杂志上掀起了一阵研讨热潮。

　　首先，把结构主义作为物理的方法论，来研究神话与仪式的关系，不只是一个部落的神话与仪式，而是要把神话涉及的全部部落的神话与仪式的关系作为一个系统来研究，来探索其中的转换关系。存在一个公共形式，然后被借用，被传播，被置换，但是关系仍旧是延续的。这是列维－斯特劳斯的文化与社会的整体性的理念所在。这种系统信息交流的方法和社区研究迥异，它的努力方向是关系，而不是具体的村落的整体生活。

　　其次，"对半法则"的研究，放弃了起源，探索太平洋西海岸的脸谱、面具和商朝的青铜器在对半法则的相似性。这个研究方法介入的问题是，为何同地方的艺术形式有惊人的相似性？是传播论的演绎吗？作者说，虽然对半法则否认发明独立论，认为文化之间有相互借鉴的关系，独创的成分很少，但是并不意味着落入传播论的窠臼。对半法则在不同的艺术形式中共通，说明整体论的视野扩展，将美洲和亚洲联系起来。列维－斯特劳斯为美亚文化关联提供了一个平行的研究线索。另外，对半法则作为通则在不同艺术形式发生作用，这种比较个案的做法，和拓扑方法较为接近。甚至是不一定要在一个区域范围的临近部落的神话和仪式系统中开展文本和实践的研究，而是类似在不同空间中探索同一个橡皮筋在不同方向延伸或扭曲的多种变形。将多种变形整合起来，探索一般性和特殊性的关系。美国学者丽萨·霍夫曼（Lisa Hoffman）将拓扑方法在人类学的应用源头归为利奇。[①] 在我看来，列维－斯特劳斯是较早的形成拓扑方法的学者。换言之，拓扑方法较早应用在结构主义当中。

举这两个例子，是想说明一种努力的可能性，在田野调查中有意识地去实践列维－斯特劳斯的方法论。实际情况可能比想象的困难。首先就会反复遇到一个老问题：今天我们为什么要读列维－斯特劳斯？读他的作品有什么意义？比如他晚年的著作《嫉妒的制陶女》。[②]

《嫉妒的制陶女》讲述的是女性在制陶的时候遵循严格的禁忌，例如不能说话，丈夫不能近女色，如果打破了禁忌，妻子就会变成各种各样的事物离去，如夜鹰、月亮和蟾蜍等。这一禁忌揭示的是夜鹰、嫉妒和陶器的三角关系。然后作者就开始像侦探一样，层层剥离三角关系涉及的更为复杂的天、地、人的三界关系。最后，作者指出符号的任意性和多样性。如果说 1978 年之前的研究，执着于信息交流系统的转喻关系，那么在《嫉妒的制陶女》中，讨论的是隐喻的本质。简单而言，就是指出符号意义场的概念。夜鹰、嫉妒和陶器之间的三角关系，在变化中，进入到更大的符号意义场。接着夜鹰、树懒出现，吼猴出现，粪便出现，流星出现。夜鹰象征着制陶，树懒象征着织造。夜鹰的对立面是鸣禽，叽叽喳喳，吵吵闹闹。树懒的对立面是吼猴，是个浪费的吃货，饮食无节制，排便无节制，而且任意排便，和树懒形成了鲜明的对比。夜鹰、树懒、吼猴盘踞在三角形的三个顶点，其他动物位于三角形的边上，与这三个动物的距离远近不等。这三个动物由于它们所处的战略地位而控制着整个符号意义场。如果树懒在树上排便，粪便就会像流星一样撞击地面，大地就会倾覆，居民就会死亡。一个新的三角关系是嫉妒、粪便和流星又建立起来。在别的地方，不是粪便，而是身体的某一部分器官肢解，丢出去，俨然如流星一般。月亮又是如何引入进来呢？在美洲的神话里，月亮和流星是可以转换

---

① 参考丽萨·霍夫曼于 2015 年 6 月 9 日在上海大学的讲座：《全球化与中产阶级：一个有关城市创新和社会区隔的拓扑学方法》。

② 列维－斯特劳斯：《嫉妒的制陶女》，刘汉全译，中国人民大学出版社 2006 年版。

的。就像月亮可以和离开躯体的脑袋相互转换一样。粪便、月亮、流星和嫉妒的关系存在首尾相接的循环，形成克莱因瓶效应："空心茎秆和管道的使用，以一种克莱因瓶的转换效应，由内体转换成外壳，由被盛装的内容转换成盛装的容器，他们的身体本身就是管子。"就是说自己的身体同时也是容器，配合着需要的变化，身体变成了容器的一部分，身体同时也是被盛装的内容。这个时候，貘又出现了。原因是：用天然管道和管道孔窍构筑的符号意义场有更多的格子。这些孔窍有的在前、有的在后、有的在上、有的成三个功能：关闭、开启、开启时吸纳或排出。貘类似饕餮，只进不出。它们贪吃，要么肛门滞留要么排便无节制。这很像是中国神话中的一种动物，吃梦的貘。它象征人的贪欲，通过口无节制体现出来。流星和貘有"反向月亮"的作用。在该书的第十三章，回答了为什么要写《嫉妒的制陶女》，它可以看作是《餐桌礼仪的起源》的姊妹篇。① 上篇解读了从生到熟的转化过程，下篇则继续探讨食物在煮熟之前的陶器制作过程。或者说可以颠倒过来看。有了容器，才有食物的煮熟，再到粪便的排泄。粪便又和嫉妒、流星、陶器产生关联——粪便与陶土重合。生生不息的关系建立起来。就像是粪便肥田的道理一样。作者明确说，第二个神话系集（即陶器制作）是从属于第一个神话系集的。所谓陶器的起源乃是灶火起源的替换。在女人和陶罐之间同样是克莱因瓶的呈现。女人到自己家园以外的地方采集陶土，建立了临近部落之间的交换关系。在女人和陶罐之间，一种换喻的关系转化成了一种隐喻的关系。嫉妒就从中而来。嫉妒既是女人对制陶的垄断，又是女人对男人的独占。嫉妒意味着夫妻分离过程建立的关联。

　　回到隐喻的含义，符号意义场。作者在该书的第十四章进行了进一步的解释。不同符号范畴的诸项，包容着同一符号意义场。隐喻并不是激情或者感情所产生的直接效果，而是对一种意义整体结构的原始理解，这种理解是一种智力行为。而这个意义场的每一个项或每一系列的项孤立起来都无法使人看到深层的结构，更无法使人看到统一性。按照笔者的理解，无论是横向组合链，还是纵向聚合，它们交叉重合，封闭的结构，构成词

---

① 早期的姊妹篇是列维－斯特劳斯：《神话学：生食与熟食》，周昌忠译，中国人民大学出版社2007年版。

语的相对的意义。这个解读意义的思路和作者之前举出的"两面斜放的相对的镜子，相互映照的映像是有限的"，有着同样的原理。作者就是首先了解神话设定的有限映像的映照条件，然后解读有限映像的函数关系或者代数关系。放在词语的意义这里，作者设定了符号意义场，有横向组合链和纵向聚合构成，那么词语的意义就是有限的，而且是被限定的。作者说，意义不是绝对的，随着词语的位置变化，意义也在发生变化。作者揭示了词典编撰中循环定义的存在，解释这个词的含义，是借助另一个词的含义，于是扩展开来，最后发现词典是一个封闭的语义结构。作者说，这种结构使得一开始互不相容乃至自相矛盾的元素变得和谐一致。这就回答了能指的任意性问题。如果能指是任意的，那么如何定义意义呢？作者回答"能指从来就只是使词语之间建立起一种关系。"词语可以替换，但是关系是稳定的。作者在结论中将这种斜放的相对的两面镜子，或是纵横语义链构成的符号意义场，看作是视觉的交互性。并认为视觉的交互性是神话思维的根本特征，这种交互性可以要求在广泛得多的领域得到应用。每当思想在挖掘含义时，思想的活动就必然具有这种视角的交互性。

列维－斯特劳斯借助《嫉妒的制陶女》真正回答的是结构因为沉迷于形式，而无法定义的意义问题。现在作者给出了意义的解读方法。名为《come》的音乐影片，导演和歌手在和观众开着玩笑。笔者看到了视角的交互性在其中的巧妙运用。你说影片中的她是上楼呢，还是下楼。你说她是坐着呢，还是躺着。你说这到底是从哪个角度在看棋呢？（这边看是白棋正面，黑棋颠倒，那边看黑棋颠倒，白棋正面，但是镜头是显示的是黑棋颠倒，白棋正面）正是两个参照系的运用，形成了视觉交互性，才会产生语言的多义性。表面上是特技的效果，实际上又是神话思维在流行文化的运用，打破人们的视觉的依赖性。因为横向和纵向的语义链的建立，使得依赖一种参照系获得的能指的意义变得不确定起来。

第四章　美国人类学

　　西德尔·希尔弗曼在《人类学的四大传统》之"美国人类学"以五讲的方式展开，他提出问题：从什么样的意义上，美国的人类学可能成为一种国家传统，它的独特性又何在呢？

　　他回答道，至少有两点：一、鼓励反叛（变节者确立了自己的学术地位，赢得部分的学术认同），质疑权威。美国人类学家一贯反抗他们的老师和前辈，新观点通常作为旧观点的对立物而出现。这一特性与美国学术界的制度结构有关。二、共享了一致的传统。尽管美国人类学的结构是一个历史机缘，尽管它是多元化的，但它仍旧赋予了这门学科的美国版某种观点上的延续性。① 例如文化相对主义的基本假设：文化是不可比较的，每一种文化对于自身而言都是特殊的，而且只有通过自身才能被理解。

　　笔者想补充西德尔·希尔弗曼的观点，第三点是美国化。无论是印第安土著的田野调查，还是应对美国社会的问题和需求，还是民族志的权威性和真实性的讨论，美国的人类学善于从欧洲移植、借鉴人类学的理论和方法，然后加以美国化的改造，民族志的活力因为实践的开拓性而重新主导人类学的民族志视野和转向——对复杂社会的研究，这是美国在 20 世纪 70 年稍晚崛起的人类学涌现的认识论的力量，在世界范围产生影响。对文化和意义的关注，始终是"美国味"的延续。

　　西德尔·希尔弗曼对美国人类学的书写从博厄斯到当下，例如 20 世纪八九十年代。他梳理了博厄斯的三代子弟在学术传承关系上对博厄斯的理论的理解异见和分歧，例如克鲁伯和克拉克洪的研究。博厄斯在哥伦比亚大学的职位被林顿接替后，林顿和本尼迪克特矛盾丛生，米德的边缘化处境持续很长时间。他按照同盟和敌对的关系，对大学机构进行关系重

---

　　① 巴特等著：《人类学的四大传统》，高丙中等译，商务印书馆 2008 年版，第 417 页。

组。多元化的制度与学术相互支持的道路，是学派形成的前提。首先是与博厄斯敌对的华盛顿—剑桥核心。拉德克利夫－布朗的到来，使芝加哥大学的人类学迅速声名鹊起。第二次世界大战后，朱利安·斯图尔特（克鲁伯的学生）和莱斯利·怀特带来了新进化论的风气（重提摩尔根），组成哥伦比亚—密歇根轴心，冲击了博厄斯范式。斯图尔特于1948年开展波多黎各的调查，沃尔夫和西敏司加入其中。斯图尔特对区域调查有独到的看法。他认为一个大型而复杂的社会有三种特点：1. 复杂社会的"纵向区"包括三个部分：当地的住家户、当地人的邻居和当地人的社区。2. 社区里除了当地人之外还有非本地人，与当地人有某些共同点，属于"横向区"。3. 所有的官方组织渗透到了社会的各个角落并控制该社会。雷德菲尔德认为斯图尔德对复杂社会的认识有简单化之嫌。他将斯图尔德的观点比喻为"木工制造出的、供已种植的爬藤类植物的须蔓往上攀缓的一扇木格子。"① 延伸出来的是雷德菲尔德对复杂社会的三种类型的理论化表述：1. 以疆域为基础而形成的群体层次结构。2. 相对独立的经济活动领域。3. 全国范围的关系网络。雷德菲尔德对"社会领域"的定义建立在社会关系的基础上，他比喻为"网络和网眼"。② 沃尔夫对农民产生兴趣，后来又转移到权力，研究资本全球化的殖民进程。西敏司对食物感兴趣，写作《甜与权力》。食物的背后，他关注的是，食物在日常生活的使用状况，与"内在"意义有关（一般项目），而外部的经济、社会、政治状况，则与"外在"意义有关（次要项目）。所谓"内在"意义就是，人为自己及周遭人的行为赋予意义。③ 食物偏好是"外在"意义与

---

① 罗伯特·雷德菲尔德：《农民社会与文化——人类学对文明的一种阐释》，王莹译，中国社会科学出版社2013年版，第56页。

② 同上书，第81页。

③ 悉尼·西敏司：《吃》，林为正译，原作名为《品尝食物，品尝自由：探访吃、文化与过去》，新星出版社2006年版，第38页。该版本以《饮食人类学：漫话餐桌上的权力和影响力》的题目于2015年在电子工业出版社再次出版。笔者意识到这种区分外在意义和内在意义的做法，和主位与客位的区分有着相似性，强调意义的主观感受，主体对意义的赋予和感知，把一个生物学的需要问题转化为文化的思考向度，是美国人类学区别于英国人类学功能—结构主义学派的一个特色。另可参考西敏司：《糖与权力》导言，西敏司对马林诺夫斯基进行了批评和讽刺，称马林诺夫斯基的民族志处理手法为消失戏法（vanishing art）："西方在所有的伪装下都被弱化活着忽略了，只有所谓的最纯粹的原始性才被英雄般的人类学家进行冷静的观察"。参见西敏司：《糖与权力——糖在近代历史上的地位》，王超、朱健刚译，商务印书馆2010年版，第11页。

"内在"意义互动的结果。20世纪50年代哈佛大学培养了两位象征人类学人物：格尔茨和戴维·施奈德，由于对意义的强调，格尔茨提出解释人类学。早期他则受帕森斯的影响较多。作者说，20世纪50年代盛行的理论折中主义超出了哥伦比亚—密歇根轴心的范围。① 萨林斯后来离开密歇根大学，来到芝加哥大学。萨林斯和戴维·施奈德的文化主义的转型都完成于20世纪70年代。格尔茨的《文化的解释》也完成于1973年。② 作者说：

> 在1970年代的各项进展中，我们可以发现一条不断扩大的裂痕：一方是唯物主义、马克思主义和政治经济学的观点。另一方是唯心主义、象征主义和解释学的观点。③

唯物主义和文化主义的争论从哥伦比亚—密歇根轴心时代就已开始，1970—1980年，政治经济学与解释主义已经发展为两极性。这一争论可以看作是美国人类学隐含的矛盾。

西德尔·希尔弗曼对美国人类学的写作主线以思潮为主体，大学机构为学者群的归属地，师承关系是辅线，争论是多种思潮和观点分歧的衍生。显然，他以整体的面貌把握美国人类学的学科史，尤其关照20世纪70年代美国特有的对复杂社会的人类学兴趣以及20世纪70年代以后的学科研究动态，例如20世纪八九十年代出现三个研究趋势：1.全球化和跨国过程的关注不断增加。2.对生殖的关注。3.亲属关系研究的新趋势。由于他是当事人，美国人类学能够在他对材料的把握下娓娓道来，而且不乏亲身经历的事件花絮。阅读他的作品，能够对美国人类学者的师承关系以及复杂的"反叛"、"变节"背景有清晰的了解，把握美国人类学自博厄斯范式以来发生的思想史的演变和变迁。

相对而言，笔者对美国人类学的处理只是简化的做法，简化到三个人物：博厄斯、本尼迪克特和玛格丽特·米德，重点考察两次世界大战

① 巴特等著：《人类学的四大传统》，高丙中等译，商务印书馆2008年版，第344页。

② 同上书，第386—387页。

③ 同上书，第388页。

前后，从博厄斯发展到第二代学生的文化人格学派的过程。这里没有展开博厄斯的三代学生的复杂的关系和"反叛"博厄斯范式的力量。笔者考察的是本尼迪克特、劳拉·尼尔·赫斯顿和米德究竟继承了博厄斯思想的哪一部分。笔者对博厄斯的理解是和他批判的种族主义、优胜论和他对纳粹的态度有关的。本尼迪克特将整体论与日常生活的养育惯习联系起来，她捍卫传统，鼓励评价国民性格当中占据优势的特性，同时她又主张文化相对主义，所谓文化相对主义，是对新生事物的接受，对和自我不同的异己的价值观的接受和包容，原因是她认为新的替代旧的，但是旧的习惯仍旧根深蒂固。在打破保守阶级支配的社会秩序与道德规范的驱动下，文化相对主义是朝向未来的积极的视野和态度。如何对待社会变迁？她采取了中庸的路线：一方面保留文明当中占优势的特性；一方面推动新生事物的接受。米德较之本尼迪克特更为激进，她鼓励"为选择而教育"，这同样是从教育渠道打破保守阶级拥有的价值权威的做法，她告诉人们，命运不是按照前辈的路走就是自己的生活，需要为赢得自己的生活挣脱枷锁、创造机会并勇敢选择。她在《代沟》《文化与承诺》等著作中表达了一种激烈社会变迁下人们普遍感受到的不安与威胁：新事物来得如此之快，青年人的观念和行为发生了极大的变化，甚至构成了传统的侵扰。对于几乎招架不住的代沟和传统的破坏，究竟如何保证有一个好的未来？米德切入到这个问题，进行人类学的解释和回应。她一方面描述了田野条件发生的开放性的变化；一方面对前喻文化和后喻文化的关系进行了阐发。她鼓励后喻文化的展望，仍旧把希望寄托在年轻人身上。在和时代同呼吸的维度上，米德发出了公共人类学的声音、诉求以及打破陈规的勇气和责任意识。

一　博厄斯

博厄斯（1858—1942），出生于德国西北部一个热衷于进步教育和政治的、富裕的犹太家庭。他的博士论文研究的是海水的颜色，这个题目对物理的侧重甚于地理。1881 年，博厄斯获得了博士学位，时年 23 岁。1883 年 7 月，博厄斯参加了一个德国赴北极的考察队，对因纽特人进行研究。在加拿大巴芬岛地区待了整整一年。"他此行的目的在于进行一项地理学调查，而在调查结束时他已经成为一个民族学者了。"① 一年后，他回到德国。在柏林皇家民族学博物馆的阿道夫·巴斯蒂安手下工作。1886 年，他效力于一支英属哥伦比亚南部的加拿大地质勘探队，进行一项针对温哥华周边地区的人类学调查。1887 年定居美国。"他真正在美国立足是在 1895 年前后，这时他在美国自然历史博物馆和哥伦比亚大学都已开辟了据点。"②

博厄斯在排犹主义浪潮下迁移至美国，在美国自然历史博物馆工作。主张对夸扣特尔人的田野调查，亲自至北部太平洋夸扣特尔人等部落调查五年，在此基础上写下《夸扣特尔人的文化》等民族志，在克拉克大学（Clark University）获得教职，后转入哥伦比亚大学一手创建人类学，确立人类学的四大分支：考古人类学、体质人类学、语言人类学、文化人类学（民族学）。③ 博厄斯的门下培养的大批子弟后来成长为人类学家，如三位相对杰出的女人类学家：罗斯·本尼迪克特，玛格丽特·米德，劳拉·尼尔·赫斯顿（Zora Neale Hurson）。相比赫赫有名的本尼迪克特和米德而言，赫斯顿相对"不为人知"，但她的民俗和文学价值仍不可忽视。④

1. 博厄斯的学科贡献与学术影响

面对种族主义的体质人类学、优生学以及进化论组成的强大阵营，博厄斯以文化决定论与历史特殊主义的理论主张来回应。博厄斯思想的两条路径：其一为历史学路径，特别关注那些可以用来说明文化特质分布的可追溯的过程；其二为心理学路径。这两条路径也与博厄斯的历史的和科学的两种认识论大体相符。⑤ 杨承志论述道，博厄斯认为人类学的主要问题

---

① 巴特等著：《人类学的四大传统》，高丙中等译，商务印书馆 2008 年版，第 311 页。

② 同上书，第 311 页。

③ 有关博厄斯的详尽学术履历和工作经历，参见黄淑娉、龚佩华的介绍。黄淑娉、龚佩华：《文化人类学理论方法研究》，广东高等教育出版社 1999 年版。第 154 页。另可参见和少英的介绍，相较而言，和少英对博厄斯学术履历的描写更加生动、活泼、真切。和少英：《社会文化人类学初探》，云南大学出版社 2007 年版，第 31—32 页。

④ 感谢旧金山州立大学的 Mary Scott 教授对赫斯顿的介绍，使笔者认识了这位出色的黑人女人类学家。

⑤ 巴特等著：《人类学的四大传统》，高丙中等译，商务印书馆 2008 年版，第 314 页。

有：一、历史的重造。二、历史现象的类型及其顺序的决定。三、变迁的动力。综合起来，人类学所研究便是人类社会的历史。方法论采取：一、先史考古学方法。二、比较法，不同的文化模式的地理、语言以及各特质的互动关系的比较。三、心理学，研究各种文化特质的联合与同化。① 王建民在博厄斯的介绍和评论中补充了博厄斯的方法论其他面向。一、以文化决定论和文化相对论为基础的文化区域分析法。二、归纳法，反对资料不足就匆忙得出结论，重视实地调查。王建民对博厄斯的研究方法有精辟的总结："博厄斯采取的方法主要是主观领域的探讨法，力图用客观的方法去解释被研究民族的文化"。②

博厄斯注重对语言和艺术的研究，他认为原始社会的思维方式是形象而具体，感官发达，因此语言的表达方式丰富多彩，更莫说具有形式和装饰效果的原始艺术。他运用语言和艺术的认知与表征方式，试图说明现代人虽然理性思维和抽象思维发达，但是也阻止了感性和感官开启的丰富多彩的现象世界的智慧与认识，现代人在享受文明成果的同时正在丧失他的"祖先"共享的精神财富。显然，博厄斯通过语言和艺术尝试架构起感性与理性的沟通，他发现，即使是强烈的感情，原始艺术也会用恰当的形式加以控制地表达，而不会陷入感情的爆发和秩序的混乱，狂热往往不是原始艺术，他欣赏原始艺术形式与内容的平衡，以及象征表达的感情的认同与感情的激发，这一特点可以与他对现代社会的认识联系起来，即使是现代社会也有失去理性的狂热与感情的狂热，在这一点上，现代人与原始人没有什么不同，博厄斯之所以这样尊重感情的表达形式、感性与理性的平衡，与当时的政治处境不无关系：博厄斯尝试启发人们去认识纳粹的狂热与集体行为的"失控"，所以他对于感情的爆发或感情的冲动是极其厌恶和反感的，在他的内心深处是抵触，这一推崇理性与均衡的艺术气质感染到他的学生本尼迪克特，在她的《文化模式》中，本尼迪克特在酒神和日神之间选择了日神，带有希腊理性特质的部落文化，而其他文化模式，如暴力、迷狂，被看作是"病态"，本尼迪克特扮演的精神诊断的"医

---

① 博厄斯：《人类学与现代生活》，杨承志译，译者序言，商务印书馆 1985 年版（第 2 版），第 4—5 页。

② 王建民：《远离现代文明之外的对传统的藐视和反叛》，载博厄斯：《人类学与现代生活》，刘莎、谭晓勤、张卓云译，华夏出版社 1999 年版，第 8 页。

生"角色在博厄斯的语境中得到了理解。

博厄斯研究语言和艺术的动力，还来自于对进化论的批驳，需要说明的是，博厄斯并不是反对进化论，而是反对直线进化论，后者认为人类社会的发展是从简单到复杂，从低级到高级等等对现代与落后的粗暴的分野。博厄斯尝试以历史特殊主义来修正进化论，他认为，历史特殊论是进化论过程地域的具体化，在弄清楚地域的形成和文化的来源后，才能够给予人类地理大迁徙的基本的描述，从而了解人类的接触史，使得文化接触与交流成为影响地域文化当下面貌的事实。因此，所谓的"拟构历史"并没有完全把博厄斯的主张准确地概括，反而有误解的可能。他回应的对手言论之一是巴斯蒂安的"原生观念"，后者认为心智是独立的，原生的。博厄斯反对这一说法，他认为确立文化的独立发生是很困难的，一方面，他主张对该地域的地理、环境和种族、语言和文化进行全面的了解，不要先入为主地归入进化论的某一发展阶段，相反，生产方式的平行，如畜牧与农业的平行发展是常见的情况，即"历史特殊论"的言论。另一方面，他又强调人类的迁徙、文化的传播，在对内的自生性与对外的交流性的"双向选择"的基础上，形成了文化的模式、地域环境特色乃至风格，博厄斯驳斥"独立心智论"的原因不乏来自对他的母语国家——德国的担忧，德国纳粹正是宣扬自身是日耳曼帝国的优秀选民，拥有独一无二的文化传统，"独立心智论"正是为种族主义滋生了"思想倾向"的温床，可见，博厄斯竭尽全力地以历史特殊论与文化相对主义宣扬人类学的价值信条，正和德国纳粹主义越来越盛行、蔓延的欧洲形势遥遥相对，而今，当我们听到博厄斯文化相对主义的声音，运用大量的生理、遗传和人种知识驳斥种族主义的支持理论（实质是貌似合理的成见），应该能够体会到博厄斯的文化相对主义的声音对于当时笼罩在纳粹和独裁专制、军国主义的阴云的全人类而言有多么重要的心理慰藉，在纳粹侵略的铁蹄和种族屠杀的恐怖面前，文化相对主义意味着道德的良知与族群生存权力的捍卫，意味着文化多样性的反戈一击。①

也可以理解，被排犹主义浪潮殃及的博厄斯深切地感到纳粹给他的犹

---

① 博厄斯的《原始人的心智》一书在一战期间一度遭禁。

太族裔的迫害，推动他进入北部大西洋的部落文化进行深入的田野调查。他一反文明人的傲慢和书斋里的人类学家的夸夸其谈和主观想象，而采取了实证的人类学田野调查方法，致力于细致的语言资料的整理，搜集大量的原始艺术与工艺品，将田野调查、民族志物品搜集与博物馆建设紧密联系起来，博厄斯对人类学博物馆建设的贡献是卓越的。人类学者对原始艺术的搜集、整理及其研究，尤其是非洲面具的搜集与认识，也深深地影响了西方现代艺术对形式的探索，正是对于原始艺术形式、表现、象征的发现及其自身的反省，西方现代艺术于一战前后复兴，二战后取得了长足的发展。表现主义、超现实主义、立体主义等现代艺术形式的探索几乎和独裁和专制的社会制度对个体的否定与绝望、痛苦的个体情绪有很大的关系。现代艺术大量地运用象征、表现，夸张、扭曲以及激进的感情，在形式的怪诞和主观感受的宣泄中，强烈表达了对战争和侵略、专制与屠杀的愤慨、留驻了死亡威胁下的绝望、恐惧与存在的怪诞。可惜博厄斯对现代艺术的评价较低，失去了对现代艺术与原始艺术之间的沟通意识，原因是博厄斯认为现代艺术不具备原始艺术"共同一致的情感"，属于精英的艺术，并不追求与大众的融合或大众的理解。① 这一点还需要商榷。博厄斯还没有意识到现代艺术在突然的政治威胁气氛中和原始艺术骤然获得了心灵的契合，从而以象征和隐喻的方式将形式、符号与感情、批判、反抗联系起来，因此，形式就是强有力的控诉，与表现主义合流。关于原始艺术与现代艺术的"亲缘性"，也许可以把《原始艺术》看作是向现代艺术抛出的橄榄枝。

德克斯（Nicholas B. Dirks）在重新发现博厄斯的理论和思想焕发的卓越价值的基础上，对博厄斯进行了高度评价。他告诉读者，博厄斯是在反对种族主义的基础上提倡体质人类学的研究，他把文化人类学当作是理解文化差异的工具，他主张学术独立，他反对大学的高度专业化（hyper - professionalism），他鼓励区域研究（他理解亚洲和非洲对于正在改变的世界的重要性），他反对人类学为国家利益服务，他全力以赴推动人类学的独立与自由（为了国家利益伤害到人类学田野调查的前提和科学自主性的时候，要坚决抵制），人类学的进步主义对于容忍政治的意

---

① 博厄斯：《原始人的心智》，项龙、王星译，国际文化出版公司 1989 年版，第 332—333 页。

义，由此可以理解文化相对主义就是容忍"别人和我不同"的最好的学科信念："人类学对文化相对主义的学科承诺是对于容忍国家差异不论是政治还是文化事宜的政治承诺。"作者对于博厄斯的重新理解，其中有两个发现比较有价值：

一、博厄斯将自然科学与人文科学分开，强调历史对于人类学的意义：1. 历史对于理解人们生活的地理和社会情境非常关键。2. 对于历史人类学在美国的出现提供了批判性谱系（pedigree），无论是物质文化的搜集（包括考古发现、手工制品和艺术）还是历史档案的调查，都对后人产生了深远的影响。3. 他希望人类学成为原创的整体论学科（holistic discipline），将人类的文化兴趣和历史视角自觉地、深思熟虑地结合在一起。

二、人类学对于正在改变的世界的适应和反应，这种学科的灵敏性被他的学生们整体性继承下来，从克鲁伯、萨丕尔到本尼迪克特、赫斯顿、米德。博厄斯创设的学科理念虽然后来不断被他的学生挑战和反叛，但是也可以理解为博厄斯精神的延续：学生对于老师的反叛并不仅仅是学术体制的"去中心化"的支持，正如《人类学的四大传统》的作者所持的观点，也和不断改变的地方与世界的关系息息相关。

博厄斯对玛格丽特·米德的影响体现在"为选择而教育"。博厄斯在《原始艺术》的结论中这样写道："现代人类审美的情趣与原始人类的不同在于其表现形式的多样化。现代人不像原始人那样受着固定艺术形式的束缚。由于现代社会的结构复杂，人们的兴趣也千差万别。"① 这一观点与上述"共同一致的感情"是呼应的，同样也寄予了现代社会对于创造有利于文化多样性的社会条件的信心（同样也能够理解现代艺术脱离社会认同的局限所在）。博厄斯表达的这一民主制度、现代性与文化多样性相互包容的观点给米德的"为选择而教育"提供了基本的背景事实，因此，米德描述过萨摩亚的成年，在编辑的提议下，为正在困扰美国社会的青春期危机提供"另一种可能性"的参照，批评了中产阶级价值观的教育模式，鼓励青年人勇敢面对文化多样性造成的选择困难，做出自己独立的选择。从师生关系来看，米德将博厄斯对于现代社会的乐观认识增强了干预和介入倾向，包括能动条件的培养（而不仅仅是自然的存在），米德主动将萨摩亚部落与自己所在的美国社会并置起

---

① 博厄斯：《原始人的心智》，项龙、王星译，国际文化出版公司1989年版，第337—338页。

来，在提供文化批评的同时，也削弱了她的老师博厄斯对于美国社会内部丰富的移民历史的观察与洞见（包括美国的种族问题）。

不过这一关怀为他的另外一位女学生继承：劳拉·尼尔·赫斯顿。赫斯顿热情地描写、表现她的黑人同胞的生活、思想与感情，正切中了博厄斯对于美国黑人的关切与关注。"当我们的注意力转向美国存在的黑人问题时，我们应该记住：在先前的讨论中我们没有发现任何能够证明黑人类型低下的证据——除了这一点，即看来有这种可能：这一种族或许产生不出其他种族那么多的伟大天才。但同时，也没有任何痕迹表明黑人作为一个整体在智力上与白种人有何本质差异。"① 博厄斯对美国黑人的讨论表现出两个特点：一方面，通过与非洲黑人富有创造力的生活比较，他认为美国黑人表现出来的惰性是社会制度压迫的后果；另一方面，他又希望南方正在实行的种族隔离制度（奴隶制度废除后南方当局出台的种族隔离政策）能够通过通婚以白人与黑人混血的方式慢慢消除种族歧视，因此，结论是给予物质条件和机会，鼓励通婚（尽管博厄斯没有直接提倡），"黑人完全能够像白人同伴一样履行公民义务"，"黑人也有能力推进人类的利益"，参与现代文明。在博厄斯"种族平等"的人类学启蒙影响下，赫斯顿以自我认同的书写风格参与南方黑人的民族志撰写。这一书写角色在当时众多的"白人"主导的"他者"民族志表述体系是瞩目的，同时又是特别的；使其一开始就带上了浓厚的自传色彩或集体身份的"我们"称谓惯习。《骡子与人》的开篇一扫民族志交代"进入原委"惯例，扑面而来的"返乡"游子与乡亲们的打招呼与相互问候，民族志的对话跃然纸上。当赫斯顿说明来意后，也遭到了村民的不解、冷落，但更多的还是接纳，"讲故事的好手"热切的表达与热情的参与，给赫斯顿带来莫大的鼓舞。她搜集、记录（包括童年的回忆）了大量黑人谚语、传说、笑话和故事，赫斯顿忠实于黑人语言的地域风格，传递语感，例如"幽默感"，特别是解释种族为何的起源传说，调侃白人，解构圣经等，民间语言的修辞智慧是无与伦比的。赫斯顿书写的作品，无论是民族志，还是小说，虽然与南方的种族隔离政策持平行关系，与后期的黑人种族抗议截然不同。不过，这一平行关系的书写策略可以看作是"种族平等"的善意，

---

① 博厄斯：《原始人的心智》，项龙、王星译，国际文化出版公司 1989 年版，第 146 页。

与文化相对主义相呼应：作为黑人社会对抗种族主义的一种颠覆性武器，标志着整个黑人社会的智慧与种族健康。赫斯顿这样说道："因为（白人）对我们知之甚少，他根本不知道他正在失去什么。"这一自我生长性兼倾诉的诉求是博厄斯无比欣赏的，在《骡子与人》的序言中，博厄斯高度评价："对于研究文化史的学生来说，这本书的材料是非常有价值的，因为这些材料不仅揭示了黑人对日常事件和感情生活的反应，他们的幽默感和激情，而且让人对非洲与欧洲传统的独特融合感到欣慰。这种融合对于从历史的角度理解美国黑人生活的特征具有重要的意义。"

博厄斯去世后，他的子弟们发生了分化，美国人类学的四大分支也由综合分离为具体的分支。正如上述所述的三位女学生研究领域与导师最为接近的"神似"，博厄斯的学生们几乎也只是继承了他的部分学术思想。1940 年，列维－斯特劳斯在美国滞留期间，与晚年的博厄斯结识并很快熟悉，列维－斯特劳斯对这位百科全书式的人类学前辈表示了毫无保留的崇敬。1942 年，博厄斯在他所召集的宴会上心脏病突发，倒在了最靠近他的座位的列维－斯特劳斯怀里，卒然离世。一种人类学"交班"的使命感油然而生：列维－斯特劳斯从博厄斯留下的丰富语言民族志遗产（包括原始艺术，如面具）源源不断地汲取灵感，博厄斯给了他无限丰厚的表象的基础，从表象的素材中抽离出语言的结构，艺术形式的结构——而坚持综合的比较的理性认知的驾驭，结构主义实质是超越经验主义与形式主义的升华乃至神话逻辑的显现。结构主义适应了第二次世界大战后欧洲文明重建的需求，直到 1960 年末结构主义解体，结构主义以综合的思考方式部分延续了博厄斯创建人类学学科体系的设想。从这一点来看，又可以看作美国国土滋养的文化相对主义思潮（抵抗欧洲种族主义）在欧洲战后的又一次反哺或互惠。

2. 从《原始人的心智》重温文化的概念

尽管博厄斯反对大学的高度专业化，但是他致力于美国人类学的专业化建设。他主张美国人类学学会应该采取排他性政策，以人类学专业为标准厘定会员资格，控制会员人数。① 他主张人类学在大学教育的地位和重

①　George W. Stocking, Jr. Franz Boas and the Founding of the American Anthropological Association, *American Anthropologist*, New Series, Vol. 62, No. 1 (Feb., 1960), p. 10.

要性。对于博厄斯的贡献，德克斯总结如下：

> 他对于学科规范的动力性建构，他对于从全球化帝国主义到种族关系的事务的关心，他的进步性教育视野，他对于艺术与科学的三个向度（divisions）的强调，他对于文化差异的富有启发和全球化理解的领导风范，他对于迫切需要教员和学生在教与学当中保持创新和改变的方式的感觉——是对于大学为了更好地保护我们拥有的最珍贵的它的过去，由此需要持续改变的超凡提醒。①

在博厄斯的诸多著作中，《原始人的心智》包含了博厄斯对文化的看法，是博厄斯对文化理论的极其重要的阐发。继泰勒对文化的定义之后，博厄斯以研究人类精神和感情的独特方式，对文化的理解做出了重要贡献。该书集中了一个问题：心智（mind）是什么？心智受什么因素影响？要探索心智是什么，就要给出文化的定义。

博厄斯首先给出了影响心智的影响因子。第一是种族。第二是环境。第三是遗传。第四是语言。

博厄斯写作的最大特点是否定式写作。先给出一个假设，然后用案例批驳，否定这个假设，给出下一个假设，再用案例批驳，直到把文化的影响因子：种族、环境、遗传和语言全部都否定后，再进入正题，探索原始人和文明人心智共有的一般特征是什么，原始人和文明人的心智差异体现在哪里。

这样的写作手法层层铺垫、迂回曲折，迟迟不进入正题，反复和种族、环境、遗传周旋，呈现上升的螺旋式的逻辑层次。相较于种族、环境与遗传，语言可以说是和心智、文化最为接近的影响因子了。博厄斯用三分之一多的篇幅处理种族、环境和遗传等因素，是因为这三种力量是和文化的概念背道而驰的主张，博厄斯和这些学说的代表人物斗争，主要的原因是各种各样的决定论支配着人类学的现状（20 世纪初经济学还没有渗透进来），汇合为一股笼统简化的认识论思潮。

---

① Nicholas B. Dirks, Franz Boas and the American University: A Personal Acount, *Proceedings of the American Philosophical Society*, Vol. 154, No. 1, p.39.

生物学和人种学是"人的科学"的优势学科，遗传学起到了"为虎作伥"的作用。博厄斯反对的是"原生观念"，原生观念来自巴斯蒂安，他认为原始人的心理是一致的、同一的，"不管人在哪里生活，都定然会形成'原生观念'。"① 博厄斯和巴斯蒂安的学说进行不屈不挠的斗争。对抗遗传学、生物学和种族主义的强有力的理论武器是历史，只要是哪一种学说鼓吹种族优越论，博厄斯就会抛出历史，"文化本质上是由历史原因造成的现象，与人种无关"。② 他告诉读者，一个民族的先进或落后，不是因为种族、遗传、地理和环境，而是因为所处的历史阶段不同。"历史事件比种族对智能所起的作用远为显著。"③ 历史的含义和现实条件密切相关。博厄斯总是说，黑人和白人之所以是有差别，是因为所处的社会条件不平等。如果放置于平等的社会条件下，那么他们也会取得同样优秀的成就。这一说法非常有进步意义，博厄斯呼吁的是社会改良，而非扼杀其他种族生存权利的种族主义或者是美国政治推行的种族隔离政策。当然博厄斯从未对社会改良政策进行过任何干预和介入，他所做的是以社会调查的方式，进行严谨的调查和研究，这是科学事业所能做的全部。他把学术和非学术的政策和对策应用严格区别开来。与"纯种"的恐惧和忧患相对立的是，博厄斯指出人的迁徙在历史的早期阶段就已开始，无处不在，不同种族的人群的杂交已经是社会的常态，人类发展到今天，根本没有"纯种"的可能性。他不惜把人和家养动物相比较，用家养动物的"杂交"来支持人类的杂交和混血的历史和现状。他说，与环境影响相较，起到重要作用的是人类在文明发展过程中自身驯化。在博厄斯的思想的种种矛盾中，最有意思的就是进化论与传播论的矛盾能够在文化的整体论中得到自由的释放和发挥。

他真正反对的是简化的决定论。他支持进化论的原因是他看重人是文化的创造者和实践者这一主体身份。他支持传播论的原因是他是形式主义者，他认为就像语法一样，人类的文化所遵循的形式非常有限，人类依据这些有限的形式创造出各种各样不同的文化内容而已。同一文化样式在不

---

① 博厄斯：《原始人的心智》，项龙、王星译，国际文化出版公司 1989 年版，第 93 页。

② 同上书，第 136 页。

③ 同上书，第 9 页。

同的族群和人群那里有着不同的解释。社会进化论的问题在于把孤立的要素从文化的整体中抽离出来，进行阶梯式的排列，论述从野蛮到文明的进程。博厄斯主张要素应该还原到它所属的社会整体中。这里，社会整体的含义是元素与元素之间构成的关系以及这些关系形成的不可分割的社会连续体，他称其为"全部的现象"。他用"类型"概括之。研究人类生活的全部，将整体论和历史观整合起来，可以看作是博厄斯的历史特殊主义的集中体现。他是在抵制种族主义和社会进化论的思想背景下，提出文化相对主义。这一学说，把文化推到了独立的范畴，把文化放在了高于种族、环境、遗传和语言的地位上，将文化从种族、环境、遗传和语言的支配中解放了出来。

那么下一个问题就接踵而至，如果论证了影响心智的外在因素均是不可或缺的依附性存在，那么影响心智的决定性因素是什么呢？于是就进入到"文化特征的共性"和"原始文化的若干特征"以及"概述"这三章。

斯多金（George W. Stocking）在评述博厄斯的文化决定论的时候，指出在博厄斯那里心智的定义。"考虑到心智的基本组织，博厄斯考虑到精神功能具有的三个明显的特点：抽象、冲动的抑制和选择"。[1] 基于各民族的历史条件和发展阶段的不同，博厄斯认为，种族差异并不足以把人类放在不同的进化论阶段。博厄斯试着列举了心智的三个组成部分：冲动的抑制，注意力和创造力，他用民族志经验驳斥了针对原始人的种种谬论，奚落了旅游者的种种肤浅和傲慢，论证了原始人对禁忌的遵从，对和自身经验相关的重要事务的关心和专注以及不亚于文明人的卓越的创造力，他举了一个北美亡灵舞蹈仪典的演变史。通过这个案例，他试图说明：信仰得以形成的个人的心智状态。"传统的信仰和传说在思维方式上有重大意义"。[2]

如果说原始人和文明人的心智能力差别不大，那么决定心智差异的是什么呢？博厄斯的回答是联想方式的不同。很有意思的是，这些联想，例

① George W. Stocking, Jr. Franz Boas and the Culture Concept in Historical Perspective, *American Anthropologist*, New Series, Vol. 68, No. 4 (Aug, 1966), p. 876.

② 博厄斯：《原始人的心智》，项龙、王星译，国际文化出版公司1989年版，第111页。

如装饰艺术的符号的象征，是自动建立起来的，而未经有意识的推理。这里他把心智的联想方式做了两个区分，一是未经理性推理的习俗的起源的解释，二是经过理性推理的行为的动机的解释。显然，文明人更多地依凭理性推理，而非传统来判断和思考，即有意识的逻辑推理。从这里能看出博厄斯和涂尔干的微妙分歧（笔者惊奇地发现博厄斯和涂尔干均出生于1858年）。涂尔干把社会意识看作是能够用情感体验到的、唤起情感的集体意识，集体意识是神圣性观念。博厄斯恰恰认为和情感紧密联系在一起的人们所遵循的习俗和习惯是无意识的结果。他是怎么处理无意识和有意识的推理的关系呢？"联想的类型和行为是无意识中形成的，但事后的解释却是出于有意识的推理。"无意识又是来自哪里呢？"这种思路由我们的早期所受教育决定，并构成我们行为的潜意识基础"。他进一步解释，"习俗的形成完全有可能是无意识的，即使有意识的推理导致了一种习俗的建立，不久也变成无意识的了"。他把有意识的推理定义为"二次解释"，他清晰地论述道："我认为这种对习惯行为的事后解释是人类学最重要的现象之一。先有欲望，或先行动，才能证明欲望或行为是正确的——这是一个普遍的现象。这些解释和大脑的感情状态相关联。"他反复强调：对习惯行为的事后解释是人类学最重要的现象之一。习惯、习俗和信仰是传统的内容，习惯、习俗和信仰与感情相联系，人们会对习惯、习俗和信仰做出各种各样的解释，哪一种解释让自己最满意、最舒服，人们就采取哪种解释，让习惯、习俗和信仰"合理化"，这便是文化的法则。"通过这种方式，我们开始思考人类的精神生活"。

涂尔干认为原始社会具有高度的一致性，"大家的一切都是共同的"。[①] 这是博厄斯不能忍受的。因为上文说过了，他反对"心智同一说"。他说类型之间的差异是极其小的，反而同一类型内部的差异是千变万化的。涂尔干通过论述原始社会的同质性，引出普遍的宗教信仰的认同。如何解释宗教的来源，宗教里面包含的神性的本原观念。涂尔干认为，社会和神是同等的，社会意识和宗教信仰是同等的。"难道神与社会不是一回事吗？"他认为宗教信仰里面包含的神圣性观念是社会。简言

---

① 涂尔干：《宗教生活的初级形式》，林宗锦、彭守义译，中央民族大学出版社1999年版（2002年重印），第6页。

之，社会创造圣物。这里他对社会有着绘声绘色的描述。"一个社会拥有以它对思想的独一无二的作用在思想中激起对神的感觉所需要的所有的东西。"① "社会使我们保持一种持久的从属感。由于它有一种固有的性质，由于它只能通过我们这些中间媒介达到目的，它急切地要求我们帮助它。我们每时每刻被迫服从某些行动规范与思想准则，这些规范与准则既不是我们制定的，又不是我们需要的，甚至有时与我们最基本的爱好与天性正相反。"② 社会如何让个人就范？涂尔干发现，它拥有道德权威。因为它能得到真正的尊敬，给我们精神上的压力，命令就是命令，具有道德的巨大精神力量，所以我们听从于它的命令。问题是社会让精神发挥作用的方法极其复杂，普通的观察根本就看不出来，这些复杂的方法乃是因为社会遵循"极曲折、极模糊不清的途径"。③ 涂尔干的任务是用信仰和仪式的体系（也就是思想和行为的关联）围绕集体意识，将"模糊不清的路径"揭示出来。这和博厄斯的文化理论大为不同。博厄斯始终认为习惯是无意识的，自发的行为，而非理性活动的结果。习俗的起源可以被传统替换。也就是说，他并不认为社会就是神圣观念的来源，在涂尔干那里，社会就像是一个外在于个体的集体的意念，发挥着道德的约束和威慑力量。唤起的感情是传染的、扩散的从个体到群体分享的一致的反应与表现。可是在博厄斯这里，他用无意识来贯彻习俗、习惯和信仰，有意思的是，习惯的起源问题在无意识的论断中消解了，博厄斯直接就甩出这样不需解释的定义："人们经常反复地遵循习惯行事，结果习惯行为变成了自发的行动。"④ 按照笔者的理解，对习惯的定义和程式几乎可以对等。人们做任何事，都依循一定的程式，这便是传统。社会如何变迁，人们的生活如何发生变动，他认为是新观念的产生，对于背离习俗的新观念，引起了情感上的极度的不舒适和强烈的抵制情绪。如果硬要追问风俗的根源或起源，借用斯多金的话，"风俗的起源根源于对于当下的观察者而言大部分无从获知

---

① 涂尔干：《宗教生活的初级形式》，林宗锦、彭守义译，中央民族大学出版社1999年版（2002年重印），第225页。

② 同上书，第226页。

③ 同上书，第278页。

④ 博厄斯：《原始人的心智》，项龙、王星译，国际文化出版公司1989年版，第118页。

的历史的过去。"① 在笔者看来，研究却要从形式主义切入。这一做法对于列维－斯特劳斯的影响显而易见。后者干脆提出，人类学全部的任务是寻找无意识的深层结构。博厄斯继续论述了原始人和文明人拥有的共性。

日常生活的行为和思维方式构成了我们一系列根深蒂固的习惯。我们日常生活的行为就是根据这些习惯进行的。很少通过教诲，而更多是通过模仿获得的。② 原始演化到文明是因为理智推理和联想。人们的守旧性减少。这些判断构成了我们通过教育获得的全部知识的基础，不涉及那些未进入意识的习惯性行为。③

简言之，涂尔干把兴趣放在和神圣性观念有关的社会的精神力量，博厄斯则对日常生活模式化的行为习惯产生了浓厚兴趣。信仰和习惯构成了心智的基础，人们对信仰和习惯的解释则构成了文化的解释。这可以说是博厄斯的文化理论的简要概括。他将思维区分为两个层次：形式和思想（内容）、象征。有意思的是，无论是程式，例如语言的形式，艺术的形式，还是思想，例如图腾观念和信仰，它们都和感情密切联系。缺失了感情，那么文化理论是不完整的。

博厄斯的这一思想影响深远，只不过心智与文化的表述方式发生了极大的变化。他的学生克拉克洪在讨论古典学与人类学的关系的议题中，他发现希腊哲学关于人的本质等看法和博厄斯的思想极其相似，当然，他并没有提及博厄斯的名字："人是遗传、环境以及个性的混合物，但绝对不是由它们中的任何一个所决定的。在先天与后天的培育方面，柏拉图重视今日人类学家以人与文化的方式所提出问题。"④ 格尔茨对心智的重新讨论几乎是博厄斯写作《原始人的心智》在 1970 时代的回音。他把有意义的形式、象征和意义整合在基于具体的经验的解释框架。这一解释框架便

---

① George W. Stocking, Jr. Franz Boas and the Culture Concept in Historical Perspective, *American Anthropologist*, New Series, Vol. 68, No. 4（Aug, 1966），p. 876.

② 博厄斯：《原始人的心智》，项龙、王星译，国际文化出版公司 1989 年版，第 131 页。

③ 同上书，第 132 页。

④ 克莱德·克拉克洪：《论人类学与古典学的关系》，吴银铃译，北京大学出版社 2013 年版，第 49—50 页。

是文化。他对心智的定义是：生物体的某种癖性定势（a certain set of dis-positions）。① 感情在心智的衡量中占据着重要地位。"该事件模式在感情上的重要性。"② 感情包含感觉、感知以及感情反应（格尔茨对感情的认知受到苏珊·郎格的《感觉与形式》的理论影响）。提供感情的公共符号系统又是必不可少的，礼仪、神话和艺术可以提供情感的公共符号形象。宗教亦然，宗教包含了动机与情绪。在格尔茨看来，"宗教象征符号不仅强有力地保证了人们理解世界的能力，而且在人们理解世界的时候，也强有力地保证他们的感觉能够获得精确性"。

> 没有感情的符号模型的信号，人的支配场（regnant fields）和心智集（mental sets），都不能足够精确地形成。③

格尔茨并非真的认为宗教仪式是自发的、无意识的，而是将习性与精神气质、世界观融合起来。这样格尔茨就将博厄斯的无意识和涂尔干的社会意识通过仪式的意义体系，整合为信仰内容的模型。王权在宗教信仰中占据核心地位。宗教信仰既是注解，又是模版。他将构成宗教本身的象征符号所体现的意义体系作为研究内容，他和博厄斯相似的地方是继续将形式放置在感觉和情感的维度中去考虑形式，不同于博厄斯的是，他把习俗、习性从世俗生活回归宗教的神圣范畴，宗教并非形而上的存在，世界观、精神气质与整合动机、调动情绪、唤起"内在的感觉"相互作用，宗教与价值的关系纳入赋予意义的生活世界构成的"实在"。心智可以重新界定："从经验中寻求意义，给经验以一定的形态和秩序的倾向。"从这个角度来看，格尔茨又并非博厄斯《原始人的心智》在 1970 年代的简单回声，恰恰相反，他把心智和文化纳入到了新的民族志范式——文本在背景和情境中反复斡旋，民族志作者的在场和"在那里"的田野成为文本鲜活的重要构成。民族志通过文本的转换，处理为叙事和剧本，转变为风格和文类的写作方式。概言之，写作"让深描变得可能"。

---

① 格尔茨：《文化的解释》，纳日碧力戈、郭于华等译，上海人民出版社 1999 年版，第 91 页。

② 同上书，第 88 页。

③ 同上书，第 89—90 页。

综合以上的论述,博厄斯的文化理论放在两个维度进行理解。一、在批驳生物、遗传和种族主义等种种简化的外在因素的决定论的基础上,博厄斯提出文化决定论的人类学学科理念,文化相对主义和历史特殊主义可以看作是文化决定论的一体两面。二、文化决定论的核心理念是通过模仿习得的习俗、习惯和信仰。由习俗、习惯和信仰整合而来的传统是人类学的研究对象,人类学试图在土著对传统的解释发现推理联想的逻辑,将无意识转化为意识,了解文明社会早已抛弃的形式和象征维系的丰富的情感。博厄斯特别看重儿童的教养方式,因为儿童的养育,包含了文化的全部要义。这正是和博厄斯坚信的"人类在文明发展过程中自身驯化"密切相关的。博厄斯特别注重原始艺术的研究,因为原始艺术包含了人类的审美需求和情感体验,他认为,审美需求和情感、感觉是任何人类科学的来源。这和当初博厄斯主张建立宇宙学的宗旨密切相关。他从物理学到宇宙学,再从宇宙学进入到民族学的领域,他认为宇宙学正是一门研究人的科学。"当物理学起源于人类心智的审美和逻辑的需求,宇宙学在人类对于世界的个人感知,人类对于围绕他周围现象的个人感知找到了源头。我们把它叫作实效性的冲动,与审美性的冲动对比。"① 与观察者的头脑相关的主观实体构成的群体现象,而非要素,往往被物理学忽视,却是宇宙学的研究对象。心智和情感在博厄斯的文化理论中始终是并重的,在他看来,满足审美需求和实效性冲动是一切学科的来源。

二 露丝·本尼迪克特

整体主义如何兼顾特殊主义,或者说,特殊论又如何获得价值?那么再让我们关照这一问题:特殊论与一般化的关系,人类学擅长小地方的民族志该做出哪些挑战和突破?或者说整体主义与普遍主义的社会思潮的矛盾纠结究竟在哪里?须知道,整体论仍旧是人类学的视角。这里不得不引入本尼迪克特的论述,对思考这一矛盾颇有启发。

1945 年日本战败,美国占领日本,美国为主格,日本降为他格,日本成

---

① Franz Boas, *The Study of Geography*: *in Volksgeist as Method and Ethic*, edited by George W. Stocking, Jr. Wisconsin: The University of Wisconsin Press, 1996, p. 13.

为美国的研究对象。战败国日本战后究竟应该怎么处置？能否用德国的办法
对待日本？天皇是否造成了对实施民主制度的障碍？军国主义如何消除？这
些问题就构成了本尼迪克特研究日本的"文化模式"的政治背景，而这本
《菊与刀》在众多的日本著作中独占鳌头，不得不让我们思考：为什么是人类
学研究范式的《菊与刀》传递的信念和判断、分析被美国处理战后日本的政
策导向采纳？本尼迪克特面对的日本国民的矛盾性：战前狂热的军国主义，
战败又对美国"一边倒"的拥护。于是展开了"日本国民矛盾性"层层深入
的分析，国民矛盾性的层次形成一个精密的"文化模式"体系。从这个意义
而言，文化模式理论：从文化特质到文化模式，担负了"国民性格"的认知。
可以看出来，本尼迪克特沿袭的仍旧是精神分析学派的心理学基础：酒神类
型、阿波罗类型以及（多布人）的攻击型，这三种文化模式除了与希腊文明
比较接近的阿波罗类型的肯定态度（希腊民族音乐传递了阿波罗文化类型的
理性、和谐），其他两种均是病态的、畸形的人格。那么应用到日本国民，发
现"菊与刀"的矛盾：既恪守恩主，又尊崇情义的武士道精神，实质上是一
种精神分裂症。本尼迪克特扮演的是人格诊断的医生角色比较之学者的定位
更为准确，也可以反映出当时的美国的进步主义在本尼迪克特身上播布的理
性自信，所以能够支持她从容地担任"非理性文化"病态症结的诊断医生角
色。本尼迪克特对于日本人的"耻感"与教养的关联分析得鞭辟入里，一针
见血。[①]　因此，她在最后提出的针对文化模式的教育改良建议，而非革命等激
进的方式，就可理解，她信奉进步主义的"惯习"改良的教育实验思潮，在
非西方社会的民族志应用有多么微妙的回应。而我们也注意到，本尼迪克特
对于"人类学研究什么"有相当清晰的学科本体意识——日常生活的整体研
究，特别是家庭教育方式，因为人格是在童年的训练和哺育（nurture）中养
成。这是《文化模式》和《菊与刀》的基本理念。如果再多说一点的话，到
了她的师妹米德那里的话，论调又是一番转变，米德开始歌颂非西方部落的
教养方式，批判中产阶级的刻板的青春期教育，以此来呼应20世纪60年代的
中产阶级权威的解体、性解放等反叛思潮。这一重转变发生在她所处的时代，

---

①　从新闻中了解到日本某学校因为要求学生表演"叠罗汉"发生倒塌事故，6人致伤。学校向
学生致歉。据悉，日本学校经常发生"叠罗汉"事故。校方是为了培养学生的集体观念。这一做法令
人汗颜，也可以印证《菊与刀》对日本国民性的论述。

人类学不得不思考"以什么样的文化相对主义应对社会的反叛、西方文明轴心的松动",米德做出了自己的回答,坚持文化相对主义的勇气,只有在物欲横流、环境恶化、道德堕落的社会现实中才能找到人类学"研究另一个社会、发现另一个可能性"贯注的希望和信心。

然而,指针并不打算停留在这里。日美关系在 20 世纪 60 年代以后,也就是占领期结束后,发生了微妙的变化,笔者参考的是亨廷顿的《文明的冲突》的追踪:日本的经济恢复以来,迎头赶上,又成为美国的强有力的竞争对手,美国不得不抵制日货,而日本抱怨美国的经济统制,抗议军事驻军,20 世纪 60 年代出生的一代人对占领期美国的恩惠毫不感恩,而从日本参拜靖国神社,军国主义死灰复燃,可以看到日本走的主格策略是以经济代偿军事,同时,在意识形态领域拒不承认侵华罪行,删改教科书,军国主义的抬头又依稀可见重温"东亚共荣圈"的霸权蠢蠢欲动。从主格与他格的权力关系的历史变迁来看,"文化模式"仅仅是停留在一个时间格状态中,随着民族国家的整体实力的上升,自我认同的寻求,主格的恢复,自我与他者的关系又进入主格的表述格局中,那么"文化模式"不可避免要流失了。

尽管如此,"日常生活的惯习、教养和养育"对人类学来说同样是非常重要的学科观察训练。[①] 人类学擅于观察日常生活领域,民族志其重要的价值就

---

① 格尔茨对《菊与刀》当中"养育儿童"、"儿童学习"等章节进行了严厉的批评。虽然他承认《菊与刀》关于耻辱、负罪、襁褓和戏谑的论述有着持久的力量,但是本尼迪克特在处理《菊与刀》的时候,和情报服务有关的国民性格的分析与"养育儿童"、"儿童学习"这两章之间形成了巨大的矛盾,格尔茨形容为文风突变。他具体剖析道:"养育儿童"一章从信心满满的描述风格到不那么有信心的因果联系风格的突然转变,即转向"儿童学习"一章。在全书最长也最杂乱无序的"儿童学习"一章中,问题转向了寻找机制;寻找可以由机制诱发的独特社会实践等。关于形式的话语糊里糊涂地变成了关于手段的话语。载格尔茨:《论著与生活——作为作者的人类学家》,方静文、黄剑波译,中国人民大学出版社 2012 年版,第 176 页。格尔茨还提及本尼迪科特关于如厕训练和同辈欺压等观点引用了同事杰弗里·戈罗尔的战时报告,但是她从未公开提及。载格尔茨:《论著与生活——作为作者的人类学家》,方静文、黄剑波译,中国人民大学出版社 2012 年版,第 177 页。同样是儿童教养、养育和学习,笔者和格尔茨所持的如此截然不同的评论,笔者将其看作是双重话语。笔者从人类学思想史的价值重估出发,批评为辅,理解为主,格尔茨是对民族志文本的写作本身提出质疑、发现问题。格尔茨对二战期间的现代人类学的认识与态度是批判的,但是他的批判又和人类学的写文化转向有所区分。正是因为二战期间的现代人类学,从涂尔干到列维-斯特劳斯秉持一脉相承的社会生活的本质的观念,有它固有自大而导致的"盲点",格尔茨才开始了文化的阐释与文化的写作相互交织的、寻求符号的意义与价值、翻译和对话混杂的社会事实的描述,确切称"深描"。但格尔茨并不因为写作(权威)的讽刺和解构,而轻易地向"写文化"的批评者和解构者们妥协。

体现在重新审视和发现看似微不足道的日常生活细节。正因对生活的准确、贴切的观察，民族志才生动、朴素、有光彩。之所以如此重视"日常生活的惯习、教养和养育"，是因为文化或者文明本身就是通过惯习、教养和养育等方式传承到下一代身上，这就是传统，所以有句话说得好："我们生来无法选择传统"。带着这一理念去阅读本尼迪克特的《文化模式》，相信会受益匪浅。

整体主义的培养，实际上是物质、经济、政治、道德等经过"文化整合"体现出来的日常生活惯习：如风俗、习惯，构成社群的社会交往方式，一旦遭到破坏，那么研究失却的生活方式、消失的风俗还有什么意义？这里不妨适时地引用本尼迪克特在《文化模式》当中说的："但是他们的杯子不一样。现在我们的杯子破碎了，没有了。"

> 我们的杯子破碎了。那些曾赋予他的人民的生活以意义的东西，他们自豪的饮食仪式、经济体制内的责任、村中礼仪的延续、跳熊舞时那种着魔状态、他们的是非准则、这些东西都已丧失殆尽，随着这些东西的丧失，他们生活原有的那些样式与意义也消失了。[1]

墨菲认为，从简单的社会开始研究，认识清楚社会理论，可以用细胞的比喻，从简单社会到复杂社会的过渡或演绎，成为社会学与人类学或民族学的天然分工或补充[2]：达尔文转而利用甲虫的结构，因为在人类复杂的生理

---

[1]　本尼迪克特：《文化模式》，王炜等译，社会科学文献出版社2009年版，第14—15页。

[2]　墨菲对初民社会的消失、人类学研究对象的拓展、正在改变的田野条件进行了细致的描述。人类学的研究对象的拓展和社会变迁、全球化有着密切的联系，人类学学科覆盖面不断扩大，从初民社会转向复杂社会：从农业公社到城市移民（城市街区）再到工业组织，走向所有工业化社会的普遍方向，走向某种世界范围的文化，同化和趋同的作用增强，文化差异将会削弱直至消失。但是墨菲对于全球化仍旧充满信心："这是一个极不确定的危险的时期，但同时也是具有甚至更多可能性的时期。"墨菲：《文化与社会人类学引论》，王卓君、吕迺基译，商务印书馆1991年版，第263页。关于人类学学科覆盖面的扩大，见该书的"导言"和"不断展现的世界"两个章节。关于人类学的研究对象从原始社会向农民社会的转变过程，参考罗伯特·雷德菲尔德的著作《农民社会与文化——人类学对文明的一种阐释》第一章："人类学和原始社会"，该章详尽探讨了研究单位的变化——从部落到"务农的社会"。农民社会的转向和美国人类学放弃了印第安部落的调研，转向当代拉丁美洲的农民生活的实地调研有关。第29—31页。不过原始社会作为人类学的理论模型对于人类学研究农民社会仍旧具有价值和意义。罗伯特·雷德菲尔德：《农民社会与文化——人类学对文明的一种阐释》，王莹译，中国社会科学出版社2013年版。

组织中，进化过程是混乱的，而在比较简单的物质中却显而易见，易于说明。本尼迪克特接着补充：在对文化机制的研究中，情形也是如此。我们亟需从那种对一个不太复杂的组织中所含的思想和行为的研究中得到启发。

有意思的是，本尼迪克特研究日本国民性并没有亲身到当地（村落等）深入"田野作业"的条件，而是通过日裔访谈，研读日本的文献资料：图片、文献、电影等，获得了日本国民性的矛盾性格或双重性格的症结——相反，如果本尼迪克特采用了类似的村落民族志的做法，会不会写不出《菊与刀》这样的整体主义视角的名著呢？

所以，还是要回到她的"文化模式"概念中，虽然一再受到批评，早已风光不再，或者说，竟然像一阵风一样，在人类学内部"不足为信"，真难以想象，历史竟像闹剧一样，把一个精英打倒，又树立起另一个精英。在人类学的演绎已是无计其数。从文化模式的三个部落的叙述，可以看到玛格丽特·米德的《三个部落的气质》的遗影。二人均在气质、性格、精神类型框架中模塑民族志文本的书写。

本尼迪克特的理论对文化人类学，特别是对文化与个性领域的研究产生了深刻影响。她重视实地研究工作，调查研究过北美的普埃布洛印第安人、传道区印第安人、阿帕契人、皮马印第安人和布莱克弗特人（黑足人）。她于 1927 年研究印第安部落的文化，写成《文化模式》（Patterns of Culture，1934 年出版）一书。

《文化模式》该书的构成（% 是指占全书篇幅的比例）

1. 习俗的科学，文化的差异，文化的整合。19.3%

2. 新墨西哥的普韦布洛族，多布族，美洲西北部海岸。57.2%

3. 社会的本质，个体和文化的模式。19.4%[①]

三种文化模式（对应关系）

Zuni 祖尼族冷静理性阿波罗型

Dobu 多布族叛逆的狂饮的酒神型

Kwakiutl 夸扣特尔族活泼的多疑的狂妄的妄自尊大的谵妄型

作者如何从"原始部落"转移到日本——文明社会的民族志研究中，

① 中村俊龟智：《文化人类学史序说》，何大勇译，中国社会科学出版社 2009 年版，第 52 页。

这一方向的开辟，延续了国民性格的理论，从文化模式转向国民性格，二者有着一脉相承的地方。国民性格理论的出炉，从字里行间流露出种族特征替代为"特性"的语言。本尼迪克特这样说：特性将文化引向极端，而修正往往采取的是革命与破坏的方式进行，而非以批评、教育和温和改造的方式完成，或用她本人的话，"对我们自己那些占优势的特性的评价"：

> 我们认识到这些东西是带强迫性的，这并不因为它们在人类行为中是首要的和基本的，而毋宁是因为它们在我们文化中是局部和畸形发展的。①

从这句话透露出，本尼迪克特实际上分析的是，或秉持的是，无论是"文化模式"还是"国民性格"也好，均是病态的精神症状，她更像是一位精神分析医师，从文化的角度，对其进行诊断。同时，她认为以文化教养的方式改造生活方式，避免革命或激进破坏行为，本尼迪克特打上了深刻的美国进步主义的政治思潮烙印。②

另外，笔者也看到，她坚定地否定了乌托邦幻想的存在。

乌托邦作为一种最终的完美结构——在这里，人类生活将完美无瑕之至——是不可能实现的。这类的乌托邦都被视为纯粹的白日梦。这回秩序中的真正改进依赖于更郑重、更艰巨的辨别。

否定了乌托邦幻想，又避免了革命与破坏的可能，本尼迪克特选择了一条中庸而保守的道路：我们可以训练自己去对我们自己文明中的那些占优势的特性做出评价。

最后，本尼迪克特在《文化模式》中对"文化相对性"是这样解释的：

---

① 本尼迪克特：《文化模式》王炜等译，社会科学文献出版社 2009 年版，第 163 页。

② 笔者为进步主义找到依据的地方是：还没有一个社会尝试过下一代人依以创造新的常态的自觉的前进方向。杜威曾指出过这种社会工程是如何可能而又会是何等激烈的。我们的可理解的进程就会是——以无论什么样的手段——使这些安排去适合于理性所选定的目标。载本尼迪克特：《文化模式》，王炜等译，社会科学文献出版社 2009 年版，第 177 页。以及约翰·杜威曾以一种十分严肃的态度讲过，习俗在形成个人的行为中所起的作用远远超过了他的家族土语中含的他儿时戏语的用词。参见本尼迪克特：《文化模式》，王炜等译，社会科学文献出版社 2009 年版，第 2 页。

　　　　唯有那种不可避免的文化滞后现象才使我们坚持认为，旧事物应该在新事物里再次出现，而且除了在新的可塑性里发现旧事物的确定性和稳定性之外，没有解决什么问题。对文化相对性的认可自有它自己的价值，它缺的并不是绝对主义哲学所主张的东西。它对世俗传统的意见表示异议，而且造就了一些在这种意见看来极不舒服的人。它引起了某种悲观主义情绪，这是因为，它使旧公式陷入一片混乱，而不是因为它容纳了什么本来有困难的事。一旦新的意见成了一种人们习惯的信仰，它也就成了美好生活的另一种可以信赖的保障。那时，我们就会达到一种更现实的社会信条，把和平共处，以及人类从生存的原料中为自身创造出来的种种同样有效的生活模式作为希望的基地、宽容的基础来接受。①

　　文化模式与文化相对论相互支持，而文化相对论主要是在行为可塑性的基础上提出来，作为一种有效的可能，言下，文化相对论是配合进步主义宣扬的世界范围内捍卫弱小民族的生存权，"自己生存，也让别人生存"；以及精神病患者，对于病态的精神症状，多一些文化宽容的心态，目的是理解文明的病态，与其他民族的相似行为发生着关联，例如疯癫，例如迷狂，有着不同的定义，正常与非正常在文化的语境有不同的所指。因此，文化相对论的提出，是为了缓解"不适应的人"陷入的道德的困境。本尼迪克特同时为被自己的文化视为"不正常"的人提出一些比较现实而积极的调适建议。也就是说，针对个体，文化模式的极端或病态的特质，可以得到重新评价的可能。

　　人类学处理的是自我与他者的关系，工具理性如何与学科本体意识协调，这是人类学的学科适应（adaptive）。或者用韦伯的话表述，工具理性与价值理性的关系，这种两难处境，是在日常生活中维持，而不是在忽视当下、牺牲日常生活的代价中获得神性或超越，即，将个体做好随时效忠、感召卡里斯马召唤的准备。人类学所谓的价值，不就是在坚持日常生活理性或伦理的感人所在吗？有谁能够关注基本的生存条件，细微的身体技术，包括一声普通的问候，建构的人与人之间的同情、信任与关爱，有谁能够关注基本的生

---

① 本尼迪克特：《文化模式》，王炜等译，社会科学文献出版社 2009 年版，第 181 页。

存条件，从肉体到心灵，关怀他/她的"人民"，这种关注，包含着对国家社
会主义的批判，包含着对暴力、压迫日常生活理性的非理性批判，包含着对
独裁的反抗，对暴君的厌弃，同时，又包含着对犬儒主义的否定，以及维持
在"庇护政治"外衣下协商、合作的官样文章的"大放厥词"。总是，在日常
生活保持两难处境的交流、沟通，以及温和改良的耐心，是人类学的学科坚
持。这一点，很像本尼迪克特的做法，"文化模式"遭到批判、废弃乃至淘
汰，在人类学内部的评价体系中，实际上反倒充满了一部分的掩盖，对本尼
迪克特而言，又是不公正的。[①] 本尼迪克特的年代，造就了她的转向：乌托邦
的废除，文化模式的统称，国家政策的导向，避免激进主义，笔者认为，没
有经过战争，很难体认本尼迪克特的局部"意识形态"。

三　玛格丽特·米德

玛格丽特·米德（1901—1978），二十三岁获得心理学硕士学位，跟
随博厄斯攻读人类学博士学位，前往南太平洋的萨摩亚群岛开始田野调
查，1928 年完成《萨摩亚的成年》。以新几内亚的若干部落为研究对象，
1935 年完成《三个原始部落的性别与气质》。1970 年写作《文化与承
诺》。她是接受 1968 年"反文化运动"洗礼的人类学家，她在自传中说
她对性格解放的追求是和早年受到祖母的影响有密切的关系。

1. 为选择而教育——《萨摩亚的成年》

《萨摩亚的成年》[②] 描述了萨摩亚姑娘的成长过程：从呱呱坠地的婴
儿成长为照看婴儿的孩童，从逐渐学会生火做饭、编织漂亮的草席，到告
别友伴间的嬉闹生活，成为户中能干得力的成员，并尽可能地延迟婚姻，

---

① 笔者还没有阅读到她的《种族与科学》，不知道她是怎样批判种族主义的，她推崇的科学是什
么。米德为《文化模式》写的序言当中，提及该书的写作背景："1939 年，当世界各地的自由都受到纳
粹种族主义的威胁时，她用了一学期的业余时间，潜心撰写了《种族：科学与政治》一书。"米德告诉
读者，本尼迪克特的信念是对文化如何发挥作用的认识，会给予人类一种比以前所知的更有力的把握
自身未来的控制力。这一信念使她对待种族、教育、赢得战争、和平的态度承担了越来越大的责任。
参见米德：《文化模式》序言，1958 年 10 月于纽约。

② 米德：《萨摩亚的成年：为西方文明所作的原始人类的青年心理研究》，周晓虹等译，商
务印书馆 2008 年版。

在青春期内尽情地谈情说爱，但从未过于认真。最后，结婚生子、抚养小孩，而她们的孩子也会重演上一代人的生活经历。以萨摩亚姑娘的青春期成长为主线，穿插了萨摩亚男子的青春期成长过程，从而揭示了萨摩亚社会整体的生命历程以及整体的生活面貌。

十七八岁的小伙子成为奥玛珈（Aumaga）的成员。奥玛珈是由小伙子和年龄稍大但仍未取得头衔的成年男子组成的团体。他们希望有朝一日能荣膺玛泰（Matai）头衔，这样可以成为福努（Fono）即头人会的成员，和长辈平起平坐。玛泰的头衔充满了竞争性，户的名望取决于玛泰的头衔。他们的成群结帮虽然受着毗邻关系和亲属关系的双重影响，但对年龄优势的关注远胜于姑娘们。小伙子们之间存在着两种制度化的关系，这两种关系可以冠以共同的名称，即"叟阿"（Soa），它既代表共同接受"割礼"时的同伴，又代表在恋爱时帮着牵线搭桥的信使。奥玛珈事实上是村庄中最活跃持久的社会因素。玛泰们的聚会过于正式，而且要占去本户的大量时间，而年轻男子们却是白天在一起劳动，劳动之前和劳动之后在一起聚餐。白天的工作结束以后，他们又相聚在月光皎洁的夜晚纵情歌舞。由于有较多的自由，以及更具强制性的社会结构，况且又必须经常参加合作性的活动，这使得他们的同龄群体的交往能够持续终生。奥玛珈出现于礼仪性的场合，年轻后生们在这里学习如何当众讲演，如何在公共场合显得庄重得体，如何斟、饮卡瓦酒，如何筹划、执行集体事务。玛拿亚是奥玛珈的正式头领。

奥拉鲁玛（Aualuma）是奥玛珈的一种非正式变体，由年轻姑娘和那些没有头衔的男人的妻子们组成。当一个姑娘达到一定的年龄时（一般是青春期后的两三年左右），她所在的户的玛泰会将一份食品作为礼物送给本村的陶泊，这等于说他希望自己户中的这位姑娘能够从此作为陶泊属下的年轻姑娘群体中的一员，即成为奥拉鲁玛的一名会员。不同于奥玛珈的独立性，它完全受制于陶泊个人，成了一种荣誉少女群体。她们的主要任务是在玛泰的妻子们聚会时充任礼仪上的助手，也是村庄内部生活的女当家人。只有在麦拉卡（malaga，旅行聚会）中，陶泊和她的属下们（奥拉鲁玛的成员）是大家瞩目的中心。在村庄之间的社会交往中，姑娘们的地位高于自己的母亲和其他长辈妇女。而平时，姑娘们的组织存在的主要目的是奉承、伺候老年妇女，陶泊的主要义务是伺候他人。每个村庄的一两个大酋长都具有世袭的权力，能把自己户中的某个女孩子封为该户的"陶泊"（taopo），即该户礼仪上的小公主。陶泊来自于母系，由于一个村庄仅有一两个陶泊，她们的独特地位，非但不能改变一般年轻姑娘们的地位，反而进一步强化了她们原先的地位。按照惯例，陶泊必须嫁到外村去，嫁给另一个村子的大酋长或一个有法定继承人的玛拿亚。

童年时候对男孩子的回避与对抗持续到十三四岁，这时姑娘们正好达到发育的年龄，毛头小伙子们刚刚接受过割礼。随着年龄的增长，孩子们会脱离同龄群体的生活，进入两性关系的体验和交往中。未婚男女间的关系一般有三种类型：一种是"相爱在棕榈树下"的暗地交往；一种是阿瓦加（Avaga），即公开的私奔；还有一种是仪式隆重的求婚，求婚时小伙子"坐在姑娘的面前"。除了上述情况外，还有一种被称为莫托托洛（meototolo）的奇怪的偷奸少女的方式，这些趁着姑娘熟睡之际，悄悄潜入室内的男子都是一些无法获得姑娘们青睐的年轻人。莫托托洛仅仅是一种非正常状态的性活动。十七岁的姑娘既不需要承担责任，又能够经历丰富的情感生活，这是她一生中的黄金岁月。

通奸并非必然意味着婚姻破裂，第三者往往只能求助于一种公开的称之为易佛加（ifoga）的仪式息事宁人。即在没有得到某人的宽恕之前，就在他（她）面前进行象征性的蒙耻活动：第三者由本户的全体男子陪同，来到受害人的住处，送上精美的草席（相当于当地的货币）。

由于社区对未婚姑娘的要求与对已婚但是丈夫没有头衔的妇女的要求没有任何区别，这两个群体之间很少存在着性生活经验方面的差异，因此，妇女们的界限不在于她们是否已经结婚，而在于她们是成年妇女还是从事工艺劳作、正在发育成长的姑娘，在于她们是玛泰的妻子还是那些在礼仪事务中微不足道的姐妹。到二十二三岁还未婚嫁的姑娘，其言行举止会有所收敛，不像从前那样自由放任。来自家庭的压力对促成这一变化起了很大的作用。姑娘们生活在一群同龄人中间，婚姻的责任对她们提出了越来越高的要求，竞争与角逐由此而生。她们对初次性经验的关注与兴趣已逐渐消失，开始潜心于提高自己作为妻子的价值。

男人为了争取更大的声誉、更高的头衔拼搏着。很少有男子在 30 岁以前获取头衔的。到他将近暮年之际（55—60 岁），他的头衔就被剥夺，赐予另一个人，他则被授予小玛泰的称号。以后还可以同其他"玛泰"

们坐在一起，喝酒，安度晚年。

正在怀孕的年轻妻子受制于一系列严格禁忌，绝大部分是禁止独自行动。妇女第一次怀孕能够获得一定的社会尊敬。以后生养的孩子对她的生活越来越不重要。20—30 岁的年轻已婚女子，是一个忙碌而又快乐的群体。停经期过去，妇女们又会把全部精力投入到种植园的农活中。村里最重的农活都是 45—55 岁的妇女们干的。随着暮年降临，她们便待在家里，从事各种技术性强的家务工作，诸如纺线、编土布等。老年妇女在家中比老年男子要更有权威。

笔者避开了弗里德曼对米德关于萨摩亚民族志"真实性"的争论（争论的焦点使问题扳回了原始部落社会结构的认知分歧），而继续回应米德早在 1928 年就提出的"高度异质的文明社会如何迎接选择的挑战"严肃命题，提出这一命题的年轻米德，迸发了选择的勇气和追求自由的决心，也是"萨摩亚的成年"作为"简单部落"给予文明社会变革的启发与动力。

青春期是人类学重要的研究课题之一，其中以文化与人格学派在青春期的关注较为瞩目，米德的《萨摩亚的成年礼》虽然遭到了弗里德曼的批判，不过至今来看，放在 20 世纪 60 年代，还是有其不可超越的革命性意义。她把萨摩亚的青年男女的成年礼经历与美国社会的青少年正在经历的青春期危机联系起来，引发了巨大的社会批判效应和自由解放反响。这是我们今天来评价米德的学术工作的价值所在。因此，以人类学对部落青春期问题的研究为参照线索，以期展开广泛的对话，使得青春期成长经验能够打开，而不再是个封闭的"亚文化"语言体系，向公共议题迈进。

重读《萨摩亚的成年》，不得不澄清曾经的误解：米德所讲的青少年面对文明社会选择的压力，不是通过延期青春期来解决问题，显然这是逃避责任，亦不是急切地把青年带入竞争的战场，为了选择而卷入无休无止的厮杀。米德对于这两种传教士论调的教育伎俩或打着改良主义旗号的教育模式是质疑和批判的，相反，她提出"为选择而教育"：我们必须把我们的全部教育努力倾注于训练孩子的选择能力上。教育的目标在于：第一身心健康；第二思想解放、视野开阔。应当教会孩子们怎样思考，而不是思考什么。必须让他们知道，他们面前延伸着许多条道路，并没有任何一条道路比其他道路更为神圣。走在这许许多多的道路上，都将担起选择的重任。如果他们不被种种偏见所妨碍、不因过早受制于任何一种准则而苦恼，那么，他们一定能对摆在他们面前的机会做出明智的抉择。

米德提出的"为选择而教育"总的宗旨是：虽然我们为异质的文明付出了代价，不过仍旧有选择的可能性，拒绝外界的影响无益于个体的发展，文化多样性的价值在于允许文化多样性的存在，而非一种单一的价值观或生活模式对个体的制约——选择只有在异质的文明社会才具有相对独立的哲学价值。

米德的矛盾也就来自于设定萨摩亚属于同质文化的社区概念：萨摩亚只知道一种生活方式，并把它原封不动地传授给自己的孩子。以至于当西方文明深入渗透萨摩亚社会，较之米德所在的时代所呈现的基督教仅仅是社区边缘的文化，萨摩亚人移民融入美国社会的机会越来越多。米德对萨摩亚的回访调查描述了文明化的萨摩亚社会正在发生的细微的生活变迁，不过，仍旧和她20世纪30年代所著的群民族志观点一致的是，米德认为萨摩亚社会并没有发生本质的变化，相反，接触了西方文明之后，萨摩亚文化的可塑性培养起来，存在于社区的暴力、处女贞洁惩戒、淫荡舞会等"陋俗"先后消失了，更为重要的是，"从前，青春期要比现在更有压力"。言下：通过文明的"西风东渐"催化，萨摩亚群岛的青春期过渡在减轻了从前青春期少女所承受的贞操压力后呈现出更加平静祥和的面貌。这支持了米德的观察：青春期可以毫无痛苦地和平过渡。米德的矛盾不妨这样理解：一方面，文明加速了异质性文化的碰撞与融合，给青少年的选择提出了前所未有的挑战与呼唤，呼唤青少年面向未来，保持无限的开放性；另一方面，文明又培养了简单社会的"拿来主义"：选择利己的因素，抛弃陈腐的陋俗，让生活过得更加舒适。一道文明与非西方文明的边界无形建立起来：简单社会激发复杂的文明社会挑战无限可能性的极限，而文明社会反过来又推动简单社会文化可塑性的成长——两幅迥然不同的文明图景共同呼应米德所倡导的进步主义思潮。

如果说《萨摩亚的成年》是进步主义的曙光，时隔三十年，《代沟》的问世则直接针对美国社会由青春期危机引发的代际差异：代沟，提出"前象征文化"的概念，为青年亚文化的存在与未来前景给予了积极的鼓励与乐观的期望。米德坚定地相信文明的时针将从过去扳向未来，米德同时坚信从上一代人向下一代人传递的文明法则或范式将让位于青年亚文化的创新与变革。与该书密切牵动的时代背景相关的是：20世纪60年代的反文化运动正在如火如荼扩展，突破了 20 世纪 30 年代的性解放思潮，演变为一场涵盖性自由的深层的西方文明社会的整体颠覆与反叛：社区实验正在越来越广泛地实践，大麻、摇滚和嬉皮士正在形成青年亚文化的前卫与另类标签，突破学院派的结构主义限制，社会运动又开始在校园、街道、社区和城市建立了广泛的联系与动员。米德的"花儿"嬉皮士（flower child）称号名副其实：这位人类学家的写作与思考牵动了美国社会正在经历的三十年之久的一场深刻的变革，真正做到了与时代共呼吸。

米德这样说：

> 人类发明、精心创造和传递复杂文化的能力愈强，人类就肯定愈要陷入一种终将导致毁灭和恐惧的文化泥淖（尽管它产生了伟大的成就）；倘若我相信这一点的话，我就不会写这一本书了。[1]

相对主义在 20 世纪 60 年代才成为一个真正的、被普适化接受的价值信条，不可否认，西方社会内部迸发的同性恋等身份政治运动配合人类学的部落民族志，牵涉了一条线索，即中产阶级主导的社会、家庭结构、家长权威、价值观遭受了全面的解构、质疑。人类学者如马林诺夫斯基，从遥远的非西方社会向自我的社会发出批评和挑战。如果说马林诺夫斯基的问题意识占据人类学的思想阵地：功能主义冲击"书斋里的人类学家"，那么到了米德，文化批评的声音则成了时代的最强音。与其问人类学发生了什么变化，不如问西方社会发生了多大的变化，以致人类学者再实践"离我远去"，到非西方社会。其任务、问题意识和田野作业的方式发生了很大的变化，人类学从遥远的地方配合了 60 年代的激进社会思潮：马丁·路德·金领导黑人种族歧视与种族隔离反抗运动、青春期教育、性解放等。《孤独的人群》详细介绍了文化—人格心理学派的后续发展，与米德的《代沟》均是对 20 世纪五六十年代以来把握社会变迁与人格转向的作品：即经过了保守主义占强势的 50 年代，相对主义的价值观在 60 年代被普遍接受，无论是大卫·理斯曼所说的

---

① 米德：《代沟》，曾胡译，光明日报出版社 1988 年版，第 15 页。

"他人的导向"，还是米德所说的"前象征文化"，无疑都推动了文化相对主义作为普适价值观的学理化。实质上是他者观念的普遍接受，彻底瓦解了中产阶级父辈的生活模式，反叛的青年们从道貌岸然的中产阶级父辈权威的桎梏解脱出来，确立青年亚文化的独立性，进入了青年亚文化命名的世界。于是，从这里，使我判断，中产阶级的自我修复能力使得人类学的相对主义重新获得了活力。

行文至此，不禁反过来自问：萨摩亚的少女们如今怎么样？米德有关萨摩亚"自由的性尝试"流露的浪漫主义与乌托邦幻想色彩似乎在事实面前不置可否，正如米德所坚信的，也正如《萨摩亚成年》的序言所说的，"她热衷于和平、公正、性自由以及冒险"。萨摩亚的少女们脱离了照顾弟妹和琐碎、枯燥的家务劳动的束缚，进入了青春期的黄金时期，她们享受无穷无尽的爱情的甜蜜，她们还不想进入婚姻的阶段，她们变换着情人的游戏或者冒险，她们总是说："莱梯梯奥"（"我年纪还轻呢！"）。米德尝试告诉文明社会正在承受青春期压力和苦恼，受到外界各种影响从而陷入选择困境的青年人：性自由并不必然和责任捆绑起来，不负担道德或者人格的是非，也不要和感情的专门化联系起来，正是财产的私有制、核心家庭的亲密关系以及隐私的权利等"我们的文明"才使人类陷入了无穷无尽的猜测、嫉妒、相互戕害和无法避免的个人悲剧，相反，在青春期的时候尽情地享受性自由，随着从少女到妻子的角色的变化，人生的责任与义务才又进入了另一个阶段：真正改变性意义的是怀孕，它标志着年轻夫妇向父母转化，它标志着真正的哺育和教养的责任与义务的到来，也标志着男人向女人证明忠贞不渝的爱情的男子气概，萨摩亚社会作为中坚单位的"户"的秩序也就来自于此。青春期性自由的严肃命题亦建立起来：用漫长的过程培养青春期男女的成年准备，完成从孩童到青春期，从壮年到暮年的生命过程。从清晨第一缕阳光的透进，到夜晚月亮冉冉地升起，米德用近乎诗性的语言隐喻了人生漫长的旅程：出生、结婚、孕育、死亡，自由同样经历了从无到有的辩证法：当一个人年老的时候，即将告别尘世的时候，他们轻声而无拘束地交谈着，也不必顾及各种禁忌和性别界限了。

2. 文化与承诺——一项关于代沟问题的研究

1970 年，米德写出了她晚年的压轴之作《文化与承诺》。"这部不足7 万字的小册子不仅对代沟问题做了迄今为止最具说服力的阐释，而且本身就是一部气势恢宏的青年宣言。"[1]

1977 年，米德又出版了《代沟》，这就是她在去世前修改的《文化与承诺》，原名为《文化与义务——论七十年代各代人之间的新关系》。除了将《文化与承诺》的部分放在上篇：六十年代概览，增加了下篇：七十年代概览。

在《文化与承诺》中，米德主要讨论了三种文化类型：前喻文化，并喻文化和后喻文化。也翻译作：后象征文化，互象征文化和前象征文化。在 20 世纪 60 年代学生运动高潮刚刚结束之际，米德热情洋溢地呼唤前象征文化的到来。她相信未来是青年人的，主张为青年人鸣锣开道。这三种文化类型有着进化论的递进关系，并喻文化代替前喻文化，后喻文化代替并喻文化。那么她如何论述前喻文化呢？

当同龄伙伴的并喻学习成为整个文化中的制度化行为以后，人们发现所谓"青年文化"（youth culture）或"青少年文化"（teen-age culture）应运而生；由学校体制所颂扬的年轻分层变得日益重要。核心家庭取代大家庭后，青年文化会不会也同样在中国当下崛起呢？这些青年文化的参与者主要是中产阶级的孩子们。中产阶级在改革开放以来才涌现，20 世纪 60 年代出生的一代人正在成为现代社会的资源、财富和权力的占有者。1980 年以后出生的年轻人正在形成他们的政治、文化舞台，同时，年龄分层也越来越细化，1990 年和 2000 年又构成两个年龄段的青年团体，他们之间的文化差异也是如此瞩目。米德描述的当下是20 世纪 40 年代二战期间出生的一代人，发生在他们身上的变化。时间节点几乎相隔二十年。笔者在地铁上看到穿着校服的青少年三三两两勾肩搭背，有说有笑，男孩握着女孩的手，女孩依偎在男孩的肩上，听着第三个男孩绘声绘色地讲述"鬼故事"，露出又惊又娇的表情。代沟悄

---

① 周晓虹、周怡：《玛格丽特·米德和她的〈文化与承诺〉》，载米德：《文化与承诺——一项关于代沟问题的研究》，周晓虹、周怡译，河北人民出版社 1987 年版，第 2 页。

无声息地发生在身边。如果仔细聆听，青少年交流的语言信息，你听得到每一个字，却听不懂它的意思。如果不了解，你会觉得语言中充满了俗语、暗示和只有他们才心灵深会的"记号"。这让笔者想起旧金山的公交汽车上，上来一大群中学校园的青年男女，他们不穿校服，穿戴的是奇形怪状的服饰、发饰，黑人、穆斯林等种族、宗教、家庭元素混融其中。他们举止自由，甚至可以说放肆，声音高亢，相互开玩笑似的谩骂，推推搡搡，其中一个女孩还被推到车上的过道里。这是否类似米德说的20世纪60年代常见的一幅画面：

> 令人担忧的现实却和我们的希望相抵牾。在我们的眼中年轻一代变得越来越陌生，十七八岁的孩子们会聚在街头巷尾，使人感到象四处滋扰的侵略军的士兵一样可怕。[①]

当然，2012年的美国的某一个城市的某一个角落所发生的这一幕，无法与20世纪60年代风起云涌的学生运动相联系，不过，正是日常生活中无时无刻陌生的文化因素出现，使我们总觉得生活有不安的成分，而这不安的成分，根本无法预料，很有可能在下一个时刻出现。这种本能的破坏感、不安全感、对世界的不确定感、年轻人潜在的反传统的行径，也许正是米德在代沟的写作中试图传递的。正如她询问：究竟哪些因素导致了整个世界的年轻一代对传统的反叛？[②]

米德的依据是：1. 所有这一切首先归诸世界性社区的出现。整个人类第一次生活在一个能够相互沟通信息、交换反应的社会之中，分享着知识的忧虑。2. 支持世界性社区形成的条件是技术的进步。这包括原子弹的爆炸、电子计算机的使用，青年人主导的消费文化的兴起，这些变化大致可以归为电子革命所带来的巨大的社会变迁。3. 封闭的社区向外界开放，技术同样渗透到边缘的相对孤立的社区之中。

---

① 米德：《文化与承诺——一项关于代沟问题的研究》，周晓虹、周怡译，河北人民出版社1987年版，第74页。

② 同上书，第78页。

直到昨天为止，那些生活在穷乡僻壤的村民们还过着与自己国家的都市文明完全隔绝的生活；可是今天，却能够凭借收音机和电视机将世界各地都市的喧嚣和景观搬到自己的生活之中。①

4. 青年人活跃在政治舞台的角色不仅是反叛，正在生发世界公民意识，面对世界范围的社会危机、信仰危机，迫切需要采取统一的行动。他们思考问题的方式不是受限于民族国家的，被狂热的爱国主义吞噬。他们从超越民族国家的角度思考世界性的问题，例如能源紧缺、环境污染和单一文化、集约文化对文化多样性的破坏与威胁。有意思的是，米德的认识有所变化。在论述青年人的世界公民意识时候，她指出，青年人改造世界的方式是社会推土机式的行动，为新生事物开辟前行的道路——即像推土机那样，以摧枯拉朽之势，彻底清除大地上的树木和废墟，为建设新的社会创造条件。但是到了她对该书的修改的时候，虽然继续对民族国家的单位进行解构，支持世界性社区的存在，但是环境保护的意识更加谨慎了。她是这样说的：

这时，我们需要引进发展的方法，而不是用推土机开路，把风景搞得七零八落，这证明是一种没有独创性的、令人沮丧的、无能的规划。人类学家格利高里·贝特森曾强调指出，这是直线目标的破坏。反抗的年轻人想要白手起家建造自己的房子，他们只会发现这也意味着砍倒树木。②

这是一个悖论，年轻人想要改造世界，采取的还是父辈的砍倒树木的方式。米德采取了自我约束的办法，改善环境污染。"只要每一个国家都克制自己"，她连用三个排比，从自我做起，不去做破坏环境的事情，例如破坏臭氧层、气候恶化和向空气中排放辐射性物质——这个星球才能保住。米德脑子里考虑的是世界大事，人口过剩、世界安全、宗教的宽容与局限、开发新能源、用现有的核能解决能源危机等，她焦虑地想：我们能为世界做些什么。她找到的答案不尽理想，不过，她清晰地告诉读者，保护邻人的孩子，是成年人应该有的意识。这说明，米德讨论当下共同面对

① 米德：《文化与承诺——一项关于代沟问题的研究》，周晓虹、周怡译，河北人民出版社1987年版，第80页。

② 米德：《代沟》，曾胡译，光明日报出版社1988年版，第134—135页。

何种问题的时候，大至民族国家的单位，小到个体生活的环境，例如，邻人的孩子，都是应该关心的。这样的变化，可以看作是米德回应20世纪70年代社会回归正轨做出的调整。也就是说，米德在写下前喻文化的时候，还充满了想象，她只知道要为未来开路，面向未来，培养开放性的系统，重新为未来确定方向。主张向年轻人学习。但是表达还是较为模糊，既然前途未卜，年轻人会把社会带向何处？一个富有生命力的未来究竟是什么样子？米德也没有答案。她只是用预测性的口吻去想象一个更美好的未来：

> 如果我们能够建立起后喻文化，在那种文化之中过去就将是一种有效的工具而不是强制性的历史。而为了达到这点，我们必须改变未来的取向。这里，我们可以从执着地追求乌托邦理想的年轻人身上再次获得启示。他们说：未来就是现在。①

到了1978年，补充代沟研究时，她重提文化多样性，对抗"二战以来的这段时间的特点就是单调划一的大流行"。这种做法很像她的老师博厄斯以文化决定主义对抗种族主义。笔者看到米德和列维－斯特劳斯回应的问题几乎是一致的：集约化生产方式、管理模式正在威胁文化的多样性。功能主义的城市规划是一模一样的，几百英亩的土地种的都是一类庄稼，牲畜家禽采用工业化喂养。② 不过他们回应的方式是不同的，列维－斯特劳斯主张从生态保护入手，例如建立生态保护区。米德强调全民参与的方式，促进民主，遏制组织内部权力的恶。那个时候她就勇敢地批判利益集团，指出："我们不能根据利益集团的交易来建设一个维持生存的政治体制——这些利益集团中的交易都是在寻求特权、权力和国家的赫赫声

---

① 米德：《文化与承诺——一项关于代沟问题的研究》，周晓虹、周怡译，河北人民出版社1987年版，第100页。

② 20世纪50年代以来，麦当劳将标准化的生产流水线引入到食品生产中，为了保证标准化的口味，从食物的加工到制作全部采用统一的流程和配方，进而延伸到食物的供应来源，例如养殖场的统一饲养，土豆的统一种植，用来供应炸鸡块、薯条和牛肉汉堡。这种食物的标准化生产模式包含了从养鸡场到餐桌的全部链条。从这一意义，米德对文化多样性提出了进一步的思考和主张。

望。"通过民主和参与，才能培养一种新的伦理道德。

　　根据这个新的伦理道德，世界每一地区的人，无论东西南北，都要求彼此负责任。①

　　米德的着眼点是社会交往伦理。它包括两种方式：一种是两代人之间的沟通。另一种是自我与他者的交流。摒弃为了自我的利益不惜损害他者的利益，而代之以"为他者负责任"的意识的唤起，人类共同体团结的唤起。这两种方式也可以称为代沟研究的上篇和下篇所各自论述的道理。之所以需要两代人之间的沟通，是因为（米德认为），年轻人失去了父辈的指导，或者说父辈的指导已经无法奏效，"没有一个成人能够告诉他们，下一步该如何走"。父辈与子女的差异越来越大，深入到价值观层面彼此无法忍受的。在这种情况下，两代人之间的沟通反而特别迫切。"真正的交流是一种对话，而今天参与对话的双方都缺少共同的语言。"当然，这便是代沟产生的原因所在。米德乐观的希望，通过对话，年轻人能够引导自己的父辈走向未来。写到这里，笔者不禁想，上一代人还在掌控权力、资源和财富的主导地位，所谓的电子革命能在多大程度改变对话的不对等关系？没有话语权的年轻人如何引导自己的父辈走向未来？由反叛而崛起、以颓废为追求的 20 世纪 60 年代的青年文化，在多大程度能够改变世界？况且距离该书的写作过去了三十多年，前喻文化建立起来吗？笔者所看到的、所经历的、所感受的，高端劳动力的职场环境中，年轻人对上司点头哈腰、在权力面前卑躬屈膝、驯顺加班加点不是罕见；在组织内部，激烈的资源竞争，年轻人的利益被吞噬、年轻人被压制也不是偶然。反而这些问题提出之后，不免将米德的前喻文化看作是一个美好的愿望。对于第二种沟通方式，即自我与他者的交流，米德的论述颇有世界大同的色彩，或者说"和而不同"。对一致性的追求和每一个参与群体的内在的多样性，统一在一起。她的逻辑是：如果我们获得多样性，那么人类集体行为的完整性都会找到自己的位置。也就是说，鼓励多样性的发展有助于新的整体创造平衡。她用一个球来比喻个体与整体的关系。

---

　　① 米德：《代沟》，曾胡译，光明日报出版社 1988 年版，第 150 页。

地球好像成了一个由各种形状奇怪的镶嵌板拼成的球，把它们拼在一起，这个球便能拿起来；撤掉一块就可能使这个球散开。[1]

这个比喻可以和本尼迪克特的"破碎的杯子"，罗维的"文化的补丁"相媲美。但是不同的是，后两个比喻都是整体破碎以后，散落的文化的碎片，犹如一个破碎的陶器。米德的工作却是把碎片粘起来，使其修复为一个完整的球。米德的进步主义理念也就祖露无遗：对社会正义的要求，对人权的要求，人的尊严，人的体面，生存的权利等都在成为内心的渴望，需要表达，需要同情。正在努力被实践、被追求。文化多样性，在这个语境也包括边缘化的经验被重视。在笔者看来，进步主义的事业还没完成，还在艰难地起步中，尤其是当下的中国，个体的权利意识、个体的尊严、女性权益的损害等遭遇，还未在制度层面得到回应，但是这并不绝望，弱者结成共同体勇敢地面对强权和强暴、威胁和性侵犯，这包括姐妹们，也包括其他的因为相似经历而团结在一起的各种社团。尽管两代人的平等对话是一个美好的愿望，但让米德慰藉的是，进步主义的事业虽然还未完成，但是不会停止。

遗憾的是，米德的进步主义信心是否过于乐观？社会变迁朝着进步主义的方向演变，是米德不可动摇的信念，但是这一信念与现代性的关系是什么？似乎还有很大的思辨余地。她既接纳传统社区的崩溃，迎接前喻文化，又坚持确保文化多样性。这一矛盾如何平衡？米德本人似乎也没有直接回应。或者可以看作文化多样性已经不再是封闭社区造就的差异特性，而是面向开放和交流、进入全球化互动的阶段的文化多样性的重新产生？这样的表述隐约看到 20 世纪 80 年代以来《作为文化批评的人类学》主题和视野的呼之欲出，该书正好回应了 20 世纪 60 年代反文化运动推动以来，人类学陷入的学科困境：世界越来越趋同，而文化多样性越来越构成认知和伦理的挑战。

---

[1]　米德：《代沟》，曾胡译，光明日报出版社 1988 年版，第 152 页。

结语：两次世界大战前后现代人类学的影响

行至尾声，笔者对两次世界大战前后孕育的现代人类学的理论史做一个简单的综合与评论。

笔者按照国别人类学的体例进行理论史的架构，分别是英国人类学、法国人类学和美国人类学。同时又按照人类学家的顺序介绍和展开论述。所举之人，不能完全代表任何一个国别人类学的样貌或形式。了解国别人类学，乃是在学术共同体的复杂关系中演进。这方面，库伯的《英国人类学》是无法绕过的著作。笔者的写作，仅仅是一个尝试，一个多年学习文化人类学的收获，尝试用自己的笔去撰写人类学这一西方舶来品某一个阶段的学术史，在横向的对话关系和纵向的发展脉络上，仍旧无法避免青涩和稚嫩。回顾现代人类学的发轫，经历过战争那段特殊的经历，人类学的殖民事业开始，其启蒙价值也随之开始。人类学与进步主义结下不解之缘。但是在后期，自觉和反思的意识，更多地渗透入阐释人类学之中。现实的状况是，我们过于接受人类学的后现代转向，现代人类学的某些理论被淘汰，或者被遗忘。总之，现代人类学的理论和价值取向渐行渐远。现代人类学因其清晰的主张、阵营、传承关系，例如反历史，例如反进化论，以及浓厚的殖民背景，这一标签本身就是在和古典人类学区分的基础上建立起来的。是因为现实发生了日新月异的变化，现代人类学的现实主义基础改变，理论才渐行渐远的吗？这个问题正是笔者反复思考的。这个问题反过来也可以表述为，梳理现代人类学的早期阶段，究竟有何意义或价值？

从事人类学教学三年有余，有机会在一线做一些与学科史有关的工作，是我辈的荣幸。同时也深感理论的普及工作不足。在笔者看来，人类学者无法真正抛开前辈们所开辟的道路，朝着任何的发展方向演进。现代人类学创设了自身的研究领域、研究议题和系统的方法论。

首先，马林诺夫斯基和莫斯对礼物的探讨，缺一不可。虽然他们的努力方向不尽相同，但是能够上升到礼物社会的认识，将田野民族志经验整合，点点滴滴的努力，都付诸其中，莫斯把同侪的努力价值显现出来。马林诺夫斯基对美兰尼西亚社会存在的交换形式分为商品和互惠两种，互惠的交换是基于亲属制度和社会交往的非正式交换。两性交往也分为普通交往和含有性欲和情欲的交往，它们均是习俗和惯习的一部分。波兰尼的《大转型》，所提出的反向运动，无疑又是二战时期强有力的资本主义的批判和反思，包括国家社会主义。这些声音如果忽略，人类学的立足之地也将自动流失。有意味的是，马林诺夫斯基和拉德克利夫－布朗，包括米德，既论述原始社会的私有制基础，又对私有制不尽然迷信，反而描述了很多触动私有制的风俗，如收养的习俗。它宣告血缘关系的子嗣并不绝对是家庭所有权的合法性。舅甥关系也是，外甥继承舅舅的财产，父权制的家庭并不必然具有唯一性。更别说马林诺夫斯基还在《两性社会学》当中讽刺中产阶级的家庭排斥了生物基础的亲密关系，无论是母子，还是父子。米德在《萨摩亚的成年礼》用青春期的性自由的实践，来触动私有制的基础。现在看来，他们的论述对于以资本为中心形成的社会形态，如私有制、阶层的区隔、对个体的认识，有积极的批判和解放作用。

其次，布朗对宗教与社会的关系的讨论，今天读来仍耳目一新，发人深省。数位人类学家对宗教与社会的关怀，表现了他们对现代社会信仰危机的关心和忧患。布朗重视礼法、仪式和宗教的关联。为此，他发掘了《礼记》的社会治理的艺术。笔者通过梳理布朗对《礼记》的论述而断断续续地阅读了《礼记》，该书丰富的内容、细致的仪式实践记录，发人深思。通过《礼记》，笔者看到婚、丧、嫁、娶等一系列人生礼仪，它们的设定绝非形式，而是有它们的符号价值和象征价值；也回想起数年前自己在田野中看到的、自己经历的人生礼仪。联想起丧葬仪式上对"五服"的规定和穿着。但凡仪式，无法避开情感，只有亲身经历过，才能体会仪式对生离死别的化解和悲悯。

最后，埃文斯－普理查德对巫术的研究触动人心。通过巫术，他对嫉妒的洞察，至今仍旧令人动容。在现代社会，谁人不嫉妒？嫉妒算不算现代人有过之而无不及的欲望作怪？可是现代社会没有嫉妒的制约机制，除了法律、制度，对于嫉妒，哪种权威能够对它进行有力、有效的遏制与化解？阿赞德人的巫术实践，至少在怀疑、敌意和嫉妒掺杂的人际关系中找到了暴露和沟通的可能。它的形式和效果又是另外一回事。

笔者大致回顾了英国人类学的三位人类学家，把英国人类学笼统地划为功能—结构主义的取向。因为英国人类学的阵营无论是理论还是方法论都体现出功能—结构主义取向。马林诺夫斯基对经济的兴趣，布朗对仪式的兴趣，埃文斯－普理查德对巫术的兴趣，无论是怎样的议题，都尽量放诸在可观察的经验范畴，进行理论化的整合。虽然马林诺夫斯基和布朗在民族志的理论范式上，风格迥然不同。尽管功能—结构主义成功地将民族志的范式从历时转向共时，批判了进化论和民族学"拟构历史"的做法。墨菲评价道："功能主义对现代的强调也带来了不利的一面；其中有一个较为不幸的后果是对历史失去兴趣，这种状况一直延续到六十年代。"[1]1950年，埃文斯－普理查德在牛津的"马雷特讲座"上发表了人类学更接近历史学的宣言。他把人类学对于历史的排斥归因于马林诺夫斯基和拉德克利夫布朗的非历史模式统治。在埃文斯－普理查德看来，结构功能主义者背离了历时性的法则，聚焦于共时性的法则，这种态度对历史充满敌意。1961年，埃文斯－普里查德在曼彻斯特大学举行了一次题为"人类学和历史学"的讲座。在这次讲座中，埃文斯－普里查德坚持把历史重新引入人类学作为自己的目的，表现了一种在历史学和人类学之间建立一种良好的互动关系的愿望，也将自身从特殊化理解文化的通常做法当中明确分离出来。[2]

法国人类学的三位人物，涂尔干、莫斯和列维－斯特劳斯，有一脉相承的地方。在写作中，笔者对法国人类学付诸的笔墨要多一些。有了涂尔干和莫斯对社会组织与空间的对应关系的发现，列维－斯特劳斯能够大步地沿着空间形态学开辟的可能性，迈向结构主义。凡是涂尔干倾吐心血的地方，如图腾崇拜，集体欢腾，集体表征，列维－斯特劳斯将其一一瓦解，目的是看到神话的逻辑。这种复杂的否定之否定进程，正是法国人类

---

① 墨菲：《文化与社会人类学引论》，王卓君、吕迺基译，商务印书馆1991年版，第244页。

② Caroline B. Brettell, *Anthropological conversations: Talking culture across discipline*, Rowman & Littlefield, 2015, p. 11 –12.

学走过的道路。他们当中一些人不做田野，或者做少许的田野，但是让人惊异的是，他们更懂得田野，例如莫斯，在书斋中已经设定了细致的社会分类，对田野是强有力的指导。他们的哲学存在，他们的人类学成果，今天依然影响人类学的面貌。

到了评论二战前后的美国人类学的时候了。笔者深知，美国人类学若仅了解博厄斯、本尼迪克特、米德，是非常狭隘的。这方面，可以参考其他资料来了解美国人类学的全貌或更为细致的学术对话关系。笔者仅仅以文化—人格学派为视角，串联起博厄斯、本尼迪克特和米德之间的继承关系。本尼迪克特在文化特性与文化整体之间的关系的理解与把握，对养育和教育的强调，最为接近博厄斯的原意。米德在开放性、选择性等文化自由主义的氛围的开拓勇气，最为接近博厄斯的入世努力（颇有"与时俱进"的味道），人类学始终要回应现实社会、回应现实重大问题。这几位人类学家对文化整体的研究，采取的方法和英国人类学的同侪可以说是天壤之别。他们之间对彼此不乏批评的声音，至少笔者看到的是，布朗对罗维、本尼迪克特的"文化碎片"不以为然，埃文斯－普理查德对米德的《萨摩亚的成年礼》评价也不高。奇妙的是，美国同行对文化碎片的搜集兴趣和研究热情，影响了列维－斯特劳斯。罗维对他的影响，常常在《忧郁的热带》的字里行间能看到。文化与文明，文字与无文字社会等，罗维常常信手拈来、不乏真知灼见，文风多是散漫的小品文。列维－斯特劳斯毫无保留地赞扬罗维的人类学贡献。"在罗维开始进行田野考察和研究理论的时代，民族学界充满了哲学的偏见，笼罩着一种社会学的神秘主义的气氛。罗维勇敢地着手拆散主观臆断的体系和那些所谓的关联。他把一种智力创造的能量解放了出来，而且我们至今依然从这种能量中获益。"[①] 在列举了罗维的具体的理论贡献后，列维－斯特劳斯对"文化碎片"给予了相反的评价："依然是这位罗维，他给文化所下的闻名退迩的定义'百衲衣'却为我们引出了一批最具真知灼见、在民族学文献当中最公允持平的论文。"[②] 而贝特森受到文化模式的影响，做出了《纳文》

---

① 列维－斯特劳斯：《民族学中的结构概念》，载《结构人类学1》，中国人民大学出版社2006年版，第328页。

② 同上书，第329页。

这样的平衡英国人类学的制度—社会功能与美国人类学偏爱的文化心理的民族志作品。此作一出，他的老师，无论是布朗，还是马林诺夫斯基，对其评价均有所保留，尽管布朗热情洋溢地对贝特森的成就给予赞扬。当然，贝特森将他的两位老师的理论，在作品中也不乏批评。

埃文斯—普理查德在《努尔人》所描写的原始共产主义，确切说是无国家的部落，运用氏族、部落的裂变关系，维持保证个体权益的均衡秩序的。初民社会、私有制与原始共产主义的关系在《努尔人》有具体的呈现。正如埃文斯－普理查德所言：努尔人坚决捍卫个人的权益，个人权益受侵犯的时候，整个家族都会支持个体为受损害的部分斗争或抗争。马林诺夫斯基指出存在不同于商品交换的互惠的交换体系。性交换也是不同于友谊、集体活动与社交、嬉戏的隐秘的交换关系。私有制在英国人类学的流派中占有一席之地。相反，法国人类学从涂尔干开始，就对自由主义、社会主义等意识形态均保持审慎的距离。社会，在法国人类学那里，占据一席之地。莫斯在《人观》等文章中，有"社会人"的影子。"社会人"和权威概念范畴的卡里斯马，还有所区别。社会意识的传统发展到列维—斯特劳斯这里，无论从情感接受，还是理论体系，就显得格外复杂。列维－斯特劳斯尝试以结构主义为武器，挣脱早年政治对他的影响。莫斯强调的道德，在列维－斯特劳斯那里，也变得不足为取。可是他在二元性组织的论述中，讲述了一个朴素的道理：有些事情自己无法自足，只能依赖他人来完成。例如，我为他送葬，他为我送葬。这种人与人之间的在某些人生礼仪方面的相互依赖、相互服务的关系，在二元性组织的议题中给予了充分的表达。普理查德论述的结盟兄弟，有服丧的义务，必须加入送葬队伍，近似姻亲关系，也有相似的考虑在里面。不知不觉，国别人类学的差异在融合，在道德、情感层面从另一个社会获得生命的源泉，与自我的社会形成对照与联系。这一理念作为理想宣传当然具有合法性，当一位学生直接诘问：他们过的很好，我们过的很好，（人类学研究）又有什么意思呢？这一理念却流露出道德说教的空洞。"他者至上"究竟意味着什么？如果作为哲学乃至身体力行，委实不易。在战争中成长起来的现代人类学，起到的重要的作用是，可以对战争、暴力、法西斯霸权，从另一个时空发出批评、拒绝和否定的声音。在种族主义的压迫下，文化相对主义就有积极的价值，捍卫人性的尊严。同样，结构主义是受到文明的同一性的威胁的理论武器和价值信条。这样看来，道德、情感、良知，是人类学总是在恶劣的专制和极权体制下寻找的任何可能的自由之路。

　　身处物质繁荣、经济富庶的社会，人类学能做些什么呢？这是另外一个问题了，它不得不从20世纪60年代发生的社会变革说起，人类学内部发生的表征危机。回顾现代人类学留下的精神遗产，那就是人类学从未放弃道德、情感的理解，从未减弱对他者的关注。从思辨和实践两个层面，人类学虽然与殖民政策、国家情报有千丝万缕的联系，在初创阶段，人类学曾走过艰辛的道路，而今，它已经开辟了宗教、巫术和交换等经典领域，后来者还是沿着前辈走过的路，在前辈的成绩和"错误"中曲折探索，寻找一条未知的路。

参考文献

著作

埃文斯－普理查德：《努尔人——对尼罗河畔一个人群的生活方式和政治制度的描述》，褚建芳、阎书昌、赵旭东译，华夏出版社 2002 年版。

埃文斯－普理查德：《阿赞德人的巫术、神谕和魔法》，覃莉莉译，商务印书馆 2006 年版。

埃文斯－普理查德：《论社会人类学》，世界图书出版公司北京公司 2010 年版。

北京大学社会学人类学研究所编：《社区与功能——派克、布朗社会学文集及学记》，北京大学出版社 2002 年版。

贝特森：《纳文——围绕一个新几内亚部落的一项仪式所展开的民族志实验》，商务印书馆 2008 年版。

本尼迪克特：《文化模式》，王炜等译，社会科学文献出版社 2009 年版。

博厄斯：《人类学与现代生活》，刘莎、谭晓勤、张卓宏译，华夏出版社 1999 年版。

博厄斯：《原始人的心智》，项龙、王星译，国际文化出版公司 1989 年版。

布迪厄：《实践感》，蒋梓骅译，译林出版社 2003 年版。

凡勃伦：《有闲阶级论——关于制度的经济研究》，蔡受百译，商务印书馆 1964 年版。

凡勃伦：《企业论》，蔡受百译，商务印书馆 2012 年版。

费孝通、吴晗等：《皇权与绅权》，天津人民出版社 1988 年版。

费宗惠、张荣华编：《费孝通论文化自觉》，内蒙古人民出版社 2009

年版。

弗洛伊德:《论文明》,徐洋等译,国际文化出版社 2000 年版。

弗洛伊德:《图腾与禁忌》,上海世纪出版社 2005 年版。

弗雷德里克·巴特、安德烈·金格里希、罗伯特·帕金、西德尔·西尔弗曼:《人类学的四大传统》,高丙中等译,商务印书馆 2008 年版。

J. G. 弗雷泽:《金枝——巫术与宗教之研究》,汪培基、徐育新、张泽石译,商务印书馆 2013 年版。

格尔茨:《文化的解释》,纳日碧力戈、郭于华等译,上海人民出版社 1999 年版。

格尔茨:《地方性知识》,王海龙、张家瑄译,中央编译出版社 2000 年版。

格尔茨:《论著与生活——作为作者的人类学家》,方静文、黄剑波译,中国人民大学出版社 2012 年版。

和少英:《社会文化人类学初探》,云南大学出版社 2007 年版。

黄剑波:《人类学理论史》,中国人民大学出版社 2014 年版。

黄淑娉、龚佩华:《文化人类学理论方法研究》,广东高等教育出版社 1996 年版。

黄淑娉、龚佩华:《文化人类学理论方法研究》,广东高等教育出版社 1999 年版。

黄淑娉、龚佩华:《文化人类学理论方法研究》,广东高等教育出版社 2004 年版。

蒋立松主编:《文化人类学概论》,西南师范大学出版社 2008 年版。

卡尔·休斯克:《世纪末的维也纳》,李锋译,江苏人民出版社 2007 年版。

克莱德·克拉克洪:《论人类学与古典学的关系》,吴银铃译,北京大学出版社 2013 年版。

拉德克利夫-布朗:《原始社会的结构与功能》,潘蛟、王贤海、刘文远、知寒译,中央民族大学出版社 1999 年版。

拉德克利夫-布朗:《原始社会的结构与功能(二)》,九州出版社 2007 年版。

拉德克利夫-布朗:《安达曼岛人》,梁粤译,广西师范大学出版社

2005 年版。

拉德克利夫－布朗：《社会人类学方法》，夏建中译，华夏出版社 2002 年版。

勒庞：《乌合之众》，冯克利译，中央编译出版社 2005 年版。

利奇：《文化与交流》，郭凡、邹和译，上海人民出版社 2000 年版。

利奇：《列维－斯特劳斯》，王庆仁译，三联书店 1986 年版。

利奇：《缅甸高地诸政治制度——对克钦社会结构的一项研究》，商务印书馆 2010 年版。

梁永佳：《地域的等级——一个大理村镇的仪式与文化》，社会科学文献出版社 2005 年版。

梁钊韬：《梁钊韬民族学人类学研究文集》，民族出版社 1994 年版。

绫部恒熊编：《文化人类学的十五种理论》，中国社会科学院日本研究所社会文化室译，国际文化出版公司 1988 年版。

雷马克：《西线无战事》，李清华译，译林出版社 2001 年版。

罗伯特·雷德菲尔德：《农民社会与文化——人类学对文明的一种阐释》，王莹译，中国社会科学出版社 2013 年版。

列维－斯特劳斯：《面具之道》，张祖建译，中国人民大学出版社 2008 年版。

列维－斯特劳斯：《忧郁的热带》，王志明译，生活·读书·新知三联书店 2000 年版。

列维－斯特劳斯：《野性的思维》，李幼蒸译，商务印书馆 1987 年版。

列维－斯特劳斯：《结构人类学 1》，张祖建译，中国人民大学出版社 2006 年版。

列维－斯特劳斯：《结构人类学 2》，张祖建译，中国人民大学出版社 2006 年版。

列维－斯特劳斯：《结构人类学——巫术·宗教·艺术·神话》，陆晓禾、黄锡光等译，文化艺术出版社 1989 年版。

列维－斯特劳斯：《种族与历史》，于秀英译，中国人民大学出版社 2006 年版。

列维－斯特劳斯：《嫉妒的制陶女》，刘汉全译，中国人民大学出版社 2006 年版。

列维－斯特劳斯：《神话学：生食与熟食》，周昌忠译，中国人民大学出版社 2007 年版。

列维－斯特劳斯：《遥远的目光》，刑克超译，中国人民大学出版社 2014 年版。

林耀华主编：《民族学通论》（修订），中央民族大学出版社 1997 年版。

刘新：《自我的他性》，常姝译，上海人民出版社 2005 年版。

卢梭：《论人类不平等的起源》，高修鹃译，上海三联书店 2011 年版。

玛丽·道格拉斯：《洁净与危险》，黄剑波、柳博赟、卢忱译，民族出版社 2008 年版。

玛丽·道格拉斯：《制度如何思考》，张晨曲译，经济管理出版社 2013 年版。

马翀炜：《秋千架下：一个泰国北部阿卡人村寨的民族志》，中国社会科学出版社 2013 年版。

马翀炜、张振伟：《在国家边缘：缅甸那多新寨调查》，中国社会科学出版社 2013 年版。

马林诺夫斯基：《西太平洋的航海者》，梁永佳、李绍明译，华夏出版社 2002 年版。

马林诺夫斯基：《自由与文明》，张帆译，世界图书出版公司北京公司 2009 年版。

马林诺夫斯基：《两性社会学——母系社会与父系社会之比较》，上海人民出版社 2003 年版。

马林诺夫斯基：《文化论》，费孝通译，华夏出版社 2002 年版。

马林诺夫斯基：《野蛮人的性生活》，高鹏、金爽编译、配图，团结出版社 2005 年版。

马塞尔·福尼耶（Marcel Fournier）：《莫斯传》，赵玉燕译，北京大学出版社 2013 年版。

马纳德：《人类学历史与理论》，王建民、刘源译，华夏出版社 2006 年版。

马文·哈里斯：《人·文化·环境》，徐苏明编译，山西人民出版社1989年版。

马文·哈里斯：《文化唯物主义》，张海洋等译，华夏出版社1989年版。

马文·哈里斯：《文化人类学》，李培茱、高地译，东方出版社1988年版。

莫里斯·布洛克：《马克思主义与人类学》，冯利、覃光广、陈为、蒙宪译，华夏出版社1988年版。

孟德斯鸠：《罗马兴衰原因论》，婉玲译，商务印书馆2011年版。

孟德斯鸠：《波斯人信札》，罗国林译，译林出版社2000年版。

米德：《萨摩亚的成年：为西方文明所作的原始人类的青年心理研究》，周晓虹等译，商务印书馆2008年版。

米德：《代沟》，曾胡译，光明日报出版社1988年版。

米德：《文化与承诺——一项关于代沟问题的研究》，周晓虹、周怡译，河北人民出版社1987年版。

摩尔根：《美洲土著的房屋与家庭生活》，李培茱译，中国社会科学出版社1985年版。

穆尔；《人类学家的文化见解》，欧阳敏、邹乔、王晶晶译，商务印书馆2009年版。

墨菲：《文化与社会人类学引论》，王卓君、吕迺基译，商务印书馆1991年版。

莫里斯·古德利尔：《礼物之谜》，王毅译，上海人民出版社2007年版。

莫斯：《论馈赠》，卢汇译，中央民族大学出版社2002年版。

莫斯：《社会学与人类学》，佘碧平译，上海译文出版社2003年版。

纳丹·施郎格（Nathan Schlanger）编，莫斯等著：《论技术、技艺与文明》，蒙养山人译，世界图书出版公司北京公司2010年版。

诺贝特·埃里亚斯：《个体的社会》，渠三江、陆兴华译，译林出版社2003年版。

帕特里克·威肯：《实验室里的诗人——列维－斯特劳斯》，梁永安译，新世纪出版社2013年版。

容观夐：《容观夐人类学民族学文集》，民族出版社 2003 年版。

申言夫：《流逝的快乐——凤凰村的童年（1985 – 1995）》硕士论文，复旦大学 2013 年。

孙庆忠：《黄淑娉评传》，民族出版社 2010 年版。

特纳：《象征之林——恩登布人仪式散论》，赵玉燕、欧阳敏、徐洪峰译，商务印书馆 2006 年版。

特纳：《仪式过程——结构与反结构》，黄剑波、柳博赟译，中国人民大学出版社 2006 年版。

童恩正：《文化人类学》，上海人民出版社 1989 年版。

提尔曼·阿勒特：《德意志问候——关于一个灾难性姿势的历史》，孟翰译，江苏人民出版社 2008 年版。

涂尔干：《宗教生活的初级形式》，林宗锦、彭守义译，中央民族大学出版社 1999 年版（2002 年重印）。

涂尔干，莫斯：《原始分类》，汲喆译，上海人民出版社 2000 年版。

C. A. 托卡列夫：《外国民族学史》，汤正方译，中国社会科学出版社 1983 年版。

西敏司：《吃》，林为正译，新星出版社 2006 年版。

西敏司：《糖与权力——糖在近代历史上的地位》，王超、朱健刚译，商务印书馆 2010 年版。

夏建中：《文化人类学理论学派——文化研究的历史》，中国人民大学出版社 1997 年版。

王海龙、何勇：《文化人类学历史导引》，学林出版社 1992 年版。

王铭铭：《走在乡土上——历史人类学札记》，中国人民大学出版社 2003 年版。

王铭铭：《西方人类学思潮十讲》，广西师范大学 2005 年版。

王铭铭：《西学“中国化”的历史困境》，广西师范大学出版社 2005 年版。

王铭铭：《人生史与人类学》，生活·读书·新知三联书店 2010 年版。

汪宁生：《文化人类学调查——正确认识社会的方法》（增订本），文物出版社 2002 年版。

杨堃：《民族学概论》，中国社会科学出版社 1984 年版。

张梅胤：《"正常"与"非正常"之辩——文化人类学视角下上海聋人日常语言实践初探》，复旦大学人类学硕士学位论文 2012 年。

招子明、陈刚主编：《人类学》，中国人民大学出版社 2008 年版。

庄孔韶主编：《人类学通论》，山西教育出版社 2003 年第 1 版。

庄孔韶主编：《人类学概论》，中国人民大学 2006 年第 1 版。

庄孔韶主编：《人类学概论》，中国人民大学 2015 年第 2 版。

周大鸣主编：《现代人类学》，重庆出版社 1997 年版。

周大鸣主编：《21 世纪人类学》，民族出版社 2003 年版。

周大鸣主编：《人类学导论》，云南大学出版社 2007 年版。

周大鸣主编：《文化人类学概论》，中山大学出版社 2009 年版。

朱炳祥、崔应令编著：《人类学基础》，武汉大学出版社 2006 年版。

朱炳祥：《社会人类学》，武汉大学出版社 2006 年第 2 版。

中国民族学研究会编：《民族学研究（第一辑）》，民族出版社 1981 年版。

中国人类学学会编印：《国外人类学 1》，1980 年 11 月。

中国人类学学会编印：《国外人类学 2》，1980 年 11 月。

中国人类学学会编印：《国外人类学 3》，1982 年 11 月。

中村俊龟智：《文化人类学史序说》，何大勇译，中国社会科学出版社 2009 年版。

Bronislaw Malinowski, *Coral Gardens and Their Magic*：*A Study of the Methods of Tilling the Soil and of Agricultural Rites in the Trobriand Islands*, London：George Allen & Unwin Ltd, 1935.

Caroline B. Brettell, *Anthropological conversations*：*Talking culture across discipline*, Rowman & Littlefield, 2015.

Dumont L. , *From Mandeville to Marx*, Chicago, 1977.

Edited by George W. Stocking, Jr. *Volksgeist as Method And Ethic*, The University of Wisconsin Press, 1996.

Jack Goody, *The Expansive Moment*：*The rise of social anthropology in Britain and Africa* 1918 – 1970, Cambridge University Press, 1995.

James Clifford, *The Predicament of Culture*：*Twentieth – Century Ethnogra-*

phy, *Literature and Art*, Harvard University Press, 1988.

Lévi – Strauss, *Myth and Meaning*, Routledge, 2001（1977）.

Lienhardt G. , *Divinity and Experience*, Clarendon, 1961.

论文

费孝通：《重读〈江村经济〉序言》，《北京大学学报》1996 年第 4 期。

和少英：《美国弗尼吉亚大学人类学系的"象征人类学"教学与研究》，《云南民族学院学报》1991 年第 2 期。

黄淑娉：《从异文化到本文化——我的人类学田野调查回忆》，《庆贺黄淑娉教授从教 50 周年暨人类学理论与方法学术研讨会》，2002 年。

黄淑娉：《图腾的意义——读列维 – 斯特劳斯〈今日图腾制度〉》，《思想战线》2004 年第 4 期。

黄宗智：《认识中国，走向从实践出发的社会科学》，《中国社会科学》2005 年第 1 期。

黄应贵：《经济、社会与文化》，载《中国人类学评论》第 8 辑，世界图书出版公司 2008 年版。

吕吉尔编译，《克洛德·列维 – 斯特劳斯（1908 – 2009）》。资料来源：The New York Times，转载《世界科学》2009 年第 12 期。

马丹丹：《1995 年：中国人类学的一个"拐点"》，《北方民族大学学报》2015 年第 5 期。

马丹丹：《中国人类学从田野回访中复兴（1984～2003）》，《广西师范大学学报》2015 年第 5 期。

马丹丹：《马林诺夫斯基的辩证法》，《西北民族研究》2011 年第 4 期。

马丹丹：《经济基础与上层建筑的关系——列维 – 斯特劳斯的早期思想脉络梳理》，《青海民族研究》2014 年第 5 期。

马力罗：《时间与民族志：权威、授权与作者》，吴晓黎译，《民族研究》2014 年第 5 期。

孟航：《西方人类学发展史的再认识与中国人类学的未来——在"他者"中理解"自我"》，《广西民族研究》2007 年第 3 期。

莫伟民：《文化与自然：从克拉底鲁到列维－斯特劳斯》，《厦门大学学报》2009 年第 2 期。

佘碧平：《"结构"谜思：从列维－斯特劳斯、梅洛－庞蒂到布尔迪厄》，《同济大学学报》2009 年第 2 期。

王铭铭：《功能结构主义的重新评估》，《北京大学学报》1996 年第 2 期。

王铭铭：《当代民族志形态的形成：从知识论的转向到新本体论的回归》，《民族研究》2015 年第 10 期。

王伟涛：《列维－斯特劳斯"结构人类学"研究理路探析》，《世界民族》2011 第 3 期。

王立志：《人的科学如何可能——从方法论视角看列维－斯特劳斯的结构》，《自然辩证法研究》2009 年第 12 期。

翁乃群：《美、英社会文化人类学研究的时空变迁》，《民族研究》2000 年第 1 期。

徐杰舜问/黄淑娉答：《走向深处：中国人类学中国研究的态势——人类学学者访谈录之三十六》，《广西民族学院学报》2005 年第 5 期。

雪莉·奥特纳：《20 世纪下半叶的欧美人类学理论》，何国强译，《青海民族研究》2010 年第 4 期。

Franz Boas, The Study Of Geography, in *Volksgeist as Method And Ethic*, edited by George W. Stocking, The University of Wisconsin Press, 1996.

George W. Stocking, Jr. Franz Boas and the Founding of the American Anthropological Association, *American Anthropologist*, New Series, Vol. 62, No. 1 (Feb, 1960).

George W. Stocking, Jr. Franz Boas and the Culture Concept in Historical Perspective, *American Anthropologist*, New Series, Vol. 68, No. 4 (Aug, 1966).

Nicholas B. Dirks, Franz Boas and the American University: A Personal Acount, *Proceedings of the American Philosophical Society*, Vol. 154, No. 1.

后　记

　　执教人类学五年有余。人类学如同一个遥遥相望的孤岛或是远山，我艰难前行时，它又好像离我更远了。我游走、教学、写作。这篇和战争有关的西方人类学史，是教学过程与现代人类学的阶段性思想对话。在这期间，我开设《文化人类学》、《人类学史》等课程，有超过一百人选课的阶梯教室，也有十个人的课堂，与学生的交流使讲义的写作变得富有即时性，学生的提问和表达也在丰富我的认知。那段日子，人类学对于我的意义是一种生活信念，在我孤独的时候，常常给予慰籍。我还记得在课堂上放映《美国往事》，对照阅读《萨摩亚的成年礼》，电影结束，学生陆续离席，我在落寞的教室体会米德当时的心情和勇气。我感谢这段日子陪伴我的学生们，他们陪伴我，他们也给予了我智慧、灵感与热情。

　　2013年6月，加州大学伯克利分校的刘新老师在社会学院开设研讨班，讨论结构主义的诸种问题。短短的两个星期，几乎是我的思想"革命"的肇始。他走后，我停滞的笔开始重新投入写作，我从战争背景下的现代人类学的框架中获得了极大的写作动力和意志。那段日子，和刘新老师就教学和思考边邮件交流，边写作，到了2014年初，书稿的主体部分已经初步完成。2015－2016年春期间，我补充了书稿的内容，完善了书稿的主体部分。其中南京大学人类学教授邵京启发了我对博厄斯的重新认识。书稿的修改得益于王莎莎编辑的辛勤、负责的校对，多亏她的付出，我得以从体例到注释，进行了统稿和修缮，使书稿的表述趋向完整、严谨。

　　任教期间，我得到了社会学院领导和同事的关心，张佩国、张亦农、张江华等老师曾经对书稿的结构提出有益的意见，对我的修改起到很大的作用。感谢现在任教中央民族大学的巫达教授指引我开设研究生课程

《人类学史》，并慷慨提供他的大纲供我参考。感谢我在上海的好友不离不弃：叶露、邵蕴琦、张经纬，我们几乎是一个缔结在友谊基础上的人类学共同体，创造的热情、理论的洞见在无数次聚会中迸发。还有方外友人Mary Scott 与 Chris Connery 夫妇。2015 年春节过后，Mary 从北京来安阳看我，我带她漫游安阳老城，我们有一番意味深长的异文化对话。

我的学术成长离不开两个人的启发和指导。首先是我的硕士导师杨利慧教授，她带我走进田野，她教给了我用学术语言表达民间文化的规矩。其次是我的博士导师王建民教授，没想到毕业数年之后，我走上了王老师开拓的中国人类学学科史梳理的道路。他们对我的意义更多的是精神性的，将陪伴我走很远的路。

在书斋里阅读大师们的著作时而拍案击节，时而掩卷沉思，这一思想史的整理工作使我收获了人类学理论、民族志的鉴赏力。我从生命的虚度中，体会到了一种无法熄灭的存在。我常常心有余力不足的孤岛，还是没有靠近，我却不再彷徨，因为写作本身不仅为了自己，也为了超越。

马丹丹
2016 年 5 月 19 日